中国看守所的源与流

ZHONGGUO KANSHOUSUO
DE YUAN YU LIU

焦 冶 笪洪杉 凌萍萍◎著

从“狱”的历史考察角度来看，主要有两种，
一种是具有审前羁押功能之狱，另一种是具有执行刑罚的功能之狱。
本书从“狱”的历史沿革进行研究，并结合考古发现进行实证分析，从中国古代最早的皋陶制狱及刑罚产生开始探讨和研究，对中国古代历代“狱”的功能进行分析和梳理，以期改变长期以来人们对狱的片面认识，实现“狱”的全面化与系统化理解，从而实现“狱”这一兼具历史与现实价值机构的真实还原，实现对中国司法历史演变的深入探求。

人民出版社

策划编辑：张文勇
责任编辑：郭　倩　高　寅　于　璐
封面设计：肖　辉

图书在版编目（CIP）数据

中国看守所的源与流 / 焦冶，笪洪杉，凌萍萍 著.
　－北京：人民出版社，2013.12
ISBN 978－7－01－013011－8

I. ①中…　II. ①焦…②笪…③凌…　III. ①看守所－研究－中国
　IV. ① D631.7

中国版本图书馆 CIP 数据核字（2013）第 321334 号

中国看守所的源与流
ZHONGGUO KANSHOUSUO DE YUAN YU LIU

焦冶　笪洪杉　凌萍萍　著

人民出版社 出版发行
（100706　北京市东城区隆福寺街 99 号）

北京瑞古冠中印刷厂印刷　新华书店经销

2013 年 12 月第 1 版　2013 年 12 月北京第 1 次印刷
开本：710 毫米 ×1000 毫米 1/16　印张：30
字数：461 千字

ISBN 978－7－01－013011－8　定价：49.00 元

邮购地址 100706　北京市东城区隆福寺街 99 号
人民东方图书销售中心　电话：（010）65250042　65289539

序　言

当我们以一种审视的眼光来看待法律的时候，就会发现法律是由各种规则组成，这些规则是分布在两个范畴之中的，即实体性规则和程序性规则。我们在评价法律规则是否被严格遵守时，需要对法律实施的承载者作出较现行的单纯性规范更为深入的研究。法律的根本价值理念是公平与正义，其价值的表现并不仅仅体现在立法条文之中，而是体现在其具体的执行过程。从应然的角度来看，看守所的实际功能是审前羁押，虽然具有“监狱”的一般特征，却并非现代监狱法、监狱学乃至监狱史学等的研究主体内容，《中华人民共和国监狱法》针对已决犯而制定，行刑监狱之作用时段在司法终末阶段，所以现代监狱学、监狱法学、监狱史学的研究，很少涉及看守所之基本功能。一直被奉为监狱之神的皋陶所造之狱，经考证实为具有审前羁押功能之看守所。所谓中国古代监狱之起源，史实考证是审前羁押性质之看守所，而非行刑之监狱，本书实为中国看守所之专著。中国古代对于审前羁押之“狱”的认识尤其深刻，《魏书·卫觊传》在评论审前羁押执法人选时指出：“狱吏者，百姓之所悬命，而选用者之所卑下，王政之蔽，未必不由此也。”足以证明看守所对于维护司法公正、维护社会正义的实际意义。事实上看守所是集实体性与程序性、公力强制性与权利保障性于一体的重要机构。从看守所所体现的法律理念来看，应当是包含了前瞻性与现实性、传承性与创新性的多重理念的集合。从实然的角度来看，看守所作为衔接整个诉讼过程之桥性阶段，成为刑事诉讼活动的基础，也是厘清犯罪而进入行刑监狱的唯一合法途径。

近年来看守所中出现的多种问题日益受到社会的关注。在现行《刑事诉讼法》出台期间，作为全国一级看守所的句容市看守所与南京信息工程大学法律系合作，以看守所的历史与发展为主线，对看守所这一被法制史研究者所忽略甚至是错解的问题进行根源性探索，从看守所的雏形到看守所的开拓、看守所的发展、看守所的成型以及看守所的实际现状和未来发展进行了全面的梳理，展现了一部看守所的史实发展历程，将看守所历史从传统研究的监狱史学中剥离出来，还原其历史的真实，展现中国看守所历史的厚重与积淀，在看守所改革的现实条件下，为看守所史学研究的空白增砖添瓦，成为学界少有的看守所史学研究课题的专门资料。

“中国看守所的历史”概念的提出在此尚属一个空白领域，我国学者在传统的监狱史学研究中，很少涉及看守所，监狱研究历史最早仅追溯到清朝，在此之前的研究，多将具有典型看守所特征的审前羁押机构划归监狱学来进行定义。这一观念在中国法制史研究领域中已经达成共识，研究的方向实际上已经把作用于司法活动不同时段的监狱羁押功能合二为一，原因在于学者们对于看守所与行刑监狱的本质特征并没有作出根本性的划分和区别。看守所的历史研究并不能单纯地研究其机构设置以及权力属性，而是需要对看守所与行刑监狱的权能、性质以及理念进行全方位的考察，才能对各个时期存在的审前羁押机构，即看守所与行刑监狱作出准确定性。因此，看守所的历史研究不仅是法史学的研究过程，同时也是一个法律辨认识别过程，需要在法律逻辑之下对纷繁复杂的羁押机构进行重新定位与区分，以探索我国看守所的真实面貌。从这个角度看，本书是一部具有重要历史价值的法史学类的著作。

从国际与国内社会的视角来看，看守所是标志着国家法律理念的敏感机构。看守所作为刑事司法过程的整体参与者，其执法方式和执法理念都需要与刑事司法的前沿理念相接轨，现行看守所与国家提倡的司法改革面临同样的问题，不仅仅在于其立法形式与管理定位需要进一步完善，而在于看守理念与看守职能认识的改革与确立。本书对看守所的研究突破了常规模式，从现行立法的根本入手研究看守所，从内部管理到外部监督，从执法理念到执法细节，从根本性立法到边缘性立法，从基本的历史性研究到拓展性研究，填补了看守所研究的单一状态，为看守所的开放性理念提供了新的参考模式，使得社会公众对看守所开放内容有了详尽的了解，为看守所的透明执法提供了可选择之良好途径。同时，本书将看守所的研究进行了体系性总结，为看守所的研究开创了体系研究的新型模式，同时也为看守所这一重大课题的后续研究提供了比较详实的史学资料。

目前，中国的看守所研究缺乏更多的专著，本书脱离了原有的保守型研究方式，对看守所的研究采取了三个阶段：第一阶段是看守所史学及其历史理论研究阶段；第二阶段是实践认知与发展阶段；第三阶段是理论升华阶段。本书以这三个阶段为其研究的主线，实现了看守所研究的全过程。看守所这一课题的研究是一个兼具持续性和时效性的过程，对中国看守所的研究不仅要有知识经验的专业性和理论的实践性，同时还必须与中国的刑事司法体系相融合。看守所的发展面临着传统法律思想与现代法律思想的权衡与抉择。因此，看守所的发展迫切需要一种突破的精神，这种精神既存在于看守所的立法中，也体现在看守所的执法中。本书之所以具有开拓性的意义，是因为它开拓了看守所的新型研究模式，实现了一种纵向研究与横向研究相结合的研究方法，从历史上探寻看守所的发展轨迹，了解中国看守所现状形成的缘由，力求对变动中的中国看守所寻找一条更为适合的发展模式。

“每一次科学的完成都意味着新的问题，科学请求被人超越，请求相形见绌，任何希望投身于科学的人，都必须面对这一现实。”本书的作者将看守所的历史原貌与现代看守所之发展趋归逐一展现，最终形成了对看守所系统乃至一般社会人、尤其是对看守所执法者而言具有相当高学习研究价值的成果。希望本书能够令学者们对于看守所这一特殊而鲜有涉及的课题有所体悟，为看守所的历史探索与发展进行更为深入而广泛的研究，激励后进，形成良好的学术共同体，以推进中国刑事司法事业的快速发展。

是为序！

樊崇义

2012 年 8 月于北京

目　录

前　言

看（kan 平声）守所这个词在学术界有些生疏，从学术研究的角度进行思考，它与监狱联系密切。监狱，是个古老的名称，有人认为始于汉代，也有资料显示始自明朝。但是，古代人们对于"监"字的使用，多取监察、监学、监临之义，多用于官职名称。《说文解字》卷八："監，臨下也。從臥，䘓省聲。"清代段玉裁的《说文解字注解》曰："《小雅毛传》：监，视也。……监，临下也。……监与鉴互相假。"①《周礼·天官·大宰》记载："乃施典于邦国，而建其牧，立其监。"②监，即诸侯国之君主。《礼记·王制》记载："天子使其大夫为三监，监于方伯之国，国三人。"③即天子派他的大夫做三监，监察各个方伯的国家，每个方伯国派去三位大夫，所以称三监。《汉书·百官公卿表第七上》记载："监御史，秦官，掌监郡。"④《旧唐书·职官志二》记载："秘书监员，从三品。监之名，后汉桓帝置，魏、晋不改。……少监二员，从四品上。……丞一员。从五品上。……秘书监之职，掌邦国经籍图书之事。有二局：一曰著作，二曰太史，皆率其属而修其职。少监为之贰，丞掌判省事。"⑤"国子监，国子之义，见《周官》。晋武始立国子学。北齐曰国子寺，隋初曰学，后改为寺，大业三年改为监。龙朔曰大司成，光宅曰成均，神龙复为国子监也。祭酒一员，从三品。……司业二员。从四品下。……祭酒、司业之职，掌邦国

① 许慎：《说文解字》，浙江古籍出版社 1998 年版，第 388 页。
② 钱玄注释：《周礼》，岳麓书社 2001 年版，第 17 页。
③ 王文锦译解：《礼记》，中华书局 2005 年版，第 163 页。
④ 班固：《汉书》，中华书局 1999 年版，第 623 页。
⑤（后晋）刘昫：《旧唐书》，中华书局 1999 年版，第 1265 页。

儒学训导之政令，有六学。”[①]《明史·职官志》记载：“国子监。祭酒一人。从四品司业一人。正六品其属，绳愆厅，监丞一人，正八品博士厅，《五经》博士五人。……祭酒、司业，掌国学诸生训导之政令。凡举人、贡生、官生、恩生、功生、例生、土官、外国生、幼勋臣及勋戚大臣子弟之入监者，奉监规而训课之，造以明体达用之学……”“入国学者，通谓之监生。举人曰举监、生员曰贡监、品官子弟曰荫监、捐资曰例监。”“钦天监。监正一人，正五品监副二人。”“群牧监”等。[②]《清史稿·职官志二》记载：“国子监管理监事大臣一人。满、汉大学士、尚书、侍郎内特简，祭酒，从四品。”“诏各省选诸生文选兼优者，与乡试副榜贡生，入监肄业。……光绪间，并推广举人入监。”[③]

东汉郡县设狱已成定制，但尚没有称监狱者，而是多称为“狱”“囹圄”“犴狴”“圜”“牢”“缧绁”等。直至明代，“监”“狱”二字方指广义的监狱，即羁押犯罪者的场所。清代学者薛允升的《唐明律合编·明律卷·二十七捕亡》中“狱囚脱监及反狱在逃”条规定：“凡犯罪被囚禁及解脱自带枷锁越狱在逃者，各与本罪上加二等。”笺释曰：“从门出者谓之脱监，踰垣出者谓之反狱。”至清末，才出现“监狱”与“看守所”之名称。《清史稿·刑法志》曰：“监狱与刑制相消息，从前监羁罪犯，并无已决未决之分。其囚禁在狱，大多未决犯为多。”“自光绪三十二年审判画归大理院，院设看守所，以羁犯罪之待讯者，各级审检亦然，于是法部犴狴空虚。”[④]其中“并无已决未决之分”的观点尚待考证研究，而监狱、看守所名称的使用，却是记载无误，但是对于监狱与看守所的定义还存在较大分歧。

现代人对于监狱一词的形象认识虽不专业，却也知其森严。高墙电网、荷枪实弹的监狱的基本特征能够充分显示国法的不可抗拒。显然，生活在高墙之内的人，其行为自由必然受到一定程度的监视与限制。国家设置监狱的目的是为了改造罪犯和维护社会稳定，然而研究现代监狱或者监

① （后晋）刘昫：《旧唐书》，中华书局 1999 年版，第 1289 页。

② （清）张廷玉：《明史》，中华书局 1999 年版，第 1207 页。

③ 赵尔巽等：《清史稿》，中华书局 1977 年版，第 3319 页。

④ 赵尔巽等：《清史稿》，中华书局 1977 年版，第 4217 页。

狱学，是针对监狱固有的形态、性质、功能及社会价值而言的，其研究的实际内容甚至涵盖了社会学的一些基本理论，这是社会发展与进步的体现。因为人们已经注意到，社会人的群体之中总是有一部分人，生活在这一特定的、痛苦的环境之中，由于他们的存在及其对于社会的影响而受到社会关注。然而，当前的监狱学，大多是针对执行刑罚的监狱。新中国成立后统称“劳改队”，省级设有劳改工作管理局（简称劳改局），隶属省司法厅、中央司法部（期间一段时间曾隶属于公安部），劳改局下设劳改支队。改革开放以来，尤其1994年12月29日《中华人民共和国监狱法》颁行以后，劳改工作管理局更名为监狱管理局，归属省司法厅、国家司法部领导。

《监狱法》总则第二条规定：“监狱是国家的刑罚执行机关。依照刑法和刑事诉讼法的规定，被判处死刑缓期二年执行、无期徒刑、有期徒刑的罪犯，在监狱内执行刑罚。”这种性质的监狱，并非依照国家行政机关必设之机构，即县、市、省（自治区、直辖市等）不一定皆设有这种专职行刑的监狱及数量规定。而具有监狱形态的看守所，基本上是依照县级或者相当于县级以上行政机构设置的，并隶属于该级公安行政机构管辖。其实看守所具有监狱的一般特征，即人身自由被拘禁的基本性质，却又具有不同于行刑监狱的功能。

以学术研究的方法对二者进行定义，《辞海》第六版解释监狱为：“国家的刑罚执行机关，监禁罪犯的场所。阶级专政的工具之一，国家机器的组成部分。在我国，根据监狱法的规定，被判处死刑缓期二年执行、无期徒刑、有期徒刑的罪犯，在监狱内执行刑罚。实行惩罚和改造相结合、教育和劳动相结合的原则，将罪犯改造成为守法公民。由相应的司法行政机关领导。人民检察院对监狱执行刑罚的活动依法实行监督。”①（上海辞书出版社2010年版之《辞海》对本条未作更改）监狱的重要职能是自由刑的行刑机构，作用于司法程序终末之刑罚实施阶段，其充分体现国家法律维护社会正义的基本职能。而对于看守所的解释是：“主要羁押未决犯的场所。在我国，看守所羁押的对象是依法被逮捕、刑事拘留的人；被交付

---

① 夏征农、陈至立主编：《辞海》，上海辞书出版社2009年版，第1833页。

执行刑罚前剩余刑期在三个月以下的罪犯，依法由看守所代为执行。以县级以上的行政区域为单位设置，由本级公安机关管辖。其监管活动受人民检察院的法律监督。”1991 年 10 月 5 日，公安部印发《中华人民共和国看守所条例实施办法（试行）》总则第二条规定：“县级以上行政区域的公安机关未设置看守所需要设置时，应报本省、自治区、直辖市公安厅、局备案；铁道、交通、林业、民航系统相当于县级以上的公安机关未设置看守所需要设置时，应报各部（局）公安局备案。”第二章“收押人犯”之第四条规定：“看守所必须按照《条例》第九条规定的法律文书和证明文书收押人犯。对再审案件的在押被告人可凭人民法院《决定再审裁定书》（副本）或人民检察院的抗诉书及人民法院的押票收押。”可见，看守所的设置与管辖之间的法定关系不同于现行《监狱法》、监狱法学中所规定及研究的执行自由刑的监狱。

看守所主要作用于司法程序的起始阶段，使那些触犯国法的人，不论身份、家世、职务高低、权力大小，一旦被收入看守所关押，都将会立刻丧失自由，而且必需置身于特定的、使人敬畏的法制空间，接受依法审查或惩处，甚至其肢体活动也要受到刑具控制，以充分显示国家法律的神圣与庄严，其性质属于审前羁押。

看守所与行刑之监狱的基本功能具有显著的区别，同时二者的隶属机关也不同。看守所隶属当地公安局、省公安厅、国家公安部，其基本特性是司法程序进入审判之前，或者进入审判阶段，羁押的是未决犯，即“犯罪嫌疑人”。其宗旨是维护社会秩序的稳定、法律的公正以及国家审判的顺利进行，具有审前羁押之功能，没有经过审判程序，所以尚不能完全确定所有被羁押者皆是或者必然是罪犯，也就不能完全肯定被羁押者必然进入监狱服刑，监狱则是对已经判决罪犯的管理、教育与改造。《监狱学》研究的对象，重点是后者，即罪犯。我国各政法院校皆设有狱政管理学等相关专业，涉及监狱学、监狱法学等科目。

目前学术界基本达成共识的观点是，中国现代监狱学的科目设计之初，并非源自中国。换言之，中国现代监狱学的学术科目、基础理论、学术研究等，大多是由国外移植或引入的。而监狱学专业的科目内容繁杂，如监狱法学、狱政管理学、罪犯心理学、罪犯教育学、罪犯改造学、监狱卫生学、刑事侦查及监狱侦察学、监狱史学，以及监狱医疗设置、监狱安全规范、监狱劳动法规、监狱检察、监狱防护、罪犯权利维护等法学研究，乃至监狱制度学等等。相关的学术文化性的探索与研究，多于清代末期先后从日本、俄国、美国等传入。然而世界诸国的监狱学研究，最早见于约翰·霍华德的《监狱事情——英格兰威尔士的监狱状况》①，距今也不过220多年，中国对于监狱学的引进约一百多年。

监狱学之于法学不可偏废，必须结合刑法学、犯罪学、诉讼法学、行政法学等法学系统进行探索，从理论上分析监狱学的存在应该是刑法学进程之必然，而监狱的产生与存在是人类社会文明进步的表现，也是国家权力的重要载体，理论观念则是维护社会公平、公正与社会正义的坚强堡垒，充分反映和体现了国家法律的意志与尊严。

《南齐书·孔稚珪传》曰："寻古之名流，多有法学。故释之、定国，声光汉台；元常、文惠，绩映魏阁。今之士子，莫肯为业，纵有习者，世议所轻。良由空勤永岁，不逢一朝之赏，积学当年，终为闾伍所蚩。将恐此书永坠下走之手矣。"②历史文化永远是时代的见证，也是世事、史实的忠实守护者，考察中国古代历史的监狱文化，应该包括看守所制度的演进过程，同时必然结合法律文化的进展，中国古代在此并不缺乏与看守所功能相关的文献资料。历代传统的行政框架设置，皆以事务（功能需求）设职立官，而官职、机构的基本功能决定其名称的变化，从这一习俗知识的理论构建，也可以说明进行职能属性分类完全依据历史文化，以忠于历史的严谨态度，对历史文献进行逻辑梳理，是以考验事实为根本方法，客观评论看守所与监狱的共同属性及基本区别。严格依照其学术定义为标准，考察中国古代看守所与监狱的设置、功能及其历史运行过程，以期获取中国古代看守所制度演进的相关学术资料，包括古代监狱与看守所的具有切实价值的实际内容，从中摭取支撑立论的历史理论依据。

其实，选择这一命题的基础，就在于本课题组成员有长期从事该方面研究的高校教师，也有从事看守所实际工作二十余年的实际工作者，而且

---

① 郭明：《中国监狱学史纲》，中国方正出版社2005年版，第46页，转引自《牛津法律大辞典》，光明日报出版社1988年版，第424页。

② （梁）萧子显：《南齐书》，中华书局1999年版，第568页。

双方建立了长期的科学研究合作基础，理论研究与社会实践紧密结合，旨在充分发挥看守所的固有职能，同时从现代社会发展的实际需要出发，进行比较系统的学术性探索，并通过对中国看守所制度演进的历史性考证，使学术理论与其职能实践相结合，对于进一步改革并逐渐完善看守所制度及其司法责任、法律定位等提供学术性参考。

中华民族具有世界发达的历史学，相比之下，对于看守所的历史研究不足。而具有中国古代早已存在审前羁押功能性质之“狱”，从目前可以肯定的考古学研究，与历史文献相验证，完全支持这一结论。所以，回溯历史，目的在于探索中国古代几千年的法律文化历程，中国的看守所与监狱文化的演进过程及其规律，同时以现代看守所作为实践与研究内容，对于逐渐提高和完善现代看守所的法定职能及羁押功能具有重要意义。当然，不同历史时代对于相同的古代文化具有不同的认识，这是因为受到时代的主流视角的影响。考察与研究的对象、方式与方法，采取从理论联系实际、从实际紧密结合理论，进行学术性文化探索，严格遵守不以今废古，也决不以古非今的实事求是原则。同时依据现有的知识水平，作全面的、比较性学术研究。所以，只能在历史及实践的基础上，遵照传统的古今顺序，以史实为依据，结合现代考古发现，逐一分辨详实。

一、研究中国看守所的动机与目的

看守所作为监狱的一扇大门，从学术观点分析，属于监狱的一个重要组成部分；从社会学考察，看守所则是监狱入口唯一合法的通道；从其机能分析，看守所是司法程序之肇端机构。而中国监狱学知识体系的构建，使担负行刑职能的监狱成为中国法学领域中这支快速发展的专业学科的主要研究方向。看守所则是监狱学知识体系中区别于行刑监狱的审前羁押机构，相比之下研究文章及专著不多。

就中国古代监狱史学相关内容进行探索，即可发现，古代之“狱”或者“囹圄”等，大部分皆为具有审前羁押功能之“狱”，即现代之看守所。其早于执行自由刑的“役院”、“配所”、“牢城”、“习艺所”、“监狱”等，这不仅符合中国古代法学演进的基本规律，也为中国古代监狱史的历史实践所证明。

国家司法程序具有明确的阶段性，即立案、羁押、侦察、起诉、审判、执行。现代监狱学研究的是审判完成后的执行阶段，《中华人民共和国监狱法》第一条规定："为了正确执行刑罚，惩罚和改造罪犯，预防和减少犯罪，根据宪法，制定本法。"明确指出监狱是执行刑罚的机构。《中华人民共和国看守所条例》第一条规定："为保障刑事诉讼活动的顺利进行，依据《中华人民共和国刑事诉讼法》及其他有关法律的规定，制定本条例。"可见，事实上看守所是从监狱功能架构拆解重组的产物。从形式逻辑推演，监狱的存在是基于罪犯的产生，而罪犯的产生是社会学、尤其犯罪学研究的一大课题。毋庸讳言，"为保障刑事诉讼活动的顺利进行"则是看守所的主要职能。逻辑性的法律概念认为"刑事诉讼活动"的结果是双向性的。换言之，看守所羁押的并非皆为罪犯，然而罪犯则直接产生于看守所。所以，看守所应该是"狱"的另一种类型，而非专职执行自由刑的监狱。由此可以推定，刑罚制度、司法倾向对于看守所具有重要意义，而看守所的重要职能是审前羁押，同时保障法律公平与公正的执行过程，从而体现法律维护社会正义的基本属性。所以，看守所必须为维护法律的神圣与尊严提供公平公正而安全的特殊法制环境，即看守所必须保障涉案程序诸环节的公正与安全，才能保障刑事诉讼活动的顺利进行。这是看守所不同于判决后，执行自由刑之监狱的基本区别。从法律的基本属性理解，看守所对于涉案各方具有公平公正的监督与保障职能，可以说看守所一旦失去公平公正的基本属性，必然导致执法混乱。看守所收押的对象正是司法程序的待审人员，包括重大刑事案件中证据尚不完备、案情复杂的疑犯、同案犯、及时制止突发性恶性刑事案件发生与继续的涉案人员等。

看守所与监狱的理论区别在于审判意义上的已决与未决，从审前羁押机构的产生，与行刑监狱历史演变及其存在过程的历史事实，探索中国古代审前羁押机构与现代看守所的内在联系，从而寻求中国看守所制度演进具有更多切实价值的历史法学依据，以丰富看守所法学理论研究的历史资料。

二、研究中国看守所的基本方法

看守所与监狱一样属于国家执法机构，其特殊性在于不同于国家其他服务性行政部门，人们对于看守所与监狱的了解十分有限。从学术理论研究，也同样需要具备一定的实践知识，具有一定的专业特性。如果只是从理论层面进行讨论，国内目前有关看守所的专著尚少，这也许是职业体系的特殊性所决定的。尤其是新中国成立之前，中国是以儒家主导的礼仪之邦，“狱”被认为是一个不祥而恐怖的词汇，儒生历有“君子不议狱”之习。中国二十四史的历代作者，皆为儒家名士，极少评议或直书狱事。也正因为如此，在浩瀚的中国古代历史文献中，监狱学、法学等涉及其制度演变的著述极少，这也是历代实施“重儒抑法”方针的史实。由此才有清末沈家本所著《狱考》奠定了《中国监狱学》研究一百多年的历史，《监狱学》也成为“中西方文化差异”理论的一项基本标志。

中国看守所制度体系的史学发展，不仅需要从历代古文献“采经摭传”，同时更需要在现代考古发现中寻觅实证，也许这就是历史的方法。总之，这一方式恰恰适合我们进行古代监狱制度的历史性探索与研究，以中国古代史学深厚的文化底蕴，浩瀚而广博的史实内容，与法学、监狱学一样，为我们提供了研究看守所制度史学的宝库。而法学精神，就在于坚持遵守基本的、传统的学术思想原则，服从实事求是的精神，以忠于史实为立论考据，紧贴历史主线运行，做到史有据、事有迹；就在于以考验事实、尊重历史的辩证观点，开展关于看守所史学的相关学术性探讨与研究；就在于结合实际，考察并总结现代中国看守所的实际运作规程及其理论实践的结合现状，以发展为目的，依据事实进行纵向与横向发展的理论性探索与研究。

第一章　夏、商、周时期的看守所

第一节　中国古代看守所的起源

看守所历史资料的获得，在于古代文献与现代考古学的结合，鉴于中华民族的文化特色，方块形文字的创造过程，显示出诸多象形则例，切实证明象形文字的形成，必然源于人们生存与发展的社会实践。即在文字形成的过程中，已经客观存在的物、事，包括自然状态的形象，多属于会意的文字，皆与人们具体生活实践中之事务、事件、语言、行为、心情等实际状态密切相关。所以中国文字大多由象形、指事、形声、会意等方式组成。故从一些汉字的形态分析，即可发现其中所代表的特殊意义，从而推测文字形象所能表达的物、事概念，由此探索其产生的大略时空段位。

一、看守所与囚狱的文字考证

《说文》提示：看，从目。曰："从手下目"。读音为四声，如：看戏、看齐、看情况、看病、看茶等；而读音为平声时就有看护、看管、看守、看押等用法，具有监视的意思。《说文》记载："守，从宀从寸，守，官也。"孟子曰："有官守者，不得其职则去。""从宀，从寸，寺府之事也。古者屋四注，东西南北皆交覆也，宀，不见也，是则宀谓深也。从寸，法度也。"①守，有镇守、守卫、把守、守护、保持等意思。顾名思义，看守

① （汉）许慎：《说文解字》，浙江古籍出版社 1998 版，第 340 页。

所就是看而守之的专门机构，具有限制其自由的功能。与监狱一词之义相近。

下面列举与监狱有关的文字。

“囚”，拘禁，即限制自由。“囚”的甲骨文书写为：囚。从字形看，人被困于四围（墙）之中。《说文》曰：“囚，系也，从人在口中。”

“狱”，从犬言声，二犬也，存以守也。有看守、看押、监视之意。《说文》解释：“狱，从犬犬，从言。二犬相守，狱字从二犬，相争之义。”①《太平御览》引《释名》曰：“狱，确也。言确人情伪也，又谓之牢，言所在坚牢也。又谓之圜土，言筑土表墙，其形圆也。又谓之囹圄，囹，领也；圄，（防）御也，领录囚徒禁御之也。”② 圉，“圉”的甲骨文书写为：“圉”，是限制，阻挡的意思，圉从口从幸，幸，甲骨文为罪人，似一人双手被械状。《说文》幸部睪、報、執、圉等皆与罪人有关。囹圄与囹圉同。

牢，《说文》解释：“闲养牛马圈也。古从牛，释名狱。”闲，栅栏。韩诗曰：“宜岸（犴）宜狱。乡亭之系曰：岸（犴）朝廷曰狱，狱从二犬者，取其相争之意，所以守者谓狴牢拘罪之处也。”③《荀子宥坐篇》解释：“犴，胡地野犬也。亦善守，故狱谓之犴也。”《广韵》记载：“狴犴兽也，牢也。”杨慎《升庵全集》八十一记载：“四曰狴犴，形似虎，有威力，故立于狱门。”

“囹圄”，《说文》曰：“囹，狱也，同囹圉，所以拘罪人。月令郑注曰囹圄所以禁守系者。蔡邕云：囹，牢也。圄，止也。所以止出入，皆罪人所舍也。崇精问，囹圄何代之狱？焦氏答曰：月令，秦书，则秦狱名也。汉曰若卢，魏曰司空。”④ 这里认为《礼记》乃秦书，所以“囹圄”为秦狱名。

《尚书·多士》记载：“惟殷先人，有册有典。”⑤殷商的祖先已经有文字记录的史实典籍，一般认为文字形成于殷代，殷墟出土的甲骨文字也证

① （汉）许慎：《说文解字》，浙江古籍出版社 1998 年版，第 478 页。
② （宋）李昉等：《太平御览》，中华书局 1988 年版，第 2878 页。
③ （汉）许慎：《说文解字》，浙江古籍出版社 1998 年版，第 478 页。
④ （汉）许慎：《说文解字》，浙江古籍出版社 1998 年版，第 278 页。
⑤ 李民、王健：《尚书译注》，上海古籍出版社 2005 年版，第 309 页。

实了这一点。可见文字的形成晚于刑法的出现。由此也证明狱或者牢狱、囹圄、圉、狴犴、监狱等名称，所代表的是以国家权力（武装力量、威力等）所设立的，用以拘禁并限制人们自由的特殊场所。

二、肉刑、象刑与看守所

颛顼时代呈现出“日月所照，莫不砥属”的局面。①《史记·集解》王肃曰：“砥，平也，四远皆平而来服属。”“静渊以有谋，疏通而知事，养材以任地。”“治气以教化。”②颛顼帝以维护天下公平为务，为庶民百姓谋利益，继承了黄帝时代维护社会公平与正义的传统思想。《太平御览》记载：“帝颛顼二十而登帝位，平九黎之乱。”③此与《尚书》记载相佐证。《尚书·吕刑》记载：“若古有训，蚩尤惟始作乱，延及于平民，罔不寇贼，鸱义奸宄，夺攘矫虔。苗民弗用灵，制以刑，惟作五虐之刑曰法。杀戮无辜，爰始淫为劓刵椓黥，越兹丽刑并制，罔差有辞。民兴胥渐，泯泯棼棼，罔中于信，以覆诅盟。虐威庶戮，方告无辜于上。上帝监民，罔有馨香德，刑发闻惟腥。皇帝哀矜庶戮之不辜，报虐以威，遏绝苗民，无世在下。”④上帝就是指颛顼帝，颛顼帝爱护庶民百姓，以武装力量消灭了苗民氏族制作和滥用“五刑”（肉刑）的人，可见创设和滥用“五刑”的苗民已经被颛顼帝遏制。说明颛顼时代已经出现了苗民创立的“五刑”，即五种肉刑。其原因是由于蚩尤惟始作乱，苗民不分是非而滥用“五刑”，滥杀无辜，所以被颛顼帝严厉禁止。可见肉刑的最早出现，来源于苗民地区。由于蚩尤多次发动战争，侵害其他诸侯，虏掠人口，苗民就在这一时期设立了残酷的肉刑。从“劓、刵、椓、黥、大辟”的残酷性分析，肉刑的设置初衷，是对于犯罪者的仇视心理。“黥”，即墨刑，在偷窃犯罪者脸上刺墨作为盗窃者之标记。“劓”，割掉强盗、或者严重危害他人以及故意伤害他人者的鼻子。“刖”或者“刵”，是对于恶意严重伤害致人重

---

① （汉）司马迁：《史记》，中华书局 1999 年版，第 9 页。

② （汉）司马迁：《史记》，中华书局 1999 年版，第 10 页。

③ （宋）李昉等：《太平御览》，中华书局 1988 年版，第 370 页。

④ 李民、王健：《尚书译注》，上海古籍出版社 2005 年版，第 399 页。

伤者，依据罪行轻重砍掉犯罪者的耳、手、左脚或右脚。“宫”，强奸罪、男女不以义相交，即违背伦理道德相奸淫者，去势，即去掉“淫具”。“大辟”，即斩首，杀人者死。事实上肉刑在一定程度上其意义在于根除重新再犯同样罪行的身体条件，主张使用原始的残酷方式以刑抵罪，以刑惩罪。肉刑给人们造成的是永久性伤害，终身带有不可改变的特殊性标志。因此虽然有了刑法，不管是以战争的方式还是以肉刑的方式实施，其目的是能够有效的及时制止犯罪。

而具有审前羁押性质的机构（古代称为狱、囚、牢、圉、囹圄、念室等等）从其功能分析，虽然被称为“狱”，但是其实际功能是现代意义上具有审前羁押性质的看守所。被羁押者在此等待最终的审判与行刑，一旦被判肉刑或者流刑（五帝时代还没有徒刑），行刑后皆不再监禁。史料记载中的“皋陶造狱”，所造之“狱”，应该是关押准备审判并实施肉刑的“狱”。当时“狱”的实际功能具有审前羁押的作用，基本上属于现代看守所的性质。在只有肉刑、流刑、鞭刑、扑刑、赎刑，而没有徒刑、劳作刑的五帝时代，刑罚实施之后，一般不再需要用于限制行为自由的监狱设置。由于肉刑的残酷，颛顼帝时期，镇压了使用残酷肉刑的苗民，而采用“象刑”来警告民众，用于威慑犯罪者。

帝喾时代据《史记》记载，高辛能够“普施利物不于其身。聪以知远，明仪察微。顺天之义，知民之急。仁而威，惠而信，修身而天下服。取地之财而节用之，抚教万民而利诲之”，“帝喾溉执中而徧天下，日月所照，风雨所至，莫不从服。”[①]帝喾时代仍旧执行的是天下为公的仁义德政，修身天下服，维护社会公平。“溉执中而徧天下。”《史记·正义》解释：“溉，言帝喾治民，若水之灌溉，平等而执中正，徧于天下。”可以看出，当时帝王实施的是修身而天下平的道德榜样作用，没有实际实施肉刑的记载。

现代考古发现陕西龙山文化，为中国黄河地区新石器时代晚期文化。于西安市客省庄等地遗存，放射性碳素断代并经校正，年代约为公元前2300年至前2000年。发现其农业、家庭饲养、制陶已经非常发达，有的

① （汉）司马迁：《史记》，中华书局1999年版，第11页。

地区出现了青铜器，发现大量口小底大的袋形窟穴，还发现直径一米的大盘形陶器，中心有一个二十多厘米的圆孔。推测是袋状窟穴之坑盖，这些窟穴一般用作贮藏，但有的穴内有单膝跪伏、双手前伸、侧身而卧的散乱骨架，并伴随有狗骨架，可能是废弃后成了乱葬坑。①

河南龙山文化，主要分布于豫西、豫东、豫北一带。因地域间文化面貌差异，又分为王湾三期、后冈二期和造律台三个类型。放射性碳素断代并经校正，年代约为公元前2600年至前2000年。那里出现了地面建筑的连间房屋，居住面涂白灰，光滑而防潮。两室面积共约18平米，还发现水井三眼，井口直径1.6米，深6米。井身上宽下窄，以免倾塌。各遗址普遍有窟穴，以袋形穴为常见。在王城岗遗址发现，有东西相连，先后修筑的两座夯土围墙建筑，其中一座略呈方形，西墙和南墙各长90米，有人认为是一座防御性设施的小城堡。同时发现了炼铜用的坩埚碎片，说明已经能够铸造铜器。同样在窟穴中也发现人骨架，人骨散乱不整齐，与正常埋葬显然不同，有人结合当时社会进程考察，推测死者身份可能是俘虏或者家奴。后冈二期发现一坐房基内有人头骨四具，遗留砍伤痕迹。还有废弃的水井和圆坑内发现杂乱埋葬的多具人骨，或身首分离，或作挣扎状，有人认为这些发现反映了当时社会上可能存在对立、争斗的状况。②

陶寺遗址是中国黄河中游地区以龙山文化陶寺类型为主的遗址。放射性碳素断代并校正，年代约在公元前2500年至前1900年。其墓葬已经具有大、中、小三种类型，其规模及随葬品悬殊很大。其中发现绚丽的彩绘陶器（有烧制精美之彩绘蟠龙图形陶盘等陶瓷艺术品）、大量的玉器、铜器等。对于当时社会状态的分析，一种意见认为，陶寺早期处于国家产生的前夜，即原始社会末期军事民主主义阶段；另一种意见认为，陶寺早期已产生国家或国家雏形。

齐家文化是中国黄河上游地区新石器时代晚期至青铜器时代早期的文化，碳素断代约在公元前2000年，农业、畜牧业、制陶发达。尤其冶铜业已经具有相当规模，在大何庄等地出土红铜器、青铜器50多件。其房

---

① 夏鼐:《考古学》，中国大百科全书出版社1986年版，第193页。

② 夏鼐:《考古学》，中国大百科全书出版社1986年版，第193页。

屋附近也发现许多口小底大的袋状窟穴。从其墓葬分析，认为当时已经从对偶婚过渡到一夫一妻制，同时又有少数家庭为一夫多妻，还发现有女奴陪葬。并发现有 8 人和 13 人同坑埋葬，墓内仰身者。其余人骨架有头无身、有身无头，有的头与肢体分别埋葬，也有三四个头骨放在一起的，被认为是殉葬或者因为战争频繁等原因的受害者，应该属于人为伤害的非正常死亡。墓葬大小、随葬品多少十分悬殊。认为其属于原始社会崩溃时期。① 良渚文化为中国长江下游新石器时代的文化。因杭州余杭良渚遗址而得名，主要分布在浙江、江苏、上海等地。碳素断代约在公元前 3300 年—前 2200 年。农业、纺织业等手工业发达，墓葬随葬品也极其悬殊，精美的玉器有的甚至多达五十多件，随葬品还发现三个人头骨。当时财富占有差别很大。认为良渚文化时期，氏族社会已经开始解体。②

从以上考古发现我们可以得知，公元前 3000 年前后的黄帝与蚩尤等的战争，经过五帝时期，至公元前 2500 年—前 2100 年之间，处于原始社会逐渐进入奴隶社会的时期，随着国家体制的逐渐完善，其法律制度也趋于发展。现代考古学的发现结合古代文献相互佐证，支持“刑起于兵”的历史记载之观点，也证明了“肉刑”的存在及其从废除到“象刑”的过渡，又从“象刑”到“肉刑”实施的社会发展、刑法演进变化过程的存在。

从黄帝时期苗民创设“肉刑”、颛顼帝禁止“肉刑”、经过尧舜等时期的“象刑”，到再次发展到实际实施“肉刑”，经历一千年左右的时间。即刑法制度从萌芽（刑起于兵）发展到比较系统的“九刑”（即五刑加流、鞭、扑、赎），经历了氏族制社会的发展与崩溃阶段，而进入奴隶制社会。现代考古学的研究，支持了这一结论。

这一观点与《尚书·大传》等记载也基本一致。黄帝时期“刑起于兵”、“五帝画其衣象五行也”，也说明五帝时期已经有了从“肉刑”到“象刑”过渡，到再实施“肉刑”的过程。

---

① 夏鼐：《考古学》，中国大百科全书出版社 1986 年版，第 371 页。

② 夏鼐：《考古学》，中国大百科全书出版社 1986 年版，第 272 页。

舜帝率领百官举行禅位大礼，舜帝曰："咨，禹！惟时有苗弗率，汝徂征！"禹乃会群后，誓于师曰："济济有众，咸听朕命！蠢兹有苗，昏迷不恭，侮慢自贤，反道败德。君子在野，小人在位。民弃不保，天降之咎。肆予以尔众士，奉辞伐罪。尔尚一乃心力，其克有勋。"三旬，苗民逆命。益赞于禹曰："惟德动天，无远弗届，满招损，谦受益，时乃天道。帝初于历山，往于田，日号泣于旻天，于父母，负罪引慝；祗载见瞽瞍，夔夔斋慄，瞽亦允若。至诚感神，矧自有苗？"禹拜昌言曰："俞！"班师振旅，帝乃诞敷文德，舞干羽于两阶。七旬，有苗格。[①]可见实施仁政、加强道德修养，是当时舜帝的思想反映。而禹"舞干羽于两阶"，即手执兵器以舞蹈形式，显示武装力量，大力宣传"肉刑"以及战争的残酷，最终征服了三苗。

《史记·正义》记载："黄帝之前，无有衣裳屋宇，及黄帝造屋宇，制衣服，营殡葬，万民故免存亡之难。"[②]黄帝是在神农氏教耕而定居和农业发展的基础上组建了军队，以武装力量打击侵害诸侯、暴虐百姓的罪恶势力，并以此创建国家的基本模式。黄帝创建国家初始，即为中国古代的氏族社会树立了一个伟大的榜样，在五帝时期坚持以维护社会公平与正义、天下为公的道德榜样，对后世具有重大影响。《太平御览·叙皇王上》记载，易纬曰："帝者天号也，德配天地，不私公位，称之曰帝。""黄帝正名百物，以明民共财，颛顼能修之；帝喾能序星辰以著众；尧能赏均刑法以义终；舜勤众事而野死。"[③]"'易'称天先春而后秋，地先生而后凋，日月先光而后幽，是以王者则之，亦先教而后刑。三皇结绳，五帝画像，三王肉刑。"又曰："庖牺神农顺民之性育之者也，黄帝除民之害救之者也。""伏羲神农教民而不诛，黄帝尧舜诛而不怨。"[④]以上记载了古代社会最早出现刑法的渐进之大概过程，从结绳记事到五帝时期之"肉刑"改"象刑"，至夏商周实施"肉刑"。基本符合从黄帝开始，与蚩尤的战争、颛顼消灭东夷族地区的"肉刑"，尧舜时期采取"象以典刑"，逐渐过渡

---

① （汉）司马迁：《史记》，中华书局 1999 年版，第 34 页。
② （汉）司马迁：《史记》，中华书局 1999 年版，第 7 页。
③ （宋）李昉等：《太平御览》，中华书局 1988 年版，第 354 页。
④ （宋）李昉等：《太平御览》，中华书局 1988 年版，第 356—361 页。

到舜禹时代的“九刑”，即“五刑”（肉刑）、流刑、鞭刑、扑刑、赎刑。同时确立了公正无私的设刑立法以及“与其杀不辜，宁失不经”[①]的执法指导思想，以垂范后世。

《太平御览·象刑》引尚书大传曰：“唐虞象刑而民不敢犯，苗民用刑而民兴相渐。唐虞之象刑，上刑赭衣不纯（本注：纯，缘者。时人尚德义，犯刑者但易衣服，自为大耻。）中刑杂屦（履），下刑墨幪（幪巾也，使以下得冠饰）以居州里而民耻之。”[②]《商君书锥指》引慎子曰：“有虞之诛，以幪巾当墨，以草缨当劓，以菲履当刖，以艾韠当宫，布衣无领当大辟，此有虞之诛也。”[③]《尚书·舜典》记载：“象以典刑，流宥五刑，鞭作官刑，扑作教刑，金作赎刑。”[④]《尔雅·释诂》记载：“象以典刑；常也，典刑，常刑，即肉刑。”可见“象刑”来源于东夷族曾经实施之“肉刑”，到了尧舜时代“象刑”已经成为“常刑”，就是说“象刑”在颛顼帝时期就已经出现，所以才有“五帝画像”的记载。这些皆可以佐证“象刑”的产生与存在，说明古时候自从有了“肉刑”之后，就产生了“象刑”，“象刑”属于当时的一个刑种，也说明被执行“象刑”的人并不需要继续收押狱中。

生活于战国晚期的荀子（公元前298—前238年）在其《正论》中说：“世俗之说者曰：‘治古无肉刑，而有象刑，墨黥；慅婴；宫，艾毕；菲（剕），葑屦；杀，赭衣而不纯。治古如是。’是不然。”[⑤]荀子不仅说古人没有“象刑”，他还认为只要犯罪，就要实施“肉刑”。“象刑”是“直轻其罪，然则是杀人者不死，伤人者不刑也。凡刑人之本，禁暴恶恶，且惩其未也。”所以，他认为“象刑”是战国时代人们的一种说法，古代并不存在。荀子主张执法必严，即“惩其未也”。并认为“治则刑重”。这是他主张人性恶的辩论观点，这一观点的错误在于，“象刑”乃是古代刑法产生的初期阶段，没有实际意义上的“肉刑”惩罚，就没有“狱”存在的

① 李民、王健：《尚书译注》，上海古籍出版社2005年版，第30页。
② （宋）李昉等：《太平御览》，中华书局1988年版，第2886页。
③ 蒋礼鸿：《商君书锥指》，中华书局1986年版，第50页。
④ 李民、王健：《尚书译注》，上海古籍出版社2005年版，第15页。
⑤ （战国）荀况：《荀子》，远方出版社2004年版，第134页。

必要。从古代相关“五刑”的记载可以发现历史上“五刑”出现的实际过程。《尚书·吕刑》记载：“若古有训，蚩尤惟始作乱，延及平民，罔不寇贼，鸱义奸宄，夺攘矫虔。苗民弗用灵，制以刑，惟作五虐之刑曰法”。① 由于蚩尤作乱，导致苗民“治以刑，惟作五虐之刑曰法。”“残杀无辜”、“上帝监民”，蚩尤与黄帝是同时代人，蚩尤被黄帝战败之后，苗民还在使用残酷的“肉刑”残害百姓，颛顼帝是黄帝的孙子，颛顼帝消灭了苗民使用“肉刑”虐害百姓的人。这说明“五刑”（肉刑）在颛顼时代仍在使用。

颛顼帝废除“肉刑”，到了尧舜时期有了关于犯罪实施“流宥五刑”的记载：“流共工于幽州，放讙兜于崇山，窜三苗于三危，殛鲧于羽山。”之后出现了“皋陶，蛮夷猾夏，寇贼奸宄。汝作士，五刑有服，五服三就；五流有宅，五宅三居，惟明克允”② 的法律规定。可见比黄帝时代稍晚的颛顼时期，直至尧舜时代，在宣传并继续使用“象刑”的同时使用了流刑，“肉刑”并没有实际使用。但是，到了舜禹时期，由于“蛮夷猾夏，寇贼奸宄”，而实施了实际的“肉刑”，说明氏族社会进入崩溃阶段，“象刑”、流刑已经不足以制止犯罪。从尧、舜、禹（包括皋陶）历史时段计算，他们所处年代应当在公元前2500年到公元前2200年之间。禹的儿子夏启建立夏王朝约在公元前2100年，计算黄帝取代神农氏、炎帝、蚩尤，这是中华民族三位人文始祖的斗争过程，苗民创设并滥用肉刑当在公元前3000年至公元前2800年之间，至颛顼帝废除“肉刑”，这一时段出现了以“肉刑”为标本的“象刑”（即象刑是模拟实际肉刑之形象），直到尧舜时代刑法有了进一步的发展，出现了《舜典》中的“象以典刑”经过“流宥五刑”至“蛮夷猾夏，寇贼奸宄”、“五刑有服”的实际“肉刑”。

尧舜时期，实行的是天下为公的禅让制度，其法律制度有了进一步的发展，形成了比较系统的刑法体系，首先是“象刑”的继续使用。“象以典刑”，《尔雅·释诂》记载：“典，常也。典刑，常刑；即五刑。”③ 从而说

① 李民、王健：《尚书译注》，上海古籍出版社2005年版，第399页。
② 李民、王健：《尚书译注》，上海古籍出版社2005年版，第14—18页。
③ 李民、王健：《尚书译注》，上海古籍出版社2005年版，第15页。

明“五刑”存在已久，故称常刑，即颛顼时代苗民所使用的“肉刑”是真实的历史存在。“肉刑”的存在成为“象形”的前提条件，如果没有苗民地区实际实施“肉刑”残酷的社会影响，就不会出现颛顼帝激烈反对“肉刑”的记载，在没有文字的时代，没有“肉刑”的社会实践真实的客观存在，只有图像示意或者“画衣裳，易章服”，不可能称之谓“典刑”，“典刑”就是“常刑”之意，是苗民地区曾经经常使用的刑法。而“象刑”所“象”即真实的“肉刑”，正是由于人们对于这种残酷“肉刑”的恐惧，以“肉刑”的残酷形象图案刻画在器物上，以图像示意，借以威慑那些可能危害公众利益或者侵犯他人权益的人。在五帝时期，尚属具有血缘关系的氏族制社会，神农氏教耕而王的过程，就是人们开始定居、氏族大联合的时代。所以颛顼极力反对残酷的“肉刑”的实际使用，为了使犯罪者受到警告，即以“幪巾”、“赭衣不纯”、“菲履”等方式代表“肉刑”的残酷形象，表示犯罪的羞辱刑。换言之，当时如果没有刑法，没有残酷“肉刑”的真实存在，“画衣服、易章服”又有什么意义？没有刑罚的威力（强制性），犯罪者既不可能自愿地被“画衣裳、易章服”，庶民百姓更不明白其代表“肉刑”的真实意义与残酷性，也不可能出现“象刑”。可见“肉刑”曾经的客观存在，才是“象刑”存在的基础，“象刑”的应用是时代的需要。

“象刑”在《尚书·皋陶谟·大禹谟》中也得到印证，舜帝曰：“迪朕德，时乃功惟叙。皋陶方祗厥叙，方施象刑惟明。”本注解释：“象刑，刻画刑杀之象于器物上，惟明，使民众明了。”①

事实上“象刑”就是最初的一种警告、羞辱意义的刑罚惩罚方式。在天下为公的社会意识形态下，有人以谋求私利而犯罪，的确是奇耻大辱，公开这种耻辱行为，使其暴露于光天化日之下，具有极大的精神震慑作用。这显示了在大公无私的仁爱社会，依靠公共的群体力量，实现惩罚性质的刑法。当时极其排斥苗民所真正实施的残酷“肉刑”，在没有文字表达的时期，利用已经普遍存在的绘画艺术，来表现肉刑的残酷形象，从艺术与社会实践的关系分析，这就是苗民创设并实施的“肉刑”到“象刑”

---

① 李民、王健：《尚书译注》，上海古籍出版社 2005 年版，第 49 页。

的演变过程，只有实际“肉刑”的客观存在，才可能产生具有绘画艺术性的“象刑”之威慑作用。

设立“象刑”的意义在于：

第一，明示犯罪是极其耻辱的行为；

第二，对世人具有警示作用；

第三，依靠民众监督的力量，使犯罪者长期处于广大民众的监督之下，促使其改正；

第四，对犯罪者实施精神惩罚；

第五，使犯罪者孤立于社会群体之外，即实施社会性报复；

第六，避免了实施“肉刑”造成的不可逆的终生性身体损害的残酷，同时废除了死刑；

第七，这是尊重生命及重视生存权利的体现，在一定程度上代表了“象刑”时代的社会意识形态。

所以，“象刑”时期还没有出现关于看守所或者狱的相关记载。

三、中国古代看守所的雏形——皋陶制狱

舜禹时代，已经出现了“流宥五刑，鞭作官刑，扑作教刑，金作赎刑。眚灾肆赦，怙终贼刑”的记载，可以看出当时已经有了流刑，即流放。“流共工于幽州，放驩兜于崇山，窜三苗于三危，殛鲧于羽山，四罪而天下咸服。”[①]“流宥五刑”就是对犯了“五刑”（肉刑）之罪的一种宽宥的惩治方式，发展为“五刑有服，五服三就”。说明“肉刑”是从“象刑”到实刑的过渡方式。根据《尚书·皋陶谟》记载，实施“肉刑”的社会伦理道德规范表现为“天叙有典，敕我五典五淳哉！天秩有礼，自我五礼有庸哉！同寅协恭和衷哉！天命有德，五服五章哉！天讨有罪，五刑五用哉”。这里提出，上天要惩罚有罪的人。有罪的人就是不遵守社会礼仪道德的人，这是由于“天聪明，自我民聪明。天明畏，自我民明威，达

① 李民、王健：《尚书译注》，上海古籍出版社 2005 年版，第 14 页。

于上下，敬哉有土”。[①] 上天听取意见，观察问题，都是依据民众的态度。上天表彰有德的人，惩罚罪人，也根据民众的赏罚态度。天意和民意是上通下达的，要谨慎啊，四方的诸侯们。从以上记载我们可以知道，当时明确规定了惩罚罪人的依据是民众的意见，被施以“肉刑”的人，就是侵犯民众利益的人，所以刑法是不允许乱用的，必须符合上天的意见，也就是天下民众的意愿。

《大禹谟》记载，帝曰：“皋陶！惟兹臣庶，罔或干予正，汝作士，明于五刑，以弼五教，期于予治，刑期于无刑，民协于中。”皋陶曰：“帝德罔愆。临下以简，御众以宽；罚不及嗣，赏延于世；宥过无大，刑故无小；罪疑惟轻，功疑惟重；与其杀不辜，宁失不经。好生之德，恰于民心，兹用不犯于有司。”[②] 鉴于“肉刑”的残酷，实施肉刑的同时制定了疑罪从无的执法原则，即“罪疑惟轻”、“与其杀不辜，宁失不经”。这一原则比西方国家提出“疑罪从无”早三千多年。从“肉刑”的实施必须经过审判，然后定罪，由此可知与之相应的审前羁押机构已经存在。

这一时期的法律制度也相对完善，“五刑”（肉刑）加上流刑、鞭刑、扑刑、赎刑，已有“九刑”。“眚灾肆赦”也是在中国古代刑法史上第一次提出过失犯罪与故意犯罪、惯犯的不同处理原则。

流放刑实际上就是一种强制性、氏族性定点迁徙行为。在氏族社会，氏族首领拥有该氏族的所有决定权，因此对于氏族首领犯罪的处置，可能涉及整个氏族，但是也有例外。鲧被流放，他的儿子禹因为表现卓越，并没有被流放，后由于治水有功而做了司空，最终成为舜帝的接班人。在这一时期，“肉刑”逐渐演变成为实刑。《尚书·舜典》记载，舜帝曰：“皋陶，蛮夷猾夏，寇贼奸宄。汝作士，五刑有服，五服三就；五流有宅，五宅三居，惟明克允。”[③] 马融云：“士，狱官之长。”郑玄曰：“士，察也，主察狱讼之事。”五服三就，郑玄谓用五刑的时候，可以在原野、市朝、甸师三个地方。《国语》里臧文仲云：“大刑用甲兵，其次用斧钺，中刑用刀锯，其次用钻笮，薄刑用鞭扑，以威民也。故大者陈之原野，小者散之市朝，

---

① 李民、王健：《尚书译注》，上海古籍出版社 2005 年版，第 28 页。
② 李民、王健：《尚书译注》，上海古籍出版社 2005 年版，第 30 页。
③ 李民、王健：《尚书译注》，上海古籍出版社 2005 年版，第 18 页。

五刑三次，是无隐也。”韦昭注：次，处也，即就，三次即三就。结合前面“象以典刑，流宥五刑”分析，在尧舜时代，当尧帝在世的时候，实施“象刑”与流刑（是说以象刑和流放的方式代替“肉刑”，以示宽大。）但是，过了二十八年，尧帝去世之后，出现了“蛮夷猾夏、寇贼奸宄”。这里涉及氏族与蛮夷即部落内外的区别，寇贼奸宄也涉及内外。郑玄注：“强取为寇，杀人为贼，由内为奸，起外为轨。”而“象刑”与“肉刑”同时使用，恰恰也是这一时期开始，使“肉刑”成为实刑。说明这一时期的社会形势发生了变化，认识到了“肉刑”使用的残酷性，一致的是与之相适应的执法指导思想的确立。“罪疑惟轻，功疑惟重；与其杀不辜，宁失不经。好生之德，洽于民心，兹用不犯于有司。”并提出了“刑期于无刑”的立法思想。为了避免刑法实施中的错误，防止贤善之人被刑，所以宁可错放有罪的人，不能没有切实证据而杀害疑罪之人。这一执法原则，直接涉及审前羁押与审判，对于后世影响极其深远。其司法程序证明皋陶为士的时期，出现并使用了审前羁押人犯的机构，古人称之为“狱”、“圉”、“囹圄”、“牢”、“狴犴”等。其具有审前羁押之功能，即现代看守所之功能与性质。“皋陶治狱”或者“皋陶造狱”的相关记载，皆是由于皋陶是中国古代最早担任士，即理刑狱官的缘故。

《左传昭公十四年》记载，叔向说：“己恶而掠美为昏，贪以败官为墨，杀人不忌为贼。《夏书》曰：‘昏、墨、贼，杀’皋陶之刑也。”[①]关于皋陶制刑造狱的记载颇多，虽然当时还没有文字，但是，“五刑”的出现，是在黄帝时代晚期的颛顼时期，涉及东夷族的蚩尤、三苗，三苗也属于东夷族，包括蚩尤部落却有明确描述。《尚书·吕刑》记载，肉刑为蚩尤作乱时期苗民所创。皋陶是尧舜时代东夷族首领，《史记·五帝本纪》记载，皋陶为舜帝大臣，掌管刑罚狱讼，称：“皋陶为大理，平，民各伏得其实。”证明皋陶生活的时代是在氏族社会晚期，刑法制度不仅逐渐完善，而且已经形成了“天下为公”的执法思想，呈现出早期法律制度的演进过程。“与其杀不辜，宁失不经”、“疑罪从赦”的执法原则成为检验后世刑法宽严适当与否的重要标准。这一时期实施刑罚的社会意识形态是“天讨

① 李梦生：《左传译注》，上海古籍出版社 2004 年版，第 1061 页。

有罪，五刑五用哉！”说明“肉刑”已经具有社会需求的意识形态基础，也形成了“五刑”的司法程序，罪行大小、轻重必须审查清楚，并依照“五刑”，在不同地方、不同时间，公开执行刑罚。突出体现了实施刑法的早期阶段，其基本原则是公开，公正，疑罪从无，充分显示了刑法维护社会正义的基本特征。由此可见，皋陶所造之“狱”，羁押的是待审的未决犯。这里需要说明的是“与其杀不辜，宁失不经”的执法倾向，不仅是因为刑事侦查技术的限制，获取证据困难，最重要的是仁德、宽厚、博爱的天下为公思想的影响，从而防止无辜者受刑。

“肉刑”的实施，是作为刑法的一种刑种而存在的，正确适用刑法，就必须设置审判前及时对于涉案人员的羁押程序及其羁押场所，即皋陶所造之“狱”。这不仅是为了及时终止犯罪的必需措施，也是审前必需的准备程序，没有审前羁押，就不能保障审判的公正与顺利。这种审前羁押机构，即为现代所称之看守所，古代称之为“圉”或者“囹圄”、“狱”。皋陶时代没有文字，夏商周皆有囚禁或者幽禁人的场所，也称“囚”。《尚书》记载：殷纣“屏弃典型，囚奴正士”①，“释箕子囚”，“要（幽）囚”。②夏囚汤于夏台，商纣囚西伯于羑里，说明羁押场所的存在，其名称是文字出现之后，依据象形文字或者会意的方式形成的文字来记录的。从这一观念分析，“圉”或者“囹圄”，“牢”，多种（近义词的）名字皆无不可。“圉”，甲骨文为人的双手被刑具锁定，在四周封闭之处。不过狱在《尚书》中记载：“庶狱庶慎”、“司政典狱”。③这里狱字的记述，皆为刑狱、狱讼之意。《太平御览》引《易经》里已经有关于狱的象辞，《易》曰：“泽上有风，中孚君子以议狱缓死”。又曰：“山下有火贲，君子以明庶政，无敢决狱。”议狱、决狱是讯狱、鞫狱的意思。

皋陶所造之“狱”，从其功能分析，并非现代执行自由刑的监狱，而是具有审前羁押功能的看守所。从氏族制社会的法律演进过程可以发现，具有审前羁押性质的“狱”（看守所）的出现，早于自由刑执行机构的监狱。这是由实施刑罚的方式（刑种）不同决定的，当时的“肉刑、象刑、

---

① 李民、王健：《尚书译注》，上海古籍出版社 2005 年版，第 201 页。
② 李民、王健：《尚书译注》，上海古籍出版社 2005 年版，第 262 页。
③ 李民、王健：《尚书译注》，上海古籍出版社 2005 年版，第 400 页。

流刑、鞭刑、扑刑、赎刑”皆不属于自由刑，即不需要在一定时间内或者长期严格限制人身自由的监狱来执行刑罚，刑种实施办法（执行方式）决定行刑制度。所以尧舜时代“皋陶制狱”，是指审前羁押涉案人员的场所，也是实施审判，即古人称之为“议狱”、“决狱”的地方，其职能具有看守所的审前羁押性质，完全不同于行刑的监狱功能，当时的“狱”也有刑事案件之意。

四、古代“狱”（看守所）与“家天下”法律制度的形成

《春秋繁露义证》引慎子曰：“断其肢体，凿其肌肤谓之刑，画衣冠，异章服谓之戮。上世用戮而民不犯，中世用刑而民不从。”① 引孝经纬曰：“三皇无文，五帝画像，三王肉刑。”所谓画像，即画换衣裳也。文宣引墨子：“画衣冠，异章服，而民不犯。”初学记引尚书大传曰：“唐虞（尧舜）象刑，而民不敢犯。”这是“象刑”到“肉刑”的刑法演变过程。这一观点与前面考证之结论相一致，也认为“象刑”与“肉刑”是唐虞即尧舜与夏禹之交过渡的，从舜到禹成为“天下为公”到“家天下”的分界线。而“象刑”到实施“肉刑”的过渡也在这一时期，现代考古发现，经过放射性碳素断代并经矫正，也恰恰说明，从公元前3000年前后的黄帝与蚩尤等的战争，经过五帝时期，至公元前2500年—前2100年之间，是原始社会逐渐进入奴隶社会的时期，随着国家体制的逐渐完善，其法律制度也趋于发展。现代考古学的发现结合古代文献相互佐证，支持“刑起于兵”的历史记载，也证明“肉刑”的存在及其从废除到“象刑”的过度，又从“象刑”到“肉刑”实施的社会发展、刑法演进变化过程的真实存在。

从禹开始进入私有制社会，即“大道既隐，天下为家，货力为己”。所以是各自为己谋取私利，为了防止谋取私利之间的争夺，设置了私有制时代的礼仪规范与法律制度，在私有制的基础之上建立起严格等级制度，要求以私有制为基础的新的礼仪规范及刑法制度确立，明确“以正君臣，以笃父子，以睦兄弟，以和夫妇，以设制度，以立田里，以贤勇智，

① 苏舆：《春秋繁露义证》，中华书局2002年版，第103页。

以功为己”的行为规范。其社会意识形态则是：“谋用是作，而兵由此起。禹、汤、文、武、成王、周公，由此其选也。此六君子者，未有不谨于礼者也。以著其义，以考其信，著有过，刑仁讲让，示民有常。如有不由此者，在执者去，众以为殃。是谓小康。”①在此明确指出，中国古代天下为公的治国指导思想至于夏禹，与其相应的礼仪、刑法制度也至于夏禹结束。该时期所设置的具有审前羁押功能性质的“狱”，同样至于夏禹。《太平御览》引说苑曰：“禹见罪人下车，问而泣之，左右曰：‘夫罪人不顺道故然焉，君王何为痛之至于此也？’禹曰：‘尧舜之民皆以尧舜之心为心，今吾为君，百姓皆以其心为心，是以痛之。’”②这一描述也说明，尧舜时代是“天下为公”，禹的时代成为“天下为家，货力为己”的私有制时代。诸多资料证明中国古代相关文献记载的历史发展的科学性及其正确意义，当时虽然没有制定统一的理论性社会制度衡量标准，最终却形成了基本统一的社会性认知观点，其所记载的中国古代国家体制，以及刑法制度，包括“狱”（看守所）的起源，结合现代考古佐证，说明距今数千年前人们的社会认识能力与观念已经具有历史认知的客观性与准确性。不仅记述了从“五帝”时代的社会文明演进过程，经过尧舜时期逐渐完善，同时准确地划分了原始公有制社会进入私有制、奴隶制社会的界限，并且明确指出，在天下为公的社会，国家重视社会物质生活的丰富与发展，为民众谋利益，如果谋取私利、危害民众利益就是犯罪。

《太平御览·皇王》曰：“谨案易尚书大传：天立五帝以为相，四时施生，法度明察，春夏庆赏，秋冬刑罚。帝者任德设刑，以则像之，言其能行大道、举措审谛也。黄帝者先也、厚也，中和之色，德施四季，与地同功，故先王以别之地。帝颛者专也，顼者信也、悫也，言其承文易之以质，使天下遵化，皆贵贞悫也。喾者考也、成也，言其考明法度醇美，喾然若酒之芬香也。尧者高也，言其隆兴焕炳，最高明也。舜者准也、循也，言其准行道以循尧绪也。”③这是以“五帝”时代的公而无私、递相传承的伟大精神，结合“五帝”的名号具体解释其实际含义，指出“五帝”

① 王文锦：《礼记译解》，中华书局 2005 版，第 287 页。

② （宋）李昉等：《太平御览》，中华书局 1988 年版，第 382 页。

③ （宋）李昉等：《太平御览》，中华书局 1988 年版，第 361 页。

时期任德设刑的切实意义在于保障民众的生产与生存的正常社会秩序。“五帝”时代没有文字，帝号的确认是后人的赞美。可见当时的刑法制度，对于维护社会公正的价值取向具有实际意义，这是从善良的愿望出发，寓教于刑，成为设刑立法的基本原则。《史记·五帝本纪》记载尧帝没有传位给儿子丹朱时指出：“终不以天下之病而利一人。”①坚守公而无私，以维护天下百姓的利益原则。所以法律所惩治的是图谋私利、损害百姓利益的人。进入小康社会之后，这一切皆发生了改变。

狱中羁押的是为图谋私利而犯罪的人，小康社会允许图谋私利，只是在图谋私利的时候，必须遵守等级森严的礼仪及其法律制度，所以等级制度成为礼仪规范与法律的基础。危害他人或危害社会的犯罪行为，是指超出了礼仪规范，超出了等级制度允许的法律规定。在明确等级的基础上，制定新的利益分配规范，确立社会价值取向的平衡原则，这一原则首先确立了帝王及其家族代表国家的绝对权力，之后明确了官吏、贵族的特权，在新的等级的基础上进行平衡，从而达到新的等级制度下的“公正”，这是“家天下”时代维护社会公平的基本原则。其社会实践仍是以法律作为维护社会经济发展秩序的保障，而打击破坏新的社会秩序平衡的人，同样需要提倡天下为“公”，这是维护等级秩序基础之上的利益分配原则，即私有制家天下的天下为“公”。“公”，永远代表国家、天下人的共同利益，即使封建帝王也不得不承认“天下是天下人之天下”。这是因为私欲过度膨胀，包括帝王，皆会破坏等级制度，破坏等级制度就是犯罪。所以私有制帝王时代，对于中国古代“五帝”时期天下为公的道德观念是肯定的，需要国家的稳定，需要提倡国家利益、公共利益、民众利益的适宜均衡点。因为从夏禹立国伊始就指出，民众是国家之根本，帝王是代表国家、民众的，同样需要法律制度，包括对于“狱”（看守所）之职能的肯定。所以封建时代之明君，大多提倡天下为公以训导官吏，防止其谋取私利。否则，就不能保障社会稳定。

从诸多古代文献记载可以看出，当时已在一定程度上体现出“立法为民、执法为公”的思想与为广大民众服务的意志，以稳定社会秩序。从中

① （汉）司马迁：《史记》，中华书局 1999 年版，第 23 页。

国“五帝”时期“狱”之功能的历史演进过程可以知道，“五帝”时期的“狱”，并非皆是正确无误的，其执法能力与社会的科技水平有关。《论衡》记载：“獬豸（音 xie zhi）者一角之羊（传说中的神羊、神兽，独角，见人斗，即以角触不直者）性知有罪，皋陶治其罪，疑者令羊触之，有罪则触，无罪则不，斯盖天生一角圣兽助狱为验，故皋陶礼羊跪坐事之，此则神奇瑞应之类。”① 这是古代神判的记载。

《后汉书·范滂传》记载，滂坐系黄门北寺狱，狱吏谓曰：“凡坐系皆祭皋陶。”滂曰：“皋陶贤者，古之直臣。知滂无罪，将理之于帝；如其有罪，祭之何益！”② 后世以皋陶为狱神。古人已经充分认识到羁押与审判公正的社会意义，在信奉上天的时代，自然期望神判，这也是人们极力追求司法公正的体现，同时也说明后世的审前羁押机构虽然是“家天下”时代，在司法不能维护社会正义的时候，只能祈求狱神，尤其在完全失去自由的狱中，皋陶成为主持公正的唯一希望。人们希望在看守所里能够做到执法公正，从而说明“狱”和执法公正对于社会稳定具有重要意义。

执法公正的社会时代意义在于“立天子贵之者非以利一人，曰天下无一贵，则理无由通，通理为天下也，故立天子为天下也，非立天下为天子也。立国君以为国也，非立国以为君也”。③ 皋陶造狱时期的法律特征是天下为公。后世之立法也必须遵守天下为公之基本原则，并非立法为君。可见从产生了文字之后，在私有制时代，人们更加认识到立法为公（天下、国家、民众）与为私（个人、家族、或者一部分人）的区别。从传说的神羊助狱也可以发现，自从皋陶造狱，就出现了审前羁押机构，形成了力求审判正确、罚当其罪执法理念。由此推出，“皋陶造狱”时期的狱（看守所），体现的就是以国家权力的强制性措施制止或终止犯罪行为，同时进行审前羁押，为审判公正提供保障。这一基本原则，依旧是私有制“家天下”时代所追求的执法原则，从而说明古代“狱”的神圣职能，对于后世的影响何其深远。也足以证明，中国古代，早在四千多年之前人们就已经认识到，天下为公与私有制帝王时代的法律制度，具有基本一致的

① （宋）李昉等：《太平御览》，中华书局 1988 年版，第 2881 页。
② （宋）范烨：《后汉书》，中华书局 1999 年版，第 1490 页。
③ （宋）李昉等：《太平御览》，中华书局 1988 年版，第 358 页。

夙愿，即公平、正义的法律诉求。

第二节　夏代看守所

约公元前2070年，夏禹之子启建立了中国古代第一个统一的“家天下”政权世袭制国家。权力运行体制采用中央直辖、地方自治的松散联合政体形式。中央地区是以禹的夏氏族为核心，由夏氏族领导的长期与其共同生存形成的生活、生产、婚姻等关系极其密切的一些氏族，作为中央直辖地区，该地区的民众也称之谓“夏民”。成为夏朝君王的直接行政管理的地区，也是夏王朝政权赖以生存的基础力量。从《史记·夏本纪》记载的理论规范理解：“令天子之国以外五百里甸服；甸服外五百里侯服；侯服外五百里绥服；绥服外五百里要服；要服外五百里荒服。”① 作为夏民居住区以外的地区，按照各地氏族相融合而形成地方势力范围，各地大小诸侯所能控制的地区成为诸侯权力自治的地方性行政区域。夏王朝的国家权力运行体系，其中央政令、法律并不能直接贯彻到各诸侯的基层地区，因为中央与地方诸侯之间，不是国家行政权力层级式统属关系，而是地方诸侯表示接受夏王领导，每年定期向夏王朝缴纳一定数量的贡赋，在一定条件下，地方诸侯的军队也可以为夏王效力。但是，各诸侯国有相对独立的权力体制、财税制度和军队，各地诸侯也是世袭制，夏王朝的礼仪规范、法律制度在中央夏民地区统一使用。但是，其政令、法令在各诸侯国的使用情况不一。一般情况下接近中央地区的诸侯国较能适应，愈远愈差。诸侯国与夏王朝关系之重要前提条件是，夏王朝政权稳固，能够受到民众（夏民）的拥护，具有雄厚的财力与军事力量。否则，诸侯就会不朝不贡，其政令、法令也就不能在各诸侯国实施。《史记·夏本纪》记载夏代：“帝孔甲立，好方术鬼神，事淫乱，夏后氏德衰，诸侯畔之。”②

① （汉）司马迁：《史记》，中华书局1999年版，第56页。

② （汉）司马迁：《史记》，中华书局1999年版，第63页。

研究夏代的狱制，主要是对夏朝中央地区刑法狱制的探讨。近代考古学的研究认识观点虽然尚不能完全统一，但是有一点是肯定的，那就是夏文化的真实存在。考古学争论的焦点在于，近年在河南偃师县的二里头村遗址发现的古文化遗存，以不同层次分作四期，碳素断代为公元前1900年—前1500年，有人认为前二期为夏文化，后二期为商代早期遗存。另有人认为二里头地区就是夏代晚期的都邑，不是商文化遗存，而是夏文化遗址。但是，两种意见均支持夏文化的存在，由此也可以排除过去史学上对于夏文化存疑的观点。二里头遗址已经发现宫殿建筑遗址两座，考古认为这两座宫殿建筑开创了中国宫殿建筑的先河。其墓葬已经分为大、中、小三种，随葬品的多少，悬殊很大，并发现不少被弃置在灰坑里的尸骨，有的双手被捆绑，显系被迫致死。[①]《史记》记载："有扈氏不服，启伐之，大战于甘。将战，作甘誓，乃召六卿申之，启曰：嗟！六事之人，予誓告女；有扈氏威侮五行，怠弃三正，天用剿绝其命。今予维共行天之伐。左不攻于左，右不攻于右，女不共命。御非其马之政，女不共命。用命，赏于祖；不用命，僇于社，予则帑僇女。"[②]这是夏启发布的战前动员令，在这里凸显了当时法律的独裁特征，服从命令有赏，不服从命令就要受到严厉的惩罚，甚至累及家族。这是军法，同时也是私有制"家天下"的王法，说明王权已经成为国家最高的法权，这里所表现的法律思想与五帝时代的"象以典刑，流宥五刑"等具有本质的区别。

同时，在一定法律规范的基础上，夏代的具有审前羁押性质之"狱"已经具有相应的文献记载。

《春秋繁露义证》引白虎通五刑篇曰："夏曰夏台，殷曰羑里，周曰囹圄。"郑志："囹圄，秦狱名。"又郑注月令："囹圄所以禁守系者，若今别狱矣。"意林风俗通："周曰囹圄。囹，令；圄，举也。言令人幽闭思愆，改恶为善，因原之也。今县官录囚皆举也。"案：《说文》："囹，狱也。"又云："囹圄所以拘罪人。"是圄字亦也作圉。又与敔同。说文："敔，禁也。"囹圉盖狱名，取禁系之义耳，似无分于周秦。[③]这是我国古代狱名

① 夏鼐：《考古学》，中国大百科全书出版社1986年版，第118页。

② （汉）司马迁：《史记》，中华书局1999年版，第62页。

③ 苏舆：《春秋繁露义证》，中华书局2002年版，第103页。

的大致变化，从秦汉已经习用“狱”作为狱（监禁、羁押）或者决狱（审判）的书写名称。

《史记索引》记载，徐广曰：“从禹至桀，十七君，十四世。”按：汲冢纪年曰：“有王与无王，用岁四百七十一年。”[①]《史记·夏本纪》记载：“自孔甲以来诸侯多畔夏，桀不务德而武伤百姓，百姓弗堪。迺召汤而囚之夏台，已而释之。汤修德，诸侯皆归汤，汤遂率兵以伐夏桀，桀走鸣条，遂放而死。桀谓人曰：‘吾悔不遂杀汤于夏台，使至此。’”[②]夏桀囚禁商汤的夏台（又曰均台），就在今禹州市北面约二十公里处，至今仍遗留古均台（又称古钧台）遗址，夏台（均台）是我国现存之古代最早的审前羁押机构（即看守所）的遗址。

《竹书纪年》记载：“夏帝芬三十六年作圜土。夏帝杼之子槐，即第七代夏王。”说明夏王朝已有刑法和“狱”。《尚书·书序》曰：“吕命穆王训夏赎刑，作《吕刑》。”[③]《史记·平准书》引《尚书·大传》记载：“夏后氏不杀不刑，死罪罚二千馔。”[④]《太平御览》记载的“三王肉刑”说明夏代依旧是“肉刑”，同时有赎刑存在，“夏台”、“圜土”（关于夏代圜土记载甚少，没有发现有关劳作刑或年刑的记载）应该皆属于审前羁押功能之狱。商汤虽被囚夏台，并没有被判处徒刑。说明当时的狱不是专门执行刑罚之场所，而是具有审前羁押职能性质的场所。

《武英殿十三经注疏》本《尚书正义·胤征》记载：“羲和尸厥官罔闻知，昏迷于天象，以干先王之诛。《政典》曰：‘先时者，杀无赦，不及时者杀无赦。’”[⑤]夏代设置的“常刑”是“肉刑”，即实施“肉刑”的法律制度（即五刑系列），而非劳作刑或者徒刑。所以“三王肉刑”的记载是可靠的，当时的“狱”，就是具有审前羁押功能的看守所。

《太平御览》卷六四三载晋代张华的《博物志》：“夏曰念室，殷曰动止，周曰稽留，三代之异名也。又狴犴者亦狱别名。”“又曰：周礼，三王

① （汉）司马迁：《史记》，中华书局 1999 年版，第 89 页。
② （汉）司马迁：《史记》，中华书局 1999 年版，第 65 页。
③ 李民、王健：《尚书译注》，上海古籍出版社 2005 年版，第 400 页。
④ （汉）司马迁：《史记》，中华书局 1999 年版，第 1210 页。
⑤ 李民、王健：《尚书译注》，上海古籍出版社 2005 年版，第 98 页。

始有狱。夏曰夏台言不害人，若游观之台，桀拘汤是也；殷曰羑里言不害人，若於閭里纣拘文王是也；周曰圀圄令圄举也，言人幽闭思愆改恶为善因原之也，今县官录囚皆举也。”①现有文献还不能说明夏台或者夏代的圜土等狱，具有关押已决犯的功能。在其刑种记载中有肉刑、赎刑等，而没有发现劳作刑或者徒刑的法律规定。

第三节　殷商时代看守所

一、羑里

《史记·殷本纪》记载："纣囚西伯于羑里。西伯之臣闳夭之徒，求美女奇物善马以献纣，纣乃赦西伯。西伯出而献洛西之地，以请除炮烙之刑。""箕子惧，乃佯狂为奴，纣又囚之。"

羑里，其地址在今河南汤阴县北约五公里。《史记·殷本纪》正义记载："河南汤阴有羑里城，在汤阴县北九里，纣囚西伯城也。"②证明商王朝"狱"的存在，这是等待定罪处置或者候审的狱，从其功能分析，依然属于审前羁押性质之"狱"（看守所）。

《中华法制史原理与案例教程》一书记述："商代的监狱见于文献记载的称为'羑里'，据唐人解释，羑，即牖，类似现在的天窗。商人的监狱，有些是在地下挖窖穴，上面加棚盖，棚盖上开有窗，所以称牖里或羑里。纣王将西伯（周文王）囚于羑里。甲骨文中的圉字，像一戴着刑具的犯人被囚于方形的监牢中。安阳殷墟的考古发掘中，曾发掘出商代的地牢，长1.6米，宽1.1米，深2.7米。这些都说明商代监狱的存在。"③

至于羑里这个地方囚禁了周文王，还是商代的监狱就称为羑里（牖里）聊备一说，这不涉及狱的功能性质。从刑种，即行刑方式分析，才

---

① （宋）李昉等：《太平御览》，中华书局1988年版，第2881页。

② （汉）司马迁：《史记》，中华书局1999年版，第78页。

③ 曾宪义等主编：《中华法制史原理与案例教程》，中国人民大学出版社2006年版，第30页。

能探察狱的基本属性。殷有《汤刑》，《尚书·汤诰》指出："上天孚佑下民，罪人黜伏。"①上帝真心护佑天下民众，把罪人夏桀放逐了，放逐属于流刑。《尚书·伊训》提出："制官刑，儆于有位。"（有位，有职，即所有在职者。）"臣下不匡，其刑墨。"②殷商制定刑法，以警告百官。作为臣子，不能匡正君王，就要受到墨刑（黥刑）的惩处。《尚书·说命下》记载："予弗克俾厥后惟尧舜，其心愧耻，若挞于市。"③我（伊尹）不能使自己的君王像尧舜那样，心中惭愧羞耻，就像在集市上受鞭打（鞭刑）。墨刑、鞭刑皆属于"九刑"，即肉刑（五刑）加流、鞭、扑、赎的范畴。由此可以肯定，殷商时代没有劳作刑或者徒刑。从其功能性质分析，夏桀囚汤，与商纣囚西伯，囚箕子等，皆是囚禁在具有审前羁押功能的狱中。夏台、羑里的使用目的与功能都是一致的，可见当时审前羁押机构是存在的。使用的主要刑法也为夏代以来的"肉刑"，其中没有设置徒刑的相关记载。

羑里虽然属于审前羁押功能之狱，也不是以维护社会正义为目的的国家执法机构，恰恰是体现私有制帝王意志的专政工具。夏桀、商纣都是亡国之君，这样就涉及审前羁押机构与社会意识形态的关系的研究，皋陶时期的审前羁押机构是维护社会正义的国家司法机构，也是维护民众生存，发展生产和社会道德进步的保障。夏禹、商汤立国之初，皆以"民惟邦本"、"上天孚佑下民"为治国方针，提倡"立法为民、执法为公"，没有羁押贤良之人的记载。而夏桀、商纣执政时期，审前羁押机构失去了公平与维护社会正义的功能，成为促使国家灭亡的重要因素。可见审前羁押机构的功能性质及其状态与变化，对于社会意识形态具有重大影响。仅此三个不同的历史时期，有限的文献资料，尚不能作出全面的、正确的结论。不过，这也必然成为研究审前羁押机构制度性的重要内容。这说明审前羁押机构，即看守所与国家政治体制具有密切关系。

《尚书·微子》记载："殷罔不小大，好草窃奸宄，卿士师师非度。凡

① 李民、王健：《尚书译注》，上海古籍出版社 2005 年版，第 118 页。
② 李民、王健：《尚书译注》，上海古籍出版社 2005 年版，第 123 页。
③ 李民、王健：《尚书译注》，上海古籍出版社 2005 年版，第 178 页。

有辜罪，乃罔恒获，小民方兴，相为敌雠。”① 殷纣王时期，殷商上至君臣，下至百姓，无不热衷于抄掠偷盗，作奸犯乱，卿士及众官员上行下效，不讲法度，放纵犯罪行为，不实施依法逮捕审判而惩罚，以致于民众也互相攻击，破坏法度。这说明，殷商的法制是被殷纣王破坏了，导致社会混乱。当时的狱（具有审前羁押功能之看守所）关押的是贤人姬昌、箕子等。微子描述的是当时对于真正的犯罪行为的放纵，使狱失去了正常的法律功能。这与《泰誓》中的记述相一致：“今纣王受（纣王名受）结怨于民。”“摒弃典刑，囚奴正士。”“乃为四方之多罪逋逃，是崇是长。”② 殷纣王保护天下罪人成为逃犯的窝主，他把审前羁押机构之狱当做囚奴贤人正士的工具。

二、胥靡与“狱”

《史记》记载，武丁即位，庙号殷高宗。寻求的圣人名叫说（读悦），“得说于傅岩中，是时说为胥靡，筑于傅岩。”《史记·殷本纪》正义引《括地志》云：“傅险（岩）即傅险版筑之处，所隐之窟名圣人窟，在今陕州河北县北七里，即虞国虢国之界。”据此可以看出此人当时的身份是奴隶或者刑徒。《史记·殷本纪》集解引孔安国语：“傅氏之岩在虞虢之界。通道所经，有涧水坏道，常使胥靡刑人筑护此道。说贤而隐，代胥靡筑之，以供食也。”③《辞海》称：“胥靡，古代对奴隶的称谓。因被绳索牵连着强迫劳动，故名。”《墨子·天志下》记载：“不格者则系操而归，丈夫以为仆圉、胥靡。”汉代也用做一种刑徒的名称。《汉书·楚元王传》“胥靡之”颜师古注：“联系（谓绳索结系）使相随而服役之，故谓之胥靡，犹今之役囚徒以锁联缀耳。”④ 可见孔安国认为“说贤而隐，代胥靡筑之”的解释有误，傅说是圣人，所以孔安国说他为了隐居，才混入刑徒之中“以供食也”，代人作刑徒，混饭吃，这是不可

① 李民、王健：《尚书译注》，上海古籍出版社 2005 年版，第 187 页。
② 李民、王健：《尚书译注》，上海古籍出版社 2005 年版，第 204 页。
③ （汉）司马迁：《史记》，中华书局 1999 年版，第 75 页。
④ （汉）班固：《汉书·楚元王传》，中华书局 1999 年版，第 1497 页。

能的。当时的奴隶来源大多数是战俘、罪隶及其坐罪受累之亲属，也有因为极度贫困而沦为奴婢的，则属于私人奴婢。虽然同是奴隶，其管理却是不同。从事农牧业生产的大批奴隶，可以结婚生子，由于其社会地位的不同，劳动果实被奴隶主占有，这种从事农牧业生产的奴隶，不可能都长期囚禁于监狱之中，应该有别于罪隶。奴隶之来源并非都是罪犯，而胥靡刑人却是因为经过判罪，才能叫做刑人，即胥靡。这是因为奴隶作为当时的一种特定身份，而成为社会人际关系中的一个阶层。如此分析，可知傅说的身份属于胥靡刑人，与现代的劳动改造中的刑徒即已决犯有些相近，属于罪隶。但是，这不同于夏代《甘誓》中所说的被打败的有扈氏族，被罚做牧羊奴隶。商汤攻夏，大小征讨数十次，如果每次征伐的胜利，就有大批的人员成为奴隶，商汤就不可能成功的建立商王朝。所以，傅说的身份应该是刑人胥靡。带着绳索、刑具劳动，属于审判之后的刑徒。虞虢之界，是两国的交界处，这里的道路经常被水冲坏，需要有人长期居住此地，维修道路，绝非一人一时之事。如果傅说是刑徒，刑徒数量一定很多，应该属于劳作刑或者称“作刑”，从大批的刑人胥靡筑路分析，这一时期，应该已经出现了限制人身自由的刑罚制度，即徒刑性质的法律刑种，同时也相应地产生了执行自由刑的监狱与具有审前羁押功能的狱（看守所）并存，这方面的资料目前没有更多的发现，存疑待证。

第四节　西周看守所

一、西周看守所的设置

（一）囹圄

西周设有囹圄，专门收押未决犯。根据《周礼·秋官司寇》记载，西周设掌囚，其职责就是看押“盗贼，凡囚者”，即未决犯。

《礼记·月令》记载：“仲春之月，命有司省囹圄，去桎梏，毋肆掠，止狱讼。”[①]“孟夏之月，断薄刑，决小罪，出轻系。”[②]“仲夏五月，百官静事毋刑，以定偃阴之所成。”[③]“孟秋之月，命有司修法制，缮囹圄，具桎梏，禁止奸，慎罪邪，务博执。命理瞻伤，察创，视折，审断，决狱讼必端平，戮有罪，严断刑。”[④]“仲秋之月，乃命有司申严百刑，斩杀必当，毋或枉桡；枉桡不当，反受其殃。”[⑤]“季秋之月，乃趣狱刑，毋留有罪。”[⑥]“仲冬之月，筑囹圄。”[⑦]

西周所谓囹圄的主要功能，就是羁押犯罪嫌疑人，其职责性质是实施审前羁押。而有司（司法机关、官府职能部门）按照规定时间对于关押的犯罪嫌疑人进行审判，即决狱，然后行刑。这里描述的囹圄不是现代监狱（即非执行刑罚的监狱），而是在收押了犯罪嫌疑人之后，进行看管，由司法官在经过认真的调查、研究、准备之后，择期依照司法程序进行审判。这里提出“具桎梏、禁止奸，慎罪邪、理瞻伤、察创、视折”等就是掌囚与“士”（法官）的职责，其掌管的囹圄就是审前羁押机构之狱，即看守所。

《太平御览》记载的这种古代执法规范，依照春夏秋冬季节时间的规定进行审判与行刑，是夏商周以来，尤其是西周，所实施的爱民敬天思想。即“法者，法天地之位，象四时之行，所以治天下。四时之行有寒有暑，圣人法之。故有文有武。天地之位，有前有后，有左有右，圣人法之，以建经纪。春生于左，秋杀于右，夏长于前，冬藏于后。生长之事，文也；收藏之事，武也。是故文事在左，武事在右，圣人法之以行法令。”[⑧] 这一制度成为中国古代审判、行刑、停刑等时限的理论基础。

西周的囹圄，具有实施刑讯的过程。“仲春之月，省囹圄，去桎梏，毋肆掠。”“孟秋之月，命有司修法制，缮囹圄，具桎梏，禁止奸，慎罪邪，

---

① 王文锦译注：《礼记》，中华书局 2005 年版，第 201 页。
② 王文锦译注：《礼记》，中华书局 2005 年版，第 209 页。
③ 王文锦译注：《礼记》，中华书局 2005 年版，第 212 页。
④ 王文锦译注：《礼记》，中华书局 2005 年版，第 219 页。
⑤ 王文锦译注：《礼记》，中华书局 2005 年版，第 221 页。
⑥ 王文锦译注：《礼记》，中华书局 2005 年版，第 225 页。
⑦ 王文锦译注：《礼记》，中华书局 2005 年版，第 232 页。
⑧ （宋）李昉等：《太平御览》，中华书局 1988 年版，第 2857 页。

务博执。命理瞻伤，察创，视折，审断。”毋肆掠是仲春，过了仲春还是要桎梏、肆掠。“瞻伤、察创、视折”就是刑讯的见证，认为这是检查刑讯时所致的伤害，查验囚犯被笞掠受伤的程度，在狱内给以治疗。也包括查验被害人的伤情，同样也给以治疗。从羁押程序分析，被害人的查验、治疗伤情，应该在案发之时进行。也可以理解为在对该案当事人审判时，再次检查、确认被害人伤情及其治疗情况。在此提出了“决狱讼必端平”、“斩杀必当”、“枉桡不当，反受其殃”，即要求司法必须公正。如果枉法，审判官就要承担枉法的相应罪责，这是对执法公正的制度性要求。“反受其殃”是法律规定。其，即指枉法者导致非法的法律后果。执法者枉法，以其枉法相应之罪罪之。

《尚书·康诰》中记载：“外事，汝陈时臬，司，师兹殷罚有伦。”又曰：“要囚，服念五六日，至于旬时，丕蔽要囚。”[①]说明处理诉讼案件时，要陈列公布相关的法律，这样（殷商的）法律就显得合理公允。对于幽禁的犯人，要反复考虑五六天，甚至十天，才能对他们作出判决。“要囚”就是对被幽禁的人犯实施判决（进行处理），幽禁人犯的机构，西周称之为“囹圄”，或者“狱”，其实际功能是审前羁押。由此可见，西周之初治理殷民依旧使用殷朝的法律，并且承认其合理性，从而说明殷商的法律已经比较完备。这里还特别提出“汝陈时臬（臬，准则、法度），事罚，蔽殷彝（彝，法），用其义刑义杀，勿庸以次汝封。”不仅要公布相关的殷商的法律，而且要严格遵照殷商的法律进行合理判决，不要以你“封”的个人意志为标准。

西周之狱强调审前羁押的重要意义在于：其一，公开法律，公正执行法律；其二，必须做好审前准备工作；其三，严格依法，公开审判；其四，公平判决，不得受个人意志的干扰；其五，及时阻止犯罪。从而进一步说明“要囚”、“丕蔽要囚”（丕，乃。蔽，断、裁决）之前提就是具有审前羁押功能之狱（看守所）的存在，审前羁押时间五至十日，目的是进行审前的准备工作，以期之后的公正审判，可见囹圄的实际作用是审前羁押，具有看守所的性质，而非行刑之监狱。

① 李民、王健：《尚书译注》，上海古籍出版社2005年版，第262页。

（二）圜土、嘉石与徒刑

西周时代还设有圜土和嘉石。

“以圜土聚教罢（音 pi，罢通疲）民，凡害人者，寘之圜土而施职事焉，以明刑耻之。其能改过，反于中国，不齿三年；其不能改而出圜土者，杀。”郑玄注曰：“圜土，狱城也。聚罢民其中，困苦以教之为善也。民不愍作劳，有似于罢。害人，谓其邪恶已有，过失丽于法者。以其不故犯法，寘之圜土系教之，庶其困悔而能改也。施职事，以所能役使之。明刑，书其罪恶于大方版，著于背。反于中国，谓舍之还于故乡里也。”[①]这里的圜土，就是行刑监狱，是专门的刑罚执行及改造机构，与看守所的功能性质不同。

《周礼·地官·司徒》规定：“司救，掌万民之邪恶过失而诛让之，以礼防禁而救之。凡民之有邪恶者。三让而罚，三罚而士加明刑，耻诸嘉石，役诸司空。其有过失者（过失犯罪），三让而罚，三罚而归诸圜土。”[②]

司救在其管理过程中发现庶民邪恶（刑事责任）、过失犯罪者，用礼仪制度禁止他们为非作歹，挽救他们。严重者移交司寇送入牢狱服刑，即在圜土中执行。司救在三让、三罚的过程中已经作出了判决，依照其处罚决定，属于过失犯罪者在圜土之中分别接受一至三年的劳动改造，这是后世劳作刑的萌芽。

《周礼·秋官·司寇》规定：“司圜掌收教罢民，（罢民：有过失或者危害百姓不够判处肉刑的人）凡害人者弗使冠饰，而加明刑焉，任之以事而收教之。能改者，上罪三年而舍，中罪二年而舍，下罪一年而舍。其不能改而出圜土者，杀。虽出，三年不齿。凡圜土之刑人也，不亏体；其罚人也，不亏财。”[③]显然，圜土属于执行刑罚之机构（监狱）。“不亏体”，是说行刑过程不残害其身体，也可以理解为其劳动强度适中，刑徒之身体不受伤害，即不属于肉刑。“不亏财”，即不适用赎刑。

对于邪恶之人（刑事犯罪，其罪行不严重），司救经过三次责让，三次惩罚而不能改正的，移交朝士（法官或者称审判官），脱去衣冠，把罪

---

① 钱玄等注释：《周礼》，岳麓书社 2001 年版，第 324 页。

② 钱玄等注释：《周礼》，岳麓书社 2001 年版，第 128 页。

③ 钱玄等注释：《周礼》，岳麓书社 2001 年版，第 344 页。

行写在木板上，挂在他们背后，桎梏（戴刑具），跪坐在外朝门左侧的、有纹理的石头上，羞辱他们，即嘉石。“桎梏而坐诸嘉石”，即戴上刑具，表示已经触犯法律。

《周礼·秋官·司寇》规定：“以嘉石平罢民，凡万民之有罪过而未丽于法（未丽于法即不够判处肉刑的），而害于州里者，桎梏而坐诸嘉石，役诸司空。重罪，旬有三日坐，期役（即一年）；其次九日坐，九月役；其次七日坐，七月役；其次五日坐，五月役；其下罪三日坐，三月役；使州里任之，则宥而舍之。”① 这里所规定的是不够判处肉刑的刑事犯罪的，交付司空（司空，西周有主管朝廷工程的司空。说文解释：司空，掌刑徒之官也，汉时有都司空、狱司空皆掌罪人，也称司空狱。）执行劳作刑。有似现代的拘役，或者是徒刑。不过到了汉代出现了司空狱，《后汉书·百官志四》记载：“将作大匠一人，二千石。本注曰：承秦，曰将作少府，景帝改为将作大匠。掌修作宗庙、路寝、宫室、陵园木土之功，并树桐梓之类列于道侧。丞一人，六百石。左校令一人，六百石。本注曰：掌左工徒。丞一人，六百石。本注曰：掌右工徒，丞一人。”这些属于囚徒或者刑徒，司空监是掌管法律的执行机构。《说文》记载，狱司空徐广曰：“司空，掌刑徒之官也。”如淳曰：“都司空主罪人。”应劭汉官仪曰：“绥和元年罢御史大夫官，法周制，初置司空，议者又以县道官有狱司空，故复加大，为大司空，汉时有都司空、狱司空，皆主罪人。皆有治狱之责，以其辨狱也。”②

过失有罪而不能够判处五刑（肉刑）的人，处以一到三年的劳作刑，在圜土执行刑罚。不足以入圜土的刑事轻罪，戴上镣铐，坐在嘉石上以示羞辱，期限为 3 日到 13 日。服劳役一年至三个月，服劳役结束后，由其家乡的行政长官作担保人，放回原籍。不过他们服劳役不在圜土这样的监狱，而在主管工程的司空的工地上劳动，其行为自由并没有完全受到限制。似治安处罚、拘留、拘役，这也是现代拘留所或者看守所的功能之一，执行短期劳作刑。由此可知，西周的重刑是五种肉刑，其次是过失

① 钱玄等注释：《周礼》，岳麓书社 2001 年版，第 325 页。
② （汉）许慎：《说文解字》，浙江古籍出版社 1998 年版，第 478 页。

罪或者其他不入五刑之罪，在牢城（圜土）中强制执行 1—3 年的监狱劳动改造。轻罪就是嘉石，役诸司空，圜土、司空即西周作为行刑监狱的萌芽。

司圜的编制是：中士 6 人，下士 12 人，府 3 人，史 6 人，胥（胥是管理徒的小头目，1 胥管 10 徒） 16 人，徒 160 人。应该是三或者四处圜土（监狱）的人员编制，从司圜的编制看，中士 6 人，下士 12 人，府 3 人（府是主管仓库的，可以合用），史 6 人，胥 16 人（管理徒役 160 人，即每一圜土），中士2人，下士4人，府1人，史2人，胥4人，徒40人。[①]

西周官职规定是：大夫分上中下，上大夫即卿，士分上中下。府是主管仓库的吏，府以下无爵等，属于爵职等级编制之外。史，制作及掌管文书的人。胥，徒役的小头目，一胥管 10 徒。显然，司圜的级别比掌囚高，乃是统管掌囚、掌戮二官的上级机构，从中央到地方的司法官（即审判官）所掌狱讼（刑事犯罪），即乡士掌国中，遂士掌四郊（县士、方士、讶士、朝士为其属），可见司圜收押的是不能判处肉刑的人犯，但是也要依据其罪行轻重而判处 1—3 年的监狱劳动改造。其根据是：第一，司圜掌管不够处罚肉刑的罪民，具有能够判决 1—3 年规定刑期之权力，入圜土属于已决犯；第二，不准戴帽子及其它头饰，这是犯罪的标志；第三，背着写有罪状的木牌示众，明刑，也表示判决书的存在；第四，在完成规定的劳动过程中达到教育的目的；第五，不思悔改者到期不放，逃跑者杀；第六，刑满释放后三年不能与乡民论年齿；最后，监狱里只加明刑而不伤害身体，只罚劳役不处罚金，即不适用肉刑与赎刑。同时司圜规定："凡圜土之刑人也，不亏体；其罚人也，不亏财。"司圜在执行刑罚时，对不肯悔改、逃跑者，杀，是从劳作刑转化为肉刑。司圜实际起到执行、监管劳作刑，即行刑监狱的作用。

从大司寇属下的逐级审判官进行分析，乡士级别为上士（乡士掌国中即中央），与司寇为同一官府，遂士以下皆为中士。而掌囚则是下士，司圜却是中士，圜土中的犯人已经判决，各有刑期。

可见西周的圜土制度是在殷商司法实践中逐渐形成的，从而成为后世

---

① 钱玄等注释：《周礼》，岳麓书社 2001 年版，第 317 页。

执行自由刑的监狱的起源。从五帝、夏、商、周审前羁押机构的“狱”、“夏台”、“羑里”、“囹圄”等性质分析，中国古代最早出现的监狱功能，并非以执行刑罚为主要法定职能，事实上是具有审前羁押功能即看守所的基本性质。而现代执行自由刑的监狱，是从殷商（殷商有胥靡刑人的记载）或者西周才逐渐出现。包括圜土以及“役诸司空”，皆为判决后拘押监管强制其劳动、教育，完成判决规定的时间。从善弃恶者，予以释放，回归社会。所以，这种监狱的法定职能，属于现代执行自由刑的监狱职能，即刑罚执行机构，这是随着劳作刑的设置而出现的刑法演进过程。由此可以发现，监狱是执行刑罚的重要机构，随着刑法制度的发展，监狱拘押、监管之基本功能，也随之发生变化，在司法程序的不同阶段，发挥不同的作用，从而产生不同的效果。

从刑法产生、发展与其实践过程，可以看出看守所与行刑监狱，二者涉及不同的法律、法规及其相关的刑法制度。考察和区分其发展历程，有利于监狱学科与刑法学发展史学理论的基础研究。

司圜管理圜土，负责监管劳动改造、教育罪犯，使其改恶从善，以回归社会为目的，这些被圜土释放的人员，不属于社会歧视、遗弃的受过肉刑的刑徒，也非司隶掌管的罪隶。圜土（狱城）中关押的是不受肉刑的罪犯，这种立足于教育劳动改造方式的行刑过程的实施，在公元前 11 世纪，是中国古代法制演进过程的一大进步，尤其是明确划分了负责行刑的专职狱城与审前羁押的掌囚机构。虽然司圜管理圜土，掌囚也隶属司圜，属于同一秋官司寇的司法系统，但是二者并非同一性质的机构，只是属于同一司法系统，但各自具有不同的司法责任。这说明西周司法系统的相对独立，专职行刑机构的圜土，已经从古代之狱的羁押审判系统中分离出来。从而使审前羁押功能的囹圄，即看守所担负审前羁押任务。从历史记载可以发现，看守所制度的产生不仅早于执行劳作刑的监狱（司圜、司空）制度，而且西周已经认识到监狱的功能从审前羁押到执行劳作刑的职能变化与分离的重要意义，审前羁押与判决后劳作刑的行刑的相对独立，劳作刑的徒刑纳入刑法，以至于为之后的徒刑逐渐取代肉刑，选择了一条人性化之路。西周的囹圄与圜土职能的分离，对于后世废除肉刑，具有重要作用。

《周礼·地官·司徒》规定："乡师之职，各掌其所治乡之教而听其治。以国比之法。""掌其戒令纠禁，听其狱讼。"[①] 这里的"听其狱讼"是指不入于"肉刑"的狱讼，即民事责任。也包括劳作刑，在圜土执行或者"役诸司空"。

依法审前羁押，是"附于刑"的严重刑事犯罪，不包括依法执行劳作刑，即不受肉刑处罚的轻罪。各自依照不同的法律规定，这是执法、审判、行刑不同的司法行为。从而促进了刑法的不断改革，也是依法治国、依法审判的进步。尤其圜土与掌囚功能的分离，真正体现了寓教于刑的德治思想。圜土、司空成为最早的专职执行徒刑的监狱。

狱制小结

中国古代法律文明的演进过程，最早出现的狱，由于没有自由刑，所以其功能是审前羁押，即现代的看守所之性质。肉刑的出现，以及流放、鞭刑、扑刑、赎刑等，早于限制自由、强制劳作等刑法设立。在早期圜土劳作刑的实施过程中，管理者发现"不亏体"、"不亏财"的劳作刑，同样能够达到惩罚罪犯的目的。实施肉刑之后，虽然不再需要监禁，但是，肉刑导致永久性不可恢复的人体损害，事实上使受刑者成为终身残疾甚至完全成为废人。这也是从肉刑设立之初，就遭到天下人，尤其颛顼帝的激烈反对的重要原因，随着历史的进步，刑法制度的发展也取得了显著的成就，西周设置圜土劳作以及嘉石"役诸司空"，作为犯罪补偿的同时，强制性劳动作为教育改造罪犯的一种手段，西周的圜土作为行刑监狱功能的出现，成为后世劳动改造罪犯的监狱制度建设的依据，也成为废除肉刑的基础，审前羁押机构则成为后世看守所制度的基本规范。在古代，其重要性在于厘清了具有审前羁押功能的"囹圄"的基本职能，名称虽然仍是"狱"，其实质功能则是审前羁押，得出这一结论对于廓清古代审前羁押与行刑机构的不同功能性质具有实际理论研究价值。

1. 审前羁押功能的狱，是伴随着刑法，尤其是肉刑而出现的，由于没有劳作刑或者徒刑，中国古代最早出现的狱，并非执行劳作刑、自由刑的

---

① 钱玄等注释：《周礼》，岳麓书社 2001 年版，第 106 页。

监狱，而是只有审前羁押功能的狱，最终演变成为后世的看守所。

2. 具有审前羁押功能的狱与执行劳作刑的行刑监狱，是从西周圜土、“役诸司空”的出现而逐渐分离的，但是没有定名为狱或监狱而是称“圜土”或“司空狱”。

3. 审前羁押功能之狱，客观上具有维护社会正义、保障司法公正、维护社会安定的法律价值。

4. 审前羁押成为司法审判的保障机构，充分发挥制止犯罪、依法及时控制并隔离犯罪嫌疑人的重要作用。

5. 审前羁押机构，为国家执法、刑侦、审判、监察职能的行使，提供了公平、公正而良好的执法环境。

6. 从理论层面结合“五帝”时代以及夏商周历史实践分析，审前羁押机构是行刑监狱的大门，在一定程度上，审前羁押成为执法倾向的风向标。

二、西周看守所之刑具

《周礼》是最早记载审前羁押机构（看守所）必须使用刑具及其他相关规定的古文献。《礼记》也有整理、准备桎梏的记述，但不详细。而圜土与役诸司空中也没有使用刑具的记录。

可见西周刑具的使用，主要在审前羁押时期。其意义在于：1. 充分显示法律的尊严；2. 防止犯罪嫌疑人逃跑；3. 对于犯罪嫌疑人精神与肉体的惩罚；4. 营造监狱（看守所）的特殊执法环境；5. 加重刑罚的恐怖气氛；6. 促使违法者认罪，以利于审判。

西周使用刑具在审前执法程序阶段，判决后一般不再使用严重妨碍四肢活动的刑具。尤其实施肉刑之后，不再使用刑具，西周圜土中的劳作刑或者役诸司空也不用刑具。

关于刑具的起源，从字形结构、字音等分析，其出现也应该在文字形成之前。刑具的出现大约最早在氏族制时代，为了防止俘虏逃跑而采取束缚四肢，以限制其自由活动。由最初的绳索，发展到手铐、脚链之类，据《中国通史》记载：金文“民”字象一裸体人，露两乳，与母字形相似，足上挂器械的形状。金文“民”意思是指奴隶。“苗人捕获汉人当奴隶，给他着上木靴再加木锁，不得逃走。”[①]可见刑具在文字出现之前已经存在。古代刑具的种类很多。桎，木制脚镣。梏，木制手铐，两手各一木。拲，木制手铐，两手共一木。绳索，即缧绁，也代表监狱。锁、枷、钳，《太平御览》卷六四四记载，“《说文》曰：钳，铁有所结束也。鈦胫钳也，《晋律》曰：钳重二斤，翘长一尺五寸。《晋令》曰：徒著钳者，刑竟录输所送狱官。”[②]

《太平御览》卷六四四记载：《易·蒙卦》曰：利用刑人，用说桎梏。又，噬嗑曰：初九，屦校灭趾，无咎。（校者，以木绞者也，即械也。校者取其通名也。）《传》曰：“郄犨与长鱼矫争田，执而梏之，（梏，械也），与其父母妻子同一辕。（系之车辕）。”引《说文》曰：“梏‘手械’所以告天；桎，足械所以质地也。”[③]由于刑具主要用于审前羁押阶段，因而成为古代审判、决狱的重要手段，尤其疑难案件、枉法案件等。

刑具的使用也是审前羁押机构（看守所）与行刑监狱的重要区别。西周以降，所有涉及犯罪的审前羁押，从逮捕之始就常规使用刑具。直至完成判决，投入行刑的监狱之后才能去除，或者减少刑具（有时劳作刑并不能完全去掉刑具），即行刑的监狱一般不使用或者很少使用刑具。在司法程序启动之始，刑具就成为国家法律的象征，使用与去除刑具，皆需依法实施。中国古代决狱包括刑讯，离不开刑具。所以古代审前羁押机构（看守所）的设备规范，刑具是必备的司法制度性规定。刑具的使用，使看守所的审前羁押功能突出地体现了儒家思想“先礼后刑”的精神原则，西周的道德教育包括礼仪观念，即坚持仁义谦让、敬爱有序者属于正道，如果违背了正道，就要实施刑罚，械具的意义就代表刑法的威严。《孟子·尽心上》说：“尽其道而死者正命也，桎梏而死者非正命也。”[④]一旦被逮捕，进入审前羁押程序，刑具加身，刑具的使用成为古代看守所的特征。

《太平御览》卷六四四记载：“《说文》曰：银铛，鏁（锁）也。《汉

① 范文澜：《中国通史》，人民出版社 1994 年版，第 23 页。

② （宋）李昉等：《太平御览》，中华书局 1988 年版，第 2885 页。

③ （宋）李昉等：《太平御览》，中华书局 1988 年版，第 2883 页。

④ 金良年：《孟子译注》，上海古籍出版社 2004 年版，第 271 页。

书·食货志》曰：王莽为货，有诽诅者，郡国槛车铁锁传送长安锺官。又《王莽传》曰：民犯钱，伍人相坐，没官为奴婢，其槛车儿女步，以铁锁锒铛其颈，传至锺官，奴以千万数。《后汉书》曰：崔钧为西河太守，与袁绍起兵，董卓收钧父烈，下之郿狱，锒铛，卓诛，烈得归长安也。”①可见铁锁锒铛属于铁链加锁之类的刑具。《史记·平准书》记载：“敢私铸铁器煮盐者，釱左止。”韦昭曰：“以铁为之，着左止以代刖。”张斐汉晋律序曰：“状如跟衣，着左足下，重六斤，以代膑，至魏武改以代刖。”②

《太平御览》卷六四四记载，《贾谊书》曰：纣作梏数千，睨诸侯之不諂己者，而桎梏之，文王桎梏，“囚于羑里，七年而后得免。又曰：械，戒也，所以警戒，使为善也，桎，实也，言其下垂至地，然后吐情首实。”

三、西周看守所的体制

（一）中央以及地方刑狱机构人员编制

朝廷设大司寇。其中：卿 1 人；小司寇，中大夫 2 人；士师，下大夫 4 人；乡士，上士 8 人；中士 16 人；众下士 32 人；府 6 人；史 12 人；胥 12 人；徒 120 人。此处之卿即上大夫。

以上为西周时期中央司寇府之刑官，即国家最高审判机构。直接为君王及其朝廷公卿会议的会审决议负责，并及时发布国家法律。同时也是国家最高司法机构，具有肉刑，即五刑的核准权，并接受全国疑难案件的上诉与审理。所以大司寇属下设有掌囚机构，即看守所。

（二）地方刑狱机构人员编制

遂士：（六遂在远郊百里外至于京畿，一遂辖五县）为审理六遂（中级审判机构）狱讼之官。本注：遂士以主六遂狱讼为正，兼掌四郊六乡以外之地的狱讼。六遂之狱在四郊，即审前羁押之看守所，也属于中级审判机构。

---

① （宋）李昉等：《太平御览》，中华书局 1988 年版，第 2884 页。

② （汉）司马迁：《史记》，中华书局 1999 年版，第 1211 页。

其属下及编制分列如下。

遂士：中士12人，府6人，史12人，胥12人，徒120人。

县士：中士32人，府8人，史16人，胥16人，徒160人。县，在距王城三百至四百里之内的区域，设有审前羁押机构，审理县内狱讼（即初级审判机构）。

方士：中士16人，府8人，史16人，胥16人，徒160人。审理四方都家狱讼。都，王子弟及公卿的采邑称都，大夫的采邑称家。

讶士：中士8人，府4人，史8人，胥8人，徒80人。迎送宾客，兼管四方狱讼。

朝士：中士6人，府3人，史6人，胥6人，徒60人。主管外朝法禁刑罚，朝士后世发展成为朝廷之中央监察系统。①

从以上刑狱人员编制看，县级、四方邦家的执法官员比较多。对各级刑狱人员的职能分析，审前羁押的“狱”，分别设立在外朝（中央）、遂（相当于后世的府）、县。而地官司徒系统与之相对应的行政设置有乡师、遂人、遂大夫、遂师、县正、司市、闾胥、比长等。他们也具有掌管行政、法律、法规、治安、民事案件审判等权力，涉及肉刑的案件（刑事案），移送刑狱人员（士）审理。

以上刑狱系统皆隶属大司寇。逐级刑狱官，无论人数多少，每一次审理案件，法律规定，必须二人以上公开审理。所以逐级羁押涉案人员的机构不可能是逐级一处，而是根据地域需要分设审前羁押机构。

（三）西周看守所的机构职能设置及相关规定

掌囚：下士12人，府6人，史12人，徒120人。掌守盗贼，凡囚者。即负责收押、看守羁押之盗贼及所有未决犯。事实上这是针对盗贼、杀伤人者等刑事案件或重罪而设立的审前羁押之狱。可见西周对于盗贼及杀伤人的处罚最重。

司刑：中士2人，府1人，史2人，胥2人，徒20人。“掌五刑，掌五刑之法以丽万民之罪。墨罪五百，劓罪五百；刖最五百，宫罪五百，杀

① 钱玄等注译：《周礼》，岳麓书社2001年版，第314页。

罪五百。若司寇断讼弊讼，则以五刑之法诏刑罪，而辨罪之轻重。”[①]《吕刑》改墨千，劓千，剕（刖）五百，宫三百，大辟二百。[②]

西周的“肉刑”多在中央终审并执行，没有在其原籍执行的记载。这样的审前羁押之狱及其行刑机构，所使用公职人员并不多，说明犯罪率不高。

司刺：下士2人，府1人，史2人，徒4人。掌三刺、三宥、三赦之法，以赞司寇听狱讼。讯群臣，讯群吏，讯万民为三刺；壹宥曰不识（不认识、无知），再宥曰过失，三宥曰遗忘（由于认识不清而错杀人）。一赦曰幼弱，二赦曰老耄（八十，九十岁为耄耋），三赦曰蠢愚。以此三者求民情，断民中，而施上服、下服之罪，然后刑杀。[③]司刺发展成为后世的最高司法审判机构，主要负责讼狱及治狱，检查、评议与覆审。

司厉：下士2人，史1人，徒12人。掌盗贼之任器，货贿。辨其物，皆有数量，贾而楬之，入于司兵。其奴，男子入于罪隶，女子入于舂、槁。凡有爵者，与七十者未龀（音chen，未换牙的孩子）皆不为奴。[④]司厉属于判决后的执行机构之一，把实施肉刑之后的盗贼或其他需要连坐其亲属的罪犯父母妻子等亲属，男子入于罪隶，女子入于舂、稾，罪隶归司隶管束。罪隶，即其亲人犯罪被判处死刑等肉刑者，其家人被收为官奴婢称罪隶，并非罪犯自身。舂，即舂人，《周礼·地官·司徒》中之官名，掌供米物，凡米事（一部分女奴婢被送入舂人监管，从事舂米劳动）。稾人，官名，掌理在内外朝当值而留宿人员的伙食（一部分女奴婢由稾人监管，从事生活杂役劳作），也属司徒管辖。

司隶：中士2人，下士12人，府5人，史10人，胥20人，徒200人，罪隶120人，蛮隶120人，闽隶120人，夷隶120人，貉隶120人。[⑤]罪隶是盗贼的家人被没入官府为奴隶者，貉隶为养貉的奴隶，其他皆为该地

---

① 钱玄等注译：《周礼》，岳麓书社2001年版，第339页。

② 李民、王健：《尚书译注》，上海古籍出版社2005年版，第405页。

③ 钱玄等注译：《周礼》，岳麓书社2001年版，第340页。

④ 钱玄等注译：《周礼》，岳麓书社2001年版，第343页。

⑤ 钱玄等注译：《周礼》，岳麓书社2001年版，第319页。

区的战俘。司厉中规定："其奴，男子归于罪隶。"这是指被判处肉刑的罪犯（多为盗贼等重犯）被连坐的家属中之男子归于罪隶，女子归于舂稾，而非受过刑的罪人。

布宪：中士 2 人，下士 4 人，府 2 人，史 4 人，胥 4 人，徒 40 人。负责悬挂、公布国家法律禁令文字布告，掌邦宪之刑禁，正月之吉，执旌节以宣布于四方；而宪邦之刑禁，以诘四方邦国及其都鄙，达于四海。凡邦之大事合众庶，则以刑禁号令。统属禁杀、禁暴、野庐等。后世发展成为司法监察机构。

禁杀戮：下士 2 人，史 1 人，徒 12 人。掌司斩杀戮者（纠察吏民擅自施用腰斩、砍头、杀戮等刑法），凡伤人见血而不以告者（伤害人流血被害人无法上告者），攘狱者（故意不受理投诉的），遏讼者（阻止他人投诉者）以告而诛之。这是针对执法官吏进行监督的监察机构。

禁暴氏：下士 6 人，史 3 人，胥 6 人，徒 60 人。掌禁庶民之乱暴力正者（乱暴力正，正通征，横行霸道，以暴力夺取）、挢诬（诈伪欺骗、颠倒是非）犯禁、作言语而不信者，以告而诛之。凡国聚众徒庶，则戮其犯禁者以徇。凡奚隶（女奴、男奴）聚而出入者，则司牧之，戮其犯禁者。① 布宪以下之禁杀戮、禁暴氏是针对执法官吏进行纠察的监察机构，与后世的公安、司法检察有关。

秋官：凡自正官自卿至庶人，共 3660 人。其中卿 1 人，中大夫 4 人，下大夫 8 人，上士 26 人，中士 126 人，下士 251 人，府 70 人，史 159 人，胥 169 人，徒 2208 人。② 不包括外朝及诸侯国的司法官吏。因为只有朝廷才有肉刑包括死刑的核准权，所以朝廷掌囚仅有下士 12 人，即下士应该是掌囚机构中官吏的最高级别，大约有 6 处审前羁押之狱的编制，因为府是最低爵职，府以下无爵等，府是掌管仓库的人。史即制作及掌管文书的人。

---

① 钱玄等注译：《周礼》，岳麓书社 2001 年版，第 349 页。

② 钱玄等注译：《周礼》，岳麓书社 2001 年版，第 323 页。

四、“徒”及罪隶

“徒”在理论上是被役使的勤杂或者刑徒，供役使的人有可能是五隶中的奴隶，或被俘之囚徒，胥是专管徒的人员，一胥管理10徒。西周已经有罪隶（被判肉刑者连坐的家人称罪隶）在政府部门服役的记载。而已决犯的刑徒，在肉刑实施完毕后，一般不再收监。《礼记·王制》记载：“爵人（爵人，分封官爵）于朝与士共之，刑（执行肉刑）人与市，与众弃之。是故公家不畜刑人，大夫弗养，士遇之途，弗与言也。屏之四方，唯其所之，不及以政，亦不故生也。”①这是仇视犯罪者的行为，执行肉刑包括死刑在闹市公开执行，表示被民众抛弃。受过肉刑的人，国家以及公卿大夫都不收养他们，士人在路上遇见也不与他们说话，把他们屏弃在庶民之外，不管他们的生死。因为死刑，包括黥、劓、刖、宫，行刑之后，他们的直系亲属大多也被收为罪隶，刑后成为无家可归之人，又带着肉刑的标志，所以很难在原籍生存，只有极少数可能被官府收用，用于看守仓库、关卡、缉捕盗贼等。对于圜土、役诸司空的轻刑，期满后三年依旧可以成为庶民。西周对于恶性案件采取视同仇寇，抛弃的仇视态度，而对于一般轻罪，则采取劳动教育，使其回归社会的处理原则。所以西周看守所中羁押的大多是准备审判，可能属于肉刑的嫌疑人，而经过嘉石、役诸司空以及圜土的轻罪，就是不够判处肉刑，即劳作刑，属于后世之徒刑。西周的流徙是处理过失杀人的迁徙方式，以躲避互相仇杀，也有少数属于司徒教育系统，对于某些屡教不改者，又不符合执行嘉石、圜土的人，地方长官命令其迁居其他地区居住，平民身份没有改变，而不加监管，只是迁徙远方居住而已。

每一处审前羁押机构编制为：下士2人，府1人，史2人，徒20人。这些审前羁押机构分属大司寇以下司法（士）的机构，其中两名下士是负责羁押，即看守所的掌囚。这一论断也符合“成康之际，天下安宁，刑错四十余年不用”②的社会状态。这种逐级审前羁押之狱的存在，说明西周

① 王文锦译注：《礼记》，中华书局2005年版，第165页。

② （汉）司马迁：《史记》，中华书局1999年版，第98页。

的司法机构及刑狱系统已经比较完善。

圜土、“役诸司空”的轻罪者，没有发现他们可以在服刑期间从事政府杂役使用的相关规定之记载，刑满释放后，能够恢复平民身份。由此可见当时的徒、罪隶并非已决犯之刑徒，而是战俘或者被肉刑连坐之官奴婢，不能认为这里记载的“徒”就是刑徒。即不属于行刑监狱之已决犯。

五、“附于刑”与看守所

西周的“附于刑”是逮捕之意，即时送入囹圄（看守所）关押候审。《周礼·小司寇》中规定：“以五刑听万民之狱讼，附于刑，用情讯之，至于旬而蔽之，读书则用法。”[①] 狱，指刑事案件，讼，为民事案件。“附于刑”，即正式逮捕入狱（看守所），用情讯之，即细心认真执行审判方法及程序，包括以五听万民之狱讼，五至十日作出初审判决，宣读供词以及审判记录，依法量刑，强调严格依法审判。

《周礼》对于审前羁押以及审前准备的要求与《尚书·康诰》记录的内容完全相同。

同时，在西周还有上诉期的规定，凡是涉及“五刑”，即“肉刑”的案件皆要经过朝廷（中央）审查及判决才能执行，规定各级司法人员依法按照规定期限提出上诉。全国各地受理上诉的期限是：国中一旬，郊二旬，野三旬，都三月，邦国期（一年），期内之治听，期外不听。[②] 上诉期，是根据地区远近而增减。

由此可见，看守所的建制是：国，即中央，郊，即遂（王城百里之外），野，即县（国都外贰佰里至五百里），都，即君王子弟及公卿的采邑，统称都，邦国即诸侯国。以上各级行政机关皆建有掌囚管理的看守所，同时建立相应的司法机关，即乡士、遂士、县士、方士、讶士、朝士等管理的审判机构，专门负责刑事犯罪的审判，其审前羁押之狱与审判机构相一致。

---

① 钱玄等注译：《周礼》，岳麓书社 2001 年版，第 327 页。

② 钱玄等注译：《周礼》，岳麓书社 2001 年版，第 338 页。

六、地官司徒与看守所

《周礼·大司徒》之职中规定："以乡八刑纠万民：一曰不孝之刑，二曰不睦之刑，三曰不姻之刑，四曰不弟之刑，五曰不任之刑，六曰不恤之刑，七曰造言之刑，八曰乱民之刑。""以五礼防万民之伪，而教之中。以六乐防万民之情，而教之和。凡万民之不服教而有狱讼者，与有地治者听而断之；其附于刑者归于士。"①地方行政机关负责民众教育及民事案件的审理。"附于刑者归于士"属于刑事案件之达到肉刑的程度者，逮捕送进掌囚管理的看守所，等候士（审判官）审理上报。肉刑终审权在朝廷，即大司寇主持的朝廷会审。可见西周地官司徒，即地方行政机关也具有批捕权。

《周礼·大司徒·司市》市刑规定："小刑宪罚（张榜公布犯禁者的罪状事实作为处罚），中刑徇罚（将犯禁者游街示众），大刑扑罚（扑，挞击。挞击犯人为扑），其附于刑者归于士。"②西周具有审前羁押功能之狱，不仅负责秋官司寇系统之行政执法、治安管理、民事纠纷、安全检察、处理突发事件等，同时还包括大小司徒的行政活动，如果发现有严重犯罪的嫌疑人，以及其他管理机构发现涉及"五刑"的刑事案件，要及时移交看守所羁押，由司法机构（士），即审判官审理。西周的行政、司法虽有分工，事实上主管全国土地、民众的司徒系统属于政府行政机关，行政机关虽然具有执法权、批捕权，而没有对肉刑的审判权。说明司法审判体制已经相对独立于司徒行政体制之外，涉及肉刑之案件，必须交给司寇系统的司法官（士）审理。

《论语·为政》记载："殷因于夏礼，所损益，可知也；周因于殷礼，所损益，可知也。"③礼法制度如此，司法制度也是如此，关键在于所损益的程度与倾向。《尚书·康诰》指出，处理诉讼案件，要陈列公布有关的法律，法律才可以凸显其合理与公允。判决要遵照殷商的法律，西周承认殷商法律的本质是公正的，在统治殷民的地区，依旧使用殷法，其损益的

---

① 钱玄等注译：《周礼》，岳麓书社 2001 年版，第 99 页。

② 钱玄等注译：《周礼》，岳麓书社 2001 年版，第 134 页。

③ 杨伯峻译注：《论语》，中华书局 2004 年版，第 21 页。

关键在于执法指导思想的确立，西周贯彻“敬天爱民，慎用刑罚”的思想，《康诰》也提出实施刑罚的目的在于教育，即“若有疾，惟民其毕弃咎。若保赤子，惟民其康义。”[①]《康诰》里同时提出五项执法原则。其一，坚决依法执法，正确使用刑法；其二，执法不受个人意志的影响；其三，君主不得干预法官执法；其四，谨慎使用刑罚，充分做好审前准备；其五，慎用刑罚是指慎用肉刑，肉刑是被当做敌我矛盾处理的，一旦被判肉刑，即将被社会抛弃。这种执法指导思想对于后世影响较大，导致了对刑事犯罪者生命权的漠视。

七、西周看守所与诉讼

西周的诉讼制度，除了公诉案件，对于自诉案件也有特殊规定：“以两造禁民讼，入束矢于朝，然后听之。以两剂禁民狱，入均金，三日乃致于朝，然后听之。”[②]西周已经清楚地区分民事诉讼与刑事诉讼的不同性质及其处理方式。以比较重的财产处罚，作为加重刑事诉讼的成本，以达到慎刑的目的。

（一）肺石

为了实现司法公正，西周制定了肺石制度。“以肺石达穷民，凡远近茕（音 qiong）独老幼之欲有复于上而其长弗达者，立于肺石三日，士听其辞，以告于上而罪其长。”[③]“左嘉石，右肺石。”西周时期，在外朝门左侧放置有文理的石头称嘉石，外朝门右侧放置红色石头，即肺石。肺石是用来让穷人、孤苦无依者申告的地方。这说明刑事案件诉讼成本较高，处理也比较慎重。但是穷苦的弱者，却可以直接上告，体现了诉讼的公平。

（二）调人

西周为了安民息讼，专门设有调解机构。《周礼·地官·司徒》师氏

---

① 李民、王健：《尚书译注》，上海古籍出版社 2005 年版，第 262 页。
② 钱玄等注译：《周礼》，岳麓书社 2001 年版，第 324 页。
③ 钱玄等注译：《周礼》，岳麓书社 2001 年版，第 325 页。

调人中规定：下士二人，史二人，徒十人。负责调停民众之间之纠纷。师氏职责规定："掌以美教王，以三德教国子；居虎门之左，司王朝。掌国中失之事，以教国子弟，凡国之贵游子弟学焉。"①下辖之保氏、司谏、司救、调人等，后世逐渐演变为御史台。

调人之职责为："掌司万民之难而谐和之。凡过而杀伤人者，以民成之（通过调解以和谐纠纷）。鸟兽，亦如之。凡和难（调解仇怨），父之仇，辟诸海外；兄弟之仇，辟诸千里之外；从父兄弟之仇，不同国；君之仇视父，师长之仇视兄弟，主友之仇视从父兄弟。弗辟，则与之瑞节而以执之。凡杀人有反杀者，使邦国交仇之。犯杀人而义者，不同国，令勿仇，仇之则死。凡有斗怒者成之（没有伤人则不构成犯罪，可以调解），不可成者则书之，先动者诛之（先行报复的人，即加以挞罚）。"②在西周不是所有的案件都适用调解，调解的前提是过失杀人，而非故意杀人，不能调解就要依法制裁（附于刑）。因此，这种政府介入的调解，采取避让方式，可以收到良好效果，缓和矛盾，减少刑事诉讼。民间自诉刑事案件不多，涉及羁押的人也相应减少，审前羁押之狱的数量也不多。反映出西周早期采用仁政德治、慎刑方针，取得了一定效果。

（三）诉讼原则

《周礼·司刑》规定："掌五刑之法以丽万民之罪。墨罪五百，劓罪五百，宫罪五百，刖罪五百，杀罪五百。若司寇断讼弊讼，则以五刑之法诏刑罪，而以辨罪之轻重。"③周穆王时代命令吕侯制定《吕刑》（周穆王之相甫侯故也称甫刑）。其中记载："墨罚之属千，劓罚之属千，剕罚之属五百，宫罪之属三百，大辟之罚，其属贰佰，五刑之属三千。"④《吕刑》增加了墨、劓之刑的条目，减少了宫刑和死刑的条目。周穆王期望恢复西周"德政仁治、勤政慎罚"的治国思想，认为西周早期的刑法太重，减少了死刑与宫刑。

---

① 钱玄等注译：《周礼》，岳麓书社2001年版，第125页。

② 钱玄等注译：《周礼》，岳麓书社2001年版，第129页。

③ 钱玄等注译：《周礼》，岳麓书社2001年版，第339页。

④ 钱玄等注译：《周礼》，岳麓书社2001年版，第405页。

《尚书·吕刑》记载："五过之疵，惟官、惟反、惟内、惟货、惟来。其罪惟均，其审克之。"[①]这显示为了防止审判官枉法犯罪，制定了依法治吏的具体规定。

根据《吕刑》的规定，西周的诉讼审判原则是：

1. 两造具备，师听五辞；

2. 核实相关治辞，比对刑法以参照采用；

3. 防止五过；

4. 遵守疑罪从无从赦之原则；

5. 严格遵照刑法条文判决；

6. 正确掌握适宜重判与轻判的标准；

7. 公开审判，不准一人办案，必须公开、当众核查验证；

8. 审判须有哀怜之心，公平、公正、合理；

9. 案件判定或改判，民众皆要信服；

10. 不得使用作废或过期的法律。

如此严密的审判程序，并没有刑讯的描述及相关规定。

由此可以看出，《吕刑》的诉讼审判程序已经相当完善，并提出了相应的执法原则。"典狱非讫于威（典，主也。典狱，主持断狱。讫，止。威，威胁，指刑罚），惟讫于富（富，厚也）。"[②]"罚惩非死，人极于病（深困于病）。非佞折狱，惟良折狱（佞，指巧言令色，折，制，折服的意思），罔非在中（罔，不。在中，准确无误。即判决必须准确无误）。察辞于差，非从惟从（差，供词中参差矛盾之处，从，顺，承）。哀敬折狱，明启刑书胥占，咸庶中正。"（启，开启。胥，相，占，揣度、斟酌。咸，皆。庶，众，在此为幸，希望之辞。）[③]"狱货非宝，惟府辜功，报以庶尤。"意思是说，在办案、刑狱审判过程获得的财物，不是宝物，那只是在聚集罪恶，将会招致民众的怨恨，也会受到国家法律的惩治。

---

① 李民、王健：《尚书译注》，上海古籍出版社 2005 年版，第 405 页。

② 李民、王健：《尚书译注》，上海古籍出版社 2005 年版，第 399 页。

③ 李民、王健：《尚书译注》，上海古籍出版社 2005 年版，第 405 页。

八、“德主刑辅”的治国指导思想

西周重视狱讼，采取了许多预防性措施以减少狱讼。认真调解民事纠纷案件，减少刑事案件，大多不会涉及肉刑。西周反对以严法刑狱治国，主张仁义道德治国，辅以刑罚，即先德后刑。

西周的国家权力运行体制与夏商不同，改变了中央直辖、地方自治的权力运行模式，采用中央直辖，地方诸侯分封制，同时实施“三监”制度。原来的地方诸侯自治改变为地方诸侯由中央任命，诸侯国君主直辖于中央，中央行政法令直达地方诸侯，同时由中央向地方诸侯国派员监督，不过诸侯国君与周朝廷一样，实行具有直接血缘关系的世袭制，土地实施公有制。《诗经·北山》记载：“溥天之下，莫非王土。率土之滨，莫非王臣。”但是由于实施诸侯分封制，使地方诸侯实际占有了土地，诸侯国可以组建自己的军队，接受中央指挥，向中央缴纳贡赋。从秋官司寇的职责可以看出，地方诸侯国审理入于肉刑的案件，必须申报周朝廷核准。其诸侯分封是根据同姓原则，结合战功以及国家安全，参照有利的战略位置分封诸侯。国家权力是通过建立具有伦理秩序的礼仪制度，严格按照礼仪等级规范运行。

《周礼》记载，天地春夏秋五官的公职人员配置共计 57083 人，其中秋官司寇系统为 3660 人，占公职总人数的 6.4%，而地官司徒系统编制为 41695 人，占公职总人数的 73%，司寇与司徒编制人数之比约为 6%。比例如此悬殊，是因为地官司徒担任全国教育与行政管理的重要职责所在。简言之，即地官司徒“掌建邦之土地之图与其人民之数，以佐王安扰邦国”。意思是管理土地与全民的民生，重要的是国人礼仪、道德、社会法制等的教育，从国人的生育、成长、培养、学习、婚丧嫁娶、社会秩序、生存劳动、战争防御、灾荒疾病等直至日常生活的维护，皆属司徒之责。司徒的任务就是仁义道德建设和国人的生存与发展紧密相结合。重视“使民兴贤”[①] 就是使民众自己可以推举德行好的人做官，以管理乡政，其中尤其重视对君王自身的道德榜样的培养与监督，以提高社会道德，从而减

① 钱玄等注译：《周礼》，岳麓书社 2001 年版，第 110 页。

少犯罪，所以主张慎刑。儒家称之为“先德后刑”、“德主刑辅”。西周的政治、礼仪制度也因此而成为儒家学术思想基础理论之重要内容。所谓“克己复礼”就是希望恢复夏商周的礼仪制度，体现重视德教慎用刑罚。

西周的刑狱制度，尤其审前羁押制度的实施状态，对于研究古代法制建设及其社会发展的文明进程具有实际意义。事实上西周的审前羁押之狱（囹圄即掌囚所管理的牢狱）与圜土（即司圜管理的监狱、司空狱）及其嘉石制度虽然皆属于秋官司寇系统，但是与地官司徒的职责包括社会治安等内容多有互相重叠、互补。最为明显的是，地官司徒是主管全国行政、民政、治安、官吏及国民全面教育的机构，也是培养国家各级官吏的机构，同时负责监督并随时劝谏天子的过错。而且，在国家的非常时期，具有改变执法倾向的权力，这里就涉及刑罚宽严的调节机能，直接影响看守所的具体功能。

《周礼·司徒之职》规定：“以荒政十有二聚万民：一曰散利，二曰薄征，三曰缓刑，四曰弛力，五曰舍禁，六曰去几，七曰眚礼，八曰杀哀，九曰番乐，十曰多婚，十有一曰索鬼神，十有二曰除盗贼。”“以保息六养万民：一曰慈幼，二曰养老，三曰振穷，四曰恤贫，五曰宽疾，六曰安富。”①“薄征缓刑、舍禁弛力、除盗贼。”②还有“以比追胥。”③“凡用众庶，则掌其政教与其戒禁，听其辞讼，施其刑罚，诛其犯命者。”④司徒最重要的职责是教育民众以土会之法辨五地之物生。“因此五物者民之常而施十有二教焉。”⑤给予民众宽松的生存环境，包括土地、山林、水泽、草原、湿地等生产资料的使用。遇到灾荒或者战争就要放宽刑法，即“薄征缓刑、舍禁弛力、除盗贼”以实施救助。在保障人民生产生活的基础上，“以乡三物教万民而宾兴之；一曰六德，智、仁、圣、义、忠、和；二曰六行，孝、友、睦、姻、任、恤；三曰六艺，礼、乐、射、御、书、数”。⑥遇到灾荒流疫之年，国家组织救济、抗灾，即使平时，也要救助老弱孤

① 钱玄等注译：《周礼》，岳麓书社 2001 年版，第 95 页。
② 钱玄等注译：《周礼》，岳麓书社 2001 年版，第 99 页。
③ 钱玄等注译：《周礼》，岳麓书社 2001 年版，第 102 页。
④ 钱玄等注译：《周礼》，岳麓书社 2001 年版，第 103 页。
⑤ 钱玄等注译：《周礼》，岳麓书社 2001 年版，第 91 页。
⑥ 钱玄等注译：《周礼》，岳麓书社 2001 年版，第 100 页。

独、贫困疾病之人。从天子至于各级官吏，都要成为礼仪道德的榜样。尤其要认真选拔乡民中的优秀才俊贤善之人，每年都要报告天子，任命其为管理民政的官吏。监察、淘汰不守政纪、败坏道德的官吏，通过提高社会道德素质以减少犯罪，这与《礼记》中的记述是一致的。《礼记·王制》记载："大夫废其事，终身不仕，死以士礼葬之。"[①]即使是贵族、官吏违法受刑，也为人所不齿，造成了"明刑耻之"的舆论压力，一旦触犯刑罚，被逮捕进入囹圄，就要桎梏加身，不仅肉体与精神痛苦，而且还要承受耻辱甚至被人们抛弃的绝境。孔子从这一观点出发，在《论语·里仁》提出了"君子怀德，小人怀土；君子怀刑，小人怀惠"的理论，孔子是用价值取向来区分君子与小人的。

西周早期，由于实施仁政与道德教育，慎用刑罚，社会矛盾缓和，吏治清廉，执法公正，民众能够生活在一个比较宽松的社会环境，看守所收押的是真正危害民众、危害社会，又是经过多次教育，还不肯改正的邪恶之人。"成康四十余年刑错不用"，正说明了这一时期西周实施仁政德治，慎用刑罚的积极意义。也说明看守所对于社会意识形态的影响是何等深刻。至少，在西周早期，其囹圄的实际状态表现为犯罪减少，体现了当时公正良好的执法倾向，在一定程度上维护了社会正义，促进了社会稳定，有利于社会经济的发展与进步。

夏商周皆有审前羁押之狱，即看守所，可见监狱羁押人犯的固有功能没有变化，用于囚禁真正的罪人与无罪的贤者，后果是不同的。"三王"时代是私有制时期，法律失去公平公正的基本特征，不能维护社会正义的时候，就可能导致社会混乱甚至国家灭亡。从"五帝"时代，就已经出现了以维护社会公正的法律，而且充分体现了法律维护社会正义的基本特性，经过夏商的发展与进步，立法指导思想的变化，尤其是执法指导思想的不同，严重影响了法律的固有特性，西周接受了夏商失败的教训，实施慎刑思想。可以发现，西周采用了"先礼后刑"的方针，不仅重视"要囚"，而且谨慎对待审前羁押，竭力保障审前羁押机构维护司法公正的基本特性。

---

① 王文锦译注：《礼记》，中华书局 2005 年版，第 181 页。

看守所在司法实际工作中，是启动司法程序的基础机构，从夏商周的法律制度运行过程可以发现，执法指导思想的变化，首先表现在具有审前羁押机构的功能异化，任何导致审前羁押机构固有功能特性的改变，都能够直接影响执法倾向的变化。从西周司法的社会实践可以看出，夏商的灭亡与法律失去其固有的维护社会正义的特性有关。

《尚书·昭诰》记载："其惟王勿以小民淫用非彝，亦敢殄戮用乂命，若有功。其惟王位在德元，小民乃惟刑用于天下，越王显。"希望周王不要因为民众的放纵而破坏法度，不要用滥杀来治理民众，这样才能成就功业。希望王立位以德行为先，这样，民众才会依法度行于天下，显扬王的德政。西周早期采取仁政德治，"庶狱庶慎"，坚持慎用刑罚，保障狱（看守所）的正常功能，以维护社会正义作为其施政方针。

西周已经认识到夏商的灭亡并非法律不公，而是执法不公，所以"夏台"、"羑里"才会羁押没有犯罪的人。小司徒之职中明确规定："以三刺断庶民狱讼之中：一曰讯群臣，二曰讯群吏，三曰讯万民。"可以看出，西周法律明确规定，审判必须接受民众的监督，听从民众的意见。

第五节　春秋战国时期的看守所

一、狱，深室，囹圄

一般认为从平王东迁，公元前772年作为春秋时代的开始，至周元王元年，即公元前475年为春秋时期。所谓春秋时代就是周天子的中央权力失去了控制诸侯国的能力，导致各诸侯国的行政权力完全地方自治，各诸侯国乘机谋取利益，利用尊天子的名义争夺霸主地位，以武装力量为后盾，提倡"结其信，示之武。兴灭国，继绝世，朝天子"。这时还没有形成完全取代周天子统一天下的社会形态。

从公元前475年，直至秦统一的公元前221年，称为战国时代，表现出“智谋权诈，牟利尚勇，捐弃仁义，争夺天下”的社会形势。所以春秋战国时代的法律制度，也随着社会的发展而变化。但是审前羁押机构的名称及职能并没有大的改变。

《左传·鲁僖公二十八年》记载：“晋执卫侯，归至于京师，置深室。”深室，即具有审前羁押功能之狱。①

《太平御览》记载：“《晏子春秋》曰：景公籍重而狱多，拘者满圄，怨者满朝。”② 圄，具有审前羁押之职能。齐景公时期“踊贵履贱”说明被逮捕后，受肉刑的人多，才出现“拘者满圄。”《越绝书》记载：“吴狱庭周三里，春申君所造。”

《尉缭子》记载：“今夫决狱，小圄不下十数，中圄不下百数，大圄不下千数。”决狱，即断狱，羁押待决之囚的“圄”，即审前羁押之狱。

《资治通鉴》记载：“下吏治非，李斯使人遗非药，令早自杀。韩非欲自陈，不得见。王后悔，使人赦之，非已死矣。”③《史记》记载：“秦用李斯谋，留非，非死云阳。”云阳，即云阳狱。当时下吏治非，即逮捕韩非拘押在云阳狱，云阳狱属于审前拘押功能之看守所。

春秋战国时代沿袭西周的法律体系，对于审前羁押功能的“狱”、“囹圄”等依旧称谓狱、囹圄。圄，深室，皆是狱之别称，其性质属于审前羁押。春秋时期已经出现儒家学术思想，尤其春秋三传的作者，皆是儒生，忌讳“狱”、“囚”之类的文辞，所以先秦著作中，很少有关于“狱”的记载。

《论语·公冶长》记载：“子谓公冶长：‘可妻也，虽在缧绁之中，非其罪也。’以其子妻之。”④ 孔子用缧绁（栓缚罪人的绳索）代指牢狱。也说明，缧绁是狱的别称，其功能也是审前羁押。

可见春秋时代具有审前羁押功能的“狱”（看守所）依然存在，名称、功能性质也没有大的变化。

---

① 李梦生：《左传译注》，上海古籍出版社 2004 年版，第 307 页。

② （宋）李昉等：《太平御览》，中华书局 1998 年版，第 2881 页。

③ （宋）司马光：《资治通鉴》，中华书局 1986 年版，第 221 页。

④ 杨伯峻译注：《论语》，中华书局 2004 年版，第 42 页。

二、审前羁押及其刑法的演变

春秋时期的司寇治狱制度沿袭周制，鲁、齐、郑、晋、宋、卫等皆设司寇之职。

司寇也称司败，《左传·文公十八年》记载，子西对楚成王说："臣归死于司败也。"本注：司败，楚官名，相当于司寇，掌刑法。[①]

刑官为尉氏，也称师士、理官。《鲁襄公二十一年》晋栾盈，过于周，辞于行人时说："臣戮余也，将归死于尉氏。"尉氏，即军尉，掌刑戮。[②]

《史记》记载，鲁定公十四年孔子年五十六岁，由大司寇行摄相事。"于是诛鲁大夫乱政者少正卯。"[③]孔子曾经担任过鲁国司寇，而杀死大夫少正卯。

诸侯国取代了周天子的地位，肉刑以及死刑的核准权，随之下移。由于"禄之去公室五世矣，政逮于大夫四世矣。"[④]最后诸侯也丧失了行政权、执法权，各诸侯国之权力皆被执政的卿或者大夫篡取。

司寇是刑狱之官。刑狱的机构设置基本与西周同，只是肉刑的终审判决权力已经从周天子下移至诸侯或者执政的卿、大夫。其主要表现在四个方面：其一，当时依然执行西周《九刑》的刑法制度，提倡孝敬忠信。盗窃，受贿，尤其收受赃物属于犯罪；其二，执政卿拥有最高行政权与执法权；其三，司寇依旧属于司法系统之执法官吏；其四，各诸侯国的官吏包括其君主、天子在政权变化过程中，可以叛逃到其他诸侯国，并且能够得到一定的职位和执法权，这是西周世卿制度的具体体现。

《左传·昭公十四年》记载，晋邢候与雍子争鄐田，久而无成，士景伯如楚，叔鱼摄理，韩宣子命断旧狱，罪在雍子，雍子纳其女于叔鱼，叔鱼蔽罪邢候。邢候怒，杀叔鱼与雍子于朝，宣子问其罪于叔向，叔向曰："三人同罪，施生戮死可也。雍子自知其罪而赂以买直，鲋也鬻狱，邢候专杀，其罪一也。己恶而掠美为昏，贪以败官为墨，杀人不忌为贼。《夏

---

① 李梦生：《左传译注》，上海古籍出版社2004年版，第379页。

② 李梦生：《左传译注》，上海古籍出版社2004年版，第762页。

③ （汉）司马迁：《史记》，中华书局1999年版，第1917页。

④ 杨伯峻译注：《论语》，中华书局2004年版，第175页。

书》曰：'昏、墨、贼，杀。'皋陶之刑也。"①

以上是一个争田的民事案件，结果成为杀人大案，原被告双方连同法官一并被处死。其司法混乱程度可见一斑，也说明春秋时期审判制度的腐败。

《国语·周语》记载，邵公谏厉王弥谤指出："国王虐，国人谤王。"邵公告曰："民不堪命矣！"王怒，得卫巫，使监谤者，以告则杀之。国人莫敢言，道路以目。王喜，告邵公曰："吾能弭谤矣，乃不敢言。"②这是西周实施敬天爱民、仁政德治、辅以刑法以来治国思想的改变。由听从民众的意见，演变为以杀戮禁止民众的言论自由，视民众参政、议政为毁谤，这是中国古代独裁专制萌芽的开始。

芮良夫论荣夷公专利说："夫利，百物之所生也，天地之所载也。而或专之，其害多矣。天地百物，皆将取焉，胡可专也？""匹夫专利，犹谓之盗，王而行之，其归鲜矣"。③芮良夫认为，一个人企图拥有天下的利益，事实上就是强盗行为。西周从仁政德治到民众不敢讲话，帝王专天下之利，这些皆是以严刑苛法的方式完成的，也是西周末期分崩离析的重要原因。

《左传·昭公三年》记载，初，齐景公欲更晏子之宅，曰："子之宅近市，湫隘嚣尘，不可以居，请更诸爽垲者。"辞曰："君之先臣容焉，臣不足以嗣之，于臣侈矣。且小人近市，朝夕得所求，小人之利也。敢烦里旅？"公笑曰："子近市，视贵贱乎？"对曰："既利之，敢不视乎？"公曰："何贵何贱？"于是景公繁于刑，有鬻踊者。故对曰："踊贵履贱。景公为是省于刑。"④从以上记载可以看出卖假肢的多于卖鞋的。由于诸侯国拥有肉刑和死刑的决定权，所以肉刑普遍，对于社会危害极大。

《论语·太伯》记载，曾子有疾，召门弟子曰："启予足！启予手！诗云：'战战兢兢，如临深渊，如履薄冰。'而今而后，吾知免夫！小子！"⑤

---

① 李梦生：《左传译注》，上海古籍出版社 2004 年版，第 1061 页。

② （春秋）左丘明：《国语》，华龄出版社 2002 年版，第 3 页。

③ （春秋）左丘明：《国语》，华龄出版社 2002 年版，第 5 页。

④ 李梦生：《左传译注》，上海古籍出版社 2004 年版，第 940 页。

⑤ 杨伯峻译注：《论语》，中华书局 2004 年版，第 79 页。

曾子认为他自己快要病死了，能够手足完全（没有受到肉刑），正是自己一生如履薄冰地谨慎小心，才没有遭受肉刑的刑戮，直到病卧不起之时，才松了一口气，说今后（就要死了）再不会遭受刑戮了。可见春秋战国时代的社会形势，正如孔子所说，这是一个“礼崩乐坏”的时代。但是，从另一方面讲，春秋战国时期，由于国家权力重心下移，地方割据，权力分散，各诸侯国执行的刑罚标准不一。这一时期，完全打破了西周传统的统一礼法制度，各种学术思想的理论研究风起云涌，出现了学术思想理论的“百花齐放，百家争鸣”的繁荣局面，对于中国古代学术思想的发展与进步具有特殊意义。

《墨子·明鬼下》记述：“昔者齐庄君之臣，有所谓工里国、中里缴者。此二子者，讼三年而狱不断，齐君欲兼杀之，恐不辜；欲兼释之，恐失其罪。”可见当时羁押与审判时限是没有明确规定的，各诸侯国皆有不同数量的审前羁押性质之狱的存在。

公元前536年，郑子产铸刑鼎，是春秋时期第一个公布成文法的诸侯国，这一公开法律条文的措施，受到传统势力的激烈反对。《左传·昭公六年》记载：“叔向说：昔先王议事以制（衡量事之轻重以判定罪行），不为刑辟（刑法）。惧民之有争心也。犹不可禁御，是故闲（防）之以义，纠（纠察，约束）之以政，行之以礼，守之以信，奉之以仁，制以禄位以劝其从，严断刑罚以威其淫。”① 所谓“先王议事”，不应该是西周，因为西周采用刑法公开制度，说明叔向法律神秘化的观点，是从西周后期即在周厉王时期以后逐渐形成的。孔子也提出“民可使由之，不可使知之”的愚民理论，于此同时也产生了法家的法律公开化、法律平等的观点。这些截然不同、甚至相对立的学术理论，正是春秋战国时代的社会发展形势所决定的。

子产铸刑鼎后23年，《左传·昭公二十九年》记载，晋赵鞅、荀寅“以铸刑鼎，著范宣子所为刑书焉”。

魏国的李悝（公元前455——前395年）著《法经》六篇：盗法、贼法、囚法、捕法、杂法、具法。在魏国实施变法，囚法就是关于审判、决

① 李梦生：《左传译注》，上海古籍出版社2004年版，第979页。

狱、囚禁之法。囚禁，证明审前羁押之存在，李悝的《法经》对于战国时期法律变革影响很大。

三、战国时代的法律思想与看守所功能的改变

《太平御览》记载："《文子》曰：文子问老子曰：'法安所生？'曰：'法生于义，义生于众适，众适合乎人心，此治之要也。法非从天生，非从地出，发于人间，反已自正。'"①可见立法的产生过程与社会发展的需要相适应，法的固有特性即"法生于义"而"合于人心"，也即法理学所谓之良法。司法行为的实施，必然涉及审前羁押的启动程序，审前羁押对于保障司法公正具有积极意义。审前羁押制度从五帝时期的"皋陶造狱"开始，就已经出现并显示出其对于执法倾向的实际价值。即使在春秋战国时期，也同样需要法律公正。但是，由于统治者的需要，改变了执法倾向，而导致司法不公。传统礼仪的伦理道德等级规范，成为法律不公的基础。战国时代的法家商鞅（公元前359年变法，前338年被杀）已经认识到礼仪等级秩序与法的抵牾。他认为，依靠仁义道德不能治国，有法而不能依法，是执法不公，从而导致社会混乱。他反对上天赋予君权的理论，明确提出："凡人主德行非出人也，知（智）非出人也，勇力非过人也。"商鞅排除了君命神授、君为天之子，异于常人的传统观念，肯定了君主也是普通人，无论是道德、品行、智力、才能、个人的勇力都与普通人一样。"然民虽有圣知，弗敢我谋；勇力，弗敢我杀。虽众，弗敢胜其主；虽民至亿万之数，悬重赏而民不敢争，行罚而民不敢怨者，法也。"②他说："仁者能仁于人，而不能使人仁；义者能爱于人，而不能使人爱；是以知仁义不足以治天下也。"所以他主张"圣王者不贵义而贵法"③，必须"缘法而治"。同时指出："故尧舜之位天下也，非私天下之利也，为天下位天下耶"，"今乱世之君臣，区区然皆擅一国之利，而管一官之重，以便其私，

① （宋）李昉等：《太平御览》，中华书局1988年版，第2857页。

② 蒋礼鸿：《商君书锥指》，中华书局1986年版，第111页。

③ 蒋礼鸿：《商君书锥指》，中华书局1986年版，第113页。

此国之所以危也。”[①]最后提出：“位天下，非私天下之利，为天下位天下。”法律不能制止君臣图谋私利，国家就陷入危机，所以要“缘法而治”。

孟轲（约公元前372—前289年）与商鞅大约生活在同一时代，是中国古代第一位提倡“民贵君轻”观点的儒家代表人物，主张国家以民众为主体，君主实施重大决策必须经过“国人皆曰”，即国民同意的参政过程，就是庶民参政议政的民主形式，所以他说“民为贵，社稷次之，君为轻”。[②]这是民主法制思想的萌芽。

庄子（公元前369年—前286年）曾经做过漆园吏，他认为社会发展，物质不断丰富，促使人们的贪欲膨胀。他是中国古代第一位能够正确区分天下为公的五帝时代与私有制“家天下”的三王时代的哲学家，也是准确划分性质不同的社会分期的政治家。《庄子·天运》记载：“黄帝之治天下，使民心一”，“尧之治天下，使民心亲”。“舜之治天下，使民心竞”，“禹之治天下，使民心变，人有心而兵有顺，杀盗非杀，人自为种而天下耳。是以天下大骇，儒墨皆起”。[③]庄周指出，从黄帝时代使民心一、尧帝使民心亲、舜帝使民心竞，这一社会意识形态的演变进程，是从天下为公逐渐过渡到夏禹使民心变，各为其私的私有制“家天下”。因此，社会不仅出现了等级森严的礼仪制度，也有了为各自的利益而发生战争，也有了严苛的刑法。《庄子·天地》描述：“尧治天下，伯成子高立为诸侯。尧授舜，舜授禹。伯成子高辞为诸侯而耕。禹往见之，则耕在野。禹趋就下风，立而问焉，曰：‘昔尧治天下，吾子立而为诸侯。尧授舜，舜授予，而吾子辞为诸侯而耕，敢问，其故何也？’子高曰：‘昔尧治天下，不赏而民劝，不罚而民畏。今子赏罚而民且不仁，德自此衰，刑自此立。后世之乱自此始矣。’”[④]庄周认为，从夏禹以来，是私有制“家天下”的开始，因为天下为私所以争斗不止，因此而出现了严厉的刑法制度，用于约束人们的私欲，他主张“无为而治”就是消除个人私欲的根本方法。

战国晚期，荀况（公元前315或前298——前238年）吸收了法家依

① 蒋礼鸿：《商君书锥指》，中华书局1986年版，第84页。
② （战国）孟轲：《孟子》，远方出版社2004年版，第195页。
③ （战国）庄周：《庄子》，山西古籍出版社1999年版，第148页。
④ （战国）庄周：《庄子》，山西古籍出版社1999年版，第119页。

法治国的主张，却反对孟子的“民贵君轻”思想，他提出君民关系应该是：“君者，舟也；庶人者，水也。水则载舟，水则覆舟。”其理论根据是：“马骇舆，则君子不安舆；庶人骇政，则君子不安位。马骇舆，则莫若静之；庶人骇政，莫若惠之。”“庶人安政，然后君子安位。”“故君人者，欲安，则莫若平政爱民矣；欲荣，则莫若隆礼敬士矣；欲立功名，则莫若尚贤使能矣；是君人者之大节也。”①他这种尊君、贵臣、治民思想，最终被其弟子李斯、韩非所继承并加以改革，而成为君主权力独裁专制的思想理论基础。

公元前359年，秦孝公下令商鞅变法，是法家学术理论的社会实践之开端，商鞅是中国古代第一位提出“刑无等级”的法学家。《商君书·赏刑》规定：“刑无等级，自卿相、将军以至大夫、庶人，有不从王令，犯国禁，乱上制者，罪死不赦。有功于前，有败于后，不为损刑；有善于前，有过于后，不为亏法。忠臣孝子有过，必以其数断。守法守职之吏，有不行王法者，罪死不赦，刑及三族。”

商鞅制定了一套法律宣传、司法解释、法律监察及其相对独立的司法体系，建立了严格执法、全民监督、公开执法的司法程序以防止司法不公。他同时提出“法之不行，自上犯之”的思想观点，这一观点与“严以治吏”具有普遍的社会意义。秦国完善的审前羁押制度，对于维护公正的司法程序起到了至关重要的作用，没有严密有效的权力监督机制，没有高水平的社会道德素质及其良好的执法环境，社会公平正义是难以实现的。商鞅变法获得成功，与秦孝公的大力支持分不开，尤其是商君法的执法核心思想，在于帝王必须“缘法而治”。由于春秋战国时代是一个社会大变革时期，诸侯国政治体制与社会制度尽管基本相同，但是各国的司法制度与执法程序不尽相同，审前羁押机构也不一致。《尉缭子》记载：“今夫决狱，小圄不下十数，中圄不下百数，大圄不下千数。”这种说法与《论语》记载曾子的观点一致。《战国策·苏秦始将联横》记载：“古者使车毂击驰，言语相结，天下为一；约纵连横，兵革不藏；文士并饬，诸侯乱惑；万端具起，不可胜理；科条既备，民多伪态；书策稠浊，百姓不足；上下

① （战国）荀况：《荀子》，远方出版社2004年版，第62页。

相愁，民无所聊；明言章理，兵甲愈起；辩言伟服，攻战不息。”[①]说明春秋时期尚且能够通过外交活动来订立盟约、取得信任，使天下结合一体。然而，到了战国时期，虽然已经有了科条（科条即法律规范、礼仪制度的条文），但由于割据的战争环境，已经没有社会信誉，法制混乱只能依靠战争的方式解决。苏秦用其自身的经历，认识到当时的社会价值观是“贫穷则父母不子，富贵则亲戚畏惧。人生世上，势位富贵，盖可忽乎哉”。[②]可见春秋时期尚且追求仁德信义。战国时代，人们只重视利益，重视武力。虽然制定了法律，却不能公正执行，审前羁押机构真正成为专政、专制的工具。

① 杨子彦：《战国策正宗》，华夏出版社 2008 年版，第 34 页。

② 杨子彦：《战国策正宗》，华夏出版社 2008 年版，第 38 页。

第二章　秦汉时期看守所

第一节　秦代看守所

商鞅变法（公元前359年至公前221年）历经六代，138年之后，形成了秦法。秦王朝的司法体系也逐渐完善，审前羁押机构的设置从咸阳的廷尉狱到郡县的各级行政机构皆设狱，即看守所，同时设置管理看守所的狱官，郡由都狱治“狱”，县由狱椽专管“狱”。

一、秦代看守所的设置

秦朝法律设置了多种劳作刑，即徒刑。判决后，由于各种劳作刑的劳动强度具有差别而分别管理。1975年12月在湖北云梦县睡虎地发掘了十二座战国至秦统一时期的墓葬，在第十一号墓中出土了1155枚秦代竹简，记载墓主人喜的下葬时间为秦始皇三十年，即公元前217年，简称《云梦竹简》。其中《司空律》规定：“舂城旦衣赤衣，冒赤𥣎”，“舂城旦（刑期5—6年），出繇（徭）者，毋敢之市及留舍阓外；当行市中者，回，勿行。”[①]秦代法律规定，判决城旦舂后，穿赤色囚衣、戴赤色帽子，不能在街市通行，不能在服劳役住处以外的地方留宿，交由管理工程的司空狱看押执行劳作刑。所以除了审前羁押之狱以外，已经出现了行刑之狱，即

① 日知、张政烺编：《云梦竹简》，东北师范大学出版社1994年版，第66页。

专门执行劳作刑的监狱的存在，同时制定了专门管理劳作刑徒的《司空律》。[①]

《史记·李斯列传》记载："二世乃使高案丞相狱，治罪，责斯与子由谋反状，皆收捕宗族、宾客。赵高治斯，搒掠千馀，不胜痛，自诬服。斯所以不死者，自负其辩，有功，实无反心。"李斯在狱中上书自陈，赵高使吏弃去不奏，曰："囚安得上书"，"李斯拘执束缚，居囹圄中"，"赵高使其客十余辈诈为御史、谒者、侍中，更往复讯斯。斯更以其实对，辄使人复搒之。后二世使人验斯，斯以为如前，终不敢更言，辞服"，"具斯五刑，论腰斩咸阳市"。[②]这里的囹圄就是看守所。"李斯在狱中上书自陈"之中的"狱"就是指审前羁押之狱，即秦都咸阳的廷尉狱。

"系蒙毅于代"，"前已囚蒙恬于阳周。"[③]即为代州狱、阳周狱，也属于审前羁押之狱。

范阳人蒯通说范阳令曰："秦法重，足下为范阳令十年矣，杀人之父，孤人之子，断人之足，黥人之首，不可胜数。"[④]这些记载，可以看出秦代从中央到地方的郡县各级皆设有狱，即看守所。

《太平御览》记载："秦狱吏（有称为御史）程邈得罪秦始皇，囚于云阳狱十年，在狱中作大篆，少者增益，多者损减，方者使员（圆），员（圆）者使方。奏之，始皇善之，出为御史。"[⑤]这说明秦始皇时代的审前羁押没有严格的法定时限，程邈竟然被云阳狱关押十年不作处理。

《史记·秦始皇本纪》记载："非死云阳。"这里是说韩非死于云阳狱。《资治通鉴》记载，秦始皇十四年（前233年）秦始皇听说韩非很有才能"欲见之"。当时韩非"为韩使于秦"，"因上书说王"即向秦王献统一之策，以灭韩、齐等国为谋，并表示忠心。"王悦之，未任用。"李斯嫉之，曰："韩非，韩之诸公子也。今欲并诸侯，非终为韩不为秦，此人情也。今王不用，久而归之，此自遗患也；不如以法诛之。"王以为然。下吏治

① 日知、张政烺编：《云梦竹简》，东北师范大学出版社1994年版，第57页。
② （汉）司马迁：《史记》，中华书局1999年版，第1992页。
③ （汉）司马迁：《史记》，中华书局1999年版，第1996页。
④ （汉）司马迁：《史记》，中华书局1999年版，第2001页。
⑤ （宋）李昉等：《太平御览》，中华书局1988年版，第1076页。

非（即逮捕韩非羁押在云阳狱）。李斯使人遗非药，令早自杀，韩非欲自陈，不得见。王后悔，使人赦之，非已死矣。[①]《史记·正义》括地志云："云阳城在雍州云阳县西八十里，秦始皇甘泉宫在焉。"[②]韩非死于云阳狱。以上案件可见秦始皇时期的审前羁押功能，即看守所的基本状态。

二、秦代看守所与讯狱

从《云梦竹简》中发现，在秦统一之前，秦治狱已经有了比较系统的法律规范，尽管秦惠公破坏了商君法的"缘法而治、法无等级"的重要原则，但是商君法的基本内容并没有被完全废止。

《云梦竹简》记载："讯狱，必先尽其言而书之。"如果供词交待不清，可以反复讯诘。"更言不服者"可以刑讯，即"笞掠"。但是秦并不提倡刑讯。

秦简中的《封诊式》就是关于看守所的狱政管理与审判制度的法律文件。

《封诊式·治狱篇》规定："治狱，能以书从迹其言，毋治谅（笞掠）而得人请（情）为上，治谅（笞掠）为下。有恐为败。"[③]

据此可以看出建立在商君法基础上的秦法，具有严格的审判方式与审判程序。司法官吏必须耐心听讯各方供词，不主观论断，应该以"爰书"形式认真记录全部鞫讯过程及其内容，同时注明其鞫讯方式，"笞掠为下，有恐为败"，以防止严刑逼供而发生冤假错案。

《封诊式·讯狱》规定："凡讯狱，必先尽听其言而书之，各展其辞，虽智（知）其訑（yi，dan），勿庸辄诘。其辞已尽书。而毋（无）解，乃以诘者诘之。诘之有（又）尽听书其解辞，有（又）视其它毋（无）解者以复诘之。诘之极而数訑，更言不服，其律当治谅（笞掠）者，乃治谅（笞掠）。治谅（笞掠）之必书曰：爰书，以某数更言，毋（无）解辞，治

① （宋）司马光：《资治通鉴》，中华书局 1986 年版，第 221 页。

② （汉）司马迁：《史记》，中华书局 1999 年版，第 165 页。

③ 日知、张政烺编：《云梦竹简》，东北师范大学出版社 1994 年版，第 88 页。

(笞) 讯某。”[①]这里提出的“诘者”，即实施审判时追问、审查案情的审判官，专职审判问案的司法官，司法官不能通过正常的反复讯诘方式审明案情，从而发现有罪、或者囚犯无法解释的证据，仍旧不认罪者，可以使用“笞掠”，一定要以爰书的形式，书写其“笞掠”的原因与过程，因为“笞掠”的审判方式涉及司法官年终工作成绩考核殿最。以刑讯方式取得口供才能定案，是一种极其不可靠的审判方式，也说明法官的审判能力有问题，爰书成为记载审判过程以及司法责任的文书，在一定程度上，能够促进司法以及办案官员提高办案能力，迫使执法者搜寻相关证据，而不完全依靠口供。因为笞掠刑讯“有恐为败”，即刑讯逼供的供词不可靠，对于维护司法公正具有实际意义。

云梦属于楚地，被秦灭亡较早，而改为南郡，竹简中载有秦始皇二十年（前 227 年）南郡守发布的《语书》，证明墓主喜随葬的法律文件是当时的现行实用法律文件。《语书》就是秦统一前，监察郡县官吏政纪的一种文件，充分显示严以治吏的法制。

《语书》记载:“今且令人案行之，举劾不从令者，致以律，论及令、丞。有（又）且课县官，独多犯令而令、丞不得者，以令丞闻。”[②]

现在从《云梦竹简》中看到的秦法，与秦始皇推行的秦法，即实施惩治狱吏、发布禁书令、见知不举令、以古非今令等之后的秦法，是有很大区别的。竹简中《法律答问》的“不直罪”，即“罪当重而端轻之，当轻而端重之，是谓之不直”与《纵囚罪》、《不廉罪》、《失刑罪》、《犯令罪》等皆属于渎职罪范畴。规定的惩治刑法见于竹简的，主要有徒刑，即城旦、隶臣、鬼薪、白粲、司寇、候等，最轻是训诫。然而，秦始皇三十四年，不直罪等全部成为长期或者无期徒刑罪，结合见知不举罪的实施，从而导致司法更加从严从重的执法倾向。

秦代设廷尉，《汉书 · 百官公卿表》记载:“廷尉，秦官，掌刑辟，有正、左、右监，景帝中六年更名大理，武帝建元四年复为廷尉。”廷尉即大理寺卿。《唐六典》曰:“大理卿之职，掌邦国折狱详刑之事。”大理寺

① 日知、张政烺编:《云梦竹简》，东北师范大学出版社 1994 年版，第 88 页。

② 日知、张政烺编:《云梦竹简》，东北师范大学出版社 1994 年版，第 36 页。

成为早期司法、狱政、监察的统一管理机构。秦实行郡县制，由于郡县皆设有司法机关以及审前羁押之狱，廷尉成为国家最高司法机构。依照其职责，廷尉管理全国郡县的司法行政系统，负责全国县、郡的申诉案件，死刑案件必须经过廷尉，上报帝王核准。秦代的司法系统，成为秦帝国中央集权制度的权力运行基本模式，最高司法权由中央直达地方的行政、司法权力运行体系。

《法律答问》记载："盗及诸它罪，同居所当坐，何谓同居？户为同居，坐隶，隶不坐户谓也。"秦代法律规定了家庭成员连坐，主人犯罪其奴隶也要连坐，奴隶犯罪，主人不连坐。"何谓室人？何谓同居？同居，独户母之谓也。室人，一室，尽当坐罪人之谓也。"[①]可见，一户同母之人为同居，室人就是一家人。《效律》规定："尉计及尉官吏，即有劾，其令丞坐之，如它官然。"[②]官吏在职时犯罪，去职后仍要追究。"废令、犯令，遝免，徙不遝？遝之。"[③]遝，逮、及。即追究犯令、废令者的刑事责任。秦统一之后，县及其以上行政区域皆设有审前羁押之狱。从秦简分析秦始皇三十年之前，其司法体制已经相当完善。

三、秦代看守所与诉讼制度

（一）起诉

起诉在秦简中称"告"，一种是民间成人为主体的告诉案，又分为公室告与非公室告。《法律答问》解释："贼杀伤，盗他人为公室告。"即杀伤或者盗窃他人者为公室告。主擅杀刑髡其子、臣妾，是谓非公室告。官府应该受理公室告，不受理非公室告。另一种是各级官府、官吏纠举之案件。就是所有危害他人、国家、官府、宗族等或者侵犯他人利益、生存、安全及其妨害正常社会秩序的案件，也属于公室告。还存在一种"缚谒告"，即受害人或者官吏将罪犯扭送官府。简言之，秦的诉讼形式有两种：其一，民间百姓为主要当事人，控告罪犯；其二，官吏纠举罪犯的案件。

---

① 日知、张政烺编：《云梦竹简》，东北师范大学出版社1994年版，第85页。

② 日知、张政烺编：《云梦竹简》，东北师范大学出版社1994年版，第15页。

③ 日知、张政烺编：《云梦竹简》，东北师范大学出版社1994年版，第71页。

《法律答问》中明确规定了起刑线。“斗，为人殴也，毋（无）疻痏，殴者顾折齿，可（何）论？各以其律论之。”[1]“律曰：斗（夬）决人耳，耐。”“妻悍，夫殴治之，(夬）其耳，若折支（肢）指、胅体，问夫可（何）论？当耐。”[2]还有拔人发“一提”也为刑事责任。严重者“或与人斗，缚而尽拔其须眉，论可（何）也？当完城旦”。一旦违犯这些法律规定，即被逮捕关入看守所，等候审判，如果审判属实，至少被判耐刑，即一年劳作刑。

（二）受理

受理由所属县或者郡的长官（县令、君守）兼理，即启动司法程序，收押案件嫌疑人，进行审前准备工作。《封诊式》规定，由县令派遣丞或令史之类的官吏，依据案情需要，组织具有一定办案能力的人员（“牢隶臣”、“牢隶臣”之妻女、“隶臣识字者”医务人员等）前往案发地现场检查、勘验、调查、取证，收集证人、证言等相关证据，作出笔录，即“爰书”，包括函件调查等，必须制作现场相关的“爰书”交付州县收存，鉴别死亡原因，或者与案件有关的痕迹、佐证等。相关案发地的基层组织，官吏以及相关人员必须积极配合调查。函件调查涉及邻县或者全国各地，同时由该地区看守所收押犯罪嫌疑人。

《封诊式》简文《有鞫》记述：“敢告某县主，男子某有鞫，辞曰：士五（伍），居某里。可定名事里，所坐论云可（何），可（何）罪、赦，或覆问毋（无）有，遣识者以律封守，当腾，腾当为报，敢告主。”[3]封，查封其财产。守，派人看守其家属。这是一封案发地司法机构向犯罪嫌疑人原籍县令（长）发出的协查函件。“男子某有鞫”，即逮捕在案，不仅要求查明“男子某”姓名、身份、籍贯、犯罪史、有无赦免、有无其他犯罪记录，派遣熟悉案情的人，依法查封财产，看守其家人，据实登记，并将登记情况回报。这说明嫌疑人被看守所羁押后，必须具有相应的现场勘验资料或者证人、证据。本地人或者外地人，都要进行调查、协查，获得文

① 日知、张政烺编：《云梦竹简》，东北师范大学出版社 1994 年版，第 57 页。
② 日知、张政烺编：《云梦竹简》，东北师范大学出版社 1994 年版，第 55 页。
③ 日知、张政烺编：《云梦竹简》，东北师范大学出版社 1994 年版，第 89 页。

字根据并制作“爰书”。

（三）判决

1. 程序

首先听取双方当事人陈述并记录，制作“爰书”，然后择其矛盾之处提问，从中记取口供，以所有证据核对口供，查证核实，直至案情清楚无误，依法定罪量刑。

2. 方式

严格遵守《封诊式·治狱讯狱》的规定原则。秦代已经使审判规范化、法制化，反对刑讯逼供，注重证据，要求法官遵守规定，不得出现偏差。审判必须由两名以上的“诘者”，轮流诘问，并制作“爰书”。

3. 身份

秦人，即所有在秦国境内取得户籍的人。“新秦人”，即新近进入秦国定居的人，包括从事各级官府事物之在职者以及从事农、牧、商、工等只要自愿编入户籍，视同秦人，具有与秦人一样的国人待遇，客士更受秦重视，亦依其能力任官升职，甚至还可受到优待。

行为能力的确定与其年龄、身高等有关。《秦简·法律答问》记载：“甲小未盈六尺，有马一匹自牧之，今马为人败，食人稼一石，问当论不当？不当论及赏（偿）稼。”①《仓律》规定：“隶臣，城旦高不盈六尺五寸，隶妾，舂不盈六尺二寸。皆为小。”男女没有达到如此高度，不具备行为能力责任，故无刑事能力，不合被判处刑罚。

4. 上诉

上诉，《封诊式》称“读鞫”、“乞鞫”。审判完毕，宣读判决书，即为“读鞫”。当事人及其家属同意判决并表示服罪，即可执行判决。当事人及其亲属不服判决或者喊冤，应该再审。《法律答问》记载：“以乞鞫或为人乞鞫者，狱已断乃听，且未断犹听也？狱断乃听之。”② 经要求重审及为他人要求上诉的，是在案件判决以后受理，还是在没有判决前受理。

---

① 日知、张政烺编：《云梦竹简》，东北师范大学出版社 1994 年版，第 75 页。

② 日知、张政烺编：《云梦竹简》，东北师范大学出版社 1994 年版，第 63 页。

答：在案件判决以后再受理。申诉复审有两种方式：一是当事人；二是其亲属或者其他人。也说明力求审判公平公正，允许上诉，即“乞鞫”。

（四）执行

1. 徒刑

经过判决，属于徒刑的，大多押送至建筑工地，属司空管理，就是由《秦简》中的《司空律》所设之司空狱管理。

涉及财产的案件采用“封守”等方式以备处分。《云梦秦简封诊式》记载了“封守”：乡某爰书，以某县丞某书，封有鞫者某里士五（伍）甲家室、妻、子、臣妾、衣器、畜产。家室、人：一宇二内，各有户，内室皆瓦盖，木大具。妻曰某，亡，不会封。子大女子某，未有夫。子小男子某，高六尺五寸。臣某，小女子某。牡犬一。几讯典某某、甲伍公士某某：“甲党（倘）有［它］当封守而某等脱弗占书，且有罪。”某等言曰：“甲封具此，毋（无）它当封者。”[①] 即以甲封付某等，与里人更守之，侍（待）令。

此爰书说明，某县丞奉命查封“有鞫者士五（伍）甲某”的家室、人口、畜产等，制作爰书的过程，必须有“讯典某某、甲伍公士某某”在场参与并作出证明。讯典是负责治安的地方隶属人员，即“典、老”等。甲伍公士，即被告甲的“十家联保为伍”的“伍长”，其身份是“公士”。关于地方典、老的职责于下面案例可有比较明确的认识，《法律答问》记载：“贼入甲室，贼伤甲，甲号寇，其四邻、典、老皆出不存，不闻号寇，问当论不当？审不存，不当论；典、老虽不存，当论。”《史记·商君列传》记载：“民为什伍而相牧司连坐，不告奸者腰斩，告奸与斩首同赏。”《法律答问》记载：“可（何）谓四邻？四邻即伍人谓也。”[②]“伍人”，即十家联保的农村基层组织。具有互相监督以及救助的职责，否则就要受到刑事处罚，但是此一案例是说“四邻”皆不在家，没有听到“甲号寇”，调查属实，因此四邻不当处罚，而典、老虽然也不在家，没有听到甲号寇，却

---

① 日知、张政烺编：《云梦竹简》，东北师范大学出版社 1994 年版，第 89 页。

② 日知、张政烺编：《云梦竹简》，东北师范大学出版社 1994 年版，第 59 页。

要受处罚。这是因为，秦法规定的是官吏责任制度，地方出现盗贼入室抢劫伤人，是负责地方治安的典、老失职。

2.“诬告”、“州告”、“告不审”

《商君法》奖励告奸，为了防止诬告、匿名投书等。《法律答问》特别规定：“有投书，勿发，见辄燔之，能捕者购臣妾二人。”①购，即奖赏。对于能够捕获投书人者，奖赏臣（男奴隶）、妾（女奴隶）二人。对于揭发匿名信、诬告他人者重奖。竹简中没有发现对于投书罪的具体明确的刑罚标准，但是，却有对于“诬告”的刑罚规定，诬告反坐，秦律称诬告为诬人，告盗加赃等，均需承担反坐的刑事责任。诬告，即凭空诬陷。对于故意陷害为诬人的要进行惩罚，而非故意地错告为告不审。一般为赀罚甲盾之类。对于诬告惩罚重。《法律答问》记载：可（何）谓“州告”？“州告”者告罪人，其所告且不审，有（又）以它事告之。勿听，而论其不审。②虽然其处罚不同，但是，诬告杀人，即使由于告不审也以诬告罪论处。有一“真罪”未结，又加诬告一罪：“上造甲盗一羊，狱未断，诬人曰盗一猪，论可（何）也？当完城旦。”合并论罪处以“完城旦罪”。故意夸大情节，已经不属于告不审，应为“告盗加脏”。“甲盗羊，乙知，即端告曰甲盗牛，当为告盗驾（加）脏。”③

对于诬人者，即以其罪反坐。“当耐司寇，而以耐隶臣诬人，可（何）论？当耐为隶臣。当耐为侯罪诬人，可（何）论？当耐为司寇。”④可见秦始皇三十年之前，《云梦秦简》所记载的秦法，具有严格的罚必当罪的原则。无论从刑事侦查、证据采集、函件调查、审讯方式、爰书制备，到司法程序、司法公正、司法公平、审判制度、上诉制度等，对于执法官吏的要求皆十分严格。并且把执法人员的审判能力与工作成绩，作为考察官吏的基本内容，可见在此期间秦法还坚持一定的法律公正原则。

3. 责任追究制度

《云梦秦简》记载：“士五（伍）甲盗，以得时直（值）臧（赃），臧

---

① 日知、张政烺编：《云梦竹简》，东北师范大学出版社 1994 年版，第 49 页。

② 日知、张政烺编：《云梦竹简》，东北师范大学出版社 1994 年版，第 59 页。

③ 日知、张政烺编：《云梦竹简》，东北师范大学出版社 1994 年版，第 46 页。

④ 日知、张政烺编：《云梦竹简》，东北师范大学出版社 1994 年版，第 64 页。

(赃) 直（值）过六百六十钱，吏弗直（值），其狱鞫乃直（值）臧（赃）直（值）百一十，以论耐，问甲及吏可（何）论？甲当黥为城旦，吏为失刑罪。或端为，为不直。”①

士伍甲盗窃，在捕获时所盗赃物价值为超过六百六十钱，但是审判官当时没有估价，等到审讯时才估价，赃值一百一十钱，因而把甲判为耐刑，甲和吏如何论处？甲黥为城旦，吏为失刑罪即“谇”，训诫。如果是故意轻判，为不直罪，以其严重程度承担责任。

《法律答问》记载：论狱可（何）谓：“不直？”可（何）谓“纵囚？”罪当重而端轻之，当轻而端重之，是谓“不直”。“当论而端弗论，及傷其狱，端令不致，论出之，是谓纵囚。”② 即应该论罪而故意不论罪，以及减轻情节，故意使犯人够不上判罪标准，判其无罪的，是纵囚罪。“失刑罪”则是量刑不当。

“犯令罪”与“废令罪”在《法律答问》记载：“令曰勿为而为之，是谓犯令：令曰为之，勿为，是为废令罪。”③ 即做了法律规定不做或者法律所禁止的事情，是为犯令；不履行法律规定的职责，即不依照法律规定（命令或者责任）履行职责，是为废令。这些都是关于渎职罪的规定，以追究其责任，严厉的责任追究制度对于澄清吏治具有重要意义。

四、秦代刑制

（一）死刑

秦代的死刑类型较多，并且残酷。主要有以下几种：

戮。《法律答问》称：“誉适敌以恐众心者，戮。戮者何如？生戮。戮之已乃斩之谓也。”即处死之前，先于刑戮，然后斩首。也有死后陈尸示辱，即戮尸。④

弃市。《资治通鉴》胡三省注：“秦法，论死于市，谓之弃市。”目的

---

① 日知、张政烺编：《云梦竹简》，东北师范大学出版社1994年版，第43页。
② 日知、张政烺编：《云梦竹简》，东北师范大学出版社1994年版，第57页。
③ 日知、张政烺编：《云梦竹简》，东北师范大学出版社1994年版，第71页。
④ 日知、张政烺编：《云梦竹简》，东北师范大学出版社1994年版，第48页。

在于警吓世人。

磔。《说文》曰："磔，辜也。"郑注："磔者"，开也，张也，刳其胸腰而杀之。

定杀。《法律答问》记载："疠者有罪，定杀。定杀何如？生定杀水中之谓也；或曰生埋，生埋之异事也。"[①]"甲有完城旦罪，未断，今甲疠，问甲可（何）以论？当迁疠所处之，或曰当迁，迁所定杀。"[②]指恶性传染病，触犯死罪者。

射杀。缚于树，弓箭射杀之。

腰斩。斩腰。

车裂。即轘刑。《释名》曰："轘散也，肢体分散也。"

枭首。"悬首于木上曰枭。"

囊扑。"以囊盛其人，扑而杀之。"

凿颠。颠，即顶。

阬。即生埋。

绞。即绞刑。

族刑。三族之罪，凡属族刑范围以内者，均处死刑。

（二）肉刑

即黥、劓、刖、宫（大辟为死刑）。

（三）作刑，秦代作刑种类较多

城旦舂。城旦是最重的作刑，多附加肉刑，如黥城旦。不加肉刑如完城旦，5—6 岁。

鬼薪，白粲。皆为 4 年，次于城旦的作刑。鬼薪也与其他徒刑合用而分为不同等级。如耐以鬼薪，耐以为鬼薪鋈足等。秦简记载："白粲操土功参食之，不操功，以律食之。"说明白粲并非所说只为宗庙择米而已，其劳动强度不同，粮食标准也不同。

---

① 日知、张政烺编：《云梦竹简》，东北师范大学出版社 1994 年版，第 65 页。

② 日知、张政烺编：《云梦竹简》，东北师范大学出版社 1994 年版，第 66 页。

隶臣妾。轻于鬼薪白粲的作刑，是同一刑种男女性别不同的劳作种类。“男子为隶臣，女子为隶妾。”即犯罪的刑徒，被强制在官府土地上耕作，或去官府作坊服劳役，或在官府服杂役。也有的属于附加刑，如“刑为隶臣”、“耐为隶臣”、“黥颜为隶妾”。《秦律杂抄》记载：“寇降，以为隶臣。”即俘虏也是隶臣。① 秦代隶臣妾是没有固定刑期的作刑（一般提示为三年），事实上仅是一种低于平民的身份，而比作刑刑徒的身份为高，因为隶臣妾皆可以结婚生子，说明其具有一定的活动自由。《法律答问》记载：“当耐为司寇（2 年）而以耐隶臣诬人，可（何）论？当耐为隶臣（三年）。耐为候（1 年）罪诬人，可（何）论？当耐为司寇。”②

司寇。《汉旧仪》记载：“司寇，男守备，女为作如司寇。皆作二年。”强迫男犯到指定地区服劳役，同时守备防寇。《法律答问》记载：“当耐为候罪诬人，可（何）论？当耐为司寇（二年）。”《秦律十八种》记载：“司寇勿以为仆、养、守宦府及除为也，有上令除之，必复请之。”③ 秦律中有城旦司寇、舂司寇，系城旦舂改判为司寇。刑期未变，只是役作方式与服刑待遇有变化，但是不准许以司寇等刑徒充任官府的卒吏或者仆人。

候。一年，最轻的作刑。《秦律杂抄》记载：“当除弟子籍不得，置任不审皆耐为候。”耐为候，即被发往边地充当斥候，多为谪戍的官吏。

秦代作刑刑期并不明确，大约：城旦 5—6 岁，鬼薪白粲 4 岁，隶臣妾 3 岁，司寇 2 岁，耐、候 1 岁。

（四）侮辱刑

髡、耐、完刑。这里的耐罪有时也用作一年作刑。

髡，源于周，王族中有犯宫刑者，以髡代宫，断长发为短发，一般为二寸左右。《说文》段玉裁注：“髡，剃发也。”秦代已经失去这种性质，《法律答问》记载：“捕亡，亡人操钱，捕得取钱”，“所捕耐罪以上得取”。④

① 日知、张政烺编：《云梦竹简》，东北师范大学出版社 1994 年版，第 30 页。
② 日知、张政烺编：《云梦竹简》，东北师范大学出版社 1994 年版，第 64 页。
③ 日知、张政烺编：《云梦竹简》，东北师范大学出版社 1994 年版，第 67 页。
④ 日知、张政烺编：《云梦竹简》，东北师范大学出版社 1994 年版，第 65 页。

说明耐罪属于作刑刑事惩罚的起始点，即一年刑，否则逃亡者不能构成刑事犯罪，所以不能取得逃亡者操持之钱。

耐，完。《说文》曰：“耐者，须也，古者犯罪以髡其须，谓之耐罪。”《史记·赵奢传》记载：“完而不髡曰耐，是以耐，耐即不髡。”仅剃去鬓发与胡须谓耐。完其须发（不剃），是谓完刑。有时也作为附加刑如耐为臣妾、耐为侯、完城旦。

笞刑。又称荆扑，有笞十、笞五十、笞百，熟笞之。《司空律》城旦舂毁折瓦器、铁器、木器、为大车折鞪（车辕），辄治（笞）之，值一钱，治（笞）十，直二十钱以上，孰治（笞）之。[①]

（五）迁刑

迁刑类似于后世的流刑，但是当时的迁刑不限于个人，而是迁其全家，是比较轻的刑种。而后世流徙刑则是仅次于死刑的重刑。

（六）赀罚

《说文》曰：“赀，小罚以财自赎。”强制性使犯罪者向国家缴纳一定数量的财产，作为惩罚。赀罚不仅可以财产赎罪，也可以赀繇、赀戍。

（七）赎刑

《说文》曰：“赎，买也。”“使之入金而免其罪。”《司空律》记载：“或赎迁，欲入钱者，日八钱。”[②] 赎刑有金赎、赀赎、役赎。

（八）废、谇、免

废，适用于担任一定公职、爵秩或者王族成员，即废除其职务、爵秩、身份。谇，《说文》曰：“责让也。”即申斥、责骂，即后世之训诫。免，即免职。

---

① 日知、张政烺编：《云梦竹简》，东北师范大学出版社 1994 年版，第 66 页。

② 日知、张政烺编：《云梦竹简》，东北师范大学出版社 1994 年版，第 67 页。

（九）收录

收录，又称籍没。就是惩罚罪犯及其家属，如司马贞所说“收录其妻子，没为官奴婢”。籍没即株连。可见秦代刑制还处于刑种形成阶段，并不成熟、系统，徒刑刑期尚不能完全明确。

（十）连坐

本人无罪，因他人犯罪而被牵连。《商君法》设有连坐法，视犯罪性质及其罪刑程度与被连坐者的关系等，可以是同罪，大多数为减等坐罪。“民为什伍而相牧司连坐。一家有罪而九家连举发，若不纠举则十家连坐。”还有同室、同居连坐、文官上下级连坐、武官与同编制士兵连坐、推荐人与被推荐人连坐等。秦代实施连坐法，对后世影响较大。“秦法，一人有罪，并坐其家室。”《史记·高祖本纪集解》记载：“秦法，一人犯罪举家及邻伍坐之。”又如“盗及诸他罪，同居所当坐。何谓同居？户为同居，坐隶，隶不坐户。”即连坐一户之人，户主犯罪连坐奴隶，奴隶犯罪不坐户人。“何谓室人？何谓同居？同居，独母之谓也。室人，一室，尽当坐罪人之谓也。”① 即一户中同母之人为同居；全家人为一室。但是“夫有罪，妻先告，不收”。② 即不连坐。因为典伍掌管地方治安，常被其职责连坐。《法律答问》记载：“律曰：与盗同法，又曰与同罪，此二物同居、典、伍当坐之。”不过受连坐之邻里不一定与之同罪，与邻伍一起居住的官吏不受邻里连坐。《法律答问》记载：“吏从事于官府，当坐伍不当？不当。”伍即十家连坐之伍。伍人即“可（何）谓‘四邻’？‘四邻’即伍人谓也”。③

五、秦代看守所与专职法官制度

商鞅变法确立了专职法官制度，法官负责法律发布、法律咨询、法律监察、法律监督，却不参与审判。《商君书·定分》记载：“为法令，置官

① 日知、张政烺编：《云梦竹简》，东北师范大学出版社 1994 年版，第 85 页。
② 日知、张政烺编：《云梦竹简》，东北师范大学出版社 1994 年版，第 78 页。
③ 日知、张政烺编：《云梦竹简》，东北师范大学出版社 1994 年版，第 59 页。

吏朴足以知法令之谓者，以为天下正，则奏天子。天子则各主法令之。皆降，受命发官，各主法令之。”“为之程式，使日数而知法令之所谓。不中程，为法令以罪之。有敢剟定法令一字以上者，罪死不赦。诸官吏及民有问法令之所谓也于主法令之吏，皆各以其故所欲问之法令明告之，各为尺六寸之符，明书年、月、日、时（本注：古代分一日为十二时。战国时期之时辰并非完全以十二时辰为标准，但是已经有时辰之说，也可能是以早中晚作为一日的时段划分，自汉以下，历法渐密，于是一日分为十二时。十二时计时法究竟始于何时已不可考，至今不废）。所问法令之名以告吏民。主法令之吏不告及之罪而法令之所谓也，皆以吏民之所问法令之罪各罪主法令之吏。（盖一法令有名有罪有所谓，）即以左卷予吏之问法令者，主法令之吏谨藏其右卷，木押以室藏之，封以法令之长印。即后有物故，以卷书从事。”①法令公开，依法断罪，吏民皆不得营私舞弊，有效的监督、严厉的惩罚，有利于执法公正。

秦代审判官多由令史、御史、州郡县长官、丞、尉、主簿等担任或者协助，而狱卒、狱官则是直接管理狱囚，即看守所的官吏。狱吏泛指参与看守所的管理、司法、审判的官吏，判决之后的刑徒皆送往劳役场所。

这些记载与《云梦秦简》中的《法律答问》时间相距142年（公元前359年—前217年），不仅说明《商君法》是秦法的基础，也说明秦法的公开性与坚定性。秦代的法官具有解答法律的职责，法官宣传法律、解答法律，还必须严格保存官吏与吏民为某案件所咨询法律的答复原件，以备查考。这种法官制度对于法律的正确执行具有一定的监督作用，能够促使审判官准确运用法律，民众知法可以减少犯罪，也能够有效监督法律的执行。所以秦始皇三十年（前217年）以前的秦法即《云梦秦简》中记载的秦法，与秦始皇三十四年整顿狱吏之后的秦法不同。

六、秦代看守所之功能异化对其执法倾向的影响

秦始皇三十四年（前213年）下令全国整治狱吏。“谪治狱吏不直及

---

① 蒋礼鸿：《商君书锥指》，中华书局1985年版，第140—141页。

复狱故、失者（本注：复狱者，奏当已成而复按之也。故者，知其罪当与不当罪而故出入之）。”当时逮捕了众多狱吏发往南越等地戍边服役，足以证明被逮捕狱吏之多，狱吏即掌管审前羁押之狱的狱吏，包括看守所狱卒、审判官。

《史记·秦始皇本纪》记载：“皇帝临位，作制明法”，“大圣作制，建定法度”，“秦圣临国，始定刑名”。秦始皇每次出巡刻石颂功，皆有关于制定刑法之内容，可见秦始皇对于秦代之刑法进行了变革。更重要的原因则是秦始皇需要独裁专制体系的法律保障，他在多次巡视全国之后，发现皇权独裁专政权力运行很难实现。李斯上书称：“今诸生不师今而学古，以非当世。”因此制定“焚书令”、“偶语诗书者弃市，以古非今者族，吏见知不举，与同罪”等法令，这是秦代执法指导思想发生改变的直接原因。在此之前，即《云梦秦简》中《为吏之道》所记载的官吏应该做到：“严刚毋暴，廉而毋刖，毋复期胜，毋以愤怒决”，“宽容忠信，和平毋怨，悔过勿重，慈下勿陵，敬上勿犯，听谏勿塞。审知民能，善度民力，劳以率之，正以矫之”。①

公元前227年南郡发布的《语书》提出：“凡良吏明法律令，事无不能殹（也）；有（又）廉洁敦悫而好佐上；以一曹事不足独制也，故有公心；又能自端也，而恶与人辨治，是以不争书”，“恶吏不明法律令，不知事，不廉洁，毋（无）以佐上，偷堕疾事，易口舌，不羞辱，轻恶言而易病人，无公端之心，而有冒抵之治，是以善斥事，喜争书。争书，因恙（佯或让）瞋目扼腕以视（示）力，讦询疾言以示治，誈訑丑扂斫以示险，阬阆强伉以示强，而上犹智之也，故如此者不可不罚”。②

在秦始皇三十四年之前，秦律中对于主审官贪赃枉法者处罚极严，秦律有通钱罪，即贪污受贿罪。“通一钱黥城旦”，主审官贪污枉法者死罪甚至族刑。《史记·范雎蔡泽列传》记载：“任人而所任不善者，各以其罪罪之。”《秦律杂抄》记载：“尉计及尉官吏即有劾，其令、丞坐之，如他官然。”③

---

① 日知、张政烺编：《云梦竹简》，东北师范大学出版社1994年版，第112页。

② 日知、张政烺编：《云梦竹简》，东北师范大学出版社1994年版，第36页。

③ 日知、张政烺编：《云梦竹简》，东北师范大学出版社1994年版，第15页。

如果在押监禁之犯人逃亡，则追究监管者的刑事责任，严重者以原罪处罚监管者，只有在捕获逃犯或者提供线索捕获后，始免除其罪。刑徒如发生逃亡，则“收其外妻子”籍没为奴。以上法律皆属针对官吏而设，并非针对庶民百姓。

秦始皇三十四年之后，严以治吏的方针变成了严厉限制民众自由的独裁专制法律。从历史文献记载可以发现，秦始皇统一之后，以刑狱治天下，恰恰是从秦始皇三十四年“谪治狱吏之不直者”开始的，确定了狱吏执法从重从严、疑罪从有的执法原则。这是由于统一后，秦始皇推行秦法，遭到人民反抗。《史记·秦始皇本纪》记载，李斯曰：“今皇帝并有天下，别黑白而定一尊，私学而相与非法教。人闻令下，则各以其学议之，入则心非，出则巷议，夸主以为名，异取以为高，率群下以造谤。”天下人对于“法教”的议论，事实上就是反对推行严酷的秦法，因为此时的秦法已不具有《云梦秦简》中秦法的性质。秦始皇一则完成皇帝独裁专制的权力运行体制的建构，镇压一切妨害独裁专制的舆论；二则修覆道、筑长城、建宫殿、造骊山大墓等等急需大量的劳动力；三则北逐匈奴，南征闽粤，更需要大量的戍卒、徒役。所以，重用狱卒、严酷刑狱，成为解决刑徒、戍卒、徒役的最佳手段，审前羁押、管理看守所以及负责审判的狱吏，是国家法律的化身，把任何人逮捕入狱，无论其有无犯罪，也不论身份等级，势力大小，皆无力抗拒，即古人所谓“付之以狱吏，足矣”。这说明，一旦逮捕进入看守所，就要面对严苛的国家法律。这一时期的审前羁押之狱就成为制造刑徒、戍卒的重要机构，筑骊山墓“隐宫徒刑者七十余万人”。最终导致社会混乱，秦帝国灭亡，这是以刑狱治天下的必然结果。

显然，经过整顿狱吏之后，执法倾向发生了重大改变，破坏了原来的司法制度，改变了原有的司法理念。上诉、覆狱原是正常的司法程序，结果成为狱吏的犯罪行为，从而迫使狱吏执法从重从严，并且不准申诉，以酷刑、凶狠治狱，疑罪以酷刑断之，就没有了疑罪。秦始皇三十五年出现了国人对于法令的议论，同时出现了诽谤罪。所以制定了“焚书令”，“以古非今者族”，“吏见知不举者与同罪”，甚至要求“有欲学法令，以吏为师”，全面限制了人们的自由。《太平御览·叙刑》记载：“秦用商鞅之法，

(故)帝王之道刑戮妄行，人不聊生，逃亡山野并为盗贼，断狱一岁八十万数。”[①] 只有两年多的时间，就发生了全国性大规模的农民起义。足以证明，秦始皇的失败是从其强制推行独裁专制权力体系的过程中，极力改变了执法指导思想，使法律完全成为个人独裁专制的工具，才导致了秦帝国的灭亡。《太平御览・叙刑》评论秦始皇严刑苛法时说：“赵正昼决狱夜理书，御史冠盖接于郡县，覆督稽留，戍五岭以备越，筑城以守胡，然奸邪萌生，盗贼群居，事愈烦而乱愈多，故法者，治之具也，而非所以中也。”[②] 这说明当时的御史就是秦始皇专门使用严刑苛法的法官，而非专职监察法律的法官。古人已经认识到法律作为治国的工具，如果失去公正，必然导致社会混乱。而法律不公的根本原因在于君主不遵守法律，利用扩大审前羁押之看守所的权力大肆羁押无罪之贤善、正义者，破坏了法律的公平、公正。

从以上记载可以发现，秦代统治者把审前羁押之狱完全当做实现个人意志的工具，即法律私化。《太平御览・律令》记载慎子曰：“法之功莫大使私不行，君之功莫大使民不争。今立法而行私，是私与法争，其乱甚于无法。”引《六韬》曰：“文王问太公曰：‘愿闻治国之所贵。’太公曰：‘贵法令必行，法令行则治道通，治道通则民大利，民大利则君德彰矣。’文王曰：‘法令必行大利人民，奈何？’太公曰：‘法令之必行则民俗利，民俗利则利天下，是法令之必行大利人也。’又曰：‘愿闻为国之大失。’太公曰：‘为国之大失者，为上作事不法，君不觉悟，是大失也。’文王曰：‘愿闻不法。’公曰：‘不法，则令不行，令不行，则主威伤；不法，则邪不正，邪不正则祸乱起；不法，则刑妄行，刑妄行则赏无功，不法则国昏乱，国昏乱则臣为变。君不悟，则兵革起；兵革起，则失天下。’”[③] 不能依法治国的危害之大，古人已经有了切实中肯的评论。

《商君法》的基本原则是法无等级、“缘法而治”、君主守法而不私法。君主私法或者不法必将导致国家灭亡的严重后果。而审前羁押制度，则是体现法律公正与否的风向标。从考古发现的《云梦秦简》探索秦代《封诊式》的审前羁押程序可以看出，审前羁押必须具备客观的、合乎法律规定

① （宋）李昉等：《太平御览》，中华书局 1988 年版，第 2847 页。
② （宋）李昉等：《太平御览》，中华书局 1988 年版，第 2851 页。
③ （宋）李昉等：《太平御览》，中华书局 1988 年版，第 2856 页。

的人证物证等切实可靠的证据，执法者必须严格依照法律办事，不得以个人意志以及有丝毫违法之处。皇帝制度的实施是历史的必然，而皇权独裁则是历史的倒退。秦始皇、秦二世完全操纵了法律，看守所则成为他们实现个人意志的专制工具。

看守所的审前羁押功能是为了保障审判的公正。秦始皇三十五年，秦始皇直言不讳地说："卢生等吾尊赐之甚厚，今乃诽谤我，以重吾不德也。诸生在咸阳者，吾使人廉问，或为妖言以乱黔首。于是使御史悉案问诸生，诸生传相告引，乃自除。犯禁者四百六十余人，皆坑之咸阳，使天下知之，以惩后，益发谪徙边。"[①]同年，发生"中人泄语案"。"诏捕诸时在旁者，皆杀之。"秦始皇三十六年，"有坠星下东郡，至地为石，黔首或刻其石曰：'始皇帝死而地分'。始皇闻之，遣御史逐问，莫服，尽取石旁居人诛之，因燔销其石。"[②]显然御史成为具有专门执行皇帝意志进行逮捕、拘押、审判的司法全部职能，其中包括审前羁押。看守所的审前羁押的正常职能发生了异变，从而成为秦始皇或者权力拥有者的专制统治工具。秦二世时期，审前羁押功能的异化更为严重。"于是行督责益严，税民深者为明吏。""刑者相半于道，而死人日成积于市。"[③]胡亥连自己的亲兄姐妹也不放过。"公子十二人僇死咸阳市，十公主矺死于社。"《史记》记载：秦二世乃行诛大臣及诸公子，以罪过连逮少近官三郎（中郎，外郎、散郎），无得立者，而六公子戮死于社。公子将闾昆弟三人囚于内宫，议其罪独后。二世使使令将闾曰："公子不臣，罪当死，吏致法焉。"将闾曰："阙廷之礼，吾未尝敢不从宾赞也；廊庙之位，吾未尝敢失节也；受命应对，吾未尝敢失辞也。何谓不臣？愿闻罪而死。"使者曰："臣不得与谋，奉书从事。"将闾仰天大呼天者三，曰："天乎！吾无罪！"兄弟三人皆流涕拔剑自杀。[④]也是胡亥为了达到稳定帝位之目的，异化了审前羁押之维护司法正义、审判公平、保障权利实现的基本功能特性，导致法制混乱。

《秦墓竹简》提供了比较详实的秦代公元前217年之前的看守所及其

---

① （汉）司马迁：《史记》，中华书局1999年版，第183页。
② （汉）司马迁：《史记》，中华书局1999年版，第185页。
③ （汉）司马迁：《史记》，中华书局1999年版，第1990页。
④ （汉）司马迁：《史记》，中华书局1999年版，第190页。

司法制度，其内容与刘邦攻进咸阳，萧何收取秦丞相府图书典籍中的秦法记载是基本一致的。

第二节 汉代看守所

西汉沿袭秦制，京都、郡、县均设置具有审前羁押功能之狱，即看守所。《汉书·周勃传》记载："下廷尉，逮捕勃治之。"[①]《萧何传》记载："乃下何廷尉，械系之。"[②]

《太平御览》记载："汉武帝置中都狱二十六所。"[③]

师古曰："中都官，京师诸官府也。汉仪注长安中诸官狱三十六所。"[④]

《汉书·刑法志》记载："今郡国被刑而死者岁以万数，天下狱二千馀所，其冤死者多少相覆，狱不减一人。"[⑤]

《后汉书·百官志》记载："本注曰：孝武帝以下，置中都官狱二十六所"[⑥]总其名称为：郡邸狱，暴室，上林狱，若庐狱，掖庭狱，左、右都司空狱，太子家令狱，导官，都船狱，未央厩，东市狱，西市狱，北市狱，别火狱，寺互狱，京兆尹狱，内官狱、北门寺狱、槐里狱，左、右校等，廷尉狱不在此数。这些狱，皆属于审前羁押功能之狱，也说明汉代看守所之多，而且刑讯极其残酷。

"若庐诏狱"，在汉代朝廷宫殿中有大臣入值的小房子，亦称庐，此处是指若庐狱，这里记述的"臣请诏谒者召商（即逮捕丞相王商）诣（送）若庐诏狱，准备审判。"领若庐即管理若庐狱。"请室"、"导官"、"暴室"等皆属于看守所性质之审前羁押。[⑦]

---

① （汉）班固：《汉书》，中华书局 1999 年版，第 1590 页。
② （汉）班固：《汉书》，中华书局 1999 年版，第 1557 页。
③ （宋）李昉等：《太平御览》，中华书局 1988 年版，第 2879 页。
④ （汉）班固：《汉书》，中华书局 1999 年版，第 182 页。
⑤ （汉）班固：《汉书》，中华书局 1999 年版，第 937 页。
⑥ （宋）范晔：《后汉书》，中华书局 1999 年版，第 2443 页。
⑦ 杨鸿烈：《中国法律发达史》，中国政法大学出版社 2009 年版，第 76 页。

一、汉代看守所的设置

汉代鞫狱程序与审前羁押制度一如秦法，看守所执法情况如《汉书·司马迁传》记载："今交手足，受木索，暴肌肤，受榜棰，幽于圜墙之中，当此之时，见狱吏则头枪地，视徒隶则心惕息。"① 这是汉武帝时期，司马迁被投入诏狱（看守所）的实际感受。

《汉书》记载："往者诸侯王断狱治政，内史典狱事，……中尉备盗贼。"② 廷尉属于司法系统，内史、中尉乃是直属于朝廷的治安、狱政（看守所）体系，还有监察御史、司隶校尉，丞相、皇帝皆可以派出丞相使、御史等官员巡察郡县各狱，同时具有执法权和司法监察权。

（一）廷尉狱与诏狱

廷尉狱与诏狱，二者皆属于审前羁押之狱，只是主管机关不同。诏狱是由皇帝直接下令逮捕，实施审前羁押之狱，典狱官多由内史、御史或者皇帝任命专职官员拘押监管与审判，即专门处理皇帝交办之案件，但也可以在廷尉狱关押。廷尉狱是国家最高司法机关廷尉（大理寺）直接管理的审前羁押之狱。关押的人犯来源复杂，既有皇帝诏令"下吏"、"下廷尉"、"逮系廷尉"的诏狱之人犯，也有廷尉、中尉等朝廷执法机关逮捕的犯罪嫌疑人，以及受案件牵连、连坐、引证的人员，也有全国地方司法机构上报、送审以及廷尉辖区案件的当事人等，廷尉狱由廷尉监主管狱政。各州（郡）、县的审前羁押机构由该级狱椽（地方各级狱吏包括：贼捕椽、贼曹椽、郡狱椽、狱史、狱卒、令史、典史、主簿等）、狱监、令、丞等管理，或者由朝廷、廷尉等直接遣使执行逮捕关押及审理。

（二）郡邸狱

郡邸狱，即郡邸看守所，治天下郡国之囚。宣帝本纪记载：宣帝幼年曾系郡邸狱。郡，是直属中央的地方行政机关；国，指诸侯封地所属郡县

① （汉）班固：《汉书》，中华书局1999年版，第2067页。

② （汉）班固：《汉书》，中华书局1999年版，第2588页。

的地区称郡国或郡邸，如淳曰："谓诸郡邸置狱也。"师古曰："据汉旧仪，郡邸狱治天下郡国上计者，属大鸿胪。此盖巫蛊狱繁，收系者众，故曾孙寄在郡邸狱。"①

（三）掖庭狱

汉武帝改永巷为掖庭，设掖庭狱，大多收治宫内被囚者。掖庭属少府，有密狱。即汉武帝设置的宫廷看守所。②

（四）京兆狱

京兆尹典治京师，并同时掌管京兆尹所属之京兆狱，即京兆看守所。京兆尹原为右内史，武帝太初元年改京兆尹。职与九卿等，治京师，比郡国二千石实权大，具有核准死刑之权力。

《汉书·张敞传》记载：京兆尹张敞，与杨恽是朋友，恽坐大逆诛，即汉宣帝以杨恽大逆不道杀了杨恽。因此，"公卿奏京兆尹张敞，恽之党友，不宜处位。"当时张敞正在交代手下的一名叫絮舜的贼捕椽，命其按验案件，絮舜以为，张敞已经被奏劾，依照常规，张敞一定会被下狱治罪，甚至处死。所以絮舜就不屑地说："五日京兆耳，安能复案事！"说张敞不过再当五天京兆尹，圣旨就会到，还要我办什么案！张敞则认为，自己对絮舜平时颇多恩惠，而絮舜见自己将要下狱，不仅没有一丝怜悯之情，而且还讥其为"五日京兆"，拒绝执行所交办的案件，极为恼怒。张敞发现拘捕自己的圣旨尚未到达，立刻命令部吏"收舜系狱，昼夜验治，竟致其死事。（本注：罪不致死，而以事致之，所谓文致也。）舜当出死（即弃市刑），张敞使主簿持教（判决书）告舜曰：'五日京兆竟何如？冬月已尽，延命乎？'乃弃舜市。会立春，行冤狱使者出，舜家载尸，并编敞教，自言使者。"③絮舜的亲属载着他的尸体，拿着张敞给絮舜的判决书，向行冤使者告发。

这一案例说明：

---

① （汉）班固：《汉书》，中华书局 1999 年版，第 165 页。

② （宋）司马光：《资治通鉴》，中华书局 1986 年版，第 744 页。

③ （汉）班固：《汉书》，中华书局 1999 年版，第 2407 页。

1. 京兆尹典治京师并同时掌管京兆尹所属之京兆狱，为审前羁押机构。比郡国二千石实权大，具有核准死刑之权力。

2. 絮舜本身是狱椽，竟以小罪被判死刑而冤杀，可见京兆尹所属之狱，其执法原则与京兆尹的执法指导思想具有直接关系。

3. 立春，“行冤使者出”。说明西汉已经实施冤狱平反制度。如，汉成帝鸿嘉元年春二月，“方春生长时，临遣谏大夫理等举三辅、三河、弘农冤狱”。即派遣执法官巡察三辅、三河、弘农三郡所属看守所，复察案件，平反冤狱。[①]

4. 各地区司法机关所属看守所，是各级“录囚”、“行冤使者”等司法检察部门，必须考察的执法机构，进一步证明各级看守所属于羁押未决犯的机构。

从以上羁押功能分析，汉代具有审前羁押功能之狱，皆具有羁押、监管等执法与司法审判机关密切结合的基本特性，而不具备行刑（执行劳作刑）监狱之功能。

（五）郡县狱

汉景帝时期，韩安国坐法抵罪，蒙（梁国之蒙县看守所）狱吏田甲辱安国。安国曰：“死灰独不复燃乎？”甲曰：“燃即溺之。”居无几，梁内史缺，汉使使者拜安国为梁内史，起（徙）〔徒〕中为二千石。田甲亡。[②]可见在汉代郡县皆设看守所，并且管理看守所之狱吏权力很大。

汉代看守所的存在形式与功能，依然遵循秦法。田甲是主管蒙县看守所的狱吏，而韩安国曾经是梁孝王的将军，入狱前仍是梁孝王的使臣，被坐法入狱，尚未判罪，田甲欺辱他。田甲认为，韩安国既然已经入狱，很难生还，田甲是以狱吏的常规经验来对待韩安国。认为在看守所是他执政，他要让韩安国永无出头之日。由此可见，狱吏的阴狠恶毒，无法无天，韩安国是将军，一旦入狱，即使无罪，在狱吏眼里也是待死之人。这暴露出看守所的狱吏，对于看守所功能的实际影响。再次证明，汉代审前

① （汉）班固：《汉书》，中华书局 1999 年版，第 221 页。

② （汉）班固：《汉书》，中华书局 1999 年版，第 1828—1829 页。

羁押机构与秦代一样呈现出具有特殊的、极其严厉的法制环境，其特殊性就在于狱吏代表无人能与之抗拒的国家法律，进一步说明狱吏对看守所公正执法的重要意义。

二、汉代看守所的机构设置

（一）相国、丞相

应劭曰："丞者，承也。相者，助也。"汉武帝元狩五年初置司直，秩比二千石，掌佐丞相举不法。丞相府司直属于司法监察机构，有权与派出使者针对地方各级看守所进行执法检查。[①] 应劭汉官仪曰："丞相故事，四科取士。一曰德行高妙，志节清白；二曰学通行修，经中博士；三曰明达法令，足以决疑，能案章覆问，文中御史；四曰刚毅多略，遭事不惑，明足以决，才任三辅令：皆有孝悌廉公之行。"[②] 这是四科取士选拔官吏的标准。政法合一，行政长官也是司法长官，所以行政长官需要明达法令，足以决疑。这也是当时审前羁押机构的悲哀，儒生不可能达到"明达法令"的程度，从秦代的法官制度可以知道，专职法官尚且需要认真学习法令，精确到一字不错，才能胜任法官之职，而且审判的基本能力即办案能力必须具备正确理解与适用法律的才能。这些皆非汉代竭力排斥法制的儒生所能为的，汉代儒家极端抵制"刑无等级、缘法而治"的法家思想，视刑狱为贱业，所以四科取士并没有专门设置法科。

哀帝元寿二年，以丞相为大司徒遣敕曰："诏书殿下禁吏无苛暴。丞史归告二千石，顺民所疾苦。急去残贼，审择良吏，无任苛刻。治狱决讼，务得其中。"[③] 这是对所有审前羁押之狱规定的任职资格以及审判纪律。

（二）太尉

应劭曰："自上安下曰尉，武官悉以为称。"掾隶属二十四人。东西

① （汉）班固：《汉书》，中华书局 1999 年版，第 612 页。
② （宋）范晔：《后汉书》，中华书局 1999 年版，第 2428 页。
③ （宋）范晔：《后汉书》，中华书局 1999 年版，第 2429 页。

曹掾比四百石，馀椽比三百石，属比二百石，故曰公府掾。辞曹主辞讼事。法曹主邮驿科程事。尉曹主卒徒转运事。贼曹主盗贼事。决曹主罪法事。[①]太尉主国家治安、公安、安全，维护社会稳定，打击犯罪等。贼曹为太尉属下之狱官。

（三）卫尉

其设置为：卫尉，卿一人，中二千石，掌宫门卫士，宫中徼循事。公车司马令一人，六百石。丞、尉各一人。本注曰：丞选晓讳，掌知非法。尉主阙门兵禁，戒非常。左右都侯各一人，六百石，主剑戟士，徼循宫，及天子有所收考（执法逮捕）。蔡质汉仪曰：宫中诸有劾奏罪，左都侯执戟戏车缚送付诏狱，在官大小各付所属，以马皮覆。其设置的诏狱数量不定，有诏狱、黄门北寺狱、若庐狱、永巷狱、槐里狱等，收押宫廷以及大臣被羁押者，卫尉执行具体逮捕过程。汉代长安监狱如市，皆为审前羁押之狱，只有司空狱中，有执行劳作刑的刑徒，属于行刑性质的监狱。[②]

（四）廷尉

其设置为：卿一人，中二千石。本注曰：掌平狱，奏当所应。凡郡国谳疑罪，皆处当以报。正、左监各一人。左平一人，六百石。掌平决诏狱。本注曰：孝武帝以下，置中都官狱二十六所，各令长名世祖中兴皆省，唯廷尉及雒阳有诏狱。[③]廷尉下设廷尉狱，汉武帝时期置中都官狱二十六所（有称三十六所），皆为审前羁押之看守所。

（五）宗正

其设置为：卿一人，中二千石。若有犯法当髡以上，先上诸宗正，宗正以闻，乃报决本注曰：中兴省都司空令、丞。[④]宗正设看守所，以收押罪人。

---

① （宋）范晔：《后汉书》，中华书局 1999 年版，第 2428 页。
② （宋）范晔：《后汉书》，中华书局 1999 年版，第 2441 页。
③ （宋）范晔：《后汉书》，中华书局 1999 年版，第 2443 页。
④ （宋）范晔：《后汉书》，中华书局 1999 年版，第 2447 页。

（六）掖庭

其设置为：令一人，六百石，本注曰：宦者。掌后宫贵人采女事。左右丞、暴室丞各一人。本注：宦者。暴室丞主中妇人疾病者，就此医治；其皇后、贵人有罪，也就此室。[①]暴室是皇宫内的审前羁押之狱。汉武帝谴钩弋夫人，帝曰："引持去，送掖庭狱。""凡宫人有罪者下之。"掖庭下设掖庭狱。

（七）御史中丞

其设置为：御史中丞一人，千石。本注曰：御史大夫之丞也。旧别监御史在殿中，密举非法。及御史大夫转为司空，因别留中，为御史台率。掌选明法律者为之。凡天下诸谳疑事，掌以法律当其是非。侍御史十五人，六百石。本注曰：掌察举非法，受公卿群吏奏事，有违失举劾之。则(一)〔二〕人监威仪，有违失则劾奏。[②]御史台为司法监察机构，但也设有审前羁押之狱。

（八）御史大夫

御史大夫一人，掌副丞相。侍御史有繡衣直指，出讨奸猾，治大狱。汉武帝所制。繡衣直指出巡，所有巡区之审前羁押之狱，皆受其掌控。

（九）将作大匠

其设置为：将作大匠一人，二千石，掌修作宗庙、路寝、宫室、陵园木土之功。左校令一人，六百石，掌左工徒，丞一人；右校令一人，六百石，掌右工徒，丞一人。设狱，属于已决犯、未决犯混合羁押型监狱。[③]

《后汉书·冯绲传》记载："中官相党，遂共诽章诬绲，坐与司隶校尉李膺、大司农刘佑俱输左校。应奉上疏理绲等，得免。"[④]

左右校皆设有审前羁押之狱，专门收押朝廷大臣、外戚之受参劾者，

---

① （宋）范晔：《后汉书》，中华书局 1999 年版，第 2451 页。

② （宋）范晔：《后汉书》，中华书局 1999 年版，第 2455 页。

③ （宋）范晔：《后汉书》，中华书局 1999 年版，第 2462 页。

④ （宋）范晔：《后汉书》，中华书局 1999 年版，第 863 页。

一般不经过司法机关审理，大多取决于皇帝或者后宫的直接决定，包括掌权的中官，即太监。被收押者，还要在左右校参加劳动。但是，并非全部属于未决犯。也有少数人被廷尉或者御史“论”输左校。论，即纠论，就相当于判决。输，输送，收押。不过凡输作左右校者，随时有可能释放、复职、升官、受刑、处死，而被输作者一般由皇帝直接处置，不需经过司法机关审理。

（十）司隶校尉

其设置为：司隶校尉一人，比两千石，本注曰：汉武帝初置，持节，掌察百官以下，及京师近郡犯法者。司隶所部郡七。① 司隶校尉对其辖区的郡县所有看守所，具有执法权、监察权。

（十一）河南府（今洛阳）

其设置为：河南尹一人，主京都，特奉朝请。京兆尹（原秦内史，洛阳西 950 里），左凤翔（原秦内史，洛阳西 688 里）、右扶风（原秦内史）3 人。汉初都长安，皆秩两千石，谓之三辅。（直属朝廷）。河南府下设河南府狱。

（十二）大鸿胪

辖下有中兴省、驿官、别火（狱令官，主治改火事），及郡邸长、丞，令、郎治郡邸。别火狱、郡邸狱皆治郡国，属于审前羁押机构。

（十三）州县看守所之监督机制

州县常规设置看守所，并具有制度性监察机制。

1. 诸州常以八月巡行所部郡国。蔡质汉仪曰：“诏书旧典，刺史班宣，周行郡国，省察治政，黜陟能否，断理冤狱，以六条问事，非条所问，即不省。”诸州巡行，辖区看守所是必须巡察的部门。

2. 录囚徒。胡广曰：“县邑（看守所）囚徒，皆阅录视，参考辞状，

① （宋）范晔：《后汉书》，中华书局 1999 年版，第 2465 页。

实其真伪。有侵冤者，即时平理也。”考殿最，课第长吏不称职者为殿，举免之，其有治能者为最。[①] 证明汉代州以上行政机构，具有对所辖郡县级司法监察权。郡县级均设看守所，属于基层审前羁押机构，也是朝廷司法监察的主要部门。

从以上机构设置可以看出，具有执法及其监察功能的机构与官吏众多，帝王具有最高执法权。由于行政执法机构的增多，看守所随之增多。不过，从其设置的最低权限，是在县级或者相当于县级行政机构才能设置看守所，一般由隶属该地区行政长官领导，所涉及案件及其上诉、复审、谳狱等司法行政事务接受朝廷各级司法机构督察，同时接受朝廷各级行政机构管理。一般情况下，大县（万户以上）设令、小县为长，为该县最高行政、司法长官，下设丞、尉。丞署文书，案狱仁恕等，典治仓狱，尉治盗贼。即县丞主管狱政，县尉主管治安。令为长。县看守所由县狱吏掌管。[②]

三、汉代看守所的相关制度

（一）春秋决狱

“罢黜百家、独尊儒术”是西汉时期的核心思想，即“天人合一、大一统”理论体系，春秋决狱是其重要内容。

董仲舒指出：“唯天子受命于天，天下受命于天子，一国则受命于君。君命顺，则民有顺命；君命逆，则民有逆命。”[③] 董仲舒的理论把君王、天子置于至高无上的、神圣不可侵犯的地位，老百姓只有顺从君命，才能生存，这是天命。他说：“天生之，地载之，圣人教之。君者，民之心也，民者君之体也。心之所好，体必安之，君之所好，民必从之。”[④] 汉代提倡天地、圣人、君主就是治理民众的，民众必须服从君主的需要，这一观点甚至连西周的帝王也不敢提倡。《尚书·泰誓》中说：“民之所欲，天必从

① （宋）范晔：《后汉书》，中华书局 1999 年版，第 2469、2470 页。

② （宋）范晔：《后汉书》，中华书局 1999 年版，第 2474 页。

③ 苏舆：《春秋繁露义证》，中华书局 2002 年版，第 319 页。

④ 苏舆：《春秋繁露义证》，中华书局 2002 年版，第 320 页。

之。”[①] 董仲舒以“君之所好，民必从之”服从于“天子受命于天，天下受命于天子”的荒谬理论。成书于东汉的《礼记》也有借口孔子的“君心民体”的言论，却非董仲舒“君之所好，民必从之”的献媚取宠之态。《礼记》记载孔子曰：“民以君为心，君以民为体。心庄则体舒，心肃则容敬。心好之，身必安之；君好之，民必欲之。心以体全，亦以体伤；君以民存，亦以民亡。”[②] 这里把身体与心的关系描述为互相一致，君主有所爱好，庶民必定能够适应，君主有所喜好，民众必定照样希求。君主因为民众的拥戴而得以生存，也因为民众的不满而导致灭亡。子曰：“上酌民言，则下天上施。上不酌民言，则犯也；下不天上施，则乱也。故君子信让以莅百姓，则民之报礼重。诗云：‘先民有言，询于刍荛’”[③] 君主施政，听取民众的意见，民众就尊重君主的政策；君主施政不酌取民众的意见，就违反民心，民众不尊重君主的政策，就要出乱子。所以君主以诚信谦让的态度对待百姓，民众也必定厚重地以礼相报。《诗经·大雅·板》记载：“古人说过，国君要向樵夫咨询。”甚至还提出君主应该“善则称人，过则称己，则民不争。”[④] 其核心都是君主服从民众需求，董仲舒改变了为民众必须服从君主的理念，这是汉武帝时代提倡的董仲舒儒学思想。

《太平御览》引潜夫论曰：“凡人君之治，莫大于和阴阳，夫阴阳者以天为本，天心顺则阴阳和，天心逆则阴阳乖，天以民为心，民安乐则天心顺，民愁苦则天心逆。”[⑤] 同样是天人合一思想理论，则是“天以民为心，民心顺则天心顺”。董仲舒把这一理论变成了“君命逆，则民有逆命。”这是由董仲舒生存的时代所决定的，《汉书·董仲舒传》称：“他少治春秋，孝景时为博士。下帏讲学。”“盖三年不窥园，其精如此。”“武帝即位，举贤良之士百数，而仲舒以贤良对策焉。”董仲舒显然是为了做官，以“天人合一”理论取得帝王的支持而提倡君权天授，故汉武帝采纳“罢

---

① 李民、王健译注：《尚书》，上海古籍出版社 2005 年版，第 195 页。

② 王文锦译注：《礼记》，中华书局 2005 年版，第 831 页。

③ 王文锦译注：《礼记》，中华书局 2005 年版，第 759 页。

④ 王文锦译注：《礼记》，中华书局 2005 年版，第 760 页。

⑤ （宋）李昉等：《太平御览》，中华书局 1988 年版，第 2784 页。

黜百家，独尊儒术”的思想，以致西汉的儒学成为中国古代入仕做官谋利的工具。此与春秋战国时代孔孟儒学的民本思想、与民同乐的王道理论不同。由于董仲舒的理论体系成为入仕做官的途径，西汉儒学成为官学，后来经过朱熹等人的深化，对于古代封建社会的法律文化、奴役文化影响深远。汉武帝时期的立法及其看守所执法指导思想，也成为古代封建专制法律的理论基础。至少在汉武帝时期，董仲舒大力宣扬他的“儒术”，实现了他的愿望。应该说是汉武帝与董仲舒具有共同的意志与目的，所以才能导致“罢黜百家，独尊儒术”及“春秋决狱”。这一结果对于中国封建社会的政治以及法律制度，造成的影响是无法估量的。

董仲舒认为：“春秋之听狱也，必本其事而原其志。志邪者不待成，首恶者罪特重。”① 这是“春秋贵志，必先本事”的原则。《汉书·薛宣传》记载：“春秋之义，意恶功遂，不免于诛。”又曰：“春秋之义，原心定罪。”②“春秋之道，奉天而法古。”③ 董仲舒认为：“所闻诗无达辞，易无达占，春秋无达例，从变从义。”④ 意思是，春秋没有达例，即没有完全相同的、可以比照之例，而是春秋大率所书事同则辞同，后人因以为例。然有事同辞异者，盖各有义，非可例拘也。所以春秋微辞或是大义，皆可以互相推理，没有固定的标准，能够随意取舍。因此，“春秋决狱”只有宗旨，即“春秋之道，奉天而法古”，坚持“尊尊亲亲”的原则。

（二）录囚制度

录囚制度的建立，是由于法律私化，冤狱普遍增多的缘故。

录囚，即上级行政长官（包括皇帝、执政之皇太后、奉旨朝廷官员、高级司法机关之官员等）亲自视察所属地区的看守所，对于被囚者进行拘押、审判等执法程序进行审查，发现错捕、错押、错判之冤假错案立即纠正，称谓录囚。作为司法监察的补充，对于平反冤狱具有实际意义。也由于录囚制度的出现，汉代设立廷尉平之职，以专司平反冤狱，成为后世平

① 苏舆：《春秋繁露义证》，中华书局 2002 年版，第 92 页。
② （汉）班固：《汉书》，中华书局 1999 年版，第 2526 页。
③ 苏舆：《春秋繁露义证》，中华书局 2002 年版，第 14 页。
④ 苏舆：《春秋繁露义证》，中华书局 2002 年版，第 95 页。

反制度的建制，各级看守所成为录囚制度的受质机构。

汉宣帝地节四年（前66年）诏曰："今遣廷吏与郡鞠狱，任轻禄薄，其为置正平员四人，其务平之。"[①]《汉书·宣帝纪》记载：地节四年"十二月，初置廷尉平四人，秩六百石。"[②]汉代后期加强了对看守所的司法监察，以及时平反冤狱。

西汉审前羁押，即看守所关押未决犯和"乞狱"，即申诉案件，终审未结束或者未执行的已决犯。西汉规定死刑必须在立冬之后行刑，立春停止。录囚适用于看守所所有在押的案件，无论判决前后，尤其重刑，皆需复审。死刑必须上报朝廷或报廷尉，等候终审批复。而录囚则是州、郡刺史、廷尉或者廷尉平、御史、丞相使，甚至皇帝，亲自巡视所辖管区内之看守所，督察看守所羁押之所有被囚者，从羁押以及案件的审判程序，以及时纠正枉法、冤狱，并惩治相关责任官员。录囚的重要意义在于平反冤狱的同时，端正执法指导思想，以保障司法公正。

"今系者或以掠辜若饥寒瘐死狱中，何用心逆人道也！朕甚痛之。其令郡国岁上系囚以掠笞若瘐死者所坐名、县、爵、里，丞相御史课殿最以闻。"[③]这是汉宣帝发布的专门惩治看守所狱吏虐待囚犯、滥用刑罚的法律。因此，汉代的司法制度是在社会发展的实践中不断的补充完善，录囚与廷尉平的产生，也证明即使在私有制帝王时代，也在不断追求法律的公正与公平。

"及武为刺史，行部录囚徒，有所举以属郡。"[④]录囚徒，自汉以后成为制度，对于后世司法监察制度的实施影响深远。

（三）"亲亲相隐"

汉武帝接受董仲舒的"春秋决狱"理论，根据儒家伦理学说，提出"亲亲相隐"。

汉宣帝地节四年五月，诏："父子之亲，夫妇之道，天性也。虽有患

① （宋）李昉等：《太平御览》，中华书局1988年版，第1099页。
② （汉）班固：《汉书》，中华书局1999年版，第175页。
③ （汉）班固：《汉书》，中华书局1999年版，第177页。
④ （汉）班固：《汉书》，中华书局1999年版，第2586页。

祸，犹蒙死而存之。诚爱结于心，仁厚之至也，岂能违之哉！自今子首匿父母，妻匿夫，孙匿大父母，皆勿坐。其父母匿子，夫匿妻，大父母匿孙，罪殊死，皆上请廷尉以闻。”[①]实施“亲亲相隐”的诏令，并使其法律化。

具有血缘关系的直系亲属或者夫妻犯罪，法律规定所犯罪行，若非同谋，不予相互连坐是正确的；但是，可以互相包庇隐瞒，而不追究包庇罪。这样显然不利于案件的侦破，也不利于对犯罪者的惩罚与教育。这种以情害法的理论，严重地违背法律原则，不利于社会稳定。然而，当时看守所与刑侦技术条件限制，导致取证困难，又不注重刑事侦察技术的提高，依靠残酷的刑讯手段，以取得口供作为判罪凭证，导致审判难以公正。

汉代看守所是羁、审、检相结合的综合功能机构，从看守所的出现，到历史发展过程所形成的理论导向，均说明羁押应该是执法者司法行为的开始，而审判不仅是完成其执法行为的必需程序，同时也是检验执法行为的唯一方式。没有羁押，就不能制止犯罪，没有检察、审判，就不能为社会主持公道，就不能彰显社会正义，行刑是执法结果的体现。从理论上分析，看守所关押的是犯罪嫌疑人，目的是维护社会安定和等待审判。审判的目的则是刑当其罪，即犯罪的客观性与法律处刑的关联性，确定犯罪的程度与性质的是证据。证据具有一定的客观性与真实性，而口供则具有主观性与诸多可变性。依靠诉讼、刑侦执法行为获取证据才能羁押，审判需要确定证据的客观真实性与合法性。从《云梦秦简》发现，秦始皇三十年前的秦法，已经提倡重证据而不重口供，坚持提高刑事侦查能力，反对刑讯。毫无疑问，这一观点是正确的，商鞅主张“忠臣孝子有过，必以其数断”、“贵法而不贵义”、“刑无等级”的执法思想。不分亲疏，实施告奸制度，不告奸者坐之，反对“亲亲相隐”。这对于促进刑事侦查制度的进步具有切实意义。显然“亲亲相隐”不利于证据的获得，而羁押与审判合并，实施刑讯，在一定程度上影响了口供与证据的真实性。

① （汉）班固：《汉书》，中华书局1999年版，第176页。

（四）赦宥

汉代帝王以个人意志、情绪、心理状态、价值取向、自然灾害、日月星辰，甚至气候变化、雷电、地震等现象，以决定是否实施特赦、大赦令、曲赦、减等、赦徒、别赦、宽宥或者弛刑的发布。

1. 特赦

汉景帝中元四年（前146年）三月置德阳宫（景帝庙），大蝗，秋赦徒作阳陵者。说明特赦是根据某一具体案件或者某一地区、某一事件、某一现象而发布的，或者针对某些人的赦免令。

《资治通鉴》记载：公元前177年，即文帝三年，诏："济北吏民，兵未至先自定及以军城降者，皆赦之复官爵；与王兴居去来者，赦之"。

2. 大赦

即发布在全国范围皆有效力的赦免令，如果没有特殊规定的大赦令，自从大赦令发布之日起（一般以子时计算），赦免全国所有监狱关押的人犯，包括所有看守所之未决犯、已决犯、死刑犯等，即清空监狱。但是，大赦令一般情况下分为：赦天下徒，即赦免天下刑徒，只赦免已决犯的刑徒，不包括看守所在押的未决犯。赦殊死以下，如淳曰："殊死，死罪之明白也。"《左传》曰："斩其木而弗殊。"韦昭曰："殊死，斩刑也。"也有规定"常赦所不愿者"不赦，如十恶、手杀人等。

汉高祖三年（前202年），令曰："兵不得休八年，万民与苦甚；今天下事毕，其赦天下殊死以下。"就是除了死刑犯，一概赦免。"十恶不赦"即大逆不道、反叛等罪大恶极者不予赦免，其他的包括死刑犯在内的已决犯、未决犯全部赦免。汉武帝之后，"禁网浸密"、"奸吏因缘为市。"冤狱、犯罪增加，大赦也频。

依据《汉书》统计，汉高祖在位12年，大赦9次；汉惠帝在位7年，大赦1次；吕后主政8年，大赦3次；文帝在位24年，大赦4次；景帝在位16年，大赦6次；武帝在位54年，大赦18次；昭帝在位13年，大赦7次；宣帝在位25年，大赦11次；元帝在位15年，大赦10次；成帝在位26年，大赦9次；哀帝在位6年，大赦4次；平帝在位5年，大赦4次。

东汉也一样实施赦宥等恤刑政策。

光和五年："癸酉，令系囚罪未决，人缣赎。"[1] 人缣赎未决犯，始自东汉。

东汉后期各级看守所普遍存在的巧法析律，执法苛暴，随意掠考，贪赃枉法，以致受刑不过而自杀者多多。朝廷只能三令五申地复述制度、法令，同时采取录囚平反冤狱，并通过赦令、弛刑等方式，以法外权的形式，救助执法严重不公带来的危害，借以缓和社会矛盾。儒学析律的发展，并未形成有效的制度性规范，不能改变看守所里的黑暗与残酷。虽然设立了司法制度性规范之限制，却不能够达到社会所期望的司法公正。

东汉光武即位 32 年，发布赦令 14 次，弛刑诏令 13 次。据《后汉书》记载粗略统计，从光武帝终东汉献帝逊位，先后发布赦令 86 次、死刑改宫、减死一等、系囚罪未决等徙边、入缣赎、徒减月、奴婢、徒免为庶民等的赦、弛刑诏令 65 次，合计 151 次。帝王，包括太后、廷尉、御史、刺史等录囚也成定制。

（五）禁锢制度

禁锢，最早产生于春秋战国世卿制度时期，对于世卿家族之中，某一成员，或者该家族所有成员在一定时间内不准入仕的规定，称谓锢。当时并不属于刑罚中的刑种，也没有更多的对自由的限制。

汉代以降，尤其后汉发生党祸之后，禁锢作为刑罚的一种开始使用。永康元年六月，大赦天下，悉除党锢，改元永康。[2]

东汉时期，禁锢之功能性质有所扩展，被禁锢者，在其生活、居住地不得参与社会活动及入仕为官。说明其言语、行为受到官府严格监督，约略相似现代之管制，禁锢也有时间限制或者终身禁锢，类似于在某些方面限制其自由的自由刑。熹平五年闰月，永昌太守曹鸾坐讼党人，弃市。诏党人门生故吏父兄子弟在位者，皆免官禁锢。[3] 禁锢已经成为一种刑种或者附加刑。

禁锢与审前羁押没有直接关系，但是，其性质具有一定的强制性，限

---

① （宋）范晔：《后汉书》，中华书局 1999 年版，第 229 页。

② （宋）范晔：《后汉书》，中华书局 1999 年版，第 211 页。

③ （宋）范晔：《后汉书》，中华书局 1999 年版，第 223 页。

制其一定程度的人身自由之规定。如果在被禁锢期间，收入看守所，大多数是死刑，证明禁锢在东汉已经成为一种刑种逐渐演变为后世的管制刑。

四、汉代徒刑与监狱

汉代废除肉刑，代之以徒、流、徙等刑种。监管执行劳作刑的场所及其性质与看守所的功能有显著区别。汉代审判程序并不规范，批准逮捕的执法权涉及行政、司法、检察等多个部门，行政机构大多也具有逮捕、审判及判处劳作刑的权力。

汉代的劳作刑，称徒刑，种类繁多，由专门的行刑机构管理，称司空狱。汉代文献习称司空，宗正府设都司空，地方行政机关设司空狱管理刑徒。“输作”，为执行劳作刑。匠作设左右校，属于皇帝直接管理的已决、未决混合型监狱，“论输”左右校为已决，“输”左右校为未决。

其具体规定如下。

一年刑。“一岁刑为罚作，二岁刑以上为耐。耐，能任其罪。”《汉书·宣帝纪》记载：“使女徒复作淮阳。”李奇注，复作者，女徒也。谓轻罪，男子守边一岁，女子软弱不任守，复令作于官，亦一岁，故谓之复作徒也。复作，皆一岁刑。戌，戍边备守。①

二岁刑。“司寇作”，司寇，男备守；女为作如司寇，皆作二岁。《汉书·刑法志》记载：“满二岁为司寇。”“司寇”作为刑名，见于《秦简》的《法律答问》。《法律答问》记载：“司寇，男守备，女作如司寇。皆二岁刑。”同时记载：“当耐为候罪诬人，何论？当耐为司寇。”《秦律十八种》规定：“司寇勿以为仆、养、守宦府及除有为也，有上令除之，必复请之。”可见男司寇是二年刑，主要是守备、司察盗贼，即以刑徒的身份执行二年的守备、司察之役，而不得作为官府奴仆或者守卫官府之用。如果需要把司寇刑徒转为正式吏役使用，必须报请上级批准。秦律中的舂司寇、城旦司寇，根据相关记载，即把修筑城墙、舂米等劳动的徒刑改变为监督其它刑徒劳动的刑徒，刑期不变，并与其他刑徒生活在一起。负责对

① （汉）班固：《汉书》，中华书局 1999 年版，第 165 页。

其他刑徒劳动的监督，以弥补监督官吏之不足。这是秦代刑徒大增，管理刑徒的官吏不足，采取的弥补措施。“女为作如司寇”，其时间与男司寇一样皆为二年刑，不过其所监督的是劳作刑的女刑徒。司寇在服刑期可以承担“司察边寇和监领刑徒服刑的任务。”①

三岁刑。鬼薪、白粲，《汉旧仪》记载：“鬼薪者，男当为祠祀鬼神，伐山之薪蒸也。女为白粲者，以为祠祀择米也，皆作三岁。”《惠帝本纪》注，应劭曰：“取薪给宗庙为鬼薪，坐择米使正白为白粲，皆三岁刑也。”②

四岁刑。有“完”、“城旦舂”，卫宏《汉旧仪》规定：“完四岁。”《汉刑法志》记载：“诸当完者，完为城旦舂。”《惠帝本纪》记载：爵五大夫、吏六百石以上及宦皇帝而知名者有罪当盗械者，皆颂系。民年七十以上若不满十岁有罪当刑者，皆完之。本注：“宦皇帝，即‘宦学事师’，谓凡仕宦。盗者逃也，恐其逃亡，故著械也。师古曰：凡以罪著械皆得称焉，不必逃亡也。”应劭曰：“城旦者，旦起行治城；舂者，妇人不豫外徭，但舂作米：皆四岁刑也。”孟康曰：“不加肉刑髡鬄。”师古曰：“若，预及之言也，谓七十以上及不满十岁以下，皆完之也。”③完城旦，即不剃须发，只判处四年劳作刑。

五岁刑。“髡钳城旦舂”《汉旧仪》记载：“男髡钳为城旦舂，女为舂，皆作五岁。”《高帝本纪》记载：“钳，以铁束颈也。”髡，剃去头发，或者头发留二寸；耐，剃去鬓毛、胡须，而不剃发。髡、耐皆属侮辱刑，秦耐为一岁刑，汉耐为二岁刑。也可作为附加刑。④

汉代的有期徒刑较复杂，有的徒刑时间也不够规范。

《汉书·刑法志》记载：“罪人狱已决，完为城旦舂，满三岁为鬼薪白粲。鬼薪白粲一岁，为隶臣妾。隶臣妾一岁，免为庶人。”⑤景帝时，进一步完善了徒刑的刑期：有罪各尽其刑，凡有罪男髡钳为城旦。城旦者，治城也；女为舂，舂者治米也。皆作五岁，完四岁，鬼薪三岁。鬼薪者，男

---

① 张晋藩主编：《中华法制文明的演进》，中国政法大学出版社 1999 年版，第 191 页。
② （汉）班固：《汉书》，中华书局 1999 年版，第 64 页。
③ （汉）班固：《汉书》，中华书局 1999 年版，第 63—65 页。
④ （汉）班固：《汉书》，中华书局 1999 年版，第 47 页。
⑤ （汉）班固：《汉书》，中华书局 1999 年版，第 931 页。

当为祠祀鬼神，伐山之薪蒸也；女为白粲者，以为祠祀择米也。皆作三岁。罪为司寇，司寇男备戍，女作如司寇。皆作二岁。男为戍罚作，女为复作，皆一岁到三月。隶臣为男，女为隶妾。一岁刑。此与秦刑法不同。

执行劳作刑，除了各级司空狱主刑徒外，各郡、国（侯、王之封地）、京都等地方也有少量刑徒从事临时性劳作，其管理场所也称司空狱。这是因为，汉代帝王大多奉行儒家的恤刑思想，多实施特赦、大赦，甚至使大批刑徒编入军队。对于判处有期徒刑的罪犯，根据史书记载，除了发往朝廷建筑工地服劳役之外，还有在朝廷、诸侯之君国、寺院、庙观、陵园服役。

东汉章帝章和元年九月诏：系囚减死罪一等（死罪减一等，应该笞二百，因为戍边从军，不可能实施笞刑，以免死亡，即直接发去从军。）及犯殊死，一切募下蚕室；其女子宫。系囚鬼薪、白粲以上，皆减本罪各一等，输司寇作。亡命赎；死罪入缣二十匹，右趾至髡钳城旦舂七匹，完城旦至司寇三匹，吏人有罪未发觉，诏书到自告者，半入赎。[①] 可见死罪能够以宫刑代替，也可以赎，然后戍边。

《史记·淮南王安传》注，集解，晋灼曰："百官表宗正有左右都司空，上林有水司空，皆主囚徒官也。"主囚徒，即管理已决犯。都司空狱是主要执行徒刑刑罚的监狱。

其机构的设置称司空狱，执行官府劳作。根据《后汉书·百官志》记载为："将作大匠属左校令一人六百石。掌左工徒，丞一人。右校令一人，六百石，掌右工徒，丞一人。"将作大匠也属于工程、修缮、制造等劳作机构。

以上皆为行刑机构性质的监狱，不具备看守所的功能。说明汉代已经把执行刑罚的监狱与看守所分离，而且不属于司法行政体系。

五、汉代看守所与律学

汉武帝以后，法制严苛，人们完全失去了对法律的信仰。法律不公使

① （宋）范晔：《后汉书》，中华书局 1999 年版，第 98 页。

人们深刻认识到法律公正的重要性，不少儒学士人产生了析律学法的愿望，力图在儒学思想的指导下，考察前代司法体制的发展过程，以期提高法律的可操作性，从而限制执法者的随意性。因此，西汉以降，尤其在东汉时期，几乎所有的儒学家都在探索律学包括研究古典礼法制度，甚至图谶（即谶纬符命之类）及其与社会实践的某种关系。

（一）儒学释律

《后汉书·郑玄传》记载，当时马融门徒四百余人，升堂讲者五十余生。融素骄贵，玄在门下，三年不得见。后来，郑玄自游学，十余年乃归乡里。家贫，客耕东莱，学徒相随已数百千人。中兴之后，范升、陈元、李育、贾逵之徒争论古今学。① 东汉律学研究是古代历史上最为发达的时期。

光武三年七月下诏："吏不满六百石，下至墨绶长、相，有罪先请。男子八十以上，十岁以下，及妇人从坐者，自非不道、诏所名捕，皆不得系。当验问者即就验。女徒雇山归家。"② 汉代规定了逮捕犯罪嫌疑人的基本制度，副县级以上要经过上级审批，加强对官吏的保护。年老、儿童、妇女不准逮捕关进看守所，妇女犯罪，取保归家，判决后缴纳"雇山费"。对于老年人、十岁以下儿童、妇女若非"不道罪"或者诏书有名而特捕者，也不能在看守所羁押。即使有罪，女子判处徒刑后即刻释放回家，交付"雇山费"。

一般情况下，说明女子不入狱，即不能羁押在看守所，除非大逆不道者，官府即时审判，判决后立即释放回家。这是刑法的进步，也是法治理念的改变。女子刑有"雇山"，注引《前书音义》曰："令甲，女子犯徒遣归家，每月出钱雇人于山伐木，名曰雇山。"③

东汉首次提出"天地之性人为贵。其杀奴婢，不得减罪"④ 的观念，以法律制度保障奴婢的生存权。由于废除了奴婢生命低贱的法令，使奴婢

① （宋）范晔：《后汉书》，中华书局 1999 年版，第 810—811 页。
② （宋）范晔：《后汉书》，中华书局 1999 年版，第 24—25 页。
③ （宋）范晔：《后汉书》，中华书局 1999 年版，第 25 页。
④ （宋）范晔：《后汉书》，中华书局 1999 年版，第 39 页。

的生命得到了一定的保障。对于生命权的保护，解放社会生产力具有实际意义，这也是刑法的一大进步。

由于律学的研究与进步，所注释的古典律令，盛行于世，对于后世影响深远。

和帝永元六年，陈宠又钩校律令条法曰："臣闻礼经三百，威仪三千，故甫刑大辟二百，五刑之属三千。礼之所去，刑之所取，失礼则入刑，相为表里者也。今律令死刑六百一十，耐罪千六百九十八，赎罪二千六百八十一，溢于甫刑者千九百八十九，其四百一十大辟，千五百耐罪，七十九赎罪。春秋保干图曰：'王者三百年一蠲法。'汉兴以来，三百二年，宪令稍增，科条无限。又律有三家，其说各异，宜令三公、廷尉平定律令。"①不过这仅是理论层面，企图恢复《吕刑》的司法原则和执法理念，也不可能解决当时的司法现实问题。律有三家，是说解释律学的有三家甚至更多，无所适从。

（二）律学与看守所功能相背离

和帝永元六年三月，下诏指出当时的看守所执法存在严重的社会问题。"惟官人不得于上，黎民不安于下，有司不念宽和，而竞为苛刻，覆案不急，以妨民事，甚非所以上当天心，下济元元也。"②这里所记载的有司以下就是执法机构，即看守所羁押、审判的非法与残酷，不念宽和、竟为苛刻、覆案不急、以妨民事，致使案件的审理过程存在严重问题。

和帝十二年三月诏曰："数诏有司，务择良吏。今犹不改，竟为苛暴，侵愁小民，以求虚名，委任下吏，假执行邪。是以令下而奸生，禁至而诈起。巧法析律，饰文增辞，货行于言，罪成乎手，朕甚病焉。公卿不思助明好恶，将何以救其咎罚？咎罚既至，复令灾及小民。"③

律学发达，并没有解决看守所羁押与审判不公的问题。和帝认为奸生诈起的直接原因是，从上到下贪图名利，审羁检一体背离律学，事实之羁押、审判、检察过程是巧法析律，饰文增辞，贪污枉法，严刑逼供。所以

① （宋）范晔：《后汉书》，中华书局 1999 年版，第 1048—1049 页。
② （宋）范晔：《后汉书》，中华书局 1999 年版，第 121 页。
③ （宋）范晔：《后汉书》，中华书局 1999 年版，第 127 页。

“若上下同心，庶或有瘳。”汉明帝时期，发布赦令指出：“今选举不实，邪佞未去，权门请托，残吏放手，百姓愁怨，情无告诉。”要求“并正举者”，即举非其人，并正举者之罪。① 对于当时看守所执法不公的认识也是深刻的。

汉代儒生解释古代律学，当时并没有达到执法公正的目的。看守所与审判机构执法苛暴，枉法击断，并非律学不发达，而是没有良吏及良好的社会制度造成的。上从公卿，下到看守所的狱吏互相勾结，才有“令下奸生、禁止诈起、巧法析律、饰文增辞、货行于言、罪成乎手。”最终认识到上下同心、遵法守法才能够公正执法。

这里说明三点：一是执法人员品德的选择，守法才能公正执法而不以私害法；二是对于执法的上下监督必须严格；三是废除严刑逼供的酷刑断狱方式。

尽管如此，汉代解释律学的成就，也是不能忽视的，为后世的律学发展，保留和提供了难能可贵的历史文献，并在这方面做出了重大贡献。

六、汉代看守所的执法倾向

《资治通鉴》记载：“初，文帝除肉刑，外有轻刑之名，内实杀人；斩右止者又当死；斩左止者笞五百，当劓者笞三百，率多死。是岁，景帝下诏曰：‘加笞与重罪无异，幸而不死，不可为人（师古曰；谓不能自起居也）。’”② 由此可知，刑罚的本质在于对身体损害状态及生命的影响，而行刑的结果在于击打时，囚犯受伤的程度，所以有人认为减少笞刑的次数，就可能减少身体损害，其实不然。

景帝中六年记载：“上既减笞法，笞者犹不全；乃更减次数同时制定棰令。”规定竹片之厚薄宽狭、施刑部位、力度等。“自是笞者得全。”但是，史书却评论说：“然死刑既重，而生刑又轻，民易犯之。”③ 显然认为徒刑较轻，实际就是主张“肉刑”的思想观念。

① （宋）范晔：《后汉书》，中华书局 1999 年版，第 67 页。
② （宋）司马光：《资治通鉴》，中华书局 1986 年版，第 511 页。
③ （宋）司马光：《资治通鉴》，中华书局 1986 年版，第 541 页。

汉景帝认为："笞者，教也。"体现了寓教于刑的思想。

汉代通过对肉刑、笞刑的改革可以看出，即使减轻刑罚，改革看守所的刑讯制度却非常困难。因为这一执法过程皆是在看守所完成，从西汉的看守所制度探索其对司法制度的影响，具有重要的实际意义。从免除黥、劓、刖（不免宫刑）的改革可以看出，尽管经过文景时期的努力，看守所的管理以及刑讯制度的改革成效并不理想。

景帝中五年九月诏曰："诸狱疑，若虽文致于法（谓原情定罪，本不至于死，而以律文傅致之。）而与人心不厌者，辄谳之。"[①]厌，服也；谳，评议。就是上报复审、评议。秦代到文景时期是看守所及其刑法制度不断改革的过程，也就是对看守所的羁押以及判决的实施程序、方式的改革与确立，直接涉及看守所执法倾向的变化。汉武帝时期"作见知故纵，部主监临之法，缓深故之罪，急纵出之诛，其后奸猾巧罚，转相比况，禁网寖密。"[②]这里强调"缓（放宽）深故之罪、急（加重）纵出之诛。"汉武帝规定，官员执法，无罪误判有罪，轻罪重判，疑罪从有、从重，不计结果，是为"深故"。羁押与审判责任人仅承担工作失误之责，处罚从轻从宽；如果审判官因此被判罪，适用赎刑。若疑罪从轻、或者从无、重罪轻判是谓"纵出"，对于审判官从严从重处罪，审判官判处死刑，同时不准赎罪。这是导致执法倾向改变的主要原因，宁可错杀错判，即疑罪从有、从重，审判官自己就没有后顾之忧。疑罪从无、从宽、从轻，审判官即刻陷入危险之中。因此审判官执法宁可错杀，绝不可错放。汉武帝之后，疑罪从无、从赦的执法指导思想完全改变为疑罪从有、从重。执法者无论出于忠心、媚上、政绩、自保等原因，结果导致司法严重不公，冤案普遍，后世以此成习，有罪与否，只要进入看守所，即刻遭受严刑逼供，生命难以得到保障。看守所成为严酷的刑讯机构，狱吏为躲避"见知故纵"的危险，狱政管理完全服从严刑以免责，司法公正也因此而失去了保障。

汉元帝欲施利民之政，于永光二年春二月，诏曰："盖闻唐虞象刑而民不犯，殷周法行而奸轨服。今朕获承高祖之洪业，托位公侯之上，夙夜

---

① （宋）司马光：《资治通鉴》，中华书局1986年版，第540页。

② （汉）班固：《汉书》，中华书局1999年版，第932页。

战栗，永惟百姓之急，未尝有忘焉。然而阴阳未调，三光晻昧。元元大困，流散道路，盗贼并兴。有司又长残贼，失牧民之术。”①

成帝鸿嘉四年春正月诏曰：“数敕有司，务行宽大，而禁苛暴，迄今不改。一人有辜，举宗拘系，农民失业，怨恨者众，伤害和气，水旱为灾，关东流冗者众，青、幽、冀部犹剧，朕甚痛焉。未闻在位有恻然者，孰当助朕忧之！”②这些都记载了当时看守所制度性功能异化所导致的残酷刑讯实际状态。废除肉刑以及禁止残酷的刑讯方式，应该是法律文明与进步的表现，但是终汉之世，废除看守所里的残酷刑讯与恢复肉刑的呼声相互纠结，从未间断。

自汉武帝开始，历代帝王为了刑狱制度私化，对于实施独裁专制政治方针与执法思想皆高度重视。直至东汉，帝王权力独裁专制体系，形成制度化。即使帝王权力被权臣、宦官篡夺，依然表现出执政者独裁与专制的制度性功能。国家权力的独裁专制，需要尽可能的法律私化，从而失去法律公正的基本属性，尤其是把看守所完全作为实现帝王或权力持有者实现个人意志的工具，混淆了看守所与审判的基本功能，使看守所固有功能异化。

（一）西汉早期看守所的执法倾向

《太平御览》记载高帝诏：“狱之疑者吏或不敢决，有罪者久而不论，无罪者久系不决，自今以后县道官狱疑者，各谳所属二千石官长，二千石官长以其罪名当报之，所不能决者，皆移廷尉，亦当报之，廷尉所不能决，谨具为奏，附所当比律令以闻。”汉景帝诏曰：“狱重事也。人有智愚，官有上下，狱疑者谳有司，有司所不能决，移廷尉。有令谳而后不当谳者，不为失。”③本注：假令谳讫其理不当所谳之人，不为罪失。这说明汉初对于决狱是非常重视的。

《资治通鉴》记载，高帝十年（前197年）太上皇崩于栎阳宫，“赦栎阳狱”。这是由于汉高祖初居栎阳，太上皇因居栎阳，既崩，葬其北原，

① （汉）班固：《汉书》，中华书局1999年版，第202页。
② （汉）班固：《汉书》，中华书局1999年版，第222页。
③ （宋）李昉等：《太平御览》，中华书局1988年版，第2865页。

起万年邑，置长、丞焉。[①] 栎阳本非县级，由于为太上皇葬北原而起万年邑，设置县级行政机关，同时设置看守所。看守所的设置与县级行政机关并行，至汉代已经成为定制。

汉文帝下诏："诗云：'恺悌君子，民之父母。'今人有过，教未施而刑已加焉，或欲改行为善而道无繇至，朕甚怜之！夫刑至断肢体，刻肌肤，终身不息，何其刑之痛而不德也！岂为民父母之意哉！其除肉刑，有以易之，及令罪人各以轻重，不亡逃，有年而免。具为令！"[②] 这是废除肉刑的原因，此决定具有重要历史意义，自从肉刑产生历经两千余年，从五帝之末、夏商周、春秋战国、秦，到汉文帝下令废除肉刑，以有年而免的徒刑制度代替，是我国古代刑法史上的重大进步。

汉文帝出行渭桥惊马事件的处理，对于维护法律独立于朝廷行政权之外的法家思想，即"缘法而治"具有重要意义。史书记述："(汉文帝) 于是使骑捕之，属廷尉。"释之奏："此人犯跸，当罚金。"上怒曰："此人亲惊吾马，马赖和柔，令他马，固不败伤我乎！而廷尉乃当之罚金！"张释之曰："法者，天下公共也。今法如是；更重之，是法不信于民也。上使使诛之则已。今已下廷尉；廷尉，天下之平也，一倾，天下用法皆为之轻重，民安所措手足！唯陛下察之。"上良久曰："廷尉当是也。"[③] 廷尉是执行国家法律的最高行政机构，廷尉狱其性质虽然是廷尉直属看守所，但这次却是处理皇帝交办的案件，张释之坚持执法公正，汉文帝自己也能够守法接受并服从法律判决，这是西汉"文景之治"的重要原因。

文帝即位，"躬修玄默，劝趣农桑，减省租赋。而将相皆归功臣，少文多质，惩恶亡秦之政，论议务在宽厚，耻言人之过失。化行天下，告讦之俗易。吏安其官，民乐其业。""禁罔疏阔，选张释之为廷尉，罪疑者予民，是以刑罚大省，至于断狱四百，有刑错之风。"[④]《资治通鉴》评论汉文帝说："专务以德化民，是以海内安宁，家给人足，后世鲜能及之者。"[⑤]

---

① （宋）司马光：《资治通鉴》，中华书局 1986 年版，第 386 页。
② （汉）班固：《汉书》，中华书局 1999 年版，第 496 页。
③ （宋）司马光：《资治通鉴》，中华书局 1986 年版，第 460 页。
④ （汉）班固：《汉书》，中华书局 1999 年版，第 929 页。
⑤ （宋）司马光：《资治通鉴》，中华书局 1986 年版，第 510 页。

这里再次提出古代“疑罪从无”的执法原则。

《资治通鉴》记载：“汉兴，扫除烦苛，与民休息；至于孝文加之以恭检；孝景遵业。五六十载之间，至于移风易俗，利民醇厚。周云成、康，汉言文、景，美矣！”以致“非遇水旱之灾，民则人给家足，都鄙廪庾皆满，而府库馀货财；京师之钱累巨万，贯朽而不可校；太仓之粟陈陈相因，充溢露积于外，至腐败不可食。”故人人自爱而重犯法，先行义而后诎辱焉。①

由于犯罪率下降，重大案件一年不过四百，社会安定，人民生活得以改善，中央集权制在没有实施权力独裁专制的情况下，虽然具有相同的法律内容，却由于执法指导思想的不同，带来的社会效果完全不一样。执法指导思想成为影响社会生产力发展的决定性因素，而看守所是执法指导思想的风向标。不同的执法指导思想导致不同的社会后果，在中国古代社会司法实践中，看守所审前羁押性质的变化，标志着该时期的执法倾向，同时预示该时期社会生产力发展的基本状态。说明看守所的功能变化对于社会稳定具有重要意义。从逻辑思维的理论概念出发，探索看守所的变化规律，对于进一步深入研究其功能性质、致变因素、逻辑关系等方面具有实际意义。以历史事实为依据，严格按照历史进程进行考证，以期从中悬绳、渐次窥测，求其诸多互相关联性因素，以该时期看守所的实际功能状态为依据，结合其社会经济形势，探究、检验其执法指导思想，观察其对于社会发展的切实影响，以寻求看守所的功能，沿着更加有利于社会进步的方向迈进。

从《云梦秦简》到西汉《九章律》，可以发现，看守所制度随着法律的阶段性演进过程，所表现出来的实际变化性质，与国家权力运行体制具有密切关系。春秋战国时代虽然诸侯国割据混战，但是，诸侯国君主的权力大多沿袭西周的行政体制，虽有君主式的最高权力运行体系，却没有形成诸侯国君主权力独裁专制的权力运行制度，这是由于诸侯国之间具有一定的竞争性，而社会发展的必然是趋向统一与稳定。《吕氏春秋》提出：“重己贵公”，提倡重视生命、爱护人民，主张“圣王之治天下也，必先

① （宋）司马光：《资治通鉴》，中华书局 1986 年版，第 547 页。

公，公则天下平。平得于公。”[1]简政省刑，减轻农民负担，帝王自身能够遵法守法，一方面防止了“法之不行，自上犯之”的弊端，更重要的是，帝王克勤克俭、爱民恤民的精神，成为缓刑仁德的执法思想产生的基础，从而给民众创造了一个宽松的、休养生息的良好生存环境。尽管看守所的狱吏还存在一定的违规违法现象，但是“公则天下平”，由于执法思想的明确，坚持看守所的固有功能性质，就不容易发生看守所的功能异化。

景帝后元三年诏曰：“高年老长，人所尊敬也；鳏寡不属逮者，人所哀怜也。其著令：年八十以上，八岁以下，及孕妇未乳，师、朱儒当鞠系者，颂系之。”[2]

汉景帝时期，对于老幼、孕妇、残疾者犯罪，在看守所可以不戴刑具。羁押环境也比较宽松。

同时在汉景帝时期，规定了看守所执法必须遵守的纪律制度。《汉书·景帝纪》汉景帝中五年（前 144 年）诏曰：“法令度量，所以禁暴止邪也。狱，人之大命，死者不可复生。吏或不奉法令，以货赂为市，朋党比周，以苛为察，以刻为明，令亡罪者失职，朕甚怜之。有罪者不伏罪，奸法为暴，甚亡谓也。诸狱疑，若虽文致于法而于人心不厌者，辄谳之。”[3]

《资治通鉴》记载，景帝后元年（前 143 年）诏曰：“狱，重事也。人有智愚，官有上下。狱疑者谳有司。有司所不能决，移廷尉。有令谳而后不当，谳者不为失。欲令治狱者务先宽。”[4]可见汉景帝之慎刑思想。“谳而后不当，谳者不为失。”意思是疑狱的条件不充分，不应当作为疑狱上报，证明是错报，也不追究错报者的责任，符合疑罪从无的执法原则，汉景帝主张“治狱者务先宽。”这些规定对于古代看守所的执法指导思想影响很大。

---

① （战国）吕不韦：《吕氏春秋》，远方出版社 1994 年版，第 5 页。

② （汉）班固：《汉书》，中华书局 1999 年版，第 936 页。

③ （汉）班固：《汉书》，中华书局 1999 年版，第 106 页。

④ （宋）司马光：《资治通鉴》，中华书局 1986 年版，第 542 页。

（二）西汉后期看守所执法倾向的演变

《韩安国传》记载，窦婴、田蚡争势，太后怒，责汉武帝，上谢曰："俱外家，故廷辨之。不然，此一狱吏所决耳。"[①]该实例说明了汉武帝心中狱吏的实际价值，事实上汉武帝已经认识到看守所就是完成其专政的工具。他认为狱吏就是执行帝王之法，可以解决一切问题，所以汉武帝刘彻时代，史称其"上以法制御下，好尊用酷吏。"这里的酷吏就是指管理看守所的官吏，他们善于运用看守所的羁押功能实施残酷刑罚，以严刑逼供来解决社会问题。从汉武帝"此一狱吏所决耳"的认识观念，暴露了独裁者运用"狱"即看守所作为解决一切权力问题的工具。汉武帝时期改变了文景时代的帝工权力运行模式，削夺相权，实施权力独裁专制，善用狱吏及看守所，随意逮捕、处置异己者。先后颁布了"部主监临"、"见知故纵"、"沈命法"等一系列法律、法令。扩大株连范围。《汉书·咸宣传》记载："斩首大部或至万馀级。及以法诛通行饮食，坐相连郡，甚者数千人。"[②]仅仅因为"盗贼"所经过之处，饮水进餐，被酷吏严刑逼供，转相攀引数千人"下吏"、"下狱"，被捕入狱或杀害。

《汉书·张汤传》记载："（张汤）所治即上意所欲罪，予监吏深刻者；即上意所欲释，予监吏轻平者。"[③]非常清楚地描述了汉武帝时代的执法指导思想，看守所的执法倾向就是依照汉武帝的意志执法。

张汤创设了"腹诽"死刑之例比。汉武帝改革币制，以白鹿皮方尺为皮币，值四十万，币制改革属大农卿严异之职责范围。汉武帝与张汤就此事问严异，严异曰："今王侯朝贺以仓璧（仓存中之金银铜币），直数千，而其皮荐反四十万，本末不相称。""天子不说。汤又与异有隙，及人有告异以它议，事下汤治。异与客语，客语初令下有不便者，异不应，微反唇。汤奏当异九卿见令不便，不入言而腹非，论死。自是后有腹非之法比。"[④]张汤由于善于迎合圣意，舞文巧诋辅法，治狱巧排大臣自以为功，

---

① （汉）班固：《汉书》，中华书局 1999 年版，第 1825 页。
② （汉）班固：《汉书》，中华书局 1999 年版，第 2713 页。
③ （汉）班固：《汉书》，中华书局 1999 年版，第 2002 页。
④ （汉）班固：《汉书》，中华书局 1999 年版，第 978 页。

深得汉武帝信任，以致“丞相取充位，天下事皆决汤。”[①]这是汉武帝时代看守所体现的实际功能状态。

《汉书·刑法志》记载：“及至孝武即位，外事四夷之功，内盛耳目之好，征发烦数，百姓贫耗，穷民犯法，酷吏击断，奸轨不胜。于是招进张汤、赵禹之属，条定法令，作见知故纵、监临部主之法，缓深固之罪，急纵出之诛。其后奸猾巧法，转相比况，禁罔浸密。律令凡三百五十九章，大辟四百九条，千八百八十二事，死罪决事比万三千四百七十二事。文书盈于几阁，典者不能遍睹。是以郡国承用者驳，或罪同而论异。奸吏因缘为市，所欲活则傅生议，所欲陷则予死比，议者咸冤伤之。”[②]“今郡国被刑而死者岁以万数，天下狱二千馀所，其冤死者多少相覆，狱不减一人。”[③]《资治通鉴》记载：“武帝之末，海内虚耗，户口减半。”[④]

汉武帝排斥立法为公、执法平等的法家思想，实施帝王权力独裁专制，使法律私化，充分利用看守所与酷吏代表国家执法，极力发挥看守所的羁押功能。长安的诏狱、廷尉狱等，《汉书·百官志》记载，皆认为“京都有狱二十六所”，以及全国各地的看守所之多，都创造了历史之最。《汉书》为之专辟《酷吏传》一章，而酷吏的行为平台就是看守所，“狱吏决事”成为后世独裁专制法律之基础。

《汉书·酷吏传》记载：义纵为定襄（治在成乐，即今内蒙古和林格尔西北土城子）太守，纵至，掩定襄狱（即定襄看守所）重罪二百余人，及宾客昆弟私人相识者亦二百余人，纵一切捕鞠。曰：“为死罪解脱”（全部杀死的意思），是日皆报杀四百余人，郡中不寒而栗。

“为死罪解脱”，原指看守所中上刑具的死刑犯，执行死刑时依法解脱刑具，即杀死的意思。而义纵则不经审判，也不允许申诉，连同前来看望犯人的朋友、亲属一并处以死刑而立即行刑。其关键在于：“及宾客昆弟私人相视者亦二百馀人。纵壹切捕鞠。”即把探视人员逮捕，以死刑罪谎报朝廷获得批准，即“是日皆报杀四百馀人。”本注：报，奏请得报而

---

① （汉）班固：《汉书》，中华书局 1999 年版，第 2001 页。
② （汉）班固：《汉书》，中华书局 1999 年版，第 932 页。
③ （汉）班固：《汉书》，中华书局 1999 年版，第 937 页。
④ （宋）司马光：《资治通鉴》，中华书局 1986 年版，第 760 页。

论杀。[①] 可见汉武帝时期看守所羁押制度混乱，死刑复审流于形式。

《杜周传》中记载："至周为廷尉，诏狱亦益多矣。二千石系者新故相因，不减百馀人。郡吏大府举之廷尉，一岁至千馀章。章大者连逮证案数百，小者数十人；远者数千里，近者数百里。会狱，吏因责如章告劾，不服，以掠笞定之。于是闻有逮证，皆亡匿。狱久者至更数赦十馀岁而相告言，大氐尽诋（诬陷）以不道，以上廷尉及中都官，诏狱逮至六七万人，吏所增加十有馀万。"即诏狱相连坐六七万人，经过狱吏严刑酷治，诬枉攀引连坐入狱者"十有余万人"。[②] 杜周的执法思想与张汤一样，善体武帝心意，上欲（排）挤者，因而陷之；上欲释，久系待问而数见其冤状。客有谓周曰："君为天下决平，不循三尺法，专以人主意指为狱，狱者固如是乎？"周曰："三尺（法律）安出哉？前主所是著为律，后主所是疏为令；当时为是，何古之法乎？"[③] 杜周毫不讳言，执法就是以汉武帝的意志为标准，这是因为只要取得帝王的信任，就能够获得权力与地位，他们充分利用看守所的特殊羁押职能。"不服，以掠笞定之。"看守所作为保障帝王独裁专制权力运行的工具，在维护帝王专制权力的同时，执法者也获得了极大的个人利益。

至此，汉代后期，看守所的执法倾向发生了重大变化。

七、西汉看守所执法倾向的变化对法律的影响——法律私化

西汉看守所执法倾向的变化导致司法不公，造成社会混乱。

异化看守所制度的固有功能，使法律丧失其维护社会公正的基本特性，正是帝王权力独裁的结果。为了探索法律的真谛，汉代成为儒家研究、注释古代律学最为兴盛的时期，从而使汉代的司法体系取得了"以儒释法"的特殊成就，"春秋决狱"就是这一时代出现的儒家执法方略。从看守所羁押功能与法律演进的过程可以看出，"以儒释法"奠定了中国古

① （汉）班固：《汉书》，中华书局 1999 年版，第 2707 页。
② （汉）班固：《汉书》，中华书局 1999 年版，第 2018 页。
③ （汉）班固：《汉书》，中华书局 1999 年版，第 2017 页。

代封建社会政治体制的基本法律理论，对于封建社会的法律运行基本模式的形成，产生了重大影响。应该说，汉武帝采纳董仲舒的“天人合一、大一统”理论，成为中国古代法律制度运行的理论基础。从而完全否定了法家“法无等级、缘法而治”、“不贵义而贵法”的理论。改变了春秋战国时代儒、法、道等诸子百家所提倡的“天下乃天下人之天下”的“贵公”思想理念，也改变了人们所期望的立法为公、执法为民的理想。变“法生于义”为“法生于帝王”。从而扭曲了法律维护社会公正的基本属性，导致法律私化，看守所成为维护帝王专制的工具。

杜周的话十分精辟：“前主所是著为律，后主所是疏为令。”秦始皇开创了帝王的指令就是法律的先河，使中央集权制成为皇权独裁必然具备的制度基础。破坏了法律来源于社会需求，同时维护社会公平、公正的基本特性。杜周偷换了法律制度及其产生的基本理论与概念，道出了秦代以降法律的重要形成过程。“两汉”时期的主要法律形成过程除了原来的律、令（令与律具有同等效力），所谓的令、制、诏，皆是皇帝的命令，被指定为庶民必须遵守的律令，也即法律。从而导致帝王的制、令、诏、敕，皆可以“具为令”、“着为令”、“议为令”等形式而成为律或令。比，即典型案例的汇编，与现代的判例法相似，以补充法律、令中还没有的案例内容，如“腹诽罪死刑”。汉武帝时期由于狱讼繁兴，法律条文规定又不足，因此“凡律无正条者，比附以为罪。”①由此可以看出，汉代以来的法律形成过程具有很大的局限性，汉武帝权力独裁的形成，最终完成了帝王主宰法律的定式。汉武帝“用法严，多任深刻吏。”②史书评论汉武帝“上以法制御下，好尊用酷吏，而郡国、两千石为治者大抵多酷暴。”③又以董仲舒的“春秋之道，奉天而法古，是故虽有巧手弗修规矩，不能正方圆。”所以“圣者法天，贤者法圣，此其大数也。”④“论罪源深浅，定法诛，然后绝属之分别矣。立义定尊卑之序，而后君臣之职明矣。”⑤这种以人随君

① 张晋藩主编：《中华法制文明的演进》，中国政法大学出版社1999年版，第155页。

② （宋）司马光：《资治通鉴》，中华书局1986年版，第727页。

③ （宋）司马光：《资治通鉴》，中华书局1986年版，第717页。

④ 苏舆：《春秋繁露义证》，中华书局1992年版，第14页。

⑤ 苏舆：《春秋繁露义证》，中华书局1992年版，第143页。

的春秋之法，使立法为公，演变为立法为帝王服务的私法性质，从而导致立法不公、执法为己的错误倾向。这就是“律以证罪名，令以存事例”的最早法律演进过程，直接导致古代看守所功能趋向行政权力化。

西汉建国之后，儒家视商鞅变法与秦始皇的严刑苛法为一体，加以严厉批判，从根本上否定。为此，在注释古代律学的同时需要寻求理论性指导思想。董仲舒等学者的“天人合一、君权天授”的思想，成为“罢黜百家，独尊儒术”与“春秋决狱”的治国主导思想理论的基础，“纳礼入法”，形成中国古代治国指导思想。“春秋决狱”也从此成为古代司法系统的核心理论，从而影响看守所的司法倾向，甚至成为当时“决狱”的指导思想。

以商鞅为代表的法家思想认为，为了保障社会稳定、社会正义，必须保障司法公平、公正。其关键在于帝王权力必须依法运行，他认为“君臣释法任私必乱，故立法明分而不以私害法则治。”① 看守所执法同样需要遵守这一原则，使看守所成为启动公正、公平司法程序的保障机构。法家认为，执法为公，法无等级，帝王守法而不私法，是法律公正公平的保障。所以主张“贵法而不贵义”，认为“法之不行，自上犯之”，提倡严以治吏。

以董仲舒为代表的学者们，首先把帝王置于法律之上，他和西汉的儒家在全力批判秦始皇焚书坑儒、严刑苛法的同时，混淆了“法无等级”与“严刑苛法”的界线。有意识地混淆了礼仪与法律的概念，使道德与法混同，突出了绝对服从帝王意志的所谓礼，董仲舒的理论核心是帝王之权天授，帝王代天执法理民，绝对忠于帝王即为礼，以礼代法，坚持严格的等级秩序，认为等级秩序可死而不可改。从而导致了法律与礼仪道德的功能性混淆，结果使法律改变了维护社会公正、公平的固有功能，利用改变执法指导思想的方式，迫使法律等级化、从而产生法律私化倾向。这种变化，正是利用了儒家的礼仪等级制度作为立法的理论基础，由此使儒家学术思想成为社会意识形态的主流思想，明确了董仲舒等提出的“天人合一、皇权天授、尊君治民”的思想原则。促使“刑无等级”变成“君尊臣贵以治民”的具有严格等级的法律制度。从汉武帝开始，逐渐完成了“君臣治民”的法律体制。

① 蒋礼鸿：《商君书锥指》，中华书局1986年版，第82页。

第三章　魏晋南北朝时期的看守所

第一节　魏晋时期的看守所

三国时期的司法体制由于继东汉末年黄巾大起义之后，尽管依旧采用“两汉”的模式，实施廷尉以下的郡县司法体系，其立法、执法的思想，较汉代具有明显进步。虽然依旧崇尚董仲舒“天人合一、敬天尊君”的治民思想，信奉“天地灾变引咎应变”学说，但是，三国时期，普遍认为汉代律重，所以对刑法进行了适度的改革。不过看守所的实际功能状态并非理论之所谓。

曹魏时期规定：“汉律太重，故令依律论者，听得科半，使从半减也。”①

《魏书·陈矫传》记载：陈矫“迁魏郡太守。时（看守所）系囚千数，至有历年。矫以为周有三典之制，汉约三章之法，今惜轻重之理，而忽久系之患，可谓谬矣。悉自览罪状，一时论决。”②魏郡看守所拘囚千人，不能及时审理，只是为担心判决的轻重而担负责任。“而忽历年”，说明当时虽然刑法从宽，执法者还是不能从宽执法，如陈矫这样的正直之人。“一时决竟”，同一看守所不同的执法者，表现出完全不同的结果。

《魏志·卢毓传》记载：文帝为五官将，召毓署门下贼曹（主管法

---

① （唐）房玄龄：《晋书·刑法志》，中华书局 1999 年版，第 599 页。

② （晋）陈寿：《三国志》，中华书局 1999 年版，第 479 页。

制）。崔琰举为冀州主簿。时天下草创，多逋逃，故重士亡（逃亡）法，罪及妻子。亡士妻白等，始适夫家数日，未与夫相见，大理奏弃市。毓驳之曰："夫女子之情，以接见而恩生，成妇而义重。故诗云：'未见君子，我心伤悲；亦既见止，我心则夷。'……今白等生有未见之悲，死有非妇之痛，而吏议欲肆之大辟，则若同牢合卺之后，罪何所加？且记曰：'附从轻'……恐过重也。苟以白等皆受聘礼，已入门庭，刑之为可，杀之为重。"太祖（曹操）曰："毓执之是也，又引经典有意，使孤叹息。"①大理执法如此，士逃亡连坐其未婚妻死刑，看守所的执法可见其并不宽厚。

曹魏时期已经认识到灾异示警，不应该归咎于大臣。黄初二年六月丁卯诏曰："灾异之作，以谴元首，而归过股肱，岂禹、汤罪己之义乎？其令百官各虔厥职，后有天地之眚，勿复劾三公。"这一规定排斥了董仲舒"有过归臣，有功归君"的荒谬观点。曹丕下令："其令郡国所选，勿拘老幼，儒通经术，吏达文法，到皆试用。"②这说明当时的人才标准，一是通经术，即了解当时的诗书礼易以及左传、公羊、谷梁等；二是吏应该具有一定法律知识，认识到法律在权力行为中的重要意义。这改变了以前尊儒卑法的错误观念，因为吏大多是从事司法工作，汉代也多由儒生担任。

曹丕黄初四年正月诏曰："丧乱以来，兵革未戢，天下之人，互相残杀。今海内初定，敢有私复仇者皆族之。"③五年春正月，初令谋反大逆者乃得相告，其余皆勿听治，敢妄相告，以其罪罪之。④这一诏令，导致后来曹魏"新法"中的"囚徒诬告人反，罪及亲属"的律令产生，同时说明了"囚辞所连似告劾。"⑤

以上记载中的囚与徒是有区别的，逮捕入狱，即看守所收押，未决者谓"囚"，已决者谓"徒"。所以规定了告劾的身份标准，特别指出："囚辞所连似告劾。"其原因是，看守所里的囚被刑不过，常常妄相攀引，以图立功减罪，即"囚辞所连似告劾"。一方面规定囚徒诬告人，罪及亲属，

---

① （晋）陈寿：《三国志》，中华书局 1999 年版，第 484 页。
② （晋）陈寿：《三国志》，中华书局 1999 年版，第 58 页。
③ （晋）陈寿：《三国志》，中华书局 1999 年版，第 61 页。
④ （晋）陈寿：《三国志》，中华书局 1999 年版，第 62 页。
⑤ 房玄龄：《晋书》，中华书局 1999 年版，第 602—604 页。

使囚徒不敢轻易诬陷他人；另一方面，审判官不能把供词牵引作为告劾处理，而必须具有切实的相关之证据。"似"，并非确定。所以，不能以"似"为"是"。这一规定，在一定程度上，限制了看守所刑讯过程中产生不负责任的随便攀连、妄言乱供，使审判逐渐走向慎重，也在一定程度上防止过多的诬枉牵连，目的在于抑制严刑逼供、限制酷刑断狱的酷暴执法行为。

一、三国时期的看守所

尽管在三国鼎立战争不断的状态下，各国看守所的设置及实际职能并没有大的改变，从中央到地方郡县的看守所体系设置与两汉时期基本一样。

《三国志·魏志·司马芝传》记载：司马芝子，司马岐从河南丞转廷尉正，迁陈留相。梁郡看守所有系囚，多所连及，数岁不决。诏书徙狱于岐属县，县请豫治牢具（刑具），岐曰："今囚有数十，既巧诈难符，且已倦楚毒，其情易见。岂当复久处囹圄邪！"及囚至，诘之，皆莫敢匿诈，一朝决竟。[①] 梁郡看守所有众多互相牵引、数岁不决之未决犯，可见当时看守所执法功能的混乱程度，这里称囹圄，即审前羁押之看守所。

《三国志·魏志·杜畿传》记载：杜畿"年二十，为郡功曹，守郑县令，县囚系数百人，畿亲临狱，裁其轻重，尽决遣之，虽未悉当，郡中奇其年少而有大意也。"[②] 此时期的审判方式与过程较东汉时期对被囚者长期施以酷刑锻炼，牵连不止，具有明显进步。这有利于避免攀引无限，致使冤狱如山的情况。三国时期的社会形势，是长期战争攻伐，使天下人流散凄苦，正如该传记载："是时天下郡县皆残破。"人们期望安定，简政宽刑，有利于安定民心。通过以上案例说明，三国时期看守所的制度是在汉代看守所制度的基础上制定的，减轻了刑讯的苛酷程度。但是，并没有从根本上改变看守所羁押与审判一体化的基本功能。由于战争年代，法制

---

① （晋）陈寿：《三国志》，中华书局 1999 年版，第 292 页。

② （晋）陈寿：《三国志》，中华书局 1999 年版，第 372 页。

不健全，执法比较混乱。《三国志·魏志·贾逵传》记载："太祖征刘备，先遣逵至斜谷观形势，道逢水衡（突发洪水），载囚人数十车，逵以军事急，辄竟重者（竟，审判终结）一人，皆放其余。太祖善之。"[①]在战争特殊时期，遇到洪水等紧急情况，地区行政长官，有权对大批的囚犯作出去留或者释放的处置。

二、三国时期看守所的执法状态

《三国志·魏志·卫觊传》记载："九章之律，自古所传，断定刑罪，其意微妙。百里长吏，皆宜知律。刑法者，国家之所贵重，而私议之所轻贱；狱吏者，百姓之所县命，而选用者之所卑下。王政之蔽，未必不由此也。请置律博士，转相教授。"[②]由于行政与司法合一，各级行政主管官吏，大多数是儒生出身，不懂法律。但是，行政主管却有权决定其审判的结果。这是自汉代以来"罢黜百家、独尊儒术"带来的严重后果，导致中国古代长期以权代法的人治社会行政模式。儒家过多的强调道德的作用，同时董仲舒提倡"天人合一"，结果以森严的礼仪等级秩序，排斥了法律公平的基本原则，为后世的司法公正制造了巨大的精神性与制度性的障碍。卫觊的观点明确指向当时的治国指导思想，即重视儒学轻视法学。首先，指出刑法是国家所重，而私议（即指人们在儒学长期教育下所形成的心理状态）则认为刑法学与儒学相比，是属于轻贱的职业，也是儒生不肖为之职业。这是儒家重礼轻刑思想的反映，他同时指出"以礼代法、以礼决法"的错误观点。他提出，依法执法、依法断罪是古今治国的基本方针。但是卫觊认为，汉代以来一直采用的是《九章律》，其特点是包括实施肉刑的法律制度，卫觊也主张恢复肉刑。儒家认为刑法属于轻贱的学术思想，研究刑法与管理刑狱的人，其身份也随之低贱。狱吏在儒家人物看来就是低贱的小人，看守所也是只有小人才会从事的职业。但是，"狱吏者，百姓之所悬命"。所以不仅狱吏需要具备法律知识，具有高尚道德操

① （晋）陈寿：《三国志》，中华书局1999年版，第362页。
② （晋）陈寿：《三国志》，中华书局1999年版，第456页。

守，即使百里长吏，州郡守令等高级官员也必须知法懂法以及依法办事。卫觊在这里强调狱吏的重要性，其目的在于提醒那些有权选用狱吏的人，高度重视对于狱吏的选拔与使用，甚至提出“王政之蔽”，即国家衰败的真正原因就是选用狱吏不当，狱吏道德败坏，品质恶劣，执法不公造成的。社会实践正是如此，执法不公，导致社会混乱。所以应该高度重视狱吏的选用，同时高级官吏也必须学法守法。

《晋书·刑法志》在引用卫觊的这一观点时提出：“事（即卫觊上书的观点）遂实行。然而律文烦广，事比众多，离本依末，决狱之吏如廷尉狱吏范洪受囚绢二丈，附轻法论之，狱吏刘象受嘱偏考囚张茂物故（物故，即死亡），附重法论之，洪、象虽皆弃市，而轻枉者相继。”①

以上说明狱吏不仅自身道德素质低下，司法专业能力依然没有改善，虽然狱吏所犯罪恶的轻重有差，处刑皆弃市，显示不公。但是，作为国家最高司法机关的廷尉狱吏贪赇枉法，足以证明看守所里的腐败与残暴。《晋书·刑法志》表述的观点，在于说明当时律令、事比（案例比即判例法）繁多，难以准确应用，执法者欲轻则比轻，欲重则比死，其目的在于表述当时法律条文繁多，是由于取消了肉刑，才导致死刑增多，原本斩右趾的却被判死刑，而轻刑又太轻，没有中刑，所以比轻刑重的案情，就是死刑。从而提出废除肉刑的结果是导致死刑增加，因此竭力提倡恢复肉刑。从爱护生命、保障人权的法律进步演进过程分析，企图恢复肉刑的观点无论如何都是错误的，东汉就有人提出恢复肉刑，尽管如此，当时不仅是狱吏道德恶劣，而且明确显示当时的社会道德严重不良。廷尉狱，代表国家最高司法机构的执法行为，尚且贪污枉法如此严重，当时看守所里普遍存在执法混乱。

《三国志·魏志·毛玠传》记载：“崔琰既死（崔琰时任尚书，正直而有才，受曹操忌惮，被曹操冤杀），玠内不悦，后有白（告白即检举）玠者，出见黥面反者，其妻（崔琰妻）子没为官奴婢，玠言曰：‘使天下不雨者，盖此也。’”太祖（曹操）怒，收玠附狱，即收押在大理看守所。大理钟繇诘玠（审问）曰：“自古圣帝明王，罪及妻子。书云：‘左不共左，

① （唐）房玄龄：《晋书》，中华书局1999年版，第600页。

右不共右，予则孥戮女。’司寇之职，男子入于罪隶，女子入于舂稿。汉律，罪人妻子没为奴婢，黥面。汉法所行黥墨之刑，存于古典。今真奴婢祖先有罪，虽历百世，犹有黥面供官，一以宽良民之命，二以宥并罪之辜。此何以负于神明之意，而当致旱？案典谋，急恒寒若，舒恒燠若，宽则亢阳所以为旱。玠之吐言，以为宽邪，以为急也？急当阴霖，何以反旱？成汤盛世，野无生草，周宣令主，旱魃为虐。亢旱以来，积三十年，归咎黥面，为相值不？卫人伐邢，师兴而雨，罪恶无征，何以应天？玠讥谤之言，流于下民，不悦之声，上闻圣听。玠之吐言，势不独语，时见黥面，凡为几人？黥面奴婢，所识知邪？何缘得见，对之叹言？时以语谁？见答云何？以何日月？于何处所？事已发露，不得隐欺，具以状对。”①

这一案例记载了毛玠被人检举、逮捕、羁押、审讯、判决的基本过程，实施的依旧是汉代的连坐法。大理卿直接管理大理看守所，表现出大理卿钟繇搜集毛玠的犯罪证据何其详细，总结其最后诘问的“玠之吐言…于何处所”48个字，实为获取关系犯罪的切实证据而设问。其目的是执行曹操的意志，罗织毛玠的罪行，毛玠不过为崔琰冤死说了公道话，成为“诽谤罪”，为判处毛玠死刑而不顾法律，可见曹魏时期大理寺看守所也是一个不执行法律的地方。

1. 既是诽谤，不可能自言自语，都对何人说过？如何说？

2. 何时看见黥面之奴婢？有几人？如何认识这些奴婢的？

3. 当时毛玠说的内容是什么？他们（奴婢）回答的什么？在场之人又是怎么说的，奴婢又如何回答？

4. 毛玠为什么能够见到这些奴婢？为什么会对他们产生同情？当时主要是对谁说话？为什么？

5. 具体的见面（诽谤）月、日、时间、地点、场所及其详细情形？

这一切皆是为了说明毛玠的“诽谤罪”成立。

① （晋）陈寿：《三国志》，中华书局1999年版，第283页。

第二节　晋代与南朝看守所

一、看守所的设置

《太平御览》引王隐晋书曰：太康五年夏“六月，初置黄沙狱。”《晋书》曰：“武帝置黄沙狱，以典诏囚，以光历事明法，用为黄沙御史。”①晋武帝时期以御史治狱。黄沙狱就是诏狱，其性质有如廷尉狱，功能属于审前羁押。廷尉狱，即国家最高司法机构直属看守所。同样，晋代从中央到地方郡县均设看守所。

从理论上讲“大晋受禅于魏”是和平立国，晋武帝司马炎于公元265年建国之初，就曾下诏：“自今虽诏有所欲，及已奏得可，而于事不便者，皆不可隐情。”②是说，属下既不可希指迎合，又不可以遂事而不谏也。以公正为是，执法也要公平。

晋代所用官吏大多出身于士族、豪门。即使屡犯重罪，也仅是谴责而已，并不科罪，重用世家豪门是其特点。

二、看守所制度

晋令曰：“狱屋皆当完固，厚其草蓐，家人饷馈狱卒，为温暖传致；去家远无饷馈者，悉给廪狱卒作食，寒者与衣，疾者给医药。”③

晋代规定了看守所的囚犯基本生活制度。看守所囚犯可以通过狱卒接受家里传送的衣物、食品，疾病者给医药，囚犯家中无人或者不能提供饮食、衣物，则由官府供应，看守所被拘押者的生活具有一定的保障，但是生存环境非常恶劣。“狱屋完固”是从防止囚犯逃亡的法制层面之规定，涉及看守所看押等防务的基本内容。

① （宋）李昉等：《太平御览》，中华书局1988年版，第2880页。
② （宋）司马光：《资治通鉴》卷七十九，中华书局1986年版，第2500页。
③ （宋）李昉等：《太平御览》，中华书局1988年版，第2880页。

《南齐书·王僧虔传》记载，郡县狱，即郡县看守所，相承有上汤杀囚，僧虔上疏言之曰："汤（中药煎剂）本以救疾，而实行冤暴，或以肆忿。若罪必入重，自有正刑；若去恶宜疾，则应先启。岂有死生大命，而潜制下邑。愚谓治下囚病，必先刺（报告）郡，求职司与医对共诊验；远县，家人省视，然后处理。可使死者不恨，生者无怨。"①

从以上记载我们可以看出，郡县看守所之囚在看守所内，生命安全没有保障。由此说明，看守所中所关押人犯显然是未决犯。狱吏或者狱中主管官吏，擅自使用有毒中药汤剂，给在押人员服用而使其死亡。为什么会用这种"冤暴"方式害人？给某些特定在押人员服用而令其死亡，是"肆忿"，还是被羁押者真的生病而狱方不愿给予治疗，而使用毒药，亦或另有其他原因，不得而知。王僧虔认为随意毒死在押人犯的暴行必须禁止，同时提出了囚病的处理办法，而"上纳其言"。这证明当时南齐"上汤虐囚"的真实性。当时王僧虔为左光禄大夫、侍中、丹阳尹，可见郡县的看守所皆存在"上汤杀囚"的残酷暴行。

三、看守所的测囚制度

《陈书·沈洙传》记载，陈世祖时期沈洙为东宫侍读、尚书左丞、领扬州大中正，迁光禄卿。梁代旧律，测囚之法，日一上，起自晡鼓，尽于二更。及比部郎范泉删定律令，以旧法测立时久，非人所堪，分其刻数，曰再上。廷尉以为新制过轻，请集八座丞郎并祭酒议之，行事沈洙五舍人会尚书省参议。时高宗录尚书，集众议之，都官尚书周宏正曰："未知狱所测人，有几人款？几人不款？须前责取人名及数并其罪目，然后更集。"得廷尉监沈中由列称，别制以后，有寿羽儿一人坐杀寿惠，刘磊渴等八人坐偷马仗家口渡北，依法测之，限讫不款。刘道朔坐犯七改偷，依法测立，首尾二日而款。陈法满坐被使封藏、阿法受钱，未及上而款。宏正议曰："凡小大之狱，比应以情正言，依准五听，验其虚实，岂可全恣考掠，以判刑罪。且测人时节本非古制，近代以来，方有此法。起自

① （梁）萧子显：《南齐书》，中华书局1999年版，第402页。

晡（黄昏为晡即未起更的申时）鼓，迄于二更，岂是常人所能堪忍？所以重械之下，危堕之上，无人不服，诬枉者多。朝晚二时，同等刻数进退而求，于事为衷。若谓小促前期，致实罪不伏，如复时节延长，则无愆妄欵。且人之所堪，既有强弱，人之立意，固亦多途。至如贯高榜笞刺爇（燃烧），身无完肤，戴就熏针并极，困笃不移，岂关时刻长短，掠测优劣？夫与杀不辜，宁失不经，罪疑惟轻，功疑惟重，斯则古之圣王，垂此明法。愚谓依范泉著制，于事为允。”舍人盛权议曰：“比部范泉新制，尚书周弘正明议，咸允虞书惟轻之旨，殷颂敷正之言。窃寻廷尉监沈中由等列新制以后，凡有狱十一人，其所测者十人，款者唯一。愚谓染罪之囚，狱官应明加辨析，穷考事理。若罪有可疑，自宜启审分判，幸无滥测；若罪有实验，乃可启审测立；此则枉直有分，刑宥斯理，范泉今牒述汉律，云：‘死罪及除名，罪证明白，考掠已至，而抵隐不服者，处当列上。’杜预注云：‘处当，证验明白之状，列其抵隐之意。’窃寻旧制深峻，百中不款者一，新制宽优，十中不款者九，参会两文，宽猛实异，处当列上，未见厘革。愚谓宜付典法，更详‘处当列上’之文。”洙议曰：“夜中测立，缓急易欺，兼用昼漏，于事为允。但漏刻赊促，今古不同，《汉书》律历，何承天、祖冲之、暅之父子《漏经》，并自关鼓至下鼓，自晡鼓至关鼓，皆十三刻，冬夏四时不异。若其日有长短，分在中时前后。今用梁末改漏，下鼓之后，分其短长，夏至之日，各十七刻，冬至之日，各十二刻。伏承命旨，刻同勒令，检一日之刻乃同，而四时之用不等，廷尉今牒，以时刻短促，致罪人不款。愚意愿去夜测之昧，从昼漏之明，斟酌今古之间，参会二漏之义，舍秋冬之少刻，从夏日之长晷，不问寒暑，并依今之夏至，朝夕上测，各十七刻。比之古漏，则上多昔四刻，即用今漏，则冬至多五刻。虽冬至之时，数刻侵夜，正是少日，于事非疑。庶罪人不以漏短而为捍，狱囚无以在夜而致诬，求之鄙意，窃谓允合。”众议以为宜依范泉前制，高宗曰：“沈长史议得中，宜更博议。”左丞宗元饶议曰：“窃寻沈议，非顿异范，正是欲使四时均其刻数，兼斟酌其佳，以会优剧。即同牒请写还删定曹详改前制。”①

① （唐）姚思廉：《陈书》，中华书局 1999 年版，第 304 页。

以上是关于测囚制度的记载，测囚是采用体罚形式，逼取口供。测囚制度，成为看守所里虐待囚犯的一种合法手段，导致更多的冤案发生。不注重客观证据，研究的却是对肉体的折磨方式，目的在于判断正常人于正立位时，能够站立时间的可耐受最大限度，当人们不堪忍受杖刑之后，戴上刑具，长时间站立在狭小的测垛上跌落时，再次受杖上垛，不能忍受就可能招供，这是一种考验意志的肉体折磨，审判完全依靠拷掠，以判其罪。重械之下，无人不服，诬枉者多。摘录测囚之法，以史实证明看守所为测囚立法，实属残酷与荒唐，参加此项看守所测囚讨论的不仅有朝廷大员，而且有帝王，充分显示帝王对于看守所建立严酷虐囚制度非人道行为的支持。

四、晋代律制——刑名、法例

晋武帝司马炎泰始四年（公元268年），春正月，贾充、羊祜、杜预、柳轨、荣劭等十四人典其事，就汉九章增十一篇，改旧律为刑名、法例。辨囚律为告劾、系讯、断狱。分盗律为赇、诈伪、水火、毁亡，因事类为卫宫、违制，撰周官为诸侯律合二十篇，六百二十条，二万七千六百五十七言。蠲其苛秽，存其清约，事从中典，归于益时。其未宜除者，若军事、田农、酤酒，未得皆从人心，权设其法，太平当除，故不入律，悉以为令。施行制度，以此设教，违令有罪则入律。[①] 晋代以所犯罪名对照律文，即“违令有罪则入律”，律令所不载，即不为罪，在一定程度上限制了审判官的随意性，是刑法的进步。

东汉以来，由于儒生对古代律学的重视，众多注律学者，对律学的发展与进步作出了很大努力。但是，由于诸家的学术观点不同，也在不同程度上导致了律学的难以统一。出现刑与律的逻辑结构分离，致使汉代律令“一章之中，或事过数十，事类虽同，轻重乖异。”刑与法之逻辑学意义在于规范刑法的适中性标准，更加科学的限制刑与律之间的自由度，从而防止执法者以意取刑。刑名、法例的统一，事实上就是把已经出现的刑事条

① （唐）房玄龄：《晋书》，中华书局1999年版，第603页。

款以及列入法比、案例、令、科的所有内容，进行严格的分类处理，遵守逻辑学等同的分类原则，统一刑名与法例，使之成为律文正典，使刑律相对应而意旨统一，改变原来刑律分离的混乱现象，增加法律的可操作性，限制刑律分离造成的执法随意性，从而达到“律以正罪名”的司法意义。审前羁押的实际价值就在于依法实施羁押，必须具有属于刑事案件的刑名、律文的相应证据，才能够实施逮捕与羁押。

刑名、法例的制定，使刑法的实施更加具有可操作性。制定刑名的原则就是“集罪例以为刑名”，即集合律文所示刑罪性质，分门别类，以刑名冠于律首。明法椽（主法律）张裴（斐）注律大意为：“律始于刑名者，所以定罪制也；终于诸侯者，所以毕其政也。……刑名所以经略罪法之轻重，正加减之等差，明发众篇之多义，补其章条之不足，较举上下之纲领。其犯盗贼、诈伪、请赇者，则求罪于此，作役、水火、畜养、守备之细事，皆求之作本名。告讯（即诉讼制度）为之心舌，捕系（即逮捕入狱的基本法令）为之手足，断狱（看守所的拘押与审讯制度）为之定罪，名例齐其制。”使刑法制度具有规范的操作性，对于刑名律令的注释非常认真、仔细。如：“其知而犯之谓之故，意以为然谓之失，违忠欺上谓之谩，背信藏巧谓之诈，亏礼废节谓之不敬，两讼相趣谓之斗，两和相害谓之戏，无变斩击谓之贼，不意误犯谓之过失，逆节绝理谓之不道，陵上僭贵谓之恶逆，将害未发谓之戕，唱首先言谓之造意，二人对议谓之谋，制众建计谓之率，不和谓之强，攻恶谓之略，三人谓之群，取非其物谓之盗，货财之利谓之赃；凡二十者，律例之较名也。”

律名的统一有利于量刑的准确，避免同罪异罚，造成刑法不公，不能不说这是律学的进步，刑名的设立对于执法思想具有重要影响。张裴的注释实刑观点，客观上稳定相对等级的法律秩序，实质上是以维护帝王、贵族、官吏的利益为根本，从本质上并非维护法律平等，而是在保证帝王、官吏、贵族利益的基础上，以达到庶民百姓能够同罪同罚的相对平等。不过对于律名解释尚比较客观。

《晋・刑法志》记载：晋代审判程序依照《吕刑》，五刑不简，正于五罚，五罚不服，正于五过，意善功恶，以金赎之。故律制，生罪不过十四（笞杖徒流徙之和）等，死刑不过三，徒加不过六（年），囚加不过五（年），累作不过十一岁，累笞不过一千二百，刑等（等差）不过一岁，金等不过四两，月赎不计日，日作不拘月，岁数不疑闰。不以加至死，并死不复加。以人得罪与人同，以法得罪与法同。这是计刑的基本原则。①

张斐认为，律有事状相似而罪名相涉者，若加威势下手取财为强盗，不自知亡为缚守，将中有恶言为恐猲，不以罪名呵为呵人，以罪名呵为受赇，劫召其财为持质，此六者，以威势得财而名殊者也。即不求自与为受求，所监求而后取为盗赃，输入呵受为留难，敛人财物积藏于官为擅赋，加欧击之为戮辱。诸如此类，皆为以威势得财而罪相似者也。故关于成罪的原因解释非常清楚。对于法律析义明白，有利于厘清看守所之规范制度，法律成为规制看守所制度化的理论基础。

张斐注律，对于法官的心理素质要求颇为严格，他认为："夫刑者，司理之官；理者，求情之机；情者，心神之使。心感则情动于中，而形于言，畅于四肢，发于事业。是故奸人心愧而面赤，内怖而色夺。论罪者务本其心，审其情，精其事，近取诸身，远取诸物。然后乃可以正刑。"这是对审判方法以及犯罪心理学的研究，精研犯罪案情及其过程，取诸身，犯罪意识以及从犯罪嫌疑人身上寻找证据，并涉及犯罪的客观物证，即取诸物，全面分析并寻找证据。打破"五听"的传统审问模式，说明晋代法律与审判的进步。

五、晋代看守所之羁押与审判原则

《晋书·刘颂传》记载，刘颂，世为名族。时尚书令扈寅无罪下狱（当时刘颂迁议郎、守廷尉，扈寅被下廷尉看守所）；诏使考竟（皇帝派人刑讯，审判结束，被判有罪），颂执据无罪（刘颂找到证据，证明尚书令扈寅无罪），寅遂得免，时人以颂比张释之。②

刘颂生活的时期，为晋武帝司马炎晚期，惠帝皇后贾南风专制十余年，使晋朝堕入衰败，自从贾后乱政直至两晋灭亡，晋皇室争斗、权臣相

---

① （唐）房玄龄：《晋书》，中华书局1999年版，第604页。
② （唐）房玄龄：《晋书》，中华书局1999年版，第853页。

奸、外族侵扰、社会动乱、战争不息。看守所的羁押、审判、释放皆由其行政长官掌控。

《资治通鉴》记载，主管法律的三公尚书刘颂曰："自近世以来，法渐多门，令甚不一，吏不知所守，下不知所避。奸伪者因以售其情，居上者难以检其下，事同议异，狱犴不平，夫君臣之分，各有所司。法欲必奉，故令主者守文；理有穷塞，故使大臣释滞；事有时宜，故人主权断。主者守文，若释之执犯跸之平也。"[①]他指出，审判应该由执法机构实施，作为帝王不应该以权断法，必须保障主管法律的官吏具有独立执法权，坚守法律条文的具体规定依法审判，朝廷不能以权代法，刘颂认为法官不能严格遵守法律条文，听从行政命令而背弃法律原则是社会混乱的根本原因。所以，他主张依法保持审判独立，才能保障司法公平。他提出"律法断罪，皆当以法律令正文，若无正文，依附名例断之，其正文名例所不及，皆勿论。"[②]即律所不载不为罪，也即我们现代所提出的"罪刑法定原则"。

这里涉及处理偶然性、特殊性法律事件的基本原则，即帝王不能超越法律文书的条文规定随意改变或解释法律。要求帝王依法执法，而主管法律的大臣要依照法律条文，坚持法律原则。提出司法应不受行政权干扰，司法、执法能够独立审判的法制思想。刘颂说："善为政者，纲举而网疏，纲举则所罗者广，网疏则小必漏，所罗者广则为政不苛，此为政之要也。而自近世以来，为监司者，类大纲不振而微过必举。微过不足以害政，举之则微而益乱；大纲不振则豪强横肆，则百姓失职矣，此错所急而倒所务之由也。""大奸犯政而乱兆庶之罪者，类出富强，而豪富者其力足惮，其货足欲，是以官长顾势而顿笔。下吏纵奸，惧所司之不举，则谨密网以罗微罪……。非徒无益于政体，清议乃由此而益伤。"[③]刘颂认为依法执法的重点是针对豪强、巨奸，才能维护民众利益与社会公平。他认为"夫权制不可以经常，政乖不可以守安"。帝王不应该以权害法，致使国家政体与法制混乱。监察、司法、执法等机构，必须针对豪强、巨奸，危害国家、民众利益者进行严厉惩治，这些人强权横肆、富豪之力能够货通鬼神的巨

① （宋）司马光：《资治通鉴》卷八十三，中华书局 1986 年版，第 2631 页。

② （唐）房玄龄：《晋书》，中华书局 1999 年版，第 610 页。

③ （唐）房玄龄：《晋书》，中华书局 1999 年版，第 860 页。

奸才是危害百姓，危害国家的大敌。同时他指出："振领总纲，要在三条。凡政欲静，静在息役，息役在无为。仓廪欲实，实在利农，利农在平籴。为政欲著信，著信在简贤，简贤在官久。"[①] 刘颂主张对官吏要严格管理，实施九班考核制度，官吏守法，才能长久。不过刘颂和裴頠等人一样，提倡依法独立审判，同时也主张恢复肉刑，理由是："(肉刑) 非徒惩其畏剥割之痛而不为也，乃去其为恶之具，使夫奸人无用复肆其志，止奸绝本，理之尽也。亡者刖足，无所用复亡。盗者截手，无所用复盗。淫者割其势，理亦如之。"[②] 实质上是唯刑与报复主义的思想，反对刑法的惩罚与教育相结合的基本原则，提倡"去其为恶之具"以避免再次犯同样之罪。

《晋书・刑法志》记载：裴頠也有相同的独立审判之观念，帝王随意干预法律是执法不公、破坏法制的主要原因，他认为"主者以诏旨使问频繁，便责尚书不即案行，辄禁止，尚书免，皆在法外。"[③]

"皆在法外"，明确指出帝王不遵守法律，以王权干预法律，导致法律不公。

朝廷不能依法办事，严重的以法外权干涉司法独立审判是错误的。这些主张的实际意义在于：

1. 张斐等人解释的刑名、法例，刘颂等人提倡的执法指导思想及其对于审判独立的要求，在一定程度上减少了皇权随意干预审判的机会，不仅改变了刑、律分离的逻辑结构，也在一定程度上减少了法外权的扩展。

2. 自从董仲舒的春秋"大一统、天人合一"的儒家思想进入国家政治领域并逐渐渗入治国思想的理论核心，就导致了"春秋决狱"、"引经入法"、帝王法外绝对权力的执法原则的产生，使刑法出现混乱。刑名、法例对于纠正帝王干预法律导致司法混乱，防止非法的灾害示警等干预法制，具有实际意义。

3. 看守所的审前羁押功能，在帝王专制时代，极易受到行政权力的干预。刑名、法例统一规范，使审前羁押具有统一之标准，在一定程度上限制了行政权力的滥用，促使看守所审前羁押能够依法执法，有利于维护法

---

① (唐) 房玄龄：《晋书》，中华书局 1999 年版，第 862 页。

② (唐) 房玄龄：《晋书》，中华书局 1999 年版，第 607 页。

③ (唐) 房玄龄：《晋书》，中华书局 1999 年版，第 608 页。

律的公正性。

4. 刑名、法例体例的创立，对法律研究提供了范例，律学的发展，是汉代儒家积极参与法律注释的结果，到了魏晋时期，以刑名、法例为律学体例，不仅规范了刑法的典章文体，同时也进一步规范了儒家引经入法的可操作性。张斐指出："律始于刑名者，所以定罪制也"、"刑名所以经略罪法之轻重，正加减之等差，明发众篇之多义，补其章条之不足，较举上下纲领"。[①] 刑名、法例研究体例的创设，为后世的法学研究提供了逻辑规律统一的探索途径，这是法学研究技术性的进步。

5. 刑名、法例对于限制法外权的意义在于刑名、法例的确立，规范了刑罪适配的司法程序，在一定程度上限制了以权代法的随意性，提高了法律的可信度，法律"正文名例所不及，皆勿论"，即"律所不载不为罪。"

刘颂提出："人君所与天下共者，法也。已令四海，不可以不信以为教，方求天下之不慢，不可绳以不信之法。"人君必须守法。"人君所与天下共者，法也。"帝王守法法律才能为天下人信仰，执法原则就是入律者为罪，罪刑相当即谓司法。法律没有明文规定者，就不是犯罪，法律对此解释得十分清楚，容易分辨，有利于法律实施，防止了法出多门的妄相比例与援引。此一概念的产生，突破了董仲舒"天子受命于天，天下受命于天子，一国则受命于君"的基本理论。其实质在于："律法断罪，皆当以法律令正文，若无正文，依附名例断之，其正文名例所不及，皆勿论"，"如律之文，守法之官，唯当奉用律令"，"人主详，其政荒；人主期，其事理"。帝王的职责在于宏观政事，而"陛下为政，每尽善，故事求曲当，则例不得直；尽善，故法不得全"，"善为政者，看人设教，看人设教，制法之谓也"，在帝王主持下根据实际情况制定律令。"法轨既定则行之，行之信如四时，执之坚如金石。群吏岂得在成制之内，复称随时之宜，傍引看人设教，以乱政典哉！"[②] 所以说"天下万事"、"不得出以意妄议，其余皆以律令从事"。要坚持司法独立的原则，帝王不可依据个人意志随意干涉司法。刘颂指出："今限法曹郎令史，意有不同为驳，唯得论释法律，

① （唐）房玄龄：《晋书》，中华书局1999年版，第603页。

② （唐）房玄龄：《晋书》，中华书局1999年版，第609页。

以正所断，不得援求诸外，论随时之宜，以明法官守局之分。”[①]法官坚守法律，从而保证司法公正，与汉代杜周所谓法律“前主所是著为律，后主所是疏为令”相比具有重大进步。以刑名、法例辨罪，有利于专业法学的研究，例如：辩囚律为告劾、系讯、断狱等，告劾律涉及告诉制度，即刑事诉讼法的内容；系讯，系即逮捕，就是看守所的收押制度，属于看守所相关法律之规定；讯，就是审判，与断狱分列，即秦法的治狱、讯狱。晋律中的系讯即一审，而断狱则指上诉、复狱、司法检察，属司法审判检察系统。

总之，晋代在司法体制上从理论层面划分了不同的法律职责范围，依照刑名、法律注释，具有针对性，明确了依法执法的指导思想，坚持“诚以法与时共，义不可二”的原则。[②]提倡独立审判，坚定依法执法，律无文不为罪，不能不说晋代法律取得了显著进步。

第三节　宋齐梁陈时期看守所的特点

一、封建割据时代的看守所

《资治通鉴》记载：宋武帝大明三年沈怀文为侍中，扬州五郡所属郡县之看守所。“时囚系甚多，动经年月，沈怀文到任，讯五郡九百三十六狱。”[③]会稽郡当时改属东扬州，领郡会稽、东阳、临海、永嘉、新安五郡。其时（公元464年）宋境内凡有州二十二，郡二百七十四，县千二百九十九，户九十四万有奇。[④]仅会稽即东扬州郡所属之看守所拘押的未决囚犯有一千多人，事实上，当时的州郡县所辖地面界属比较小，郡的辖区约等于原来的县。沈怀文所判936狱。狱，是指狱讼，即刑狱，即

① （唐）房玄龄：《晋书》，中华书局1999年版，第610页。
② （唐）房玄龄：《晋书》，中华书局1999年版，第611页。
③ 沈约：《宋书·沈怀文传》，中华书局1999年版，第1395页。
④ （宋）司马光：《资治通鉴》，中华书局1986年版，第4070页。

936件刑事案件，并非看守所或者监狱的数目。因为看守所的设置，当时是以县级行政单位作为初级拘捕、审判单位，县级配置专管司法、治安、狱政的贼捕椽、贼曹椽、狱小吏等直接管理县看守所。刘宋继东晋之后，沿用晋法，《晋书·职官志》记载："县，户从不满三百到三千不等。"[①]宋建康置狱丞，其他郡县置守、令及丞，尉，主簿，祭酒，从事，曹椽主管看守所狱政。州郡县的行政长官同时也是该地区的司法长官。

《太平御览》引《梁书》曰："梁代旧律则囚之法曰：日一上起自晡鼓，尽于二更，及比部郎范泉删定律令，以旧法测立持久，非人所堪，分其刻数，曰再上。廷尉以为新制过轻，请集八座议之，尚书周宏正议曰：凡小大之狱，必应以情，可恣考掠以判刑罪，且测人时节本非古制，近代已来方有此法，起自晡鼓，迄于二更，岂是常人所能堪忍，所以重械之下，诬枉者多，朝晚二时同等刻进退而求于事为衷。"[②]

从以上记载我们分析，当时对于看守所的刑讯制度十分重视，帝王与大臣们认真进行讨论。但是，其结果并没有达到防止看守所狱囚被"枉诬者多"的目的。所以当时的看守所，从其实施的实际执法方式、执法思想分析，皆没有办法保障其司法公正的基本功能。

二、行政区划缩小，看守所数量增多

《南齐书·孔稚珪传》记载："今府州郡县千有余狱，如令一狱岁枉一人，则一年之中，枉死千余矣。"[③]这里所涉及的狱就是具有审前羁押功能之狱，即看守所。

从相关记载我们可以得出以下结论。

第一，当时南齐具有府、州、郡、县之行政区划千有余。

第二，与之相对应的是南齐具有府州郡县所属之狱，即看守所千有余所。这说明各个府州郡县皆设有看守所，如令一狱（一座看守所），岁（一年）冤枉一个人，一年之中就有一千多人被冤死。这里的一狱就是一

① （唐）房玄龄：《晋书》，中华书局1999年版，第482页。

② （宋）李昉等：《太平御览》卷六百四，中华书局1998年版，第2905页。

③ （梁）萧子显：《南齐书》，中华书局1999年版，第567页。

座看守所而非一个案例。

第三，历代重儒卑法，习法者“世议所轻”。儒生一旦从事司法、刑狱工作，“终为闾伍所蚩”。结果是“则法书（法令典籍）徒明于帙里，冤魂犹结于狱中。”

南北朝时期郡县区域较小，官吏设置增多，看守所数量因之增多，《资治通鉴》记载：“是岁（梁武帝天监十年）梁之境内有州二十三，郡三百五十，县千二十二。是后州名浸多，废置离合，不可胜记，魏朝亦然”。南齐与梁代府州郡县基本一致，《南齐书·州郡志》记载南齐时期，有弘农郡、怀化郡等“凡四十五郡荒或无民户”。可见当时战乱，人口严重减少。①

三、儒、释思想对看守所制度的影响

《梁书·王志传》记载：王志以吏部侍郎，出为宁朔将军、东阳太守。郡狱（即东阳府看守所）有重囚十余人，冬至日悉遣还家，过节皆反，唯一人失期，狱司以为言。志曰：“此自太守事，主者勿忧。”明旦，果自诣狱，辞以妇孕，吏民益叹服之。② 在东阳府看守所，太守王志于冬至日给囚犯放假探家，以宣扬仁政。

南朝这样的记载颇多，这是一种儒家治国的仁政宽爱倾向，尤其两晋以来，突出了儒家思想的德治理念。另外，佛教的传播对社会发展也产生了一定影响，虽然不少人反对佛教，但是，由于南北朝时期，宋、齐、梁、陈、北魏等朝廷皆佞佛，所以当时佛教也在不同程度上，与儒家思想相结合，对其执政思想产生一定影响。宣传仁慈、含忍，提倡忠孝节义、生死轮回的思想观念，成为社会上层的一种时尚追求。地方官吏推举孝廉，方面大员引荐社会上具有儒家忠孝节义行为的名士，或者经学名流入仕，成为官吏的重要来源。儒家与释家（佛教）互利对看守所狱政的意义，即由这些影响决定。儒家的法制理论，是严格遵守礼仪等级制度原则

① （宋）司马光：《资治通鉴》卷一百四十七，中华书局 1986 年版，第 4601 页。
② （唐）姚思廉：《梁书》，中华书局 1999 年版，第 218 页。

下的法律规范。从汉代开始，就已经确立了“天人合一”的儒家法制原则，在这一儒家礼仪等级思想的基础上，佛教主张忍受现实，祈求来世。虽然力求法律公正，却寄希望于轮回报应。

四、赦令与看守所基本功能的丧失

随着社会的发展，古代的法律也与时俱进。从相关史实分析，历代的法律皆有其一定的进步意义，之所以法律难以达到社会期望的公正，其因素是复杂的。从秦汉到南北朝，大多数人认同的道理是法律不能自行，需要人来执法，所以法律的公正与否，主要在人，即执法者的主观因素与客观的监督制度，这体现在看守所的实际功能状态。这一看似简单的问题，历经千年却没有解决。所以历代帝王认为，既能对抗枉法不公，又可以显示仁慈德政的轻松方式，就是利用手中的权力，发布赦令，使法外权力成为具有特殊法律效应的社会行为，即赦令能够取代特定时段内的法律效果。在宣扬仁慈、灾异示警的同时，结合权力者的意志，发布不同规模、不同内容，或者专对某人、某事、某案、某地、某刑种、某一特殊人群等不同宽宥内容的赦、免、减、降罪行的命令。以体现统治者的仁爱与宽容。

赦令常见两种，即大赦与曲赦。所谓大赦、曲赦主要针对看守所的在押犯、未决犯，也包括已决犯。古代习惯上称“系囚”，或“囚”。已决犯称徒，即囚徒。对于犯罪者的统称，需要看具体情节，才能判断其已决或者未决。大赦、曲赦皆属于地区范围概念，全国性为大赦性质，区域性多称曲赦。发布赦令与季节看似没有直接关系，大多属于偶然性，事实上却存在必然的联系。从基本事实可以看出，无论赦令属于偶然性还是规律性，皆可能产生对于所发布季节的直接影响，从而也影响到看守所的功能。

大赦，即全国范围的看守所羁押之囚犯，已决、未决尽皆释放免罪。而已决犯，经过复审或者申诉，大多数是在秋冬季才能终审判决或者执行。所以在秋冬之前大赦，主要是对当时的看守所产生重要影响。这是因为，各级看守所羁押之囚犯，一般不是立即审判、立即执行，从汉代以来基本上遵守《礼记·月令》之规定，孟春即正月不准审判。仲春二月，命有司省囹圄，去桎梏，毋肆掠，止狱讼。三月也非审判季节。孟夏即四月，断薄刑，决小罪，出轻系。仲夏五月，人们应该节嗜欲，定心气，百官静事毋刑。所以五月是不能动用刑罚的，季夏六月雨水多、利于生长的季节，也不宜用刑。六月与七月之交，属中央土，乃一年之中央，不宜审判。秋七月为孟秋，是月立秋，天子亲率三公九卿诸侯大夫迎秋于西郊。本月“简廉俊杰，专任有功，以征不义，诘诛暴慢，以明好恶。命有司修法制，缮囹圄，具桎梏，禁止奸，慎罪邪，务搏执。命理瞻伤，察创，视折，审断，决狱讼必端平，戮有罪，严断刑”。这是对看守所羁押制度的具体规定，七月看守所的官员必须首先修习、研究法律、法令的相关文件，修缮囹圄的所有设备。还要命令审判案件的官员到看守所中视察那些受刑后轻伤的，受重创的，骨折的，骨肉断绝的囚犯。由此可见在七月份之前逮捕收押的囚犯，已经进行过残酷的刑讯，否则就没有到狱中视察囚犯伤情的规定。命理，即命令理官（法官即审判官）去察看受刑犯人的伤情，同时指出“决狱讼必端平”，这就是审判纪律，严厉而正确的惩处犯罪。执法必须严格，不可以宽纵罪犯。仲秋八月，乃命有司申严百刑，斩杀必当，毋或枉桡；枉桡不当，反受其殃。司法官员必须重申严格执行各种刑法规定，斩杀必须准确无误，不要有枉法错判的情况，如果出现宽严失当、枉法错判，司法官员就要受到相应的严厉惩罚。季秋之月即九月，“乃趣狱刑，毋留有罪”①，“仲冬之月筑囹圄”。② 这是对看守所羁押制度之特殊规定，督促司法官员立即行刑，不准已决有罪案犯滞留在看守所内。所以在秋季之前发布赦令，对于看守所的执法影响是很大的。

历代大赦、曲赦，其赦令发布时间不定。但是，频繁发布赦令，必然干扰看守所正常执法。一般情况下死刑的执行多在立春之前，已决的徒刑、流徙刑、作刑大多在判决后即遣送，冬至之前被遣送而离开看守所。通过以上对历代看守所的实际考察，一年四季看守所里皆有不少被羁押的囚犯。孟冬十月天子于立冬之日迎冬于北郊，也可能发布赦令。不过冬季

① 王文锦译注：《礼记》，中华书局2005年版，第225页。
② 王文锦译注：《礼记》，中华书局2005年版，第232页。

三个月，要保持安定，如果有抢夺发生，一定严惩不贷。①

从季节的时段分析，看守所执法功能必然受到严重影响，实际上大赦与曲赦频繁发布，与看守所的羁押及其审判功能相抵牾。

赦令也有专门涉及已决犯的，有的专门赦徙边者、被没入官府为奴者为平民。“有降囚徒”，就是减少囚徒的刑期或者降低其处刑等级。“录囚徒”，针对的是看守所的冤假错案，不完全属于赦宥。所有看守所的在押犯，皆有机会被检录，即对该案件进行复查及平反。

南朝诸代帝王重视看守所的羁押与执法制度，尤其期望实现执法公正。在重视看守所制度建设和积极进行法律改革的同时，又大力采取赦罪的方式。无论出于什么样的目的，这种以行政权力干预正常执法，虽然能够解决冤假错案的危害，所导致的后果并非执法公正，恰恰相反，频繁大赦、曲赦、缓刑、宥罪等行政行为，造成甚为严重的危害结果。

1. 大范围赦令的发布，直接把没有经过判决、服罪过程的罪犯赦免而释放。他们从看守所直接大量流入社会，导致社会不安定因素增加，使犯罪率快速升高。

2. 南北朝时期，大赦频度约在10—14个月之间，而且在大赦之后的数月之中，帝王依旧可以在行幸某郡县看守所录囚徒时实施“原放囚徒、宥系囚”。如宋大明四年四月大赦，同年“十二月辛丑，幸廷尉寺（看守所）宥系囚。丁未，幸建康县，原放狱囚。”②这导致真正的罪犯不受法律的惩罚。大赦或者遣放囚徒、系囚之后，各地看守所很快开始重新收押人犯，以致再次赦宥那些没有经过审判、判决的系囚。可见当时的犯罪率之高，或者说当时的法制是何等严苛混乱，即一方面极力逮捕，另一方面不加审理就给以释放，无法厘清刑罪，刑法失去意义。

3. 大赦、曲赦、原放、原遣、宥放等，皆是消除被囚者的监禁或者对已经被判处刑罚的解除，即罪、刑的全部消失。这是对国家法律的强制性解除，即以国家行政权力取代国家司法权力，同时在特定时期、特定事务中消灭了司法、执法的基本功能及其效果，其实质就是刑、罪的法律形式

---

① 王文锦译注：《礼记》，中华书局2005年版，第225页。

② （唐）李延寿：《南史》，中华书局1999年版，第40页。

的消灭，罪恶行为的存在失去了法律规范的制裁。

4.《吕刑》规定，疑罪从赦，《尚书》曰："与其杀不辜，宁失不经。"皆是担心贤人无罪被刑，目的是保护善良的百姓。大赦则是宽宥罪恶的人，客观上伤害了善良的人，所以这并不符合儒家的学术思想。

5. 频繁发布赦令，降低、甚至完全取消了犯罪成本，事实上是鼓励犯罪，尤其为有计划的实施犯罪创造条件。大赦时间，从根本上闭锁法律的正常功能，从而实施犯罪，能够顺利实现犯罪目的，使受害者冤沉海底，无处申诉，使法律制度陷入无用与无奈之境。

6. 历代大赦、曲赦、宽宥等，直接原因大多是星象异常、日食、雷电、洪涝旱蝗灾害、地震、气象灾异、火灾、流疫、疾病及其皇族成员的婚丧嫁娶、身体因素、帝王改元、立太子、太子冠等非法律因素，主要是受董仲舒的灾异应变理论的影响，皆非社会行为的正义之举，与法律精神相悖。

7. 频繁赦宥的直接结果是，导致法律维护社会正义的基本功能丧失，造成民众对法律失去信仰。

8. 看守所是承受赦令的主要机构，赦宥以及朝廷、甚至方面大员随意释放系囚、囚徒，导致主管看守所的执法、审判、狱政诸多司法官吏的正常执法程序混乱，对社会犯罪行为丧失正常执法能力，其执法责任与积极性受到挫折与打击，使其丧失公正、公平执法的信心，严重破坏了国家司法秩序与执法环境。

9. 帝王大赦属于人治社会权力独裁的体现，帝王以宽宥犯罪行为表示仁慈，对罪恶的宽恕，结果犯罪者受到庇护，受害者冤苦莫申，以致强陵弱、众暴寡，这是对庶民百姓、弱势群体的残忍。

10. 无故赦宥真正的罪犯、释放没有进行审判、惩处或者已经判决而未经服刑的罪犯，有可能导致执法官吏直接与凶恶的犯罪分子出现相对立而无可奈何的局面，使维护社会治安之正常执法功能消退。

第四节　北魏看守所

一、北魏看守所设置

“魏初，礼俗纯朴，刑禁疏简。宣帝南迁，复置四部大人坐王庭，无囹圄拷讯之法，诸犯罪者，皆临时决遣。当死者，听其家献金马以赎；犯大逆者亲族男女无少长皆斩；男女不以礼交皆死；民相杀者，听与死家马牛四十九头，及送葬器物以平之；无系讯连逮之坐；盗官物，一备五，私则备十。”①

北魏初期不需要看守所之设置。经历太祖、太宗、世祖之后，尤其文帝迁都洛阳，法制逐渐与中原地区一致。

《魏书·官氏志》记载：“廷尉，设廷尉卿、少卿各一人，司直十人。”廷尉设狱，即廷尉看守所。廷尉为最高审判机构，但是没有死刑核准权，死刑、流徙甚至长期年刑（三年以上）皆需要经过皇帝亲决。

州府县。沿袭中原官制，分别设置州刺史、郡（府）置太守，设列曹参军，其中刑狱参军主刑狱，州府皆设看守所，由狱丞管理。县设令、丞，县看守所，由狱椽管理。②

《魏书·辛祥传》记载：并州刺史新丧，（辛祥）敕行州事，有白壁还兵药道显被诬为贼，官属推处，咸以为然。祥曰：“道显面有悲色，察狱以色，岂此之谓乎？”苦执申之，月余，别获真贼。③从并州看守所审理的案件可以看出，这是对儒家“五听”审判的肯定，可见北魏看守所沿用儒家的执法指导思想。

---

① （北齐）魏收：《魏书》，中华书局1999年版，第1920页。
② （北齐）魏收：《魏书》，中华书局1999年版，第1998页。
③ （北齐）魏收：《魏书》，中华书局1999年版，第692页。

二、北魏看守所与《狱官令》

从《魏书·刑罚志》首次发现了《狱官令》的记载：永平元年秋七月，诏尚书检枷杖大小违制之由，科其罪失。尚书高肇等奏曰："臣闻王者继天子物，为民父母，导之以德化，齐之以刑法。小大必以情，哀矜而勿喜，务以三讯五听，不以木石定狱。伏惟陛下子爱苍生，恩侔天地，疏罔改祝，仁过商后。以枷杖之非度，愍民之或伤，爰降慈旨，广垂昭恤。虽有虞慎狱之深，汉文恻隐之至，亦未可共日而言矣。仅案狱官令：诸察狱，先备五听之理，尽求情之意，又验诸证信，事多疑似，犹不首实者，然后加以拷掠；诸犯年刑以上枷锁，流徙以上，增以杻械。迭用不俱。非大逆外叛之罪，皆不大枷、高杻、重械，又无用石之文。而法官州郡，因缘增加，遂为恒法。进乖五听，退违令文，诚宜案劾，依旨科处，但踵行已久，计不推坐。检杖之小大，鞭之长短，令有定式，但枷之轻重，先无成制。臣等参量，造大枷长一丈三尺，喉下长一丈，通颊木各方五寸，以拟大逆外叛；杻械以掌流刑以上。诸台、寺、州、郡大枷，请悉焚之。枷本掌囚，非拷讯所用。从今断狱，皆依令尽听讯之理，量人强弱，加之拷掠。不听非法拷人，兼以拷石。"自是枷杖之制颇有定准。未几，狱官肆虐，稍复重大。①

北魏看守所里的械具使用，虽然规定十分严格，而且出现了《狱官令》，对未决犯不准使用枷杻等严酷的械具，尤其刑讯，不得使用枷杻、重械，禁止非法拷掠，而且规定了"棰令"，甚至提出审判的基本原则是"尽求情之意，验诸征信"。事实上《狱官令》的制定，虽然不能切实实施，但是对看守所的执法方式改进具有一定意义，对"狱官肆虐"毕竟有所限制。只是缺乏有效监督机制，不能保证《狱官令》的实际执行。《狱官令》对后世影响颇大，《唐律疏议》多所引用，从其内容看，涉及看守所羁押、审判与检察等相关制度，《狱官令》完整内容已不可见。

① （北齐）魏收：《魏书》，中华书局1999年版，第1924页。

三、北魏看守所与谳狱

北魏重视鞫狱以及看守所羁押、审判、检察制度改革，永平元年下诏："察狱以情，审之五听，枷杖小大，各宜定准，然比廷尉、司州、河南、洛阳、河阴及诸狱官（即其所属看守所），鞫讯之理，未尽矜恕，掠拷之苦每多切酷，非所以祇宪量衷，慎刑重命者也。推滥究枉，良轸于怀，可付尚书精检枷杖违制之由，断罪闻奏。"①北魏反对刑讯，力求改革审判方式，对于看守所羁押制度的完善具有一定作用。但是没有有效的司法监督机制，"推滥究枉"难以实现。

延昌三年，尚书李平奏："冀州阜城民费羊皮母亡，家贫无以葬，卖七岁子与同城人张回为婢。回转卖于鄃县民梁定之，而不言良状。案盗律'掠人、掠卖人、和卖人者，死。'回故买羊皮女，谋以转卖。以律处绞刑。"该案属于冀州阜城看守所典型的谳狱案例，此案涉及鄃县看守所押犯梁定之等人。

诏曰："律称和卖人者，谓两人诈取他财。今羊皮卖女，告回称良，张回利贱，知良公卖。诚与律俱乖，而两各非诈。此女虽父卖为婢，体本是良。回转卖之日，应有迟疑，而决从真卖。于情不可。更推例以为永式。"该案例表明该案发地在鄃县，应该是鄃县看守所逮捕收押张回、梁定之，而牵出费羊皮，原始发案地为冀州阜城，所以涉案人犯由冀州阜城看守所羁押、审判、申报。

廷尉少卿杨钧议曰："馑详盗律'掠人、略卖人为奴婢者，皆死。'别条：'卖子孙者，一岁刑。'卖良是一，而刑死悬殊者，由缘情制罚，则制罪有差。又详'群盗强盗，首从皆同'和掠之罪，故应不异。及'知人掠盗之物，而故买者，以随从论。'然五服相卖，皆有明条，买者之罪，律所不载、窃谓同凡从法，其缘服相减者，宜有差，买者之罪，不得过于卖者之咎也。但羊皮卖女为婢，不言追赎，张回真买，谓同家财，至于转鬻之日，不复疑虑。缘其买之于父女，便卖之于他人，准其和掠，此有因缘之类也。又详恐吓条注：'尊长与之已决，恐吓幼贱求之。'然恐吓体

① （北齐）魏收：《魏书》，中华书局1999年版，第138页。

同，而不受恐吓之罪者，以尊长与之已决故也。而张回本买婢于羊皮，乃真卖于定之。准此条例，得先有由；推之因缘，理颇相类。即状准条，处流为允。”三公郎崔鸿议：“案律‘卖子有一岁刑；卖五服内亲属，在尊长者死，期亲及妾与子妇流。’唯买者无罪文。然卖者既已有罪，买者不得不坐。但卖者以天性难夺，支属易遗，尊卑不同，故罪有异。买者知良故买，又与彼无亲，若买同卖者，即理不可。何者？‘卖五服内亲属，在尊长者死’此亦非掠，从其真买，暨于致罪，刑死大殊。明知买者之坐，自应一例，不得全如钧议，云买者之罪，不过卖者之咎也。且买者于彼无天性支属之义，何故得有差等之理？又案别条：‘知人掠盗之物而故买者，以随从论。’依次律文，知人掠良，从其宜买，罪至于流。然其亲属相卖，坐殊凡掠。至于买者，亦宜不等。若处同流坐，于法为深。准律斟降，合刑五岁。至如买者，知是良人，决便真卖，不语前人得之由绪。前人谓真奴婢，更或转卖，因此流漂，罔知所在，家人追赎，求访无处，永沉贱隶，无复良期，案其罪状，与掠无异。且法严而奸易息，政宽而民多犯，水火之喻，先典明文。今谓买人亲属而复决卖，不告前人良状由绪，处同掠罪。”太保、高阳王雍议曰：“州处张回，专引盗律，检回所犯，本非和掠，保证明然，去盗远矣。今引以盗律之条，处以和掠之罪，原情究律，实为乖当。如臣均之议，知买掠良人者，本无罪文。何以言之？‘群盗强盗，无首从皆同’和掠之罪，故应补异。明此自无正条，引类以决罪。臣鸿以转卖流漂，罪与掠等，可谓‘罪人斯得’。案贼律云：‘谋杀人而发觉者，流，从者五岁刑；已伤及杀而还苏者死，从者流；已杀者斩，从而加工者死，不加者流。’详沉贱之与身死，漂流之与腐骨，一存一亡，为害庶甚？然贼律杀人，有首从之科，盗人卖买，无唱和差等。谋杀之与和掠，同是良人，应为准例。所以不引杀人减之，降从强盗之一科。纵令谋杀之与强盗，具得为例，而似从轻。其义安在？又云：‘知人掠盗之物而故买者，以随从论。’此明禁暴掠之原，遏奸盗之本，非谓市之于亲尊之手，而同之于盗掠之刑。窃谓五服相卖，俱是良人，所以容有差等之罪者，明去掠盗理远，故才亲疏为差级，尊卑为轻重。依律：‘诸共犯罪，皆以发意谓首。’明卖买之元有由，魁末之坐宜定。若羊皮不云卖，则回无买心，则羊皮为元首张回为从坐。首有沾刑之科，从有极默之戾，推之宪律，法刑无据。买者之罪，宜各从卖者之坐。又详臣鸿之议，有从他亲属买得良人，而复真卖，不语后人由状者，处同掠罪。既已为婢，卖与不卖，俱非良人，何必以不卖为可原，转卖为难恕。张回之愆，宜鞭一百。卖子葬亲，孝诚可美，而表赏之议未闻，刑罚之科以降。恐非敦风厉俗，以德导民之谓。请免羊皮之罪，公酬卖值。”

诏曰：“羊皮卖子葬母，孝诚可嘉，便可特原，张回虽买之于父，不应转卖，可刑五岁。”①

从以上案例内容我们可以看出，此案例的实际意义在于，看似案情简单却涉及北魏的法律制度及其看守所羁押与审判制度，尤其对于刑法的适用原则表述十分明确，对研究北魏看守所鞫狱制度的实际功能状态、执法倾向和司法程序具有切实意义。北魏与两晋以来的刑法制度内容相近，由于不同的执法指导思想，同一案例，经过不同地方看守所羁押、审判，不能定案。最终谳狱时朝廷司法官吏，又具有完全不同的判决结果。

1. 适用法律，“和卖服亲”的法律规定，“卖子有一岁刑；卖五服内亲属，在尊长者死，期亲及妾与子妇流。”

2.《盗律》规定：“掠人、掠卖人、和卖人为奴婢者，死。”掠卖，为强制、抢夺、盗取、胁迫。和卖，欺骗、欺诈、拐骗、诱骗等等“律称和卖人者，谓两人诈取钱财。”“卖子孙者，一岁刑。”“群盗强盗，首从皆同。”“知人掠盗之物而故买者，以随从论。”

3.《贼律》规定：“谋杀人而发觉者，流，从者五岁刑；已伤及杀而还苏者死，从者流；已杀者斩，从而加工者死，不加者流。”

4. 案发地在冀州阜城与鄃县看守所，其一审、二审，即州县皆不能定案，其原因就在于所适用的法律具有不确定性。

因此，同一案例（以张回为主犯），由于执法思想不同，适用法律不同，分别得出的结果是：州县，谳狱未决。尚书，以律处绞刑，更推例以为永式。廷尉（少卿，即廷尉付），即状准条，处流为允。三公郎（三公尚书之付，专司法律、刑狱），不告前人良状由绪，处同掠罪（死刑）。太保（三师上公之一、朝廷一品）宜鞭一百。诏旨，不应转卖，可

① （北齐）魏收：《魏书》，中华书局1999年版，第1927页。

刑五岁。

这是我国最早的关于买卖人口的判例，对于研究古代买卖人口罪的看守所羁押与量刑有一定意义。这证明北魏对于以盈利为目的的掠卖、和卖为奴婢的行为坚决打击，不问首从，一律死刑。而对于亲属（限于五服之内者）视不同情况分别处一岁刑、五岁刑、流刑、死刑之刑罚。充分体现了当时法律对于人权的重视。同时从此案例可以发现，当时的州县看守所的基本执法情况，案发地在鄃县与阜城看守所羁押，复案在冀州看守所羁押，谳狱虽非八坐，却是由令、尚书以及门下等高级官员组成并由皇帝亲决。依照死刑案的批报程序，尤其此案中张回的口供，具有判决的主要作用，可以了解逐级看守所对于相关案犯羁押、审判的执法过程，对于探索北魏的看守所与司法制度具有实际意义。

同时，北魏时期废除了肉刑。最早免除宫刑的是西魏文帝大统十三年，诏自今应宫刑者直没官，勿刑，亡奴婢应黥者，止科亡罪。① 大统十三年在齐天统五年之前二十余年，其免宫刑者，只有西魏。天统诏免宫刑，于是北朝后无宫刑，而南朝依然存在宫刑，隋承北齐、北周之后，开皇律无宫刑，至灭南陈后，全部去除宫刑。至此，肉刑基本消除，只有刺字之法律规定仍存。

在北周还废除连坐奴隶。北周建德六年二月诏，奴婢“不问官私，并宜放免。”八月诏曰：“以刑止刑，世轻世重。罪不及嗣，皆有定科。杂役之徒，独异常宪，一从罪配，百世不免。罚既无穷，刑何以措。道由沿革，宜从宽典。凡诸杂户，悉放为民。配杂之科，因之永削。”② 连坐罪导致的犯罪者亲属没官为奴，或者坐罪徙边，由此产生大量奴婢甚至世代不能更改其奴婢身份，至此全部解放，对于发展农业、促进社会进步具有实际意义。

---

① （唐）李延寿：《北史》，中华书局 1999 年版，第 117 页。

② （唐）令狐德棻：《周书》，中华书局 1999 年版，第 70 页。

第四章　隋唐五代时期的看守所

第一节　隋代看守所

公元581年隋文帝杨坚受北周禅，618年隋恭帝杨侑禅位于唐，前后37年。隋代看守所及法律制度，是在总结南北朝诸代法律不断改革的基础上建立起来的。

一、隋代看守所的设置

（一）京兆狱

隋代在京都设京兆狱，即京兆看守所，狱椽直接掌管京兆狱，京兆尹为主管。

其机构主要设置，根据《隋书·百官志》记载："置京兆郡，置尹，丞正，功曹，主簿，金、户、兵、法、士等曹佐吏员并佐史，合计贰佰肆拾肆人。"①

（二）大理寺狱

大理寺看守所由狱椽管理，大理卿主管。

其机构的主要设置，根据《隋书·百官志》记载："大理寺，即原来

① （唐）魏征：《隋书》，中华书局1999年版，第531页。

之廷尉，梁、周改大理寺，隋沿袭周制。置卿、少卿各一人，又有正、监、评各一人，司直十人，律博士八人，明法二十人，狱椽八人。”①

大理寺狱直接由大理卿统辖，少卿为副职，大理寺是国家最高司法机关。“掌决正刑狱”，说明大理寺具有派出使者巡察、指导全国诸州县看守所执法的权力，包括刑罪性质、犯罪人数、审判进度、有无病瘐、冤狱、执法状况等。后成立刑部，由刑部尚书主管，代替了大理寺的职责，收押朝廷交办涉案人员以及全国各地申诉、复审、会审囚犯。大业二年春正月，东京成，以大理卿梁毗为刑部尚书。丁卯，遣十使并省（巡察监督）州县看守所。隋代是最早设置刑部并置刑部尚书的朝代。

《隋书·杨汪传》记载：“隋炀帝即位，杨汪守大理卿。汪视事二日，帝将亲省囚徒。其时囚徒二百余人，汪通宵究审，诘朝而奏，曲尽事情，一无遗误，帝甚嘉之。”②大理寺看守所拘押囚犯甚多，杨汪一夜之间审判完毕，还能受到奖励，其事足称荒唐，何况杨汪仅是守大理卿，即为大理卿直接负责的下级官员，一般为大理正、监、评等代行大理卿职权者为守大理卿。由此证明大理寺看守所羁押审判的程序、审判方式、审判制度等存在严重问题，至少能够看出审判责任的缺失。大理寺是国家最高司法机构，押犯多为重刑，二百多名囚徒，一名审判官“通宵究审，诘朝而奏，曲尽事情，一无遗误”，无论如何是不可能做到的。通宵按十二小时即720分钟计算，审判二百人，人均不足4分钟，即使审阅案卷也不可能，所以对于古代历史文献的采信，也不可一概而论。

（三）刑部狱

隋置都官尚书后改三公、刑部尚书，掌五时读时令，诸曹囚帐，断罪。赦日建金鸡等事，主管刑部看守所。③

《裴政传》记载：授刑部下大夫，转少司宪。政明习故事，薄案盈几，剖决如流，又参定周律。用法宽平，无有冤滥。囚徒犯极刑者，乃许其妻

① （唐）魏征：《隋书》，中华书局1999年版，第527页。

② （唐）魏征：《隋书》，中华书局1999年版，第932页。

③ （唐）魏征：《隋书》，中华书局1999年版，第512页。

子入狱就之，至冬，将行决，皆曰："裴大夫致我于死，死无所恨。"说明裴政主管刑部看守所时执法公正，这里依旧宣扬儒家仁德思想，以私恩允许死刑遗留后代。

裴政后为襄州总管，"民有犯罪者，或再三犯，亲案其罪，（数年）五人处死，流徙者众。合境荒慑，令行禁止，而后不修囹圄，殆无争讼。"①囹圄是指襄州看守所，狱中空虚，所以不需要修理。说明裴政执法之清明。

（四）州郡狱

隋代各州郡县皆设置看守所，羁押犯罪嫌疑人。

其机构的主要设置是：州刺史，置府。属官有长史，司马，录事，功曹、仓曹、中兵、参军事及椽史，主簿及椽，记室椽史，外兵、骑兵、长流、城局、刑狱等参军事及椽史，参军事及法、墨、田、铠、集、士等曹行参军及椽史等。州约合 393 人，郡约 212 人，县属官佐约 54 人。②

州郡设有刑狱参军主管刑狱，县有狱椽等。逐级所设看守所由该级行政长官主管，其具有本地区最高执法权。从以上编制人数分析，县属官佐 54 人，其分工已经相当详细。

（五）潭州狱

在潭州设潭州狱，即潭州看守所，潭州狱系囚属于未决犯，具有审前羁押的功能，潭州地处偏远，说明隋代在边远州县也同样设置看守所。

《权武传》记载："（权武）为检校潭州总管，后武晚生一子，与亲客宴集，酒酣，遂擅赦所部内狱囚（潭州看守所系囚）。武常以南越边远，治从其俗，务使便宜，不依律令，而每言当今法急，官不可为。上令有司案其事，皆验。上大怒，命斩之。武于狱中上书，言其父为武元皇帝战死于马前，以此求哀。由是除名为民。后恢复。"③

---

① （唐）魏征：《隋书》，中华书局 1999 年版，第 1041 页。
② （唐）魏征：《隋书》，中华书局 1999 年版，第 516 页。
③ （唐）魏征：《隋书》，中华书局 1999 年版，第 1032 页。

（六）卫县狱

《郎茂传》记载："其父曾任齐颍川太守，郎茂幼年习诗书三礼、玄象、刑名之学。授卫州司录，有能名，后除卫国令，时有系囚二百（卫县看守所系囚），茂亲自究审数日释免者百余人。历年讼不诣省。"[①] 卫国令即卫县令，北周宣政元年建卫州，隋代改县，即今河南淇县，设看守所，谓卫县狱。

《张虔威传》记载：开皇初，晋王广出镇并州，以虔威为刑狱参军。"以本官摄江都赞治，称为干理"，即主管并州及其所辖八县看守所之司法、刑狱，法曹主州县看守所之司法、审判。[②]

隋代州郡刑狱参军、法曹参军皆为主管看守所刑事羁押、审判、检察的执法官。

从以上记载可以看出，在隋代从中央到地方逐级设置看守所，其基本体制与前代相差不大。

二、隋代看守所与大赦

隋文帝杨坚受禅改元开皇元年二月入宫主政，大赦天下。

据《隋书·文帝纪》统计，其在位 23 年，大赦（全国中央、州郡县看守所之未决犯）、曲赦（该州郡县地区所有看守所内系囚即未决犯） 16 次，降囚徒（降囚徒年限、处刑等级） 4 次，亲录囚徒 7 次，即亲自到看守所审判未决犯，或者复案已经由司法机关初审而尚未终审执行的囚犯，实施宽宥。如开皇二年五月"上亲录囚徒。"十一月名新都曰大兴城，"丁亥，亲录囚徒。"三年六月，赦黄龙（地名）死罪以下。九月，癸丑，大赦天下。四年六月，降囚徒。九月，己巳上亲录囚徒。五年十二月丁未，降囚徒。六年二月大赦天下。七年十月行幸同州，降囚徒。（即在同州看守所亲自减降、释放囚徒。）八年，曲赦陈国，即只赦陈国看守所系囚。九年四月，辛亥，大赦天下。仁寿二年曲赦益州管内。[③] 即赦免益州，包

① （唐）魏征：《隋书》，中华书局 1999 年版，第 1044 页。
② （唐）魏征：《隋书》，中华书局 1999 年版，第 1047 页。
③ （唐）魏征：《隋书》，中华书局 1999 年版，第 33 页。

括辖区七县及其郡直属与所有县属看守所的囚徒。

无论大赦或者曲赦，没有特别注明已决囚徒、刑徒等，同时也针对各级看守所的系囚，即未决犯。

三、隋代看守所的相关法律规定

《资治通鉴》记载："公元581年（隋开皇元年），少内史崔仲方劝隋主除周六官，依汉魏之旧从之"。隋初沿袭北周司法体制，至统一南北之后，改革并统一法制。

《资治通鉴》记载，隋初，隋文帝命高颎、裴政等十余人修订法律，其与看守所相关的法律规定主要包括以下内容。①

（一）废除前世枭及鞭法

梁制鞭法：制鞭、法鞭、常鞭，凡三等之差。有生革熟革之别，皆作鹤头。纽长一尺二寸，稍长二尺七寸，广三寸，把长二尺五寸。作为看守所羁押、审判设置的主要刑具。

（二）自非谋叛以上无收族之罪

始制死刑二：绞，斩。

（三）制流刑三，自二千里至三千里

《隋书·刑法志》记载，流刑三：千里，千五百里，二千里，应配者，一千里，居作二年；一千五百里，居作二年半；二千里，居作三年。应住居作者，三流俱役三年，近流加杖一百，一等加三十。此云，自二千里至三千里，不同，隋代开始对流刑加杖。

（四）制徒刑五

自一年至三年：徒刑有一年，一年半，二年，二年半，三年。

① （宋）司马光：《资治通鉴》，中华书局1986年版，第5444页。

（五）制杖刑五

制杖刑自六十至一百。

（六）制笞刑五

制笞刑自十至五十。

（七）制议、请、减、赎、官当，以优士大夫

议，即周礼八议之法（议亲、故、贤、能、功、贵、勤、宾。）

请，请者，即在八议之科则请之。

减，官品第七品以上，犯罪皆例减一等，其品第九以上，犯者听赎。

应赎者，皆以铜代绢。赎铜一斤为负（一负，为行政处分一次），负十为殿（殿，最后，即除名）。笞十者铜一斤，加至杖百则十斤。徒一年，赎铜二十斤，每等则加铜十斤，三年，则六十斤矣。流一千里，赎铜八十斤，每等则加铜十斤，二千里则百斤矣。二死皆赎铜百二十斤。

犯私罪，以官当徒者，五品以上，一官当徒二年，九品以上，一官当徒一年；当流者，三流同比徒三年。若犯公罪者，徒各加一年，当流者，各加一等。其累徒过九年者，流二千里，（金一两收绢十四）。

（八）除前世讯囚酷法，拷掠不得过二百（时有司用前世讯囚之法，用大棒、束杖、车辐、鞋底、压踝、杖桄之属。考，击也；掠，笞也。）枷杖大小，咸有程式。民有枉曲，县不为理者，听以次经郡及州；若仍不为理，听诣阙申诉。

以上记载了看守所的羁押制度及其刑讯方式，特别提出“县不为理者”依次向郡、州申诉，再向朝廷控告。

从以上隋代的刑制我们可以看出，在隋代县级设有初审法院，县级设狱，即基层看守所。

四、隋代看守所与法制改革

（一）废除残酷的法律规定

始行新律，诏曰：“夫绞以致毙，斩则殊形，除恶之体，于斯已极。枭首、轘身，义无所取，不益惩肃之理，徒表安忍之怀。鞭之为用，残剥肤体，彻骨侵肌，酷均脔切。虽云往古之式，事乖仁者之刑。枭、轘及鞭，并令去之。贵带砺之书，不当徒罚（汉高祖分封功臣，与之剖符作誓曰：使黄河如带，泰山若砺，国以永存，爰及苗裔。）广轩冕之荫（服冕乘轩，贵士也。）旁及诸亲。流役六年，改为五载；刑徒五岁，变从三祀（祀，即年）。其余以轻代重，化死为生，条目甚多，备于简册。杂格、严科，并宜除削。”自是法制遂定，后世多遵用之。宋朝所行之《刑统》，旧所传者也。①

隋代刑法与前朝相比较看似少、轻，流役六年改为五年，徒刑五年改为三年，废除了枭首、轘刑、鞭刑等，减轻看守所羁押之酷刑、限制刑讯次数等，具有一定的进步意义。但是流罪以下加杖，却是加重了刑罚。

（二）废除部分族刑及连坐

《隋书·刑法志》记载：“其流徒之罪皆减从轻。唯大逆谋反叛者，父子兄弟皆斩，家口没官又置十恶之条，多采后齐之制，而颇有损益。一曰谋反，二曰谋大逆，三曰谋叛，四曰恶逆，五曰不道，六曰大不敬，七曰不孝，八曰不睦，九曰不义，十曰内乱。犯十恶及故杀人狱成者，虽会赦，犹除名。”②

“宣班诸海内，为时轨范，杂格严科，并宜除削。先施法令，欲人无犯之心，国有常刑，诛而不孥之意。帝又每季亲录囚徒，常以秋分之前，省阅诸州申奏罪状。”③除谋反十恶之罪，其余皆免除族刑、连坐，这是法制文明的进步。

---

① （宋）司马光：《资治通鉴》，中华书局 1986 年版，第 5446 页。

② （唐）魏征：《隋书》，中华书局 1999 年版，第 481 页。

③ （唐）魏征：《隋书》，中华书局 1999 年版，第 482 页。

（三）对死刑判决的重视

“敕诸州长史以下，行参军以上，并令习律，集京之日，试其通不。”在此说明州长史以下，皆为该州主管看守所之执法官吏。又诏免尉迥、王谦、司马消难三道逆人家口之配没者，悉官酬赎，使为编户。因除孥戮相坐之法。“又命诸州囚有处死，不得驰驿行决。”[①] 规定废除连坐法（废除孥戮相坐，古称收孥，即一人犯罪，其妻子父母等直系亲属皆没为奴，且永世为奴不得改变），进一步强调死刑必须直接送囚呈报朝廷裁决。不准驰驿行决，即不准口头或者书面文字以驰驿方式呈报、传达执行裁决死刑命令。这里显示了当时的法律理论性条文的公正与严肃性，隋代废除孥戮相坐之法，体现了对于人权的尊重。但是徒流徙刑皆加杖，十分残酷，特别是加杖之害流传后世，其法制影响极坏。

开皇十六年下诏“决死囚者，三奏而后行刑。”[②] 即死刑核准执行后，必须有朝廷执行死刑日期的命令，并在执行前二天与执行当天再次覆奏，获准后执行，以示重视，也说明死刑是在京都执行。

（四）刑狱体制的改革

公元 583 年隋改度支尚书为民部，都官尚书为刑部，命左仆射判吏、礼、兵三部事，右仆射判民、刑、工三部事，废光禄、鸿胪寺及都水台。刑部尚书成为后世六部制度以及刑部主持司法刑狱的开端，也是对中央集权制度的改革，是古代司法体制，即刑狱体制相对独立的萌芽。

（五）对流刑的改革

隋代提倡“以德代刑”。在隋代，被判决流刑者亲属可以伴随。判刑后，需要“诣京师”，然后由朝廷确定所流徙边地方向去处，押送途中必须戴刑具（枷锁）。妻、子等可以同行徙边。其亲属身份不是刑徒或者奴婢，而是平民，只是为了陪伴刑徒而随去流放地生活，非“收孥戮连坐”。流刑是仅次于死刑的重刑，一旦徙边，回乡无期，除非特赦该地区之徙边

---

① （唐）魏征：《隋书》，中华书局 1999 年版，第 483 页。

② （唐）魏征：《隋书》，中华书局 1999 年版，第 29 页。

者，否则，就成为边民。说明隋代已决犯大多不在该地区之刑狱服刑，州郡县狱是专门审前羁押、审判之看守所，具有看守所性质的羁押、审判、检察一体功能，而不是执行徒流刑的监狱。

（六）对看守所收押制度的改革

上以盗贼不禁，将重其法。绰进谏曰："陛下行尧舜之道，多存宽宥。况律者天下之大信，宁可失乎！迁大理少卿。"①

大理少卿为大理卿之副职，其下属为大理丞，后改勾检官，增正员为6人，分判狱事，主管大理看守所之羁押、检察与审判。大理看守所狱政有司直20人协理，由典狱主管，大理属下另设评事48人，负责大理看守所之检察与复审。

隋代各级看守所，除了戴刑具等措施改革之外，根据《隋书·刑法志》记述，隋代沿袭梁法的"测囚之法"。"测囚之法"的使用原则是"其有赃验显然而不款"，即具有可靠的赃物证据，是对盗窃而言，犯罪之可靠物证的存在而不认罪者，就是所谓的"赃验显然"。所以测囚的前提条件就是证据可靠，这是防止冤案的基本规定。测囚的方法称谓测立，即"其有赃验显然而不款"，所谓款，即顺从、坦白、服罪之意。则上测立，立测者，以土为垛，高一尺，上园，略容囚两足立。鞭二十，笞三十讫，着两械及杻，上垛。一上测七刻，日再上。三七日上测，七日一行鞭。凡经杖，合150，得度不承者，免死。②上测时间不准饮食，不得活动，一旦跌落"垛"下，再次受鞭。即经过如此残酷折磨，不承认者免死。

---

① （唐）魏征：《隋书》，中华书局1999年版，第995页。

② （唐）魏征：《隋书》，中华书局1999年版，第476页。

第二节　唐代看守所

一、唐代看守所的设置

唐代（618—907 年），历时 289 年，其法制建设与看守所制度是在隋代法制的基础上发展与进步的。尤其看守所羁押及其审判制度，已经基本完善，对后世的看守所制度影响较大。

《新唐书·刑法志》记载："凡州县皆有狱，而京兆、河南狱治京师，其诸司有罪及金吾捕者又有大理狱。"① 大理寺狱具有审前羁押之功能。唐代设立"役院"、"配所"，法律规定已决犯、未决犯必须分开监管。

这里的狱，就是看守所，但仍称狱。州县狱、京兆狱、河南狱、大理狱等分别收押该地区的审前被拘者。特别指出，京兆狱、河南狱治京师，因为洛阳是北魏等之都城，隋炀帝也迁都洛阳，所以唐初称洛阳为东都，为唐朝重镇，属中央直辖。大理狱在京都长安，收押朝廷诸司、金吾（即左右金吾卫：掌宫中、京城巡警）所逮捕的犯罪嫌疑人。

（一）大理狱

大理狱归属大理寺主管，具有审前羁押之功能。唐代，大理寺是国家最高审判机构。所以，大理狱也接收解京之全国谳狱、徒流徙以及死刑申诉、终审之囚犯。

《新唐书·百官志》记载："狱丞二人，从九品下。掌率狱史，知囚徒。贵贱、男女异狱。五品以上月一沐，暑则置浆。禁纸笔、金刃、钱物、杵梃入者。囚病给医药，重者脱械锁，家人入侍。"狱丞掌管狱政，属下有狱史 6 人，亭长 4 人，掌固 8 人，问事 148 人，检校囚徒及枷杖。

从以上记载，我们可以看出唐代大理狱看守所的羁押制度。狱丞主管狱政，狱史、亭长、掌固等为看守所狱吏。问事，即审判官。同时在唐代

① （宋）欧阳修：《新唐书》，中华书局 1999 年版，第 927 页。

已经是男女异狱，也就是男女疑犯分别关押。狱丞及其属下负责平时检校囚徒及枷杖。

其机构及职能设置是：

大理寺：卿 1 人，从三品；少卿 2 人，从五品下。掌折狱，凡罪抵流、死。皆上刑部，覆于中书、门下。系者五日一虑（大理寺看守所系囚五日检察、审问、报告一次）。

大理正：2 人，从五品下。掌议狱，正科条。凡丞断罪不当，则以法正之。五品以上论者，莅决。巡幸，则留总持寺事。大理正掌议狱，即评议、检察、审判和司法监察，评议大理丞司法审判适用法律的恰当与否，又称监审，即检察官。

大理丞：6 人，从六品上。掌分判寺事，正刑之轻重。徒以上囚则呼与家属告罪，问其服否，主审判。即大理丞是主管大理寺之审判官。

司直：6 人，六品上。评事 12 人，掌出使推按。凡承制推讯长吏，当停务禁锢者，请鱼书以往。录事 2 人。① 司直拥有全国刑事案件的复审、检察、平反权，其主要职责代表大理寺或者朝廷执法检察。

主簿：2 人，从七品上。掌印，省署钞目，句检稽失。凡官吏抵罪及雪免，皆立簿。私罪赎铜一斤，公罪二斤，皆为一负（记录行政处分一次）；十负为一殿（十次行政处分已经属于除名即开除公职）。每岁，吏部、兵部牒覆选人殿负，录报焉。

从大理看守所的人员配置及职能可以看出，所谓羁审检一体，是指各级看守所皆有羁押、审判与检察的官员，属于同一个行政单位，各级看守所具有专职负责看押及狱政的官吏，有专职负责审判的法官，同时也有监察审判的检察官。设有司直、评事，负责评议案件审理的法律适用是否正确，具有平反权。另设监察机构（御史台），不过这些不同职能的执法机构及官吏，皆归属同一行政长官领导，该行政长官具有该行政机构的最高执法权。

①（宋）欧阳修：《新唐书》，中华书局 1999 年版，第 825 页。

（二）御史台狱

贞观以后，唐代设置了御史台狱。御史大夫、御史中丞、侍御史以下，皆有批准并实施逮捕权，尤其是监察御史（正八品）可独立行使御史职权。

《旧唐书·崔隐甫传》记载：“自贞观年李乾祐为御史大夫，别置台狱（即御史台看守所），有所鞫讯，便辄系之。由是自中丞、侍御史已下，各自禁人，牢扉常满。”①《新唐书》记载：“初，台无狱，凡有囚则系大理。贞观时李乾祐为大夫，始置狱，由是中丞、侍御史皆得系人（批准逮捕权）。（崔）隐甫执故事，废黜诸狱。其后患囚往来或漏泄，复系之厨院云。台中自监察御史而下，旧皆得专事，无所承谘。隐甫始一切令归禀乃得行，有忤意辄劾正，多贬绌者。”②可以看出贞观以后，唐代设置了御史台看守所，御史大夫、御史中丞、侍御史等具有较大的司法执法权。

“凡冤而无告者，三司诘之。三司谓御史大夫、中书、门下。大事奏裁，小事专达。……有制覆囚，则与刑部尚书平阅。”③同时，御史台还有监察全国各级看守所等执法机构的职责。

（三）京兆狱、河南狱、太原狱、州府狱

开元元年十二月雍州为京兆府、洛州为河南府，长史为尹。其看守所为京兆狱、河南狱，分治京畿与河南（洛州）。④开元十一年，太原府亦置尹、少尹。以尹为留守，少尹为副留守。谓之留守三都，三都为朝廷直辖，其他州府不置留守，依照一般行政机构管理。三都狱即三都地区的直属看守所，由大都督直接管理的看守所。

其司法官员与看守所的人员配备及职能如下：

三都、大都督府各有典狱 18 人，问事 12 人，白直 24 人；典狱以防守囚系（看守所狱政管理），问事以刑罚（审判），白直察狱政（检察）；

中府、上州：典狱 14 人，问事 8 人，白直 20 人；

---

① （后晋）刘昫：《旧唐书》，中华书局 1999 年版，第 3278 页。
② （宋）欧阳修：《新唐书》，中华书局 1999 年版，第 3544 页。
③ （宋）欧阳修：《新唐书》，中华书局 1999 年版，第 811 页。
④ （后晋）刘昫：《旧唐书》，中华书局 1999 年版，第 1221 页。

下府、中州：典狱12人，问事6人，白直16人；

下州：典狱8人，问事4人，白直16人，自三都以下皆有执刀15人；

大都督府还设有法曹司法参军，掌鞫狱丽法、督盗贼、知赃贿没人。①

（四）《旧唐书》记载，诸州县设置看守所

唐代，诸州县皆分级设有具有审前羁押功能之狱。

长安、万年、河南、洛阳、太原、晋阳谓之京县，令各1人，正五品上；丞2人，从七品；主簿2人，从八品上；录事2人，从九品下；尉2人，从八品下；司法，佐5人、使10人；典狱14人，问事8人，白直18人，市令1人。在唐代，不同地区以其规模大小、位置险要程度设置主管看守所的典狱人数，负责羁押；审判官人数，即问刑；检察官人数，即白直。

京兆、河南、太原所管辖诸县，谓之畿县。令各1人，正六品下；司法，佐4人、史8人；典狱14人，问事4人，白直10人。诸州县设置典狱、问刑、白直人数也一样按照其上、中、下标准配置人数。

诸州上县：令1人，从六品上；司法、佐4人，史8人，典狱14人，问事4人，白直10人，市令1人。京县为一等县，畿县为二等县，诸州上县为三等县，馀以类推，县大小不同，县令职责相同。

诸州中县：令1人，正七品上；司法，佐2人、史6人，典狱8人，问事4人，白直8人。

诸州下县：令1人，从七品上；司法，佐1人，史4人，典狱6人，问事4人，白直8人，市令1人。市令即管理市场、商贸、税收的官员。

“京畿及天下诸县令之职，皆掌导扬风化，抚字黎氓，敦四人之业（四人即士农工商），崇五土之利，养鳏寡，恤孤穷。审察冤屈，躬亲狱讼，务知百姓之疾苦。”②

根据以上记载，唐代诸县看守所的最高执法长官为县令。从人员配置可以知道，唐代法制已经比较完善，州郡县皆设有看守所，并配置典狱

① （宋）欧阳修：《新唐书》，中华书局1999年版，第859页。

② （后晋）刘昫：《旧唐书》，中华书局1999年版，第1304—1308页。

（狱政）、司法检察（白直）、审判（问刑）、治安（丞尉）、司法行政等专职官吏。府州县设看守所已成定制，其审前羁押机构与现代看守所的机构设置相似。典狱主管羁押，即狱政；问刑或者问事，即审判官似现代法院之法官；白直，即检察官；而县丞、尉负责治安，似现代之公安机关，司法之佐、史辅助县令掌管司法行政；皆由县令统属。

（五）新开狱

新开狱是专门镇压反对武则天的人而设的特殊看守所，直接由武则天负责。

武后朝，周兴、来俊臣等相次受制（遵照武则天的制令），乃于都城丽景门内，别置推事使院，时人谓之“新开狱”，即由武则天直接负责的特殊性质之看守所。来俊臣又与侍御史侯思止、王弘义、郭霸、李敬仁，评事康暐、卫遂忠等，召集告事数百人，共为罗织，以陷良善。前后枉遭杀害者不可胜数。又造《告密罗织经》一卷，织成反状。来俊臣每鞫囚，无问轻重，多以醋灌鼻，禁地牢中，或盛之以瓮，以火圜绕炙之。兼绝其粮饷，及有抽衣絮以啖之者。其所作大枷，凡有十号：一曰定百脉，二曰喘不得，三曰突地吼，四曰著即承，五曰失魂胆，六曰实同反，七曰反是实，八曰死猪愁，九曰求即死，十曰求破家。又令寝处粪秽，备诸酷毒。每有制书宽宥囚徒，来俊臣必先遣狱卒尽杀重罪，然后宣示。[①]

《新唐书·酷吏传》记载：“中宗时，武三思烝僭不轨，王同皎、张仲之、祖延庆等谋杀之，事觉，捕送新开狱。”[②]由此可见，新开狱为特殊设置的看守所，直接归属朝廷管理，使用刑罚极为残酷。

（六）总监牧院诸狱

唐代，长安设总牧院，州设牧院狱，即牧院看守所。洛州牧院看守所为“制狱”，即武则天设置的“诏狱”。则天后天授二年由于右相（三品）岑长青、地官尚书辅元反对武则天立武承嗣为皇太子，坚持立李姓太子，

① （后晋）刘昫：《旧唐书》，中华书局1999年版，第1446页。
② （宋）欧阳修：《新唐书》，中华书局1999年版，第4510页。

而被囚制狱，即洛州牧院看守所。[①]

以上新开狱、总监牧院狱等，属于当时朝廷的专政需要而专门设立的看守所，以捕杀妨碍武则天“革命”的人，主要是针对李渊、李世民等李氏后人及其支持者。

二、唐代看守所之司法制度

（一）看守所的审限制度

唐代看守所依旧属于羁押、审判、检察一体，逮捕、狱政管理、审判、刑讯、检察、申诉、谳狱、平反等制度皆包括在内。

太宗又制：“在京见禁囚，刑部每月一奏，从立春至秋分，不得奏决死刑。其大祭祀及致斋、朔望、上下弦、二十四气、雨未晴、夜未明、断屠日月及假日，并不得奏决死刑。其有赦之日，武库令设金鸡及鼓于宫城门外之右，勒集囚于阙前，挝鼓千声讫，宣诏而释之，其赦书颁诸州，用绢写行下。”[②]这是朝廷发布赦书时，由刑部在宫城门外主持的赦令发布仪式，其主要内容涉及赦令及其对于各级看守所的审限规定。

从西周的季节性停审到唐代发展成为停刑日、时，与夏历二十四节气、月亮之盈亏圆缺等因素有关。断屠日属于特殊性质的月日，如天灾、重大社会人事、迷信、宗教等有关的日期，官府下令该日禁止屠宰牲畜，因以成习。《隋书·高祖纪下》记载：“六月十三日是朕生日，宜令海内为武元皇帝、元明皇后断屠。”停刑、断屠、赦宥体现的是仁政德治的恤刑思想。唐太宗时期于立冬（农历十月中旬）至春分（次年二月底三月初）不得奏决死囚。其审限原则基本符合《礼记·月令》之规定。

“刑部大理决断罪囚，过为淹迟，是长奸幸。自今已后，大理寺检断，不得过二十日，刑部覆下，不得过十日。如刑部覆有异同，寺司重加不得过十五日，省司量覆不得过七日。如有牒外州府节目及于京城内勘，本推即日以报。牒到后计日数，被勘司却报不得过五日。仍令刑部具遣牒及报

① （后晋）刘昫：《旧唐书》，中华书局1999年版，第3292页。

② （后晋）刘昫：《旧唐书》，中华书局1999年版，第1443页。

牒月日，牒报都省及分察使，各准敕文勾举纠访。”①

根据记载，我们可以知道唐代看守所的羁押时限与审限之规定，其目的是防止故意拖延时间以利于看守所里内外勾结，贪污枉法，案件层层谋利，导致司法混乱，出现严重执法不公。唐代审限成为后世制定审限之基础。

因此，唐代规定看守所羁押时限制度，对于徒流徙死刑以上，县为初审，州（或府）二审，府（省）三审，大理四审，刑部三法司会审为五审，呈报皇帝，即终审。如终审仍不能决，由朝廷重组大臣会审，主要针对重犯、大案、死刑等案件，以避免冤假错案。为防止滞狱，特别规定看守所羁押时限以及各级覆察、检察、审判时限，这是一项重要的司法制度。羁押时限、审判程序、审限的规定有利于防止请托、贪赃枉法以及滞狱的发生。从而也反映出执法者的执法指导思想、刑事侦查能力、具体案件特性、审判纪律、审判技能等实际状态。审限制度的积极意义在于维护司法公正，同时保护涉案人员的基本权益，也是看守所羁押时限的制度性规定。正如在长庆元年五月御史中丞牛僧儒所奏：“天下刑狱，苦于淹滞，请立程限。大事大理寺限三十五日详断毕，申刑部，限三十日闻奏；中事，大理寺三十日，刑部二十五日；小事，大理寺二十五日，刑部二十日。一状所犯十人以上，所断罪二十件以上，为大；所犯六人以上，所断罪十件以上，为中；所犯五人以下，所断罪十件以下，为小。其或所抵罪状并所结刑名并同者，则虽人数甚多，亦同一人之例。违者，罪有差。”②

同时规定，囚二十日一讯，三讯而止，数不过二百。③

（二）看守所械具使用制度

唐代看守所对械具使用、使用对象规定非常严格，而且对械具的种类、大小尺寸等规定的也非常细致。即系囚之具，有枷、杻、钳、锁，皆有长短广狭之制，量罪轻重，节级用之。其杖皆削去节目，长三尺五寸。

---

① （后晋）刘昫：《旧唐书》，中华书局1999年版，第1452页。

② （后晋）刘昫：《旧唐书》，中华书局1999年版，第1453页。

③ （宋）欧阳修：《新唐书》，中华书局1999年版，第927页。

讯囚杖，大头径三分二厘，小头一分半。常行杖，大头二分七厘，小头一份七厘。笞杖，大头二分，小头一分半。其决笞者，腿分受。决杖者，背腿臀分受。及须数等拷讯者，亦同，其拷囚不过三度。总数不得过二百。失入者，各减三等，失出者，各减五等。死刑校而加杻，官品勋阶第七者，锁禁之。轻罪及十岁以下至八十以上者、废疾、侏儒怀妊皆颂系以待断。①

刑具使用基本沿袭隋代，没有大的变化。

（三）看守所之司法监察体制

京师之囚，刑部月一奏，御史巡行之。唐代御史为司法监察机构。

经过改革，唐代依旧没有能够撤销御史台看守所。但是，在一定程度上限制了侍御史及其监察御史的权力。侍御史六七品而监察御史为正八品，他们的职能皆是纠举百官，推鞫狱讼，崔隐甫改革御史职权之后御史个人不具有批捕权。御史发现违法，必须提交御史大夫（正三品）核准并签字用印才能实施逮捕。唐代以御史监察各级监狱包括全国州郡县看守所，并成为制度，而御史台看守所由刑部监察。

1. 御史台

御史台的人员配备为：大夫 1 人，正三品；中丞 2 人，正四品下。大夫掌以刑法典章纠正百官之罪恶，中丞为之贰。其属有三院：一曰台院，侍御史隶焉，4—6 人，从六品下。掌纠举百僚，推鞫狱讼。按其实状以奏。若寻常之狱（案件），推讫断于大理。有主簿 1 人，从七品下；录事 2 人，从九品下。主事 2 人，令史 17 人，书令史 23 人。二曰殿院，殿中侍御史隶焉，6—9 人，从七品下，殿庭供奉之仪式。令史 8 人，书令史 18 人。三曰察院，监察御史隶焉，10—15 人，正八品上。

其主要职能是：监察掌分察巡按郡县，屯田、铸钱、岭南选补、知太府、司农出纳，监决囚徒。监察祀则阅牲牢，省器服，不敬则劾祭官。尚书省有会议，亦监其过谬。凡百官宴会、习射，亦如之。另外，其职能还有制覆囚，则与刑部尚书平阅。朝会，则率其属正百官之班序，迟明列于

① （宋）欧阳修：《新唐书》，中华书局 1999 年版，第 927 页。

两观，监察御史二人押班侍御史颛举不如法者。[①] 因此，御史台为全国最高监察机构。对包括各级官吏在内的所有在职人员进行监督、举报，其重点监察的是各级看守所羁押与审判活动。

监察御史巡按州县，狱讼，军戎，营作等。凡十道巡按，以判官二人为佐。

2. 三司

三司的主要职能是：凡冤而无告者，三司诘之。主天下冤案、疑难重案。

三司包括御史大夫，中书，门下。习称大三司。

三司使准式以御史中丞、中书舍人、给事中各1人为之（习称小三司），后中书门下奏请复旧，以刑部、御史台、大理寺为之（准式即标准三法司的组成为御史台、刑部、大理寺正职）。三司是朝廷设置的最高司法组织，刑部、御史台、大理寺正官会审称大三司；御史大夫，中书，门下也习称大三司。御史中丞、中书舍人、给事中各1人为小三司。会审功能一致，但是大三司会审效力仅次于朝廷会审，而小三司会审级别低于大三司。

3. 刑部

刑部其职能为：尚书1人、侍郎1人。掌天下律令、刑法及徒隶，勾覆、关禁之政令。同时，按覆谳禁之政。对于天下之刑狱（即看守所）、审判（属大理）、已决犯执行机构之“役院”、“配所”等进行管理。

刑部郎中、员外郎掌律法；按覆大理及天下奏言，为尚书、侍郎之贰。[②]

唐代看守所的设置与关押已决犯的“役院”、“配所”已经完全分离，而刑部设有专管徒隶的分配与管理机构。司法（大理）、监察（御史台）等机构设置已成定制，刑部同时具有全国最高司法检察的职责。

（四）看守所之死刑覆奏制度

“凡决死刑，虽令即杀，仍三复奏。……太宗曰：‘比来决囚，虽三复

① （宋）欧阳修：《新唐书》，中华书局1999年版，第811页。
② （宋）欧阳修：《新唐书》，中华书局1999年版，第789页。

奏，须臾之间，三奏便讫，都未得思，三奏何益？自今以后，宜二日中五复奏，下诸州三复奏。’……其五复奏，以决前一日、二日复奏，决日又三复奏。惟犯恶逆者，一复奏而已，著之于令。”[①]体现对于死刑的高度重视，实施三复奏、五复奏（即向皇帝报告将被实施死刑的罪犯姓名、案情审判程序、执行时间等，于执行前三日内上奏3—5次取旨）的方法具有实际意义。

三、唐代看守所的相关法律规定

法律制度与看守所具有直接关系，看守所的功能设置状态、体制及其基本制度原则，决定其法律演变的趋势，从而成为相关法律产生的基础。考证其法律制度即可发现，导致法律制度演变的诸多因素同时也能影响看守所功能的改变。探索唐代看守所的实际功能变化，与其发生改变的逻辑理论认识，对于研究其看守所执法倾向之变化具有切实的意义。

（一）律、令、格、式

《新唐书·刑法志》记载，唐之刑书有四，曰：律、令、格、式。

令者，尊卑贵贱之等数，国家之制度也；格者，百官有司之所常行之事也；式者，其所常守之法也。凡邦国之政，必从事于此三者。其有所违及人为恶而入于罪戾者，一断以律。律之为书，因隋之旧，为十二篇：一曰名例，二曰卫禁，三曰职制，四曰户婚，五曰厩库，六曰擅兴，七曰贼盗，八曰斗讼，九曰诈伪，十曰杂律，十一曰捕亡，十二曰断狱。

（二）五刑

其用刑有五：一曰笞，笞之为言耻也；凡过之小者，捶挞以耻之。汉用竹，后更以楚（荆）。书曰：“扑作教刑”是也。二曰杖刑，杖者持也；可持以击也。书曰：“鞭作官刑”是也。三曰徒，徒者，奴也；盖奴羞辱之。周礼曰：“其奴，男子入于罪隶，任之以事，寘之圜土而教之，量其

① （后晋）刘昫：《旧唐书》，中华书局1999年版，第811页。

罪之轻重，有年数而舍。”四曰流，书云：“流宥五刑”，谓不忍刑杀，宥之以远也。五曰死，乃古大辟之刑也。[①] 其主要内容如下：

“五刑”：笞刑五，杖刑五，徒刑五，流刑三，死刑二。

笞刑五：笞一十（赎铜一斤），笞二十，笞三十，笞四十，笞五十（赎铜五斤）。

杖刑五：杖六十（赎铜六斤），杖七十，杖八十，杖九十，杖一百（赎铜十斤）。

徒刑五：一年赎铜二十斤，二年赎铜四十斤，二年半赎铜五十斤，三年赎铜六十斤。

流刑三：二千里赎铜八十斤，二千五百里赎铜九十斤，三千里赎铜一百斤。

死刑二：绞、斩赎铜一百二十斤。[②]

徒流徙加役流虽然有赎铜之规定，但是并不能适用于所有庶民百姓，所以执行徒、流、徙、加役流，必然需要相应的行刑监狱，即执行判决的特殊场所，现代称之谓监狱。显然，行刑监狱与审前羁押之看守所，在我国古代虽然都称狱，但其功能性质不同，从其刑罚执行方式可以看出，行刑监狱收押的只能是已决犯，执行判决的方式决定行刑机构的性质。审前羁押的目的在于维护社会稳定，同时为审判的及时顺利提供保障，以促进审判公正，而审判公正才能维护社会正义，决定刑罚方式的是公正的判决，判决体现法律正义的社会价值。行刑监狱是实施判决的法定机构，成为具体彰显法律正义之社会价值的特殊场所。

唐代刑法的基本性质是以耻辱刑为基础，除死刑之外，皆具有“寓教于刑”的涵义，多取义于西周法制。但是，也明确指出，“五刑”的实际意义在于不同程度限制了“丽于罪者”生存活动自由的特征。看守所正是保障实施并能够决定完成这一过程的主要机构，五刑产生伊始，即伴随着看守所的出现而存在，同时也随着刑法的不断改变而发生变化。

---

① （宋）欧阳修：《新唐书》，中华书局 1999 年版，第 925 页。

② （清）薛允升：《唐明律合编》，法律出版社 1998 年版，第 1 页。

（三）唐代看守所之法律改革

唐代自建国就提出的立法指导思想，即维护社会正常秩序，保护私有财产，严惩叛逆。同时对相关法律进行了改革。

首先，唐高祖入京师，约法十二条，惟杀人、劫盗、背军、叛逆者死。武德二年颁新格五十三条，惟吏受赇、犯盗、诈冒府库物，赦不原。盗非劫伤其主及征人逃亡、官吏枉法，皆原之。流罪三，皆加千里；居作三岁至二岁半者悉为一岁，余无改。①

其次，唐初期议绞刑之属五十，皆免死而断右趾，后又认为肉刑已废，断右趾残酷，改为加役流三千里，居作二年，从而废除绞刑五十条。

再次，改反逆连坐皆死之法。于是令：反逆者，祖孙与兄弟缘坐，皆配没；恶言犯法者，兄弟配流而已。房玄龄等与法司增损隋律，降大辟为流者九十二，流为徒者七十一，以为律；定令一千五百四十六条，以为令；又删武德以来敕三千余条为七百条，以为格。唐初实施宽缓之刑法，创造一个有利于发展生产、提高社会生产力的良好环境，出现了历史上少有的贞观之治时代。②

最后，在相关法制改革的基础上，发展和完善了看守所的法律规定及相关制度。《笺释》记载：魏文侯造法经，其六曰具律。汉加九章，其律如旧。曹魏改为刑名第一，晋分别刑名、法例。宋、齐、梁、后魏因之，北齐合为名例，北周复为刑名，隋后为名例，至今不改。唐为六卷。唐律有十恶、八议，皆同前。

事实上，我国古代法律发展进步的实际状态是以李悝的《法经》为开端。

古代法律最早同时发展最为迅速的时代是在春秋战国时期。这是因为当时儒家学术思想不足以适应社会发展的潮流，更没有成为诸侯国真正的治国指导思想，也没有形成帝王独裁专制的政权，法家学术思想恰恰适合于时代进步的发展需求。管仲最早制定了严以治吏、士农工商共同发展、依法治国的基本方针。李悝后来在魏国变法，尤其商鞅等法家的“缘法而

① （宋）欧阳修：《新唐书》，中华书局1999年版，第926页。

② （宋）欧阳修：《新唐书》，中华书局1999年版，第927页。

治”、“刑无等级”的法制观念，对于当时的世卿制度是一个极其致命的打击。古代的“狱”、“刑狱”不仅代表法律、刑罚体系，而且包括审前羁押之狱即看守所与审判检察功能。唐律认为，汉九章律来自秦律，而从汉高祖到汉景帝时期，虽然依然是肉刑存在的时期，却出现了文景之治的“刑错不用”的时代。从汉武帝以降，董仲舒的“天人合一、春秋大一统”理论才逐渐进入治国理论核心，从而也成为立法、执法的指导思想。甚至对于春秋战国时代尚未出现的《孝经》、《春秋·公羊传》、《春秋·谷梁传》、《礼记》、《论语》等，也完全朝着儒家的“天人合一”的方向演进，这些皆是依照汉代董仲舒们“天人合一、春秋微言大义”理论方向而深化发展的。而后所谓的法家思想，也是在董仲舒们儒家思想指导下，儒化了的法学观念，“独尊儒术”是一个稳步渐进的过程。从以上探索汉武帝以来的法律制度变化的历史实际过程，包括看守所制度在内的所有法律，皆是经过汉武帝以来的儒生们注译、解释的，他们遵循的标准就是“春秋经义”，同时极力排斥商鞅等法家思想。据不完全统计，仅《唐律疏议》，直接引用、使用汉代以来的儒学经书之文句，如春秋左传，公羊，谷梁，孝经，尔雅，礼记，当然也有孔孟时代的诗经、易经的部分内容，总计达到四十余处。到了唐代，基本完成了董仲舒们在汉武帝时代提倡的，以“春秋之义”作为治国指导思想的理论核心。唐代的政治家认为，从魏文侯（即李悝的法经）、秦法、汉九章律、曹魏之刑名，晋之刑名、法例，南北朝之后的隋律，是儒法合璧的理论与实践基础。

事实上，从唐代法律条文中可以看出，已经完全清洗了法家依法治国、法无等级、严以治吏的基本内容。之所以称之为汉代的儒家学术思想，就是因为，汉代的儒学，在很多地方，甚至其核心思想，比如孔子主张的取信于民的民本思想，孟子提倡民贵君轻的民生思想，国人参政的民主思想等等都被汉代的董仲舒们的“春秋大一统”的“天人合一”理论所取代，这些皆不同于春秋战国时代的孔孟学术思想。

四、唐代看守所的斗讼及保辜制度

《唐律疏议》卷第二十一“斗讼”《疏议》曰：“斗讼律者首论斗讼之

科，次言告讼之事。从秦汉至晋，未有此篇。至后魏太和九年，分击讯律为斗律。至北齐，以讼事附之，名为斗讼律。后周为门兢律，隋开皇依齐斗讼名，至今不改。”斗讼律涉及告诉制度，即罪与非罪的界限，入于罪则需收押待审，不入于罪者无需收押。所以斗讼属于启动刑律之诉讼法的内容，与看守所的收押与否具有直接关系。

但是，疏议认为：“秦汉至晋，未有此篇。”这一提法不妥，因为当时并没有发现《云梦竹简》。《云梦竹简·法律答问》已经出现斗殴损伤以及“以兵刃、投梃、拳指伤人”的治罪标准。其解释“可（何）谓梃？木可以伐者为梃。”“斗，为人殴也，毋（无）痏痏（殴伤，皮肤青黑无创瘢称痏，有瘢为痏。）殴者顾折齿，可（何）论？各以其律论之。”[①]“或与人斗，缚而尽拔其须眉，论可（何）？当完城旦。（即四年刑）”[②]说明秦代已经出现关于斗讼的法律条文，即斗讼律。

其次，在唐代法律中规定了保辜制度。唐律307条规定：保辜，诸保辜者，手足殴伤人，限十日；以他物殴伤人者，二十日；以刃及汤火伤人者，三十日；折跌肢体及破骨者，五十日。本注：殴，伤不相须。余条殴伤及杀伤，各准此。限内死者，各以杀人论；其在限外及虽在限内，以他故死者，各以本殴伤法。本注：他故，谓别增余患而死者。[③]

从唐代捕亡律的相关规定我们可以看出，唐代的告诉制度与看守所审前羁押具有直接关系，所有犯罪行为的羁押皆在各级“狱”中囚禁初审。同时规定了保辜时限，即依法规定了不同伤情发展变化的有效惩处时限，此期限作为法律量刑标准。《汉书功臣表》记载：“昌武候单德，坐伤人二旬内死，弃市。盖死于保辜限内也。”[④]保辜之名，最早见于何氏公羊传。保辜正式进入法律条文，则以唐律为早。当然，涉及审前羁押最为密切的还是贼盗律。而断狱律，其相关法律条文规定，事实上涉及了审前羁押机构的具体功能与制度。

---

① 日知、张政烺编：《云梦竹简》，东北大学出版社1994年版，第57页。

② 日知、张政烺编：《云梦竹简》，东北大学出版社1994年版，第55页。

③ （清）薛允升：《唐明律合编》，法律出版社1998年版，第569页。

④ （清）薛允升：《唐明律合编》，法律出版社1998年版，第575页。

五、“八议”及“官当”制度

《唐明律合编》“八议”注释王氏应电曰：“八者之人，非于王躬有所关系，即于国家有所禆益。不幸有罪，而议之，可赦则赦，次亦为之末减焉；其必不可赦，则若盘水加剑，罄于甸人，及有爵者不为奴，同族者无宫刑之类。虽当刑当杀，而以礼代之，使知自重，且不拘系束缚困辱之，则小人常知畏敬，而朝廷愈尊也。”[①]这是贾谊在批判商鞅严以治吏之时，提出的维护贵族、官吏利益的原义。“八议”（亲、故、功、贤、能、贵、勤、宾）是西周维护奴隶主贵族利益的法权之遗留。与其相对应而具有对等意义的法律是“以三刺断庶民狱讼之中：一曰讯群臣，二曰讯群吏，三曰讯万民。听民之所刺宥，以施上服下服之刑。”[②]“司刺：掌三刺、三宥、三赦之法，以赞司寇听狱讼。一刺曰讯群臣，再刺曰讯群吏，三刺曰讯万民。一宥曰不识，再宥曰过失，三宥曰遗忘。一赦幼弱，再赦老旄（耄），三赦蠢愚。以此三法者求民情，断民中，而施上服下服之罪。”[③]《商君法·赏刑》第十七条规定：“所谓壹刑者，刑无等级，自卿相、将军以至大夫、庶人，有不从王令，犯国禁，乱上制者，罪死不赦。有功于前，有败于后，不为损刑；有善于前，有过于后，不为亏法。忠臣孝子有过，必以其数断。守法守职之吏有不行王法者，罪死不赦，刑及三族。”[④]

在此，唐代与前代的执法原则具有根本区别。在唐代，多依汉代儒生的意见，完全排除法家思想，也取缔了民众议刑的权力，使法律成为迫使“小人敬畏”的工具。而且“八议”成为定制，从而成为官吏、贵族“有罪无刑”的法律依据。

《唐律》名例律规定：“七品以上之官，本注：此名减章。规定：诸七品以上之官，及官爵得请者之祖父母、父母、兄弟、姊妹、妻、子孙、犯流罪以下，各从减一等之例。”

① （清）薛允升：《唐明律合编》，法律出版社 1998 年版，第 16 页。
② 钱玄等注释：《周礼》，岳麓书社 2001 年版，第 328 页。
③ 钱玄等注释：《周礼》，岳麓书社 2001 年版，第 340 页。
④ 蒋鸿礼：《商君书锥指》，中华书局 1986 年版，第 100 页。

又规定:"以官当徒"等皆正式把公职、爵位、王公、贵族、皇亲甚至他们的亲戚等列入法律议请、减免、抵挡刑罚的法律。所以,唐律一方面集历代法律之大成,另一方面,确立了不平等、不合理,等级森严的封建法律体系。

《唐律疏议》是依照唐律分条进行解释、说明其法律义旨的意思,在名例法开篇中引《汉书》云:"削牍为疏",故云疏也。

《名例律》规定"以官当徒",诸犯私罪者,本注:私罪,谓私自犯,及对制诈不以实、受请枉法之类。五品以上,一官当徒二年;九品以上,一官当徒一年。若犯公罪者,本注:谓缘公事致罪而无私、曲者。各加一年。以官当流者,三流同比徒四年。其有二官,本注:谓职事官、散官、卫官同为一官,勋官为一官。先以高者当,本注:若去官未叙,亦准此。次以勋官当。行、守者,各以本品当,仍各解见任。若有余罪及更犯者,听以历任之官当。本注:历任,谓降所不至者。其流内官而任流外职,犯罪以流内官当,及赎徒一年者,各解流外任。①

《笺释》记载:唐律职官犯罪,既有议、请、减、荫之章,又有除、免、当、赎之别。杖罪以下,俱以赎论。徒罪以上,俱以官当。惟犯加役等五流之类,除名、配流如法。其余均准收赎,并不实配,而又有六载后及三载期听叙之法。其优礼臣下,可谓无微不至矣。

于此可见官吏犯罪,有法无刑的一般情况。与法家严以治吏的法律思想背道而驰,这也是法律不公、吏治腐败的主要原因。可见自从秦汉至于唐,完全不同的儒法思想在历代刑法制度中的斗争一直存在,汉武帝确立了董仲舒的儒学思想作为治国指导思想,至于隋唐,法家思想几乎完全被董仲舒之儒学取代。

六、唐代的行刑监狱、领徒及流徙

(一)役院、配所

《新唐书·刑法志》规定:"居作者著钳若校,京师隶将作,女子隶少

① (清)薛允升:《唐明律合编》,法律出版社 1998 年版,第 21 页。

府缝作。旬给假一日，腊、寒食二日，毋出役院。病者释钳校，给假，疾差陪役。谋反者男女没奴婢为官奴婢，隶司农，七十者免之。凡役，男子入于蔬圃，女子入于厨饎。”① 唐朝初年，居作三岁至二岁半者悉为一岁。武后又恢复原制。

居作属于被判处劳作刑的已决犯，即徒刑，称刑徒。不在原判处拘押，即不在看守所执行，而是交付“役院”执行。在执行期间，刑徒必须戴刑具，即钳校。只有在生病的时候才可以去掉，生病时给假，病愈后，还要扣除病假所占用日数。“役院”分别设立在不同地区，由该地区的行政部门监管。

在京城，男刑徒到将作监的“役院”或者太常寺、诸牧监等机构设立的“役院”劳作。在京城以外，男徒交付司农寺执行，从事农业劳动。在京城女徒交付少府寺（役院）执行。刑徒只能在“役院”劳作，即使假日，也不得出“役院”之外。所以，“役院”，即后世执行自由刑行刑的监狱，其性质不属于审前羁押。唐代之初改革劳作刑皆为一年，至武则天又恢复旧制（刑期 1—3 年）。

《唐律》规定：“犯流、徒应配及移乡人，未到配所而逃亡者，各与流徒囚役限内而亡同，一日笞四十，三日加一等，十九日合杖一百，过杖一百，五日加一等，五十九日流三千里。”②

捕获后“仍发配所。”这里的“配所”是徒流徙已决犯的行刑场所，唐代称“配所”，而不称狱，以区别于具有审前羁押性质之看守所。流刑即流二千里、二千五百里、三千里，皆杖一百。徒刑一至三年，杖六十至一百。移乡人，为过失杀人罪，依照被害者家人亲疏、案情之别，而流放远近。以上徒流徙皆有收押场所，称“配所”或者“役院”。

从西周的“圜土”开始，出现了以看押、监管被判劳作刑的机构，《周礼》对于“圜土”之注释中也称“圜土”为“牢城”，从夏商周直至秦汉以来，一直称已决犯为“徒”或者“刑徒”，把系狱之囚，即未决犯称“囚”或者“系囚”，审前羁押之处称“狱”、“囹圄”等。而对于需要

① （宋）欧阳修：《新唐书》，中华书局 1999 年版，第 928 页。

② （清）薛允升：《唐明律合编》，法律出版社 1998 年版，第 748 页。

刑事审判的则称刑狱。所谓狱讼，明确狱为刑事案件，讼为民事案件。这一惯例，导致审前羁押之“狱”成为唐代及其之前所有历史文献中，皆把具有审前羁押功能的“狱”，称为“狱”、“囹圄”或者“监狱”。而执行已决犯的监禁、看押之处所，不仅具有依法严格限制其自由的功能，同时具有监管其完成依法规定的劳作或者其他工作任务的内容，其目的在于促使犯罪者通过依法规定的强迫性付出劳动的行为，作为对其所犯罪恶的惩罚性赔偿，并且要求犯罪者通过此种强迫性的劳动惩罚过程，促使其改恶悔过，以维护社会安定，却不称狱，而称“役所”或“配所”。所以，唐代刑部专门设立了对于已决犯的徒、流、流徙刑罚的管理机构。役，即服役作刑的刑徒之劳役。院，管理役作刑徒服劳役之“院”。“配所”，就是指发配徒流徙刑徒服刑的地方，是收押服劳役之刑徒者的监管住所，其性质即现代之监狱。居作者，在服役期内，不准离开“役院”或“配所”，规定在“役院”，“钳若校”，“毋出役院”。说明具有武装监押、防卫其逃亡的相应之监管设施。生病告假所占用之时间，还要“疾差陪役”，陪即赔，依占用日数顺延役期。而流、流徙加役流等皆无年限规定，事实上就是无期徒刑，其判决后，刑罚之消灭，完全依靠赦令，否则就要终身服役。“凡反逆相坐，没其家配官曹，长役为官奴婢。”（还有判处流徙刑者，皆无期限，即无期徒刑。）刑部规定：一免（一赦）者，一岁三番役。再免为杂户，亦曰官户，二岁五番役。每番皆一月。三免为良人。

可见流刑是常年役作（也有特别规定役一年、役二年等者），一赦之后，改为一年役作三个月。番，在此作次解，时限为一番（次），即一月。二赦为官户，其流刑者之身份仍然没有改变，只是役作时间较第一赦少，每年减少半月。三赦才恢复平民身份。也说明，即使官户，也还是有具体的监管、看押机构，即“配所”，而表现为限制其行为的自由。所以无论是徒刑或者流刑、流徙，被押送到达的“配所”，也是执行自由刑的监管看押机构。法律规定奴婢为准盗论，即相当于准盗贼论法。《唐律疏议》解释准盗论：谓计赃五匹徒一年，五匹加一等。说明官奴婢并非一年刑，按年减等。

以上之“役院”、“配所”与审前羁押机构的“狱”，即看守所，具有完全不同的功能性质。但是与看守所一样，具有严厉的监管羁押机构，以限制其行动自由，只是“役院”、“配所”、“官户”等大多不戴刑具或者少戴刑具，却要强制其进行劳作。

（二）“役院”、“配所”的管理

《新唐书·百官志》记载：“都官郎中、员外郎各一人。掌俘隶簿录，给衣粮送药疗，而理其诉免。凡反逆相坐，没其家配官曹，长役为官奴婢。一免者，一岁三番役。再免为杂户，亦曰官户。二岁五番役。每番皆一月。三免为良人。六十以上及废疾者，为官户；七十为良人。每岁孟春上其籍。……附贯州县者，按比如平民，不番上，岁督丁资，为钱一千五百。……凡居作者，差以三等：四岁以上为小；十一以上为中；二十以上为丁。丁奴，三当二役；中奴、丁婢二当一役；中婢，三当一役。”①

以上记载说明流、徙、徒作等已决犯由刑部都官主管，而流、徙、徒作之地区，皆有相应的监押管理机构，曰“役院”或“配所”等。都官主管国家的已决犯人的监管与行刑，虽然并不尽合理，却是在一定程度上反映出唐代的看守所，与逮捕、追捕、审判以及判决后依法押送已决犯离开看守所的实际存在程序。足以证明，唐代已经使未决犯，即看守所，与已决犯执行刑罚的“役院”或者“配所”分离。从其管理主体分析，执行刑罚的“役院”或者“配所”由刑部的都官郎中管理，而看守所及其审判，则由大理寺主管。规定：“徒”，在服刑期间，还可以通过都官申诉冤案。但是，未决犯必须按照看守所的审级以此进行审判。证明未决犯与已决犯，已经分属于两个功能性质不同的监管机构管理，即现代的看守所与监狱改造系统。并作出了相应之法律规定，分属不同的行政部门或执法部门管理。这里不妥的是对于流徙、加役流的期限不明确，因为流徙、加役流皆来自死刑或者死刑连坐之亲属。只能依靠赦令，才能免除其刑罚，其设置不合理，被连坐的亲属老幼，皆被监管奴役，殊不人道。

---

①（宋）欧阳修：《新唐书》，中华书局1999年版，第789页。

（三）“役院”、“配所”徒隶逃亡的法律规定

《捕亡律》规定了关于徒隶逃亡的具体法律内容。

《唐律疏议》第四百五十九条规定：“流徒囚役限内逃亡。”诸流徒囚，役限内而亡者，本注：犯流、徒应配及移乡人，未到配所而亡者，亦同。一日笞四十，三日加一等；过杖一百，五日加一等。①

同时规定：“主守不觉失囚，减囚罪三等；即不满半年徒者，一人笞三十，三人加一等，罪止杖一百。监当官司，又减三等。故纵者，各与同罪。”

“主守”谓主守囚徒之人，及部领流移人等，不觉囚亡“减囚罪三等”，谓从囚本罪上减三等，不从逃坐减之。“不满半年徒者”谓徒役将满，余日不满半年徒，而有逃亡者，不计逃日而科，惟据亡人之数为罪。“一人笞三十，三人加一等”谓四人亡，合笞四十，不觉二十二人亡，即至罪止，合杖一百。“监当官司，又减三等”谓减主守罪三等，不觉二十二人亡者，罪止杖七十。“故纵者，各与同罪”称“各”者，谓监当官司及主守，各与亡囚本犯罪同。唐代法律规定，如果擅自离开“配所”，即为逃亡，不仅刑徒受罚，而且主守即负责监管的官吏也要受刑事处罚。

《唐律疏议》规定：“流、徒囚”谓或流或徒者，各在其役限内而亡者，注云：犯流、徒应配及移乡人，未到配所而逃亡者，各与流徒囚役限内而亡同，一日笞四十，三日加一等，十九日合杖一百，过杖一百，五日加一等，五十九日流三千里。

《唐律》本注“徒流人逃”条规定：“凡徒、流、迁徙囚人，役限内而逃者，一日笞四十，每三日加一等，罪止杖一百。仍发配所。其徒囚照依原犯徒年，从新拘役。役过月日，并不准理。若起发已断决徒、流、迁徙、充军囚徒，未到配所，中途在逃者，罪亦如之。主守及押解人不觉失囚者，一名杖六十，每一名加一等，罪止杖一百，皆听一百日内追捕。提调及长押官，减主守及押解人三等。限内能自捕得，或他人捕得，若囚人已死及自首，皆免罪。故纵者，各与囚同罪。受财者，计赃以枉法从重论。”②

---

① （清）薛允升：《唐明律合编》，法律出版社 1998 年版，第 748 页。

② （清）薛允升：《唐明律合编》，法律出版社 1998 年版，第 760 页。

《唐明律》本注规定，从看守所押送已决犯，尚未到达“役院”或者“配所”而在途中逃亡者，其法定惩处办法与其在“役院”、“配所”之徒逃亡的惩处办法一样，显然，后者较重。本条与463条皆为已决犯逃亡之惩治法律规定。

《唐律》第四百六十三条规定:“官户奴婢亡”条规定，诸官户，官奴婢逃亡者，一日杖六十,三日加一等。本注:部曲、私奴婢亦同。主司不觉亡者，一口笞三十,五口加一等，罪止杖一百。故纵官户亡者，与同罪;奴婢，准盗论。即诱导官私奴婢亡者，准盗论，仍令备偿。[①]

《唐律疏议》曰:诸官户，官奴婢逃亡者，一日杖六十,三日加一等。本注:部曲、私奴婢亦同。部曲虽娶良人之女，其妻逃亡，罪同部曲。“主司不觉”谓不觉官户、官奴婢逃亡者，一口笞三十,五口加一等，三十六口罪止杖一百。故纵官户亡者，同官户逃亡之罪，罪止流，准加杖二百之法;故纵官奴婢亡者“准盗论”谓计赃五匹徒一年，五匹加一等。“即诱导官私奴婢亡者”，谓不将入己，导引令亡者，得罪不偿。若诱导官户、部曲亡者，律无正文，当“不愿得为从重”，杖八十。与同行者，同过致资给之罪。

以上规定说明:徒、流、迁徙，坐罪之官奴婢等皆有“配所”。对于已决犯，无论是居作，即徒、流、迁徙、奴婢官户，皆有专门管理场所，并配有专职责任人。判决后，离开看守所，也有专职人员押送至“配所”。途中逃跑或在执行刑罚过程中逃跑，责任人与刑徒等皆要受到刑事处分，刑徒执行过程中逃亡，抓捕后，要重新开始计算刑罚时间。唐律还明确规定，“官户”依然属于监管对象，因为官奴婢或者迁徙（全家坐罪者）、官户、流（非全家判罪）、徒（居作刑）、减死从流（或者死刑加役流、流徙）等，皆有指定地区及场所，规定其“配所”。徒作判决具有明确年限，流、流徙年限不定，依靠赦令确定剩余年限。执行劳作刑、流、流徙刑的监狱由专职官吏执行看押监管。

（四）领徒

“领徒”，被解释为“谓掌领囚徒”，即掌管囚徒之官吏。被判处徒刑、

① （清）薛允升:《唐明律合编》，法律出版社1998年版，第749页。

流刑、加役流等的囚徒，设有专门管理囚徒的官吏称“领徒”，严格执行对刑徒的监管工作，这一具体的法律规定，是针对“领徒”的官吏而制定的。居作之囚徒具有规定的刑期，在其生病、治病期间，必须计算所占用的日数，病愈后，依照实际日数“陪役”，说明当时监管劳动、服役的监狱，只有上诉申理冤案的功能，而没有鼓励囚徒通过努力劳动，表示认罪、悔过而得到减刑的相关规定。

《唐律》第五百条规定：“领徒囚应役不役：诸领徒应役而不役，及徒囚病愈不计日令陪（赔）役者，过三日笞三十，三日加一等；过杖一百，十日加一等，罪止徒二年。”①

《疏议》曰：“领徒应役，谓掌领囚徒，令役身者而不役；及徒囚因病给假，病愈合役，不令陪（赔）役者；过三日笞三十，三日加一等，过二十四日合杖一百。过杖一百，十日加一等，罪止徒二年。注云：不得过罪人之罪，谓应徒一年者，虽多日不役，亦不得过徒一年；其二年以下，并准此。囚数多者，从不役人日多者为罪。”

（五）流徙刑

唐代法律对流徙刑进行了专门的规定。被判处流徙刑的流移人在道疾病，妇人免乳，祖父母、父母丧，男女奴婢死，皆给假，授程粮。非反逆缘坐，六岁纵之，有官者复仕。唐代流刑不超过六年。

贞观十四年诏流罪无远近皆徙边要州。后犯者寝少。十六年，又徙死罪以实西州。流者戍之，以罪轻重为更限。②

对于已决犯，即判处流刑的，经过京都终审之后，与其亲属被押送流放地点。孕妇期、亲丧、生病的情况可以请假，同时发放流徙途程所需之口粮。特别规定“流移人”、“男女奴婢死皆给假”。说明唐律彰显了对生命的重视，同时也体现唐初刑法之宽缓。男女奴婢即坐罪为奴婢者，流移人包括流、移乡、坐罪之奴婢，随行之亲属，皆给程粮，即路费。

---

① （清）薛允升：《唐明律合编》，法律出版社 1998 年版，第 800 页。

② （宋）欧阳修：《新唐书》，中华书局 1999 年版，第 928 页。

七、唐代看守所的管理制度

《唐律卷二十九》记载，《断狱律》《疏议》曰：断狱律之名，起自于魏，李悝囚法而出此篇。至北齐，与捕律相合，更名捕断律，至后周复为断狱律。释名曰："狱者，确也，以实囚情。皋陶造狱，夏曰夏台，殷名羑里，秦曰囹圄，汉以来名狱。"在这里也证明"皋陶造狱"之狱，与"夏台、羑里、囹圄，汉以来名狱"，皆属于审前羁押之狱。所以《释名》解释"狱"就是审前羁押，准备审判的机构。

"狱"，解释为"确"。以实囚情，解释明确、核实囚情，其核心是通过看守所羁押、检察、审判而明确犯罪的实际情况，为"确"而囚，即羁押、拘禁这一过程的表现就是囚禁，然后才有检察审判。看守所羁押之目的是为了审查明确犯罪事实，以使"刑当其罪"，或者"罪抵其刑"。西周的掌囚，是掌管所有囚者的"狱"。所谓断狱，指审判未决犯的司法程序。断狱律涉及审前羁押、审判、检察、复审、谳狱及其判决后涉及执行方式的相关法律。

（一）看守所械具使用管理制度

《唐律疏议》第四百六十九条之"囚应禁而不禁"条规定："诸囚应禁而不禁，应枷、锁、杻而不枷、锁、杻及脱去者，杖罪笞三十，徒罪以上递加一等；迴易所著者，各减一等。即囚自脱去及迴易所著者，罪也如之。若不应禁而禁，及不应枷、锁、杻而枷、锁、杻者，杖六十。"①

《疏议》引狱官令："禁囚：死罪枷、杻。妇人及流以下去杻，其杖罪散禁。"又条："应议、请、减者，犯流以上，若除、免、官当，并锁禁。"即犯笞者不合禁，杖罪以上始合禁推。其有犯杖罪不禁，应枷、锁、杻而不枷、锁、杻及脱去者，杖罪（散禁而不散禁者），笞三十；徒罪不禁及不枷、锁若脱去者，笞四十；流罪不枷、锁若脱去者，杖六十；是名"递加一等。""迴易所著者，各减一等。"谓应枷而锁，应锁而枷，是名"迴易所著。"徒罪者，笞三十；流罪，笞四十；死罪笞五十。

---

① （清）薛允升：《唐明律合编》，法律出版社 1998 年版，第 772 页。

囚自擅脱去枷、锁、杻者，徒罪笞四十，流罪以上，递加一等；囚自迴易所著者，各减一等。故云“亦如之”。“若不应禁而禁及不应枷、锁、杻而枷锁杻”并谓据令不合者，各杖六十。

以上规定是针对“禁囚”者而言，即看守所官吏之直接责任人。在逮捕、拘押、审判，尤其终审尚未结束之前，存在复审、谳狱、上诉、奏报，等候州、郡、大理、刑部或者朝廷批覆。一旦终审完毕，死刑还要避开立春之后，秋分之前禁屠、禁杀之日，经过五复奏才能行刑。县级有笞刑的终审权，州府有杖刑的终审权。徒刑、流刑、流徙、死刑皆需中央(刑部、大理、御史台等）即朝廷才有终审权。

在上诉、谳狱、覆审以及季节性停讯等期间，包括其押送途中，皆需依法配戴刑具，违制者罚。

“犯笞者不合禁，杖罪以上适合禁推。”这是包括县级看守所在内的各级看守所的刑具使用标准，县级只有笞刑审判权，即杖罪以下终审权，杖罪以上县级具有初审权，州郡才有杖刑审决权，徒、流、死罪终审权在朝廷。禁，即审前羁押，推，即审判。笞、杖罪不须着械，即散禁，杖罪以上才带刑具，徒流、流徙、死刑刑具使用也不同，男女、官职、身份不同，刑具使用也不一样，违法规定使用刑具，狱吏也要受刑法处置。囚犯自已擅自改变所戴刑具也要受到严惩。

（二）看守所安全管理制度

唐代针对看守所负责狱政官吏的狱内安全检查及其责任制定了相关法律制度，看守所内不准犯罪嫌疑人获取武器、绳索、刀具之类的危险物品，以防止其逃跑或者发生其他危险。

《唐律疏议》第四百七十条规定：“诸以金刃及他物，可以自杀及解脱，而与囚者，杖一百；若囚以故逃亡及自伤、伤人者，徒一年；自杀、杀人者，徒二年；若囚本犯流罪以上，因得逃亡，虽无杀伤，亦准此。即囚因逃亡，未断之间，能自捕得及他人捕得，若囚自首及已死，各减一等。即子孙以可解脱之物与祖父母、父母、部曲、奴婢与主者，罪亦同。”①

---

① （清）薛允升：《唐明律合编》，法律出版社 1998 年版，第 773 页。

《唐律疏议》曰："金刃"，谓锥、刀之属。"他物"谓绳、锯之类。可以自杀及解脱枷、锁、杻，虽囚之亲属及他人与者，物虽未用，与者即杖一百。若以得金刃等故，因得逃亡，或自伤害，或伤他人，与物者，徒一年；若囚自杀，或杀他人，与物者徒二年；若囚本犯流罪以上，因得金刃等物而逃亡者，虽无杀伤，与物者亦徒二年。

谓囚因得金刃及他物之故，以自解脱而逃走，与物人罪未断之间，能自捕得及他人捕得，若囚自来归首及囚自死，或他人杀之者亦同。"各减一等"，谓徒以下囚逃者，一年徒上减；流、死囚逃者，二年徒上减。"即子孙以可解脱之物"，谓称孙者，曾、玄同，而与祖父母、父母；或者部曲，奴婢与主者，并与凡人罪同。亦不合辄自捕捉，若官司遣捕而送者，无罪；自捕送官者，同告法。若有杀伤而逃亡者，后能捕获，与物之人，各依前伤杀之罪，不合减科。

以上法律皆是针对看守所羁押安全管理而制定的，与审判无直接关系，唐代列入断狱律，显然是把看守所管理也包括其中。

（三）看守所"死罪囚辞穷竟"制度

《唐律疏议》第四百七十一条规定："死罪囚辞穷竟。"诸死罪囚辞穷竟，而囚之亲故为囚所遣，雇请人杀之及杀之者，各以本杀罪减二等。囚若不遣雇请，及辞未穷竟而杀，各以斗杀罪论，至死者加役流。辞虽穷竟，而子孙于祖父母、父母、部曲、奴婢与主者，罪亦同。①"囚辞穷竟"，即案情已经完全明白，证据确凿，供认不讳，达到可以结案之程度。

《唐律疏议》曰：谓犯死罪囚，辞状穷竟，而囚之缌麻以上亲及故旧，为囚所遣，或雇人、请人而杀讫者，其所遣雇请之人，及受雇请杀者，各以尊卑、贵贱，本杀罪上减二等科之。囚若不遣雇请人杀，及囚若虽遣雇请人杀，而辞状未穷竟而杀者，其所遣之人及受雇请者，各以尊卑、贵贱，以斗杀罪论，至死者加役流。依照亲疏：斩衰、齐衰、大功、小功、缌麻五个等级处置。父母、夫妻为斩衰。辞状，即犯罪事实；穷竟，审判

① （清）薛允升：《唐明律合编》，法律出版社 1998 年版，第 773 页。

明白，供词与证据相符合，可以结案。

“辞虽穷竟”，谓死罪辨定讫。而子孙于祖父母、父母，部曲、奴婢与主，虽被祖父母、父母及主所遣而辄杀者，及雇人、请人杀者其子孙、及部曲、奴婢皆以故杀罪论；子孙仍入“恶逆”，部曲、奴婢，经赦不原。其被雇请之人，仍同上解，减斗杀罪二等。

问曰：其囚本犯死罪，辞未穷竟，又不遣人雇请杀之，而囚之亲故雇请人杀及杀之者，合得何罪？

答曰：辞虽穷竟，不遣雇请人杀之；虽遣人雇请人杀之，辞未穷竟；此等二事，各以斗杀为罪，至死者加役流。若辞未穷竟，复不遣雇请杀之而辄杀者，各同斗杀之法，至死者并皆处死，不合加役流。

当时对于死罪的看押、审判极其残酷，否则，为什么还没有“穷竟”，甚至已经“穷竟”，即审判是否结束，虽是死罪，也还是有被赦免的机会，其亲人故旧，何故还要雇请他人杀死已经或者可能被判处死刑的亲人，甚至是被囚者自己要求其亲属设法杀死自己。事实上，这是针对看守所的职责制定的法律，因为死刑的终审权在中央即大理寺、刑部、尚书省、门下、御史台包括三司诸多执法以及行政机构，皆有可能影响死刑、流刑的判决。但是，在终审判决前，及判决后之行刑前，除了特殊需要，必须押送京都，由大理寺或者朝廷覆审之外，也有发回原发案地看守所羁押的。唐制规定：省、部、寺、监、刑部、大理寺皆掌刑。县统于州，州属中央，而县决笞罪；州决杖罪，徒、流罪、死罪审决权皆在朝廷。防止死刑犯自杀、被杀的相关规定，涉及各级看守所，处刑很重，以示对于法律的重视。

（四）看守所案情保密制度

唐代法律对看守所的案情保密制度规定的非常严格，这也是我国古代最早关于案情保密制度的相关法律规定，以防止案情外泄，发生串供影响案件审判的事件发生。

《唐律疏议》第四百七十二条规定：“主守导令囚翻异”，诸主守受囚财务，导令翻异；及与通传言语，有所增减者；以枉法论，十五匹加役流，三十匹绞。赃轻及不受财者，减故出入人罪一等。无所增减者，笞五十；

受财者，以受所监临财务论。其非主守而犯者，各减主守一等。[①]

《唐律疏议》曰：“主守”谓专当掌囚、典狱之属。受囚财务，导引其囚，令翻异文辩；及得官司若文证外人言语，为报告通传，有所增减其罪者；以枉法论，依无禄枉法受财，一尺杖九十，一匹加一等，十五匹加役流，三十匹绞。

“赃轻”，谓受赃得罪，轻于减囚罪一等者“及不受财”，惟通言语，“减故出入人罪一等”，谓导令翻异与通传言语，出入囚死罪者，处流三千里；出入流罪以下，各减本罪一等之类。虽即教导及通传言语，于囚罪无所增减者，笞五十，若无增减而受财者，以受所监临财务论，一尺笞四十， 匹加 等，八匹徒 年，“其非主守而犯者”，为非监当囚人，而有外人导囚翻异，有所增减，各减主守罪一等；若受财，于主守赃上减一等；若不受财，于囚罪上减二等；虽通言语，无所增减，笞四十。

看守所的官吏指使犯人翻供（即串供），必然具有一定原因，多是贪赃受贿，查明后严惩。若属被枉法击断，被冤枉者，为辩冤导令翻异者不坐。严格规定看守所不准传递语言消息，以防止串供、乱供、牵引、诬陷等情况发生。

（五）看守所囚犯生活及医疗卫生制度

唐代法律针对看守所医疗卫生方面制定了相关规定，并严格规定看守所官吏的执法纪律，以保证囚犯的合法权益。同时规定看守所之囚粮自备，若不能自备者，官给衣粮，有病医治，家人可以入视。若狱卒克减囚粮、或者病囚延误医治等致死者，当事人处绞刑，对审前羁押之看守所的执法官吏要求极为严厉。

《唐律疏议》第四百七十三条规定：“囚给衣食医药。”诸囚应请给衣食医药而不请给，及应听家人入视而不听，应脱去枷、锁、杻而不脱去者，杖六十；以故致死者，徒一年；减窃囚食，笞五十；以故致死者，绞。[②]

① （清）薛允升：《唐明律合编》，法律出版社 1998 年版，第 773 页。

② （清）薛允升：《唐明律合编》，法律出版社 1998 年版，第 773 页。

《唐律疏议》引准狱官令："囚去家悬远绝饷者，官给衣粮，家人至日，以数征纳。囚有疾病，主司陈牒，请给药救疗。"此等应合请给，而主司不为请给及主司不即给；准令"病重，听家人入视。"而不听，及应脱去枷、锁、杻，而所司不为脱去者，所有官司合杖六十。"以故致死者"，谓不为请及虽请不即为给者，所由官司徒一年。即减窃囚食者，不限多少，笞五十。若由减窃囚食，其囚以故致死者，减窃之人合绞。

《新唐书·刑法志》记载：诸狱之长官，五日一虑囚。夏置浆饮，月一沐之；疾病给医药，重者释械，其家一人入侍，职事散官三品以上，妇女子孙二人入侍。①

（六）看守所"失囚"制度

"主守不觉失囚"，是指囚，即未决犯，因为对于"未决断间"谓官当收赎者未断的解释，是谓官当收赎者未断，死及笞杖未决。属于对未决犯防守不严而发生逃跑事件的处置法律规定，主要针对看守所狱政管理官吏而设。

《唐律疏议》第四百六十六条规定了"主守不觉失囚。"诸主守不觉失囚者，减囚罪二等；若囚拒捍而走者，又减二等，皆听一百日追捕。限内能自捕得及他人捕得，若囚已死及自首，除其罪；即限外捕得，及囚已死若自首者，各又追减一等。监当之官，各减主守三等。故纵者，不给捕限，即以其罪罪之；未断决间，能自捕得及他人捕得，若囚已死及自首，各减一等。本注：谓此篇内，监临主司应坐，当条不立捕访限及不觉故纵者，并准此法。②

《唐律疏议》曰：主守者，谓专当守囚之人、典狱之类。"不觉失囚者，减囚罪二等。"假失死囚，合徒三年之类。若囚拒捍强走，力不能制，又减二等。皆听一百日追捕。限内能自捕得。"及他人捕得者"不限亲疏；若囚已死及自归者，并除失囚之罪。即百日限外捕得，及囚已死若囚自首，各又追减失囚本罪一等。称"追减"者，谓失囚之罪已经断讫者，仍

① （宋）欧阳修：《新唐书》，中华书局1999年版，第927页。

② （清）薛允升：《唐明律合编》，法律出版社1998年版，第750页。

更追减，若已奏决者，不在追减之例。

“监当之官”谓检校专知囚者。即当直官人在直时，其判官准令合还，而失囚者，罪在当直之官。“各减主守三等”，谓减囚罪五等；囚若拒捍而走，得减囚罪七等之类。“故纵者，不给捕限”谓主守及监当之官，故纵囚逃亡者，并不给限捕访，即以其罪罪之者，谓纵死囚得死罪，纵流、徒囚得流、徒罪之类。“未决断间”谓官当收赎者未断，死及笞杖未决。能自捕得及他人捕得，若囚已死及自首，各减一等。本注：谓此篇内，监临主司应坐，当条不立捕访限及不觉故纵者，并准此法。

《唐律疏议》第五百零一条规定：“纵死囚逃亡，诸纵死罪囚，令其逃亡，后还捕得及囚已身死，若自首，应减死罪者，其获囚及死首之处，即须遣使速报应减之所，有驿处发驿报之。若稽留使不得减者，以入人罪故、失论减一等。”①

《唐律疏议》曰：谓囚合死在禁，所司纵令逃亡，依“故纵”之条，还合死罪。“捕得，及囚已死，若自首，应减死罪者”谓依捕亡律及上条，“放而还获，得减一等”者。其获囚之处及死首之所，即须遣使速报应减死之处；若有驿之处，发驿报之。若使人及官司稽留，令不得减罪，致使囚已决讫者“以入人罪故、失论减一等”，谓故稽迟，从故入上减一等，流三千里；若故失稽迟，从失入罪上减一等，总减罪人四等，徒二年。官司及使人，各以所由为坐。

唐律对于故纵死刑责任人也判死刑，如果发现原死刑犯已死、已经捕得或其自首等，该地官府应该立刻采取最快方式包括利用驿站快速报告，以免故纵责任人被执行死刑。故意拖延或者因上报不及时导致责任人已经行刑，要受到流三千里的严厉惩罚，流三千里仅次于死刑。

以上法律规定皆与看守所的功能性质密切相关，看守所功能包括判决后对已决犯的及时移送，判决所涉及相关内容的及时处置，疑罪以及谳狱的处理等，皆有严格的羁押制度性法律规定，防止逃跑，防止枉法，说明唐代看守所的相关法律已经渐趋完善。其涉及看守所羁押制度性的相关法律规定，也成为后世看守所羁押管理的理论基础。

---

① （清）薛允升：《唐明律合编》，法律出版社1998年版，第800页。

八、唐代之未决犯与已决犯

《唐律疏议》第四百九十条规定："诸狱结竟取服辩。诸狱结竟，徒以上，各呼囚及其家属，具告罪名，仍取囚服辩。若不服者，听其自理，更为详审。违者，笞五十；死罪，杖一百。"①

《唐律疏议》曰：诸狱结竟，谓徒以上罪名，长官同断案已判讫，徒、流及死罪，各呼囚及其家属，具告所断之罪名，仍取囚服辩。其家人、亲属，唯止告示罪名，不须问其服否。囚若不服，听其自理，更为详审。

若不告家属罪名，或不取囚服辩及不为审详，流、徒罪并笞五十，死罪杖一百。

唐律规定终审结束，告知其亲属，这是对于平民知情权的维护，同时允许上诉。如果不告知其家属，要受到刑事处分。已决犯必须按时被押送离开原看守所，同时涉及被连坐的亲属处罚方式包括籍没、流放。

《唐律疏议》第四百九十二条规定："徒流送配稽留；诸徒、流应送配所，而稽留不送者，一日笞三十，三日加一等；过杖一百，十日加一等，罪止徒二年。不得过罪人之罪。"②

《唐律疏议》曰："徒、流应送配所。"谓徒罪断讫，即应役身，准狱官令："犯徒应配居作，在京送将作监，在外州者供当处官役。"案成即送，而稽留不送，其流人，准令："季别一道。若符在季末三十日内至者，听与后季人同遣。"违而不送者，一日笞三十，三日加一等；过杖一百，十日加一等，五十二日罪止徒二年。注云："不得过罪人之罪"，谓罪人应徒一年者，稽留官司亦罪止徒一年之类。

徒、流、流徙送配稽留之规定，是依法"役身"的法定程序，即终审结束必须尽快执行判决，即"役身"。促使犯罪者为自己的罪行付出代价，徒流属于"役身"的实施办法，即刑罚的一个种类，执行役身的场所在"役院"或"配所"。行刑监狱是对犯罪者的惩罚、教育，使其付出犯罪成本，认罪悔过。而看守所则是维护社会秩序、保障社会治安、及时确

① （清）薛允升：《唐明律合编》，法律出版社1998年版，第797页。
② （清）薛允升：《唐明律合编》，法律出版社1998年版，第798页。

立犯罪者刑罪适配的司法程序，提供司法获取刑当其罪的执法场所，以完成法律保障社会正义的基本功能。可见看守所与行刑之监狱，虽然皆具有羁押、监管的功能，但是由于二者分别作用于司法程序的不同阶段，其担负的执法责任、执法目的、执法方式、执法性质、执法思想等并不相同。看守所首先是依法使用强制性措施，即时剥夺涉案者一定时段内的行动自由，施以羁押。目的是及时制止犯罪，同时提供安全、公正的执法环境，为审判公平创造条件。依法使用拘禁、监押、禁闭等方式确定罪行，而非执行劳役等“役身”过程。执法思想是正确依法实施刑罪适配程序，维护刑罪公正的执法目的。其涉及刑狱之法，即现代之刑事诉讼法、刑法、看守所法、械具使用以及审前羁押管理制度等法律，注重审前羁押之权力与责任。由于审前羁押不能确定其犯罪身份，所以必须维护被羁押者的相应权利。但是古代看守所羁押与审检一体，虽然看守所是由典狱主管，审判却是由问刑（也称问事）官，即司法官（《云梦秦简》有关于“诘者”、法官、检察官等记载，即专门负责司法、审问、检察的法官。）主管。看守所的收押与审判执法监察，是由白直（即检察官）负责。该级行政长官统管逮捕、羁押、审判、检察，所以易导致执法不公。

看守所的核心任务是审前羁押，行刑监狱即西周之“圜土”、唐代的“役院”、“配所”（包括后世宋代之“牢城”等），是依法强制性地执行劳作，刑徒在监管羁押的一定范围内活动。迫使其完成刑当其罪的法定责任，以付出其犯罪代价，使其在服刑过程中认罪悔过，以戒其回归社会重犯，惩罚与教育相结合。依照相关史料的记载，唐代已经以法律的形式，严格规定将监管看守所之未决犯与终审完成的已决犯之“役身”的监狱完全分开。“应断决者，限三日内断决，应起发者，限十日内起发。若限外不断决，不起发者，当该官吏三日笞二十，每三日加一等”[①]审判是问刑，检察是白直，典狱官主管狱政即看守所之管理。而实施押解已决犯的官吏不一定皆为看守所之官吏，称押解官或提牢官，为该级行政长官派遣。解送途中逃跑，押解官要承担刑事责任。

自从夏商周甚至五帝时期以来，所谓的狱、囹圄或者掌囚所掌管之

---

① （清）薛允升：《唐明律合编》，法律出版社 1998 年版，第 780 页。

狱，由于实行的是肉刑，没有劳作刑，虽然有流刑或者流徙，只是驱逐其离开原居住地迁往远方，并没有在“配所”实施监管或者监禁，没有严格地限制其在迁徙地区的生存自由，也没有以强制暴力方式监禁羁押，所以当时不存在行刑监狱。秦汉以来已经有了役作、徙边、戍边、从军的历史文献记载，但是缺乏相应的监管、释放、身份变化之法律文献资料，未发现记载专门用于行刑监狱的明确的法律规定内容。也没有规定已决犯必须于规定时间内，被押送离开看守所的法律条文。最早规定“徒流送配稽留”处罚见于《唐律》。西周出现了监管1—3年劳作刑的圜土，事实上，就是执行徒刑的监狱萌芽。《云梦秦简》之《司空律》规定：“舂城旦出繇（徭）者，毋敢之市及留舍阓外；当行市中者，回，勿行。”舂城旦是已决犯，为《司空律》所隶属之实施机构，不属于《封诊式》等看守所的执法机构，说明这一法律规定是针对执行劳作刑的刑徒之监狱而设置的。至于汉代的“输左右校”与“论输左校”，则前者是审前羁押。输，即逮捕输送之义，后者则是已决犯。论，即纠论、判决过程，所以汉代将作大匠之左右校属于混合性质的监狱。汉代流刑、流徙刑无明确年限，作刑1—5年，也没有说明役作场所，但记载有司空狱。不能否定具有执行劳作刑的监狱存在，只是目前尚缺乏详细的相关历史资料地印证。从目前的历史文献中我们可以发现，唐代刑法制度及其法律，关于审前羁押性质的狱（即看守所）与专门执行自由刑的监管机构，即行刑机构的监狱即“役院”、“配所”等，其法律文献记载最为详细而明确。已决犯与未决犯分押是可以肯定的。

九、唐代看守所与《狱官令》

《狱官令》，最早出现于《魏书·刑法志》，但具体在什么时期制定的《狱官令》不可考。

《狱官令》是针对刑狱即逮捕、羁押、审判、司法检察等有关法律之规定，包括狱政管理制度、械具使用规范、审判纪律与审判执法原则、司法检察程序等方面的成文法。《狱官令》对于促进刑法及其实践过程的发展与进步具有重要意义，成为北魏以后看守所羁押、狱政管理、审判、检察等司法实践的法律基础。执法实践中，行刑监狱与审前羁押之看守所，在其功能性质等方面具有显著差别，所以制定了分离措施。随着看守所与行刑机构的专业化发展，与之相应的系统性法律逐渐形成。从《狱官令》我们可以看出，在唐代之前，已决犯即囚徒已经在全国各州县设立了监管年刑即徒刑的监狱机构，因为《狱官令》最早见于北魏，《魏志·狱官令》记载："诸犯年刑以上加锁，流刑以上增以杻械。迭用不俱。"

《魏书·刑法志》记载：永平元年秋七月，诏尚书检枷杖大小违制之由，科其罪失。尚书高肇等奏曰：臣闻王者继天子物，为民父母，导之以德化，齐之以刑法。小大必以情，哀矜而勿喜，务以三讯五听，不以木石定狱。伏惟陛下子爱苍生，恩侔天地，疏罔改祝，仁过商后。以枷杖之非度，愍民之或伤，爰降慈旨，广垂昭恤。虽有虞慎狱之深，汉文恻隐之至，亦未可共日而言矣。仅案《狱官令》："诸察狱，先备五听之理，尽求情之意，又验诸征信，事多疑似，犹不首实者，然后加以拷掠；诸犯口年刑以上枷锁，流徙以上，增以杻械。迭用不俱。"《唐律疏议》多引用《狱官令》，如《唐律疏议》四百七十三条引准《狱官令》："囚去家悬远绝饷者，官给衣粮，家人至日，以数征纳。囚有疾病，主司陈牒，请给药救疗。"这是《狱官令》关于看守所羁押制度的规定。

《唐律疏议》在断狱律中也多次引用《狱官令》，《狱官令》与审前羁押及其审判法律制度具有密切关系，只是《狱官令》的完整资料已难以看到，从《唐律疏议》里可以了解一些相关内容。断狱之法令，与看守所之法律制度，存在相互依存之关系，一旦断狱终结，审前羁押即告结束。从唐代及其之前的审前羁押机构（看守所）的相关功能与法律可以发现，古代对于审前羁押、审判与检察的机构设置，具有显著的关联性。探索古代法律制度的产生、发展与进步的历史过程，我们可以看出，审前羁押之看守所与行刑机构的分离，是在法律实践过程中逐渐形成的。秦汉时代还没有具体的相关法律规定，判决后没有必须及时押送徒、流、徒刑犯离开审前羁押机构之规定，也没有发现《狱官令》。而《唐律疏议》记载了详细而明确的专门惩处徒流送配稽留的相关法律条款，并引用《狱官令》。《疏议》曰："徒、流应送配所"，谓徒罪断讫，即应役身，准《狱官令》："犯徒应配居作，在京送将作监，在外州者供当处官役。"

案成即送，而稽留不送；其流人，准令："季别一道。若符在季末三十日内至者，听与后季人同遣。"违而不送者，一日笞三十，三日加一等；过杖一百，十日加一等，五十二日罪止徒二年。注云："不得过罪人之罪"，谓罪人应徒一年者，稽留官司亦罪止徒一年之类。说明《狱官令》是在徒流配送法制形成时期，即审前羁押之看守所已经与行刑机构分离，未决犯与已决犯已经分开羁押与监管。也说明《狱官令》与看守所管理之法律规定密切相关。

《唐律疏议》曰：依《狱官令》"察狱之官，先备五听，又验诸证信，事状疑似，犹不首实者，然后拷掠。"故拷囚之义，先察其情，审其辞理，反复案状，参验是非。"犹未能决"谓事不明辨，未能断决，事须讯问者，立案，取见在长官同判，然后拷讯。若充使推勘及无官同判者，得自别拷。若不以情审察及反复参验，而辄拷者，合杖六十。

《狱官令》规定："杖罪以下县决之。徒以上，县断定，送州府审讫，徒罪及流应决杖、笞若应赎者，取决配征赎。"这是审级权限的法律规定。

依《狱官令》，拷囚"每讯相去二十日。若讯未毕，更移他司，仍须拷鞫，即通计前讯以充三度。"若不依此令，即以违法论。《狱官令》成为后世审前羁押、审判、检察、行刑等执法的重要法律依据。刑讯即拷囚，是古代执法不公、制造冤狱的主要原因。"又验诸证信，事状疑似"并非可以量化的执行标准，立案与长官同判，虽不能解决审判公正，但是二人同审，有利于互相监督。《狱官令》强调拷讯不过三度，对于限制刑讯有一定意义。

《唐律疏议》曰：依《狱官令》"从立春至秋分，不得奏决死刑。"违者，徒一年。若犯恶逆以上及奴婢、部曲杀主，不拘此令。其大祭祀及致斋、朔望、上下玄、二十四气、雨未晴、夜未明、断屠月日及假日，并不得奏决死刑。其所犯虽不待时，"若于断屠月"，谓正月、五月、九月，"及禁杀日"谓每月十直日，月一日、八日、十四日、十五日、十八日、二十三日、二十四日、二十八日、二十九日、三十日，虽不待时，于此月日，亦不得决死刑。违而决者，各杖六十，待时而违者，谓秋分以前、立春以后，正月、五月、九月及十直日，不得行刑，故违时日者，加二等，合杖八十，其正月、五月、九月有闰者，令文但云正月、五月、九月断屠，即有闰者各同正月，亦不得奏决死刑。[①] 可见《狱官令》也是汉代以降，儒家思想作为执法原则而制定的。

从《狱官令》的内容与出现时段分析，大约是在魏晋之后、北魏之前或者北魏时期制定的。《狱官令》对后世的羁押、司法、检察、刑法、行刑等制度的实践与发展具有指导作用。

十、唐代看守所与赦宥

唐代发布大赦令皆由刑部主持发布仪式，仪式极其隆重，以绢书写赦令之方式颁行诸州县。

《唐律疏议》第四百八十八条规定：诸赦前断罪不当者，若处轻为重，宜改从轻；处重为轻，即依轻法。其常赦所不免者，依常律。本注：常赦所不免者，谓虽会赦，犹处死及流，若除名，免所居官及移乡者（《唐律》"迁徙"：诸杀人会赦免者，移乡千里外。《疏议》曰：杀人应死，会赦免罪，而死家有期以上亲者，移乡千里外为户。其有特敕免死者，亦依会赦例移乡。）即赦书定罪名，合从轻者，又不得引律比附入重，违者各以故、失论。[②]

《疏议》曰：处断刑名，或有出入不当本罪，其事又在恩前，恐判官执非不移，故明从轻坐之法。"若处轻为重，宜改从轻"，假有斗杀堂兄，当时作亲兄，断为"恶逆"，会赦之后，改从堂兄，当坐"不睦"赦若十恶亦原，处流二千里，以常赦不免，故仍处流坐。又如斗杀凡人，断为杀缌麻尊长，会赦，十恶不免，改为杂犯，免死，移乡。此并仍有轻罪。又有受所监临五十匹，断为"枉法"处死，会赦，改为"受所监临"，不在征赎之例。又有犯近流，科作远流，或止合一官当徒，断用二官以上，若奏画讫及流至配所会赦者，改从本犯近流及还所枉告身；若未奏画及流人未到流所会赦者，即从赦原。若应征铜而处轻为重，其铜或在限外未输，或在限内纳讫，会赦者，并改从轻法，其剩纳者，却还；未送者，依轻罪

① （清）薛允升：《唐明律合编》，法律出版社 1998 年版，第 799 页。

② （清）薛允升：《唐明律合编》，法律出版社 1998 年版，第 797 页。

数征纳。若限内未纳会赦者，从赦并免。称“轻”者，全免亦是。故令云：“犯罪未断决，逢格改者，格重，听依犯时；格轻，听从轻法。”即总全无罪，亦名轻法。其“处重为轻，即依轻法”，假令犯十恶，非常赦所不免者，当时断为轻罪及全放，并依赦前断定。

“其常赦所不免者”赦书云：“罪无轻重，皆赦除之”不言常赦所不免者，亦不在免限，故云“依常律”。即：犯恶逆仍处死；反、逆及杀从父兄姊、小功尊属、造畜蛊毒，仍流；十恶、故杀人、反逆缘坐，狱成者，犹除名；监守内奸、盗、掠人、受财枉法，狱成会赦，免所居官；杀人应死，会赦移乡等是。

“赦书定罪名，合从轻者”，假如贞观九年三月十六日赦。“大辟罪以下并免。其常赦所不免、十恶、妖言惑众、谋叛已上道等，并不在赦例。”据赦，十恶之罪，赦书不免。“谋叛”即当十恶，未上道者，赦特从原，叛罪虽重，赦书定罪名合从轻，不得引律科断，若比附入重。违者，以故、失论。

可见唐律遇疑一概从轻，执法指导思想为疑罪从无，贯彻从轻原则。各级看守所是赦令的主要承担部门，落实赦令主要也在各级看守所。以上从轻从赦的条文规定十分明确，有利于赦令的实施与具体操作。

《唐律疏议》第四百八十九条规定：“诸闻知有恩赦而故犯，及犯恶逆，若部曲、奴婢殴及谋杀若强奸主者，皆不得以赦原。即杀小功尊属、从父兄姊及谋反大逆者，身虽会赦，犹流二千里。”①

《疏议》曰：闻知有恩赦而故犯，谓赦书未出，私自闻知，而故犯罪者“及犯恶逆”，谓殴及谋杀祖父母、父母，杀伯叔父母、姑、兄姊、外祖父母、夫、夫之祖父母、父母，此皆名“恶逆”，若部曲、客女亦同，并奴婢殴及谋杀若强奸主者，皆不得以赦原。即杀小功尊属、从父兄姊及谋反大逆者，此等虽会赦免死，犹流二千里。

赦令发布一是保密困难，二是有一定规律性。所以为一些预谋犯罪者提供了躲避刑事责任的机会，从唐代法律条文即可看出，打击这种预谋类型的犯罪取证困难。

① （清）薛允升：《唐明律合编》，法律出版社 1998 年版，第 797 页。

唐律也由此体现了对封建礼教的高度重视，以严刑维护其等级秩序。其中恶逆罪之法律规定，成为后世封建宗法制度的法律依据，这也是自从汉武帝以来，儒家“天人合一”思想的重要成就。宗法制度的逐渐完善，导致中国古代法外权的社会化，形成了法外有法的特殊制度体系。

十一、看守所与“疑罪从无”原则

《唐律疏议》第五百零二条规定：“疑罪，诸疑罪，各依所犯，以赎论。本注：疑，谓虚实之证等，是非之理均；或事涉疑似，傍无证见；或傍有闻证，事非疑似之类。即疑狱，法官执见不同者，得为异议，议不得过三。”①

《唐律疏议》曰：疑罪，谓事有疑似，处断难明，“各依所犯，以赎论”，谓所疑之罪，用赎法收赎。注云：“疑，谓虚实之证等”，谓八品以下及庶人，一人证虚，一人证实，二人以上，虚实之证其数等；或七品以上，各据众证定罪，亦各虚实之数等。“是非之理均”，谓有是处，亦有非处，其理各均。“或事涉疑似”，谓赃状涉于疑似，傍无证见之人；或傍有闻见之人，其事全非疑似。称“之类”者，或行迹是，状验非；或闻证同，情理异。疑状既广，不可备论，故云“之类”。“即疑狱”，谓狱有所疑，法官执见不同，议律论情，各申异见，“得为异议”，听作异同。“议不得过三”，谓如丞相以下，通判者五人，大理卿以下五人，如此同判者多，不可各为异议，故云“议不得过三”。

“疑罪从无”原则，涉及执法指导思想，对于保障执法公正具有重要意义，疑罪从无的执法倾向，可以防止冤假错案的产生，从而促进社会稳定。这里的从赎，所指有实证而人数不够，经过大小三法司审议两次不决者，以赎论。可见所谓疑罪，皆属案情重大，否则不会经过三法司审理。

《旧唐书·刘德威传》记载，贞观十一年太宗问大理卿刘德威：“近来刑网稍密，其过安在？”德威奏言：“诚在主上，不由臣下。人主好宽则宽，好急则急。律文失入减三等，失出减五等。今则反是，失入则无辜，

① （清）薛允升：《唐明律合编》，法律出版社1998年版，第801页。

失出便获大罪。所以吏各自爱，竞执深文，非有教使之然，畏罪之所致耳。陛下但舍所急，则‘宁失不经’复行于今日矣。”①

律曰：“失入减三等，失出减五等。”意思是法律规定，轻罪误判重罪，对于责任者（审判官）的处罚重，即其责任与所失入之罪例减三等；而重罪误判轻罪，对于责任人的处罚轻微，即其失出罪责例减五等。这一规定，符合疑罪从无从赦的基本原则。否则轻罪重判，即冤案，也将导致看守所失去其固有的功能。

第三节　五代时期的看守所

五代时期（公元907—960年），历时53年，虽然其法律制度基本沿袭唐制，但是，由于战乱、政变频发，各地之审前羁押机构，其功能也十分混乱。不过梁唐晋汉周诸朝皆设有御史台、刑部、大理寺，以及州县设置看守所已成定制，其法律制度一如唐代。

《旧五代史·职官志》记载：“魏博管内刺史，比来州务并委督邮，遂使曹官擅其威权，州牧同于闲冗。”“朝廷设爵命官，求贤取士。……近年州郡奏荐，……或因权势书题，或是衷私请托。”② 足见五代时期其官制、法制之混乱。

五代看守所设置虽然基本沿袭唐制，但是由于战乱不断，没有史实资料明确地记载刑狱制度的相关设置与结构状态。只能从其简单的刑法志中摘取有关看守所的内容，以探索其看守所制度的存在状态。

《新五代史·桑维翰传》记载：契丹人入京，张彦泽为夺取后晋丞相桑维翰家产，使军吏白桑维翰“请赴侍卫司狱。”当夜张彦泽害死桑维翰，告诉耶律德光说桑维翰自杀。其侍卫司狱属于审前羁押性质之看守所，战争时期看守所羁押没有法律公正可言。《新五代史》作者欧阳修在全书中

---

① （后晋）刘昫：《旧唐书》，中华书局1999年版，第1808页。

② （宋）薛居正：《旧五代史》，中华书局1999年版，第1389页。

使用"狱"字仅发现三次。[①]

《旧五代史·刑法志》记载，后唐同光三年五月敕、同清泰元年五月诏："在京诸狱及天下州府见系罪人，正当暑毒之时，未免拘囚之苦，诚知负罪，特轸予怀。恐法吏生情，滞于决断。诏至，所在长吏亲自虑问，据轻重疾速断遣。无淹滞。"[②]后周广顺三年敕："应诸道州府见系罪人，乃令狱吏洒扫牢狱，洗涤枷械。"可见其看守所设置从京都到州县皆与唐朝基本一致。

战乱之后唐律已经散失，法律经过五代收集修订，到后周重新整理成册。《周书》记载："显德五年七月中书门下新进册定《大周刑统》奉敕颁行天下。"[③]《大周刑统》对于后世《宋刑统》具有重要影响。

一、五代时期看守所之滞狱

《旧五代史·刑法志》记载，后唐同光二年六月，敕："应御史台河南府行台马部司左右军巡院，见禁囚徒，据罪轻重，限十日内并须决遣申奏。仍委四京、诸道州府，见禁囚徒，速宜疏决，不得淹停，兼恐内外形势官员私事寄禁，切要止绝，俾无冤滞。"

五代时期所属各看守所皆出现严重滞狱现象，即羁押而不审，便于狱吏从中勒索财物。

后唐庄宗同光三年五月敕："在京及诸道州府，所禁罪人，如无大过，速令疏决，不得淹滞。"各州府县皆有看守所而且所禁罪人不能及时审理。

六月敕："刑以秋冬，虽关恻隐，罪多连累，翻虑淹滞。若或十人之中，止为一夫抵死，岂可以轻附重，禁锢逾时，言念哀矜，又难全废。其诸司囚徒，罪无轻重，并宜各委本司，据罪详断申奏，轻者即时梳理，重者候过立春，至秋分然后行法。"[④]

五代时期看守所的一大特征就是，羁押而不审判。罪多连累，禁锢逾

① （宋）欧阳修：《新五代史》，中华书局1999年版，第212页。
② （宋）薛居正：《旧五代史》，中华书局1999年版，第1361页。
③ （宋）薛居正：《旧五代史》，中华书局1999年版，第1096页。
④ （宋）薛居正：《旧五代史》，中华书局1999年版，第1360页。

时。看守所羁押功能混乱，审判制度更加腐败，司法失去公正。

后唐庄宗李存勖时期，河南府（指西京河南府，即洛阳），梁初升汴州为开封府建名东京。京兆府（即长安），镇州（同光四年改北京），并州也称北都。这里记载的诸道州府见囚徒即看守所系囚，四京与全国道州府所属看守所，羁押的所有系囚，尽快审判。防止产生“内外形势官员私事寄禁”索贿受贿、贪赃枉法，并由此产生冤案，所以限定十日内决遣申奏。从而说明当时看守所内羁押囚犯不能及时审理，导致看守所执法官员内外勾结，借以牟取私利，枉法击断，造成冤案。然而一年后再次发布敕令，严厉督促“在京及诸州府，所禁罪人，如无大过，速令疏决，不得淹滞。”再次证明，全国各地之看守所，执法功能混乱，存在严重的滞狱现象，朝廷不得不再次发出敕令。仅过一个月就因“罪多连累、翻虑滞淹”的滞狱问题而下达更为具体的敕令，直接责令“其诸司囚徒，罪无轻重，并宜各委本司，据罪详断申奏。”由此可见当时各级看守所执法状态极其混乱。

后唐天成元年十一月庚申，敕：“应天下州使系囚，除大辟罪以上，委所在长史，速推勘决断，不得傍追证对，经过食宿之地，除当死刑外，并仰释放。兼不许惩治。”①不得傍追证对，即不准以刑讯方式逼取无关原犯罪行以外的情节，以傍追证对，扩大案情甚至制造冤假错案。

当时各级看守所之审判与管理非常混乱，从中也可以看出，州郡长吏的权力之大，滞狱就是因为这些长吏的不守法令造成的，皇帝也只能反复敕令催促地方长吏速审速判。

《旧五代史·唐明宗纪》天成元年冬十月，刑部员外郎孔庄上言：“自兵兴已来法制不一，诸道州县常行枷杖，多不依格律，请以旧制晓谕，改而正之。”从之。②说明诸道州县看守所刑具使用也不规范。

天成二年春左拾遗李同上言：“天下系囚请委长吏逐旬亲自引问，质其罪状真虚，然后论之以法，庶无枉滥。”从之。③州郡长吏多不过问刑狱，任由部曹小吏枉法贪赃，使地方看守所处于混乱状态。

---

①（宋）薛居正：《旧五代史》，中华书局 1999 年版，第 1360 页。

②（宋）薛居正：《旧五代史》，中华书局 1999 年版，第 354 页。

③（宋）薛居正：《旧五代史》，中华书局 1999 年版，第 360 页。

天成二年六月辛卯大理少卿王郁上言："凡决极刑，准敕合三覆奏，近年已来，全隳此法，伏乞今后决前一日许一复奏。"从之。[①] 可以看出五代时期对于死刑的终审权、行刑权，皆在地方长官。

五代时期，各个州府县与唐代一样，依旧设置看守所，朝廷屡颁敕令，要求及时依法审判，不得枉法，坚决制止长期系囚滞留不审，制造冤狱，却没有结果，说明五代时期法制不全的滞狱现象严重。

滞狱的原因有三：一是犯罪率增加；二是刑法严苛过度；三是刑法制度混乱。官吏贪赃枉法，图谋私利，导致看守所系囚淹滞。这里滞狱的原因属于后者，由于唐代灭亡，长期处于混战、割据状态，据史书记载，到朱温建国时期，已经找不到一卷完整的《唐律》，之后的《大周刑统》逐渐收集、整理了比较接近唐律的法律条文。法律的缺失，也是导致执法混乱的重要原因。

五代时期地方各级看守所皆由"长吏"，即州郡行政长官及其贰职主管，而长吏多是具有战功的军人武将，其出身除了世家贵族，就是草莽英雄，甚至豪强、盗贼，缺乏法律知识与法律观念。看守所狱政混乱，官吏图谋私利，直接造成羁押而不审判。《旧五代史·刑法志》载，诏书指出："官吏曲纵胥徒，巧求瑕衅，初则滋张节目，作法拘囚；终则诛剥货财，市恩出拔。外凭公道，内循私情，无理者转务迁延，有理者却思退缩。积成讹弊，渐失纪纲。"所以，不能及时审判这一弊端难以消除，不仅是法制不健全，更是由于缺乏有效的司法监督机制。而法律制度性建设是一个严肃而缓慢的社会工程，只凭几道诏令，不易纠正。

二、看守所病囚医疗制度

《旧五代史·刑法志》载，后唐长兴二年四月，前濮州录事参军琮上言："诸道狱囚，恐不依法拷掠，或不胜苦致毙，翻以病闻，请置病囚院，兼加医药。"中书覆云："有罪当刑，仰天无恨；无病致毙，没地衔冤。燃死灰而必在至仁，照覆盆而须资异鉴，书著'钦哉'之旨，礼标'俐也'

① （宋）薛居正：《旧五代史》，中华书局 1999 年版，第 364 页。

之文，因彰善于泣辜，更推恩于扇暍。所谓置病囚院，望依，仍委随处长吏，专切经心。或有病囚，当时遣医人诊候，治疗后，据所犯轻重决断。如敢故违，致病囚负屈身亡，本处官吏，并加严断。兼每及官至，五日一度，差人洗刷枷匣。”

五代时期成立了病囚院，主要原因是由于刑讯、虐囚等导致囚死，这里说“有罪当刑”是应该的，“无病致毙”即冤死者，不公平。所谓系囚，并非皆为有罪，却被狱吏虐待、刑讯而死。

后晋天福二年八月，敕下刑部大理寺御史台及三京、诸道州府：“或有系囚染疾者，并令诸处军医看候，于公廨钱内量支药价，或事轻者，仍许家人候看。”

清泰元年五月丁丑，诏：“在京诸狱及天下州府见系罪人，正当暑毒之时，未免拘囚之苦，诚知负罪，特轸予怀。恐法吏生情，滞于决断。诏至，所在长吏亲自虑问，据轻重疾速断遣，无淹滞。”[①] 依旧是滞狱难以解决。

后周广顺三年四月乙亥，敕“朕以时当化育，气属炎蒸，乃思缧绁之人，是轸哀矜之念，虑其非所，案鞠淹延，或枉滥穷屈而未得申宣，或饥渴疾病而无所控告。以罪当刑者，惟彼自召，法不可移；非理受苦者，为上不明，安得无虑。钦恤之道，夙宵靡宁。应诸道州府见系罪人，宜令官吏疾速推鞫，据轻断遣，不得淹滞。仍令狱吏洒扫牢狱，当令虚歇；洗涤枷械，无令蚤虱；供给水浆，无令饥渴。如有疾患，令其家人看承，囚人无主，宜差医工诊候，勿致病亡。循典法之成规，顺长赢之时令，俾无淹滞，以致治平。”又，赐诸州诏曰：“朕以敷政之勤，惟刑是重，既未能化人于无罪，则不可为上而失刑。况时当长赢，事贵清适，念囹圄之闭固，复桎梏之拘縻，处于炎蒸，何异焚灼。在州及所属刑狱见系罪人，卿可躬亲录问，省略区分，于人务不行者，令候务开系；有理须伸者，速期疏决。俾皆平允，无致滞淹。又以狱吏逞任情之奸，囚人被非法之苦，宜加检察，勿纵侵欺。常令净扫狱房，洗刷枷匣，知其饥渴，供与水浆，有病者听骨肉看承。无主者，遣医工救疗，无令非理致毙，以致和气有伤。卿

---

① （宋）薛居正：《旧五代史》，中华书局 1999 年版，第 1361 页。

忠干分忧，仁明莅事，必能奉诏，体我用心，眷委于兹，兴寐无已。馀从敕命处分。”①这是《刑法志》的作者为了维护帝王的仁政观念，说明皇帝是极其重视生命，关心系囚疾苦的，客观上成为看守所医疗制度的法规条文，对于后世的看守所医疗卫生制度的进步具有一定促进作用。至此也可以看出看守所羁押之人并非皆是罪犯，皇帝也知道“或枉滥穷屈而未得申宜，或饥渴疾病而无所控告。”“非理受苦者，为上不明。”在此，说明看守所存在无罪而被羁押的善良之人。

这里依然称看守所为“狱”或者“囹圄”，不过称“牢狱”还是第一次看到。

以上记载反映出五代时期的狱政管理十分混乱，不仅刑讯造成系囚伤病，更由于狱内卫生条件极差，导致囚犯伤病增加，这里多次提出“气属炎烝”、“暑毒”、“何异焚灼”，说明夏季看守所拘押人数多，炎热而拥挤，生病死亡时有发生。需要建立狱内医疗制度以减少死亡。

同时提出“又以狱吏逞任情之奸，囚人被非法之苦”。虐囚现象普遍存在，也是引起囚病死亡的重要原因。在看守所受到“非法之苦”，即酷刑与非法施刑等虐囚行为，说明五代时期已经处于法制败坏甚至丧失法制的社会状态。在人治社会，尤其是不知法不懂法，有权无法的状态，导致完全以个人权力代替“法律”，成为真正的人治社会。

三、五代看守所与地方官制

《旧五代史·周书·王继弘传》记载：“王继弘，冀州南宫人，少尝为盗，攻剽闾里，为吏所拘，械系于镇州狱。会赦免死，配隶本军。”②镇州后唐同光元年改为北京，至十一月却复为成德县，王继弘应该是在后唐时为盗，被逮捕械系于镇州看守所。盗贼出身的王继弘“配隶本军”后即充军，为帐中小校，因其“性负气不逊，禁中与同列忿争，出配义州军。”史书记载其为盗贼，王继弘充军后有战功，升了官，为夺取同任之官职，

① （宋）薛居正：《旧五代史》，中华书局 1999 年版，第 1365 页。

② （宋）薛居正：《旧五代史》，中华书局 1999 年版，第 1145 页。

杀死救命恩人，世人责其见利忘义。王继弘曰："吾侪小人也，若不因利乘便，以求富贵，毕世以来，未可得志也。"他先后诬陷、谋杀多人。"汉末，移镇贝州"而成为地方最高长官。其人生价值取向十分清楚，就是"因利乘便，以求富贵"。所以，为了谋取私利，诬陷杀人，无所不用其极。由这样的人执法并主管看守所，不可能实现司法公正。

《旧五代史·周世宗纪》记载：世宗显德四年三月"诏移寿州于下蔡，以故寿州为寿春县，是日曲赦寿州管内见禁罪人，自今月二十一日已前，凡有过犯，并从释放。"① 这是寿州辖区所有看守所系囚，未经审判即被释放。

《旧五代史·赵凤传》记载："安重荣镇常山，招聚叛亡"，赵凤"凶豪多力，以杀人暴掠为事，吏不能禁。"乃应募，既而犯法当死，即破械逾狱，遁而获免。

赵凤为死刑犯越狱逃跑，因为契丹向导，随契丹入东京，授宿州防御使，后为单州刺史。"刑狱之间，尤为不道，常抑夺人之妻女"，"率掠民之财务。"杀人犯做了地方长官，执法状况可想而知。

后周世宗显德四年"三月癸丑，追夺前许州行军司马韩伦在身官爵，配流沙门岛。"② 这是历史上首次记载沙门岛作为配流地之配所，因为宋代以沙门岛作为常规远恶流放地。

以上案例说明，五代时期为了战争的需要，不计操守，所谓将军、大吏大多为强盗、凶悍无行之徒，杀人不羁，却是极有权势的执法者。加之战争时期，法律缺失，执法混乱，看守所羁押囚犯更是随意杀戮，无法无天，导致五代时期看守所执法制度极为混乱。

---

① （宋）薛居正：《旧五代史》，中华书局 1999 年版，第 1084 页。

② （宋）薛居正：《旧五代史》，中华书局 1999 年版，第 1085 页。

第五章 宋辽金时期的看守所

第一节 宋代看守所

两宋（公元960—1276年），历时319年，宋代法制建设，因唐律令格式而随时损益，发生了很大的变化，其审前羁押之看守所及其设立专门管理已决犯的“牢城”，与唐代相比较，具有一定进步。宋代在各个州皆设立了“牢城”，以收押、监管已决犯。审前羁押机构仍称“狱”，收押未决犯。各自具有不同的监管法律规定与制度，并依法律规定，未决犯与已决犯完全分离，“牢城”作为行刑监狱名称成为定制。

一、宋代的看守所设置

宋依旧称审前羁押机构为“狱”，但是对于已决犯之监管进一步有了明确的名称。并非称之谓“监狱”，而是“牢城”。[①] 宋代的审前羁押机构与隋唐南北朝一样，狱字之前，冠以地名或者官府名称以表示该狱，即看守所的归属权。

《宋史·刑法志》记载，凡内外（朝廷称内，地方称外）所上刑狱，刑部、审刑院、大理寺主之，又有纠察在京刑狱司以相审覆。官制即行，罢审刑院、纠察，归其职于刑部。官制行，是指元丰年间朝廷制定了一套

① （元）脱脱：《宋史》，中华书局1999年版，第3320页。

新的官制体系的实际执行。

四方之狱，指全国州府郡县之狱（看守所），提点刑狱统治之（负责监察、复审）。

在开封，有府寺、左右军巡院。（即开封府狱、左军巡院狱、右军巡院狱。）

在诸司，有殿前、马步军司及四排岸。（即殿前司狱、马步军司狱、四排岸狱。）以上称狱，即看守所。京城即开封府辖区，故为内，即中央。

外则三京府司（西京洛阳、东京汴梁、南京应天府、北京大明府。这里所指为西南北三京狱，京都即开封府狱，皆为看守所性质）、左右军巡院（左右军巡院皆设狱），诸州军院，即所有州府皆设马步军院狱、州府狱、司理院（司理院原指大理寺，这里指审刑院狱、诸路提刑司狱），下至诸县皆有审前羁押之狱。①

《宋史·刑法志》记载：宋“太宗在御，常躬听断，在京狱有疑者，多临决之，每能烛见隐微。”②

宋太宗在雍熙元年帝偿谓宰相曰：“御史台、阁门之前，四方纲准之地。颇闻台中鞫狱，御史多不躬亲，垂帘雍容，以自尊大。鞫按之任，委在胥吏，求无冤滥，岂可得也？”又偿谓宰臣曰：“每阅大理奏案，节目小未备，移文案覆，动涉数千里外，禁系淹久，甚可怜也。卿等详酌，非人命所系，即量罪区分，勿须再鞫。”始令诸州笞杖罪不须证逮者，长吏即决之。勿复付所司。群臣受诏鞫狱，狱既具，骑置来上，有司断已，复骑置下之州，凡上疑狱，详覆而无疑状，官吏并同违制之坐。③

由此可见以上之狱，皆属于审前羁押之“狱”，其诏令规定也足以证明其审前羁押而待审，属于看守所之功能性质。杖罪不须证逮者，即杖罪归属州府具有审决权。“受诏鞫狱，狱既具，骑置来上。有司断已，复骑置下之州，凡上疑狱，详覆而无疑状，官吏并同违制之坐。”这是复审的两项规定，一是地方专人速来京上报审判文书，有司即大理寺、刑部等复审机构，复审完毕，仍由其上报者送回诸州府。二是如果存在疑狱，复审

① （元）脱脱：《宋史》，中华书局1999年版，第3357页。
② （元）脱脱：《宋史》，中华书局1999年版，第3320页。
③ （元）脱脱：《宋史》，中华书局1999年版，第3321页。

不见异状，地方审判官吏根据所报案件责任大小，以“违制”论处，这是防止冤假错案的积极措施。

（一）大理寺狱

宋代设置了大理寺狱。

《宋史·职官志》记载，其机构与职能是：旧制判寺1人，兼少卿事1人。建隆二年以工部尚书判寺事。凡狱讼之事，随官司决勘，本寺不复听讯，但掌断天下奏狱，送审刑院详讫，同署以上于朝。详断官8人，以京官充。本注：大理正、丞、评事皆有定员，分掌断狱。其后，择他官明法令者，若常参官则兼正，未常参则兼丞，谓之详断官。旧6人，后加至11人，又去兼正、丞之名。咸平二年始定制。法直官2人，以幕府、州县官充，改京官则为检法官。宋初大理寺不设看守所，但“掌断天下奏狱，送审刑院详讫，同署以上于朝。”

元丰时期又恢复大理寺看守所的设置。元丰官制行，置卿1人，少卿2人，正2人，推丞4人，断丞6人，司直6人，评事12人，主簿2人。卿掌折狱、详刑、鞫狱之事。凡职务分左右；天下奏劾命官、将校及大辟囚以下以疑请谳者，隶左断刑，则司直、评事详断，丞议之，正审之；若在京百司事当推治，或特旨委勘及系官之物应追究者，隶右治狱，则丞专推鞫。盖少卿分领其事，而卿总焉。凡刑狱应审议者，上刑部；被旨推鞫及情犯重者，卿同所隶官请对奏裁。若狱空或断绝，则御史按实以闻。分案十有一，置吏六十有九。①

恢复大理寺狱之后，同时开封府司录司狱及左右军巡三院狱，依然是京城所设之“狱”，具有审前羁押功能。史料记载，旧制，大理寺谳天下奏案而不治狱（评议、检察天下所上疑狱而不负责复审）。熙宁五年，增详断官二十员。七年，置详断习学官十四员，置详覆习学官六员。九年，诏以“京师官寺，凡有狱皆系开封府司录司及左右军巡三院，囚逮猥多，难于隔讯，又暑多瘐死，因缘流滞，动涉岁月。稽参故事，可复置大理狱。”

① （元）脱脱：《宋史》，中华书局1999年版，第2613页。

宋代科考取士，已经有法科考试。大理寺看守所的执法官吏，必须是知法懂法之人。

史料记载，淳熙末，严寺官出谒之禁，以防请托、漏泄之弊。绍熙初，除试中刑法评事八员外，司直、主簿选用有出身曾历任人，各兼评事（检察）系衔。将八评事已拟断文字，分两厅典检，或有未安，则属所见与长贰商量。嘉定八年，申严绍熙指挥，重司直、主簿之选，增选试取人数以劝法科。① 选用评事、司直、主簿时“选用有出身曾历任人”即任用曾经做过地方长官或者六七品正官如县令等实职者，具有一定的执法经验与法律专业知识，以利于案件的检察与复审。

在宋代所有各级看守所皆有狱政管理专职直接管理狱囚，而不涉及检察与审判，只是负责审前羁押及其狱政管理。另设审判、检察、复审官吏负责审断，该级行政长官主管刑狱。

大理寺左断刑分案三，吏额：54 人。右治狱分案有四，吏额：32 人。宋初大理寺不置狱，专管天下奏案、谳狱的审判。由于京城囚犯增多，大理寺恢复旧制，设立大理寺狱，所以大理寺的功能分为左断刑，即专门接受并审理天下奏案以及谳狱（地方申报之疑狱、审判难决之狱）。右治狱，即管理大理寺狱之狱政，审判大理寺狱收押的人员。其中详断官负责审判，评事复察奏报，司直监察（又称检法官），大理正、主簿管理狱政。元丰时期“左断刑，则司直、评事详断（审判），丞议之（检察），正审之（复审）……右治狱，则丞专推鞫（审判），盖少卿分领其事，而卿总焉。凡刑狱应审议者，上刑部；被旨推鞫及情犯重者，卿同所隶官，请对奏裁。”②

（二）开封府狱

开封府领县十有八，镇二十四，令左、训练、征榷、监临、巡警之官，知府事者，率统隶焉。分案六，置吏六百。厘折狱讼归于厢官，元祐元年，诏府界捕盗官吏隶本府，与大提举司同管辖其赏罚。置新城内左右

① （元）脱脱：《宋史》，中华书局 1999 年版，第 2615 页。

② （元）脱脱：《宋史》，中华书局 1999 年版，第 2615 页。

二厢。三年，以罢大理寺狱，置军巡院一员。大理寺狱恢复之后，而开封府至北宋结束，为京都，置狱如前。

开封府为京都，置开封府狱，其狱有三：两厢军巡院分置左右厢狱，设左右厢公事干当官 4 人，掌检覆推问（检覆推问即二审），另设司录司狱及推官检官。三衙平级，官司可以互相移送覆察，而又互相独立检察。[①] 开封府俗称天子足下，为宋朝廷直辖，其直属看守所接受京都地区刑事案件、覆查案犯以及全国州县申诉案涉案人的羁押。

牧、尹不常置，权知府 1 人，以待制以上充。掌尹正畿甸之事，以教法导民而劝课之。中都之狱讼皆受而听之焉，小事则专决，大事则禀奏，若承旨已断者，刑部、御史台无辄纠察。屏除寇盗，有奸伏则戒所隶官捕治。凡户口、赋役、道释之占京邑者，颁其禁令，会其帐籍。大礼，桥道顿递则为之使，仗内奉引则差官摄牧。开封府具有直接请旨特权，甚至可以不经过刑部或御史台。

其属有判官、推官 4 人，日视推鞫，分事以治，而佐其长。领南司者 1 人，督察使院，非刑狱讼诉则主行之（负责民事案件）。司录参军 1 人，折户婚之讼，而通书六曹之案牒。功曹、仓曹、户曹、兵曹、法曹、士曹参军各 1 人，视其官曹分职莅事。左右军巡使、判官各 2 人，分掌京城争斗及推鞫之事（负责京都治安、刑事案件、审前拘押、审判）。左右厢公事干当官 4 人，掌检覆推问（检覆推问即二审之审判与检察），凡斗讼事轻者听论决。[②]

开封府设在京都，所设看守所具有京都看守所的性质，其职能范围及功能性质与大理寺、刑部、御史台等看守所类似。

（三）御史台狱

御史台为国家执法监察机构，但也设有看守所。

御史台其职能是：掌纠察官邪，肃正纲纪。大事则廷辨，小事则奏弹。其属有三院：一曰台院，侍御史隶焉；二曰殿院，殿中御史隶焉；三

---

① （元）脱脱：《宋史》，中华书局 1999 年版，第 2641 页。

② （元）脱脱：《宋史》，中华书局 1999 年版，第 2640 页。

曰察院，监察御史隶焉。

御史大夫宋初不除正员。中丞1人，为台长，旧兼理检使。凡除中丞而官未至者，皆除右谏议大夫权。侍御史1人，掌二台政。

监察御史6人，掌分察六曹及百司之事，纠其谬误，大事则奏劾，小事则举正。迭兼祀祭。岁诣三省、枢密院以下轮治。凡六察之事稽其多寡当否，岁终条陈殿最，以诏黜陟。①

检法一人，掌检详法律（法律检察）。主簿1人，掌受事发辰，勾稽簿书（收受相关案件，检索并制作其文献资料）。宋初置推直官（检察官）二人专治狱事。凡推直有四：曰台一推，曰台二推，曰殿一推，曰殿二推。咸平中，置推勘官十员。②御史台本身为监察机构，不应该直接执法检察又审判，但是由于御史台需要复审监察重大案件，设立御史台看守所以羁押受审者，所以御史台之看守所执法由尚书省监察，规定“其御史台刑狱，令尚书省右司纠察。”③御史台专司执法监察，但其执法受尚书右司监察。

御史台原属司法监察机构，但是又设有看守所，从而导致羁、审、检、监一体，所以旨令尚书省右司纠察，后转刑部监察。也说明宋代羁押、审判、检察、监察是相对独立的、不同功能的机构。

（四）诏狱：“制勘院”、“推勘院”

诏狱是朝廷根据需要设立的临时性或专门性的看守所，即“本以纠大奸慝，故其事不常见。初，群臣犯法，体大者多下御史台狱，小则开封府、大理寺鞫治焉。”宋神宗以来，凡一时承诏置推者，谓之“制勘院”，事出中书，则曰“推勘院”，狱已乃罢。熙宁二年，命尚书都官郎中沈衡鞫前知杭州祖无择于秀州，内侍乘驿追逮。御史张戬等言：“无择三朝近侍，而骤系囹圄，非朝廷以廉耻风厉臣下之意，请免其就狱，止就审问。”不从。又命崇文殿校书张载鞫前知明州、光禄卿苗振于越州。狱成，无择坐贷官钱及借公使酒，谪忠正军节度副使，振坐故人裴士尧罪及所为不

①（元）脱脱：《宋史》，中华书局1999年版，第2594页。
②（元）脱脱：《宋史》，中华书局1999年版，第2595页。
③（元）脱脱：《宋史》，中华书局1999年版，第2585页。

法，谪复州团练副使。狱半年乃决，辞所连逮官吏，坐勒停、冲替、编管又十余人，皆御史王子韶启其事。自是诏狱屡兴。[①]

“制勘院”、“推勘院”为临时性审判、羁押机构，属于诏狱性质的看守所。但是诏狱并不一定由御史台、大理寺等执法机构执行羁押审判，也有临时设置的看守所以及审判人员，案件审结，看守所与办案机构撤销。

（五）殿前马步司狱，侍卫狱，诉理所

《宋史》记载：殿前司设有殿前马步司狱。侍卫亲军设有侍卫狱。[②]宋哲宗绍兴二年正月“乙丑，殿前司奏狱空，诏赐缗钱。”[③]说明殿前司狱的存在。殿前司即皇帝禁卫军看守所，侍卫狱即侍卫看守所，即由侍卫管理的诏狱。负责京都禁卫军、臣民等违法案件，也管理京都治安，收治治安刑事案件。

其人员配备及职能是：殿前司，都指挥使，副都指挥使，都虞候各 1 人。掌殿前诸班直及步骑诸指挥之名籍，凡统制、训练、番卫、戌守、迁补、赏罚，皆总其政令。凡军事皆行以法，而治其狱讼，若情不中法，则禀奏听旨。

侍卫亲军马军，侍卫亲军步军，皆如殿前司，凡出入护卫、守卫，以奉上，开收阅习、转补以励下，凡名籍校其在亡，过则以法绳之，有巡防敕应则纠率差拔神卫四厢应焉。这是朝廷殿前保卫系统所设看守所，以羁押殿前临时性犯罪嫌疑人，大多属于廷臣或者诏狱性质的羁押。

同时在宋代设有诉理所。“元祐更政，尝置诉理所，申理冤滥。元符元年，中丞安淳言：‘神宗励精图治，明申庶狱，而陛下未亲政时，奸臣置诉理所，凡得罪熙宁，元丰之间者，咸为除雪，归怨先朝，收恩私室。乞取公案，看详从初加罪之意，复依原断实行。’时章淳犹豫未应，蔡卞即以‘相公二心’之言迫之，淳惧，即日置局，命蹇序辰同安淳看详案内文状陈述，及诉理所看详于先朝言语不顺者，具名以闻。自是，以申雪复改正重得罪者八百三十家。”诉理所是变法阶段，打击保守派的执法机构，

① （元）脱脱：《宋史》，中华书局 1999 年版，第 3341 页。
② （元）脱脱：《宋史》，中华书局 1999 年版，第 2633 页。
③ （元）脱脱：《宋史》，中华书局 1999 年版，第 229 页。

变法失败，宋哲宗即位，报复宋神宗时期的处理案件，也使朝廷之间的矛盾扩大化。

及徽宗即位，改元佑诉理之人。右正言陈瓘言："诉理得罪，自语言不顺之外，改正者七百余人。无罪者既蒙昭雪，则看详之官如蹇序辰、安惇者，安可以不加罪乎？序辰与惇受大臣讽谕，迎合绍述之意，因谓诉理之事，行迹先朝，遂使纷纷不已。考之公议，宜正典刑。"会中书省亦请治惇、序辰罪，诏蹇序臣，安惇并除名，放归田里。①

诉理所是宋哲宗元佑元年所立，目的是推翻宋神宗熙宁、元丰年间王安石变法时期的旧案，及至宋徽宗即位又推翻宋哲宗时期诉理所旧案。

（六）州县狱

宋初置府、州、军、监分治州事。分命朝臣出守列郡，军谓兵，州谓民政。称列判某府、军、监事，实为虚名，州置知府事 1 人，州军监亦如之，下辖县。后置通判，幕职官，诸曹官。旧制，司法参军掌议法断刑，司理参军掌讼狱勘鞫之事。由于狱事繁重，嘉定中，申明年满六十不许为狱官令，仍不许恩科人注授。②

县狱，即县看守所，由县令主管，县丞、尉、主簿协管，狱吏掌管县看守所狱政。宋代所有关于审前羁押、审判等之法令，主要是针对州县狱而制定的，全国分为十几路（路数不固定，随时撤并）。在一般情况下路设提点刑狱司，以监察州县狱事。府州县设司理即司法，司法断刑即案件复察检察；讼狱勘鞫，即审判，狱吏为狱政管理人员。

二、宋代看守所之监察体制

宋代看守所的监察制度与隋唐相比具有较大改进。看守所之固有功能性质及原则，能够影响看守所的执法倾向，应该符合维护社会正义的基本需求。但是，从《宋史》记载的相关看守所监察体制可以看出，在社会发

① （元）脱脱：《宋史》，中华书局 1999 年版，第 3343 页。
② （元）脱脱：《宋史》，中华书局 1999 年版，第 2664 页。

展过程中，历史实践证明，监察功能对于看守所执法倾向的变化具有重大影响。尽管宋代极力追求更多、更完善的监察措施，最终没有达到所期望的、行之有效的目的。

（一）御史台

御史对刑狱的监察制度，是有详细而具体的法律规定的。但是宋代御史监察刑狱至于南宋时期，多流于形式，而丧失了司法监察之固有职能。

掌察院，咸平四年以御史二人充左右巡使；分纠不如法者。监察御史6人，分察六曹及百司之事，纠其谬误。凡事经郡县、监司、省曹不能直者，直牒阁门（御史台）。元佑初，三省言："旧置纠察司，盖欲察其违慢，所以重狱事，罢归刑部，无复纠察之制，请以纠察职事，委御史台刑察兼之，台狱（御史台看守所）则尚书省右司纠察之。"宋律规定御史台负责天下刑狱执法机构，包括看守所羁押、审判、检察、复审以及监察工作。

绍兴二十七年，令监察御史每冬夏点狱（检察各级看守所羁押与审判情况），有鞫勘失实者，照刑部郎官直行移送（直接上报朝廷）。①

（二）大理寺

大理寺主要功能有二：一是断刑，接受全国各地杖刑以上案件的终审；二是治狱，收押、检察、评议、审判州县送审案件涉案人以及朝廷直辖机构所发生之案件或者诏狱之案件，并负责检录、平反冤狱。

其基本机构人员及职能设置是：旧制判寺1人，兼少卿事1人。凡狱讼之事，随官司决劾，本寺不复听讯，但掌断天下奏狱（谳狱），送审刑院详讫，同署以上朝。元丰官制行，置卿1人，少卿2人，正2人，推丞4人，断丞6人，司直6人，评事12人，主簿2人。从以上配置可以看出，大理寺又恢复了看守所的设置。

大理寺自秦汉以降皆为国家最高司法机构，宋初曾经废除大理寺看守所，而以工部尚书判寺事。设详断官8人，法直官2人，专理天下奏狱

① （元）脱脱：《宋史》，中华书局1999年版，第3359页。

（谳狱、检察、评议）。元丰年间恢复大理狱（看守所），分左右，并恢复大理寺谳狱、覆审、检察、评议、平反等职能。同时恢复大理寺狱。

左断刑分案有三：曰磨勘（文件检察及管理），掌批会吏部等处改官事；曰宣黄，掌凡断讫命官指挥；曰分簿，掌行分探诸案文字。设司有四：曰表奏议，掌拘催详断案八房断议狱案，兼旬申月奏；曰开拆；曰知杂；曰法司。又有详断案八房，专定断诸路申奏狱案等。又有敕库，掌收管架阁文书。涉及复审、评议、检察等申诉案件的具体文案制作、奏报、管理。

右治狱分案有四：曰左右寺案，掌断讫公事案后收理追赃等；曰驱磨（核查核算），掌驱磨两推官钱、官务、文书；曰检法，掌检断左右推狱案并供检应用条法；曰知杂。又有开拆、表奏二司；有左右推，主鞫勘诸处送下公事及定夺等。[①]"断讫公事案后收理追赃"，即终审结束，涉案之证据、赃物追讨。检法，提供左右复审、评议、检察案件中法律文本及其适用性核定。终审结束，负责表奏。

（三）刑部

刑部职能一：尚书掌天下刑狱之政令（国家最高司法行政管理）。

凡丽于法者，审其轻重，平其枉直（司法检察），而侍郎为之贰（副职）。应定夺，审覆，除雪，叙覆，移放，则尚书专领之。制勘，体量，奏谳，纠察，录问，则长贰治之；而郎中、员外郎分掌其事。有司更定条法，则复议其当否。凡听狱讼或轻重失中，有能驳正（检察、评议、平反），诏其赏罚。若颁赦宥，则纠官吏之稽违者（主持实施赦令、稽查赦令执行中之违失者）；太祀，则尚书莅誓，荐熟则奉牲；大礼肆赦，则侍郎受赦书付有司宣读，承旨释囚。分案十二，置吏五十有二。主管国家赦宥发布与实施。

刑部职能二：掌全国之刑狱。

绍兴后，分案十三：曰制勘，掌凡根勘诸路公事；曰体量，掌凡体纠之事；曰定夺；掌诉雪除落过名；曰举叙，掌命官叙复；曰纠察，掌审问大

---

① （元）脱脱：《宋史》，中华书局 1999 年版，第 2615 页。

辟；曰检法，掌供检条法；曰颁降，掌颁条法降赦；曰追毁，掌断罚追毁宣敕；曰会问，掌批会过犯；曰详覆，掌诸路大辟帐状；曰捕盗；曰帐籍，掌行在库务理欠帐籍；曰进拟，掌进断案刑名文书。裁减吏额，置三十五人。① 主管全国已决犯发配、减刑、释放、平反、调配等。

侍郎为长贰。郎中，员外郎各二人分左右厅，掌详覆，叙雪之事。侍郎为尚书副职。

刑部职能三：主管国家刑法制度，刑法之发布、实施等。

刑部掌刑法、狱讼、奏谳、赦宥、叙复之事。凡断狱本于律，律所不该，以敕、令、格、式定之。凡律之名有十二：名例、禁卫、职制、户婚、厩库、擅兴、盗贼、斗讼、诈伪、杂律、捕亡、断狱。禁于未然之谓令，施于已然之谓敕，设于此而使彼止之之谓格，设于此而使彼效之之谓式。其一司一路海行所不该者，折而为专法。若情可矜悯而法不中请者谳之，皆曰其案状，传例拟进。应诏狱及案劾命官，追命奸盗，以程督之。审覆京都辟囚，在外已论决者，摘案检察，凡大理、开封府、殿前马步司狱，纠正其当否（刑部检察以上狱政）；有辩诉，以情法与夺、赦宥、降放、叙雪。其属三：都官、比部、司门。设官十三：尚书 1 人，侍郎 2 人；郎中、员外郎，刑部各 2 人，都官、比部、司门各 1 人。②

宋代刑部主管国家刑法制度、法律修订、司法行政，包括刑、法之发布、实施等。并管理全国刑徒。

刑部职能四：掌全国刑法执行之监察。

刑部分四案，大辟（死刑覆审、评议、检察、平反以及会审奏报）居其一，月覆大辟不下二百数，而详覆官才 1 人。明道二年，令四案分覆大辟，有能驳正死罪五人以上，岁满改官，法直官与详覆官分详天下旬奏，狱有重辟，狱官毋预燕游迎送。凡上具狱，大理寺详断，大事期三十日，小事递减十日，审刑院详议又各减半。其不待期满而断者，谓之“极按”。凡集断极按，法官与议者并书姓名，议刑有失，则皆坐之。③ 刑部具有国家刑法执行的监察权。

---

① （元）脱脱：《宋史》，中华书局 1999 年版，第 2585 页。

② （元）脱脱：《宋史》，中华书局 1999 年版，第 2584 页。

③ （元）脱脱：《宋史》，中华书局 1999 年版，第 3325 页。

都官郎中、员外郎，掌徒流、配隶。凡天下役人与在京百司吏职皆有籍，以考其役放及增损废置之数。若定差付尉（旧为军大将），则计其所历而以役之轻重均其劳役，给印纸书其功过，展减磨勘岁月。①

（四）审刑院

审刑院为宋代最高检察院，主要负责疑狱上奏，即“贴放”。

国初，以刑部覆大辟案，增置审刑院，知院事1人，以郎官以上至两省充，详议官以京朝官充，掌详谳（评议检察）大理所断案牍而奏之。凡狱具上，先经大理，断谳既定，报审刑，然后知院与详议官（复察）定成文章，奏记上中书，中书以奏天子论决。②

天圣四年诏：“朕念生齿之蕃，抵冒者众。法有高下，情有轻重，而有司巧避微文，一切置之重辟，岂称朕好生之志哉？其令天下死罪，情理可矜及刑名疑虑者具案以闻（扩大谳狱范围）。有司毋得举驳。”其后，虽法不应奏，吏当坐罪者，审刑院贴奏，率以恩释为例，名曰“贴放”。吏始无所牵制，请谳者多得减死矣。③

宋代执法宽和，对于法不当奏的案件（原判疑点不够），如果上奏，涉及吏当坐罪者（即上奏案件有无可能被改判才允许上奏否则吏当以“违制”坐罪，所以负责谳狱之官吏为求自保，宁可维持原判之疑而不上奏，以免自己担负上奏责任），只要审刑院贴奏，即可上奏，审刑院证明此案属于谳狱，不需经办官吏担负上奏责任，即可直接上奏，所以“吏始无牵制，请谳者多得免死”。此一过程成为定例，名曰“帖放”，审刑院后归属刑部。疑狱者谳（即疑狱重审），是汉代就有的疑狱上奏制度。但是，疑狱的标准不统一，唐代“三实三虚为疑”，有“实虚证等”为疑，又有“情有可矜者”当奏，实证与人证也没有固定标准，所以疑狱的概念模糊，应该是在实际办案过程中，案情复杂，证据不可肯定，事涉人命或者关系重大者，甚至“事有可矜悯者”为疑案，扩大了谳狱范围，上报谳狱之法官免责，对于防止冤假错案具有一定作用。其处理原则就是“疑罪从无”，

① （元）脱脱：《宋史》，中华书局1999年版，第2586页。
② （元）脱脱：《宋史》，中华书局1999年版，第2584页。
③ （元）脱脱：《宋史》，中华书局1999年版，第3324页。

“与其杀不辜，宁失不经”。《吕刑》规定“五刑之疑有赦，五罚之疑有赦。”赦被解释为免除、减轻，所以《吕刑》以五罚之疑改为赎锾，即罚金。要求制定疑案的量化标准，否则会出现审判官的“违制”、“过失罪”，即疑案没有定罪标准。上奏后，同样属于疑案时，审判官无罪，一旦被认为应该定罪而上报，审判官就有可能被认为是“故意上请”而被疑为“鬻狱”。古代审判依靠刑讯，重刑之下，何所不能！因此审判官对于疑狱大多采用刑讯结案，导致冤假错案普遍。汉代一度实施“谳而后不当谳者不为失”的规定，并没有制度化，疑狱最终成为历代执法倾向的争论焦点，至宋代仁宗时期改为疑罪以及情有可矜者的“贴放”制度，使审判官得以免除责任。

（五）纠察刑狱司

中书省之审刑院、纠察刑狱司皆罢归刑部，刑部在很大程度上取代了过去大理寺的职权，甚至包括御史台一部分司法监察功能。

纠察刑狱司设纠察官 2 人，以两制（曾经担任两任实职七品以上职官）以上充。凡在京刑禁，徒以上即时以报；若理有未尽，或置淹恤，追覆其案，详正而驳奏之。凡大辟皆录问。熙宁三年诏：“详议（评议）、评断（监察）、详覆官（覆审），初入以三年为任，次以三十月为任，欲出者听前任满半年指阙注官，满三任者堂除。”[①]同时要求专职审判官、检察官、评议官（即案件复察）必须具备法律知识和审判经验。“审刑院、纠察刑狱司”相当于现代之检察院，负责司法检察。

熙宁八年罢详议、详断官亲书节案，止令节略付吏，仍减议官一，断官二。

元丰二年，知院安焘言：“天下奏案，宜多于往时。自熙宁八年减议官，断官，力盖不足，故事多疏谬。”增详议官一，刑部详断官一。三年八月，诏：“省审刑院归刑部。以知院官判刑部，掌详议，详覆司事。刑部主判官为同判刑部，掌详断司事，审刑议官为刑部详议官。”官制行，悉罢归刑部。[②]审判、监察、评议，全部由刑部统一管理，然而这样不利

① （元）脱脱：《宋史》，中华书局 1999 年版，第 2584 页。
② （元）脱脱：《宋史》，中华书局 1999 年版，第 2585 页。

于互相监督。

诏狱，本以纠大奸慝，故其事不常见。初，群臣犯法，体大者多下御史台狱，小则开封府、大理寺鞫治焉。[①]南宋诏狱多由御史台看守所羁押、审判。但是，这样就失去了司法公正。

（六）门下省、中书省

门下省为皇帝直接管理的行政办公机构，具有最高执法权，直接指挥刑部、大理寺。

门下设有刑房，并设登闻院，隶谏议大夫。登闻鼓院隶司谏、正言：掌受文武官及士民章奏表疏。凡言朝政得失、公私利害、军期机密、陈乞恩赏、理雪冤滥等无例通进者，先经登闻院进状；或为所抑，则诣检院。[②]

受天下之成事，审命令，驳正违失，受发通进奏状，进请宝印。凡中书省画黄、录黄，枢密院录白、画旨，则留为底。及尚书省六部所上有法式事，皆奏覆审驳之。[③]中书省即国家最高政务机关，总理朝廷各部事务，直接为皇帝负责。

其主要职能是负责驳正由大理、刑部、审刑院、刑狱纠察司等管理天下所有申诉案件，最终还是由帝王亲决，这是皇权独裁的体现。

（七）提点刑狱司（提点刑狱公事）

提点刑狱司之主要职责是监察地方各级看守所羁押、审判的实施状态，发现冤假错案立刻纠正、平反并奏劾，属于地方执法监督机关。原来由皇帝亲自选派，以示重视，后来随着帝王自身的因素，即不再重视司法监察，提点刑狱司也流于形式。

淳化初始置诸路提点刑狱司，掌察（检察、评议、覆审）所部之狱讼而平其曲直，所至审问囚徒，详复案牍，凡禁系淹延而不决，盗窃逋窜而不获，皆劾以闻，及举刺官吏之事。旧制，参用武臣，熙宁初，神宗以

---

① （元）脱脱：《宋史》，中华书局1999年版，第3341页。

② （元）脱脱：《宋史》，中华书局1999年版，第2532页。

③ （元）脱脱：《宋史》，中华书局1999年版，第2529页。

武臣不足以察所部人材，罢之。六年，置诸路提刑司检法官（检察官）。①提刑司稽察该路州县看守所系囚，成为后世之提刑司，清改提法司，为地方司法监察机构。

提点刑狱司，凡管内州府十日一报囚帐，有疑狱未决，即驰传往视之。州县稽留不决，按谳不实，长吏则劾奏，佐史、小吏许便宜按劾从事。帝又虑大理、刑部吏舞文巧诋，置审刑院（即检察院）于禁中，以枢密直学士李昌龄知院事，兼置详议官六员。凡狱上奏，先达审刑院，印讫，付大理寺、刑部断覆（评议、覆审）以闻。乃下审刑院详议申覆，裁决讫，以付中书省。当，即下之；其未允者，宰相覆以闻，始命论决。可见刑狱司监察看守所羁押与审判的所有执法过程，具有实际执法权力。

淳化三年，诏御史台鞫徒以上罪，狱具，令尚书丞郎、两省给舍以上一人亲往虑问。寻又诏："狱无大小，自中丞以下，皆临鞫问，不得专责所司。"自端拱以来诸州司理参军，皆帝自选择，民有诣阙称冤者，亦遣台使乘传按鞫，数年之间，刑罚清省矣。既而诸路提点刑狱司未尝有所平反，诏悉罢之，归其事转运司。②

景德三年，诏："诸道州军断狱，内有宣敕不定刑名，止言当行极断者，所在即寘大辟，颇乖平允。自今凡言处断、重断、极断、决配、朝典之类，未得论决具狱以闻。"③

诸道州军断狱，一旦宣敕不定刑名，只言"极断"二字，即不顾刑法律令，而妄判死刑，属于典型的有法不依。"极断"词义含糊，所以规定"凡言处断、重断、极断、决配、朝典之类，未得论决具狱以闻。"这是行政权干预法律的典型事例。

景德四年，复置诸路提点刑狱官。

提点刑狱司的设立、罢除、复置，说明设立诸路提点刑狱司及其实施过程，对于监察各级看守所的羁押、审判公正具有实际价值，一度达到了"刑罚清省"的效果。"既而诸路提点刑狱司未尝有所平反，诏悉罢之。"可见，提点刑狱司，对于监察诸州县看守所执法及其审判功能，具有极大

---

① （元）脱脱：《宋史》，中华书局 1999 年版，第 2658 页。

② （元）脱脱：《宋史》，中华书局 1999 年版，第 3322 页。

③ （元）脱脱：《宋史》，中华书局 1999 年版，第 3323 页。

的不确定因素。

复置诸路提点刑狱官，是因为宋代对于当时州县看守所刑狱官吏贪赃枉法的担忧，《宋史·刑法志》记载，先是，宋真宗出笔记六事，其一曰："勤恤民隐，遴柬庶官（审判官），朕无日不念也。所虑四方刑狱官吏，未尽得人，一夫受冤，即召灾沴。今军民事物，虽有转运使，且地远无由周知，先帝尝选朝臣为诸路提点刑狱，今可复置，仍以使臣副之，命中书、枢密院择官。"又曰："河北、陕西地控边要，犹必得人，须性度平和有职守者。"于是亲选太常博士陈纲、李及，自馀拟名以闻，咸引对于长春殿遣之。内出御前印纸为历，书其绩效，代还，议功行赏。如刑狱枉滥不能擿举，官吏旷弛不能弹奏，务从畏避者，置以深罪。知审刑院朱选上言："官吏因公事受财，证佐明白，望论以枉法，其罪至死者，加役流。从之。"① 对于司法监察制度地认真执行，有利于减少枉法案件的发生。

当时对于看守所审前羁押、审判执法公正高度重视，尽管处于儒学深入发展的时代，为了维护看守所羁押、审判公平，不得不提出严以治吏的法治措施。但是，在不可能实施制度性保障的司法监督体制的时代，临时性的严以治吏的措施，只能起到过渡型的阶段性效果。到南宋时期，提刑渐成虚设。《宋·刑法志》记载："每岁冬夏，诏提刑行郡决囚，提刑惮行，悉委佐贰，佐贰不行，复委幕属。所委之人，类皆肆行威福，以要馈遗。监司、郡守，擅作威福，意所欲黥，则令人其当黥之由，意所欲杀，则令证其当死之罪。"史实证明司法监督制度何其重要。

宋代末年地方官吏贪赃枉法，以致法制败坏，导致国家灭亡，其主要原因就是有法不依。州县利用看守所擅自拘锁，随意监禁百姓，凌虐索贿，肆意专杀，朝廷不能禁止，州县看守所功能混乱，虽然设置了提刑司，最终没有能够真正起到有效监察之功能，致使看守所不能发挥其正常职能。

（八）御笔

所谓御笔，即帝王以个人意志随意排斥法律而产生的法外权制度。"出

---

① （元）脱脱：《宋史》，中华书局 1999 年版，第 3323 页。

令制法，重轻予夺在上。比降特旨处分，而三省引用敕令，以为妨碍，沮抑不行，是以有司之常守，格人主之威福。夫擅杀生之谓王，能利害之谓王。何格令之有？”御笔完全否认法律，公开宣扬帝王可以不遵守法律法令，帝王面前“何格令之有？”帝王之言即法。

绍圣以来，连起党狱，忠臣屏斥，国以空虚。徽宗嗣位外事耳目之玩，内穷声色之欲，征发亡度，号令靡常。于是蔡京王黼之属，得以诬上行私，变乱法制。崇宁五年，诏曰：“出令制法，重轻予夺在上。比降特旨处分，而三省引用敕令，以为妨碍，沮抑不行，是以有司之常守，格人主之威福。夫擅杀生之谓王，能利害之谓王。何格令之有？臣强之渐，不可不戒。自今应有特旨处分，间有利害，明具论奏，虚心以听；如或以常法沮格不行，以大不恭论。”明年诏：“凡御笔断罪，不许诣尚书省陈诉。如违，并以违御笔论。”又定令：“凡应承受御笔官府，稽滞一时杖一百，一日徒二年，二日加一等，罪止流三千里，三日以大不恭论。”由是吏因缘为奸，用法巧文寖深，无复祖宗忠厚之志。穷极奢侈，以竭民力，自速祸机。靖康虽知悔悟，稍诛奸恶，而谋国匪人，终亦未之何矣。[①]宋代以帝王意志为法，而废弃法律，终致亡国。

徽宗每降御笔手诏，变乱旧章。靖康初，群臣言：“祖宗有一定之法，因事改者，则随条贴说，有司易于奉行。蔡京当国，欲快己私，请降御笔，出于法令之外，前后抵牾，宜令具录付编修敕令，参用国初以来条法，删修成书。”诏从其请，书不果成[②]。

北宋末年强调帝王的权力独裁，凸显帝王绝对权力，以帝王之语言、手书为必行之法，从而致法律废弛。

三、宋代看守所的法律制度及其相关规定

宋太祖建隆四年（公元963年）修订刑法，即《宋刑统》，凡入刑，笞、杖、徒、流、死，自名例以下至于断狱十有二门。宋代各帝王皆对刑

① （元）脱脱：《宋史》，中华书局1999年版，第3337页。
② （元）脱脱：《宋史》，中华书局1999年版，第3317页。

法制度进行了改革，《宋史》记载："五季衰乱禁网繁密，宋兴，削除苛峻，累朝有所更定。法吏寖用儒臣，务存仁恕，凡用法不悖而宜于时者著之。"宋太祖受禅，始定折杖之制。

（一）刑法改革与严以治盗

凡流刑四：加役流，脊杖二十，配役三年；流三千里，脊杖二十，两千五百里，脊杖十八，二千里，脊杖十七，并配役一年。

凡徒刑五：徒三年，脊杖二十；徒二年半，脊杖十八；二年，脊杖十七；一年半，脊杖十五；一年，脊杖十三。

凡杖刑五：杖一百，臀杖二十；九十，臀杖十八；八十，臀杖十七；七十，臀杖十五；六十，臀杖十三。

凡笞刑五：笞五十，臀杖十下；四十、三十，臀杖八下；二十、十，臀杖七下。

其刑法与唐代相近。

常行官杖如周显德五年制，长三尺五寸，大头阔不过二寸，厚及小头径不得过九分。徒、流、笞，通用常行杖，徒罪决而不役。[①] 折杖制度加重了刑罚。

另外，宋代规定了朝廷具有死刑的终审权，实施严格的复审与"失入"惩罚制度。

《宋史・刑法志》记载："五代唐建中令：窃盗赃满三匹者死。武宗时，窃盗赃满千钱者死。宣宗立，乃罢之。汉祐以来用法益峻，民盗一钱抵极法。周初，深惩其失，复尊建中之制。帝犹以其太重，尝增为钱三千，陌以八十为限。既而诏曰：'禁民为非，乃设法令，临下以简，必务哀矜。窃盗之生，本非巨蠹。近朝立制，重于律文，非爱人之旨也。自今，窃盗满五贯足陌者死。'旧法，强盗持杖，虽不伤人，皆弃市。又诏，但不伤人者，止计赃论。"[②] 即强盗不伤人不判死刑，改除旧法强盗持杖，虽不伤人也是死刑。

---

① （元）脱脱：《宋史》，中华书局 1999 年版，第 3319 页。
② （元）脱脱：《宋史》，中华书局 1999 年版，第 3319 页。

宋代法制的进步表现在宋初，对看守所的管理及刑讯制度也有相应的改革。例如："令诸州获盗，非状验明白，未得掠治。其当讯者，先具白长吏，得判乃讯之。凡有司擅掠囚者，论为私罪。时天下甫定，刑典弛废，吏不明习律令，牧守又多武人，率意用法。金州防御使仇超等坐故入死罪，除名，流海岛，自是人知奉法矣。"①

审判官"坐故失入"死罪，流海岛属于无期流徙刑，尤其规定"有司擅掠囚者论为私罪"，即以图谋私利犯罪，不准赎买，施以实刑，且终身不得叙官，严惩失入罪、擅自刑讯罪，能够有效防止官吏枉法酷刑，减少冤假错案发生。

同时，宋代对盗罪实行严厉的制裁。广州言："窃盗赃至死者奏裁，岭南遐远，覆奏稽滞，请不俟报。"诏曰："海隅习俗，贪犷穿窬，固其常也。"因诏："岭南民犯窃盗，赃满五贯至十贯者，决杖，黥面，配役，十贯以上乃死。"②

对于边远地区窃盗死刑放宽至十贯以上，京师五贯死。是因为边远地区执法监察不宜，这样可以减少死刑案件的发生，有利于社会稳定。

《宋史·刑法志》记载："是岁，景祐二年，改强盗法，不持杖，不得财，徒二年；得财为钱万及伤人者，死。持杖而不得财，流三千里；得财为五千者，死。伤人者殊死。不持杖得财为六千，若持杖罪不致死者，仍刺隶千里外牢城。能告群盗杀人者，第赏之，及十人者予钱十万。既而，有司言：'窃盗不用威力，得财为钱五千，即刺为兵，反重于强盗，请减之。'遂诏至十千始刺为兵，而京城持杖窃盗得财为四千，亦刺为兵。自是盗法惟京城加重。"③京城法重，州县法轻，一是京城重地，重视社会秩序的安定。二是州县司法监察困难，提高死刑标准，以防止错杀，也有利于社会稳定。

熙宁四年立《盗贼重法》，规定："凡劫盗罪当死者，籍其家赀以赏告人，妻子编置千里；遇赦若灾伤减等者，配远恶地。罪当徒、流者，配领表；流罪会降者，配三千里；籍其家赀之半为赏，妻子递降等有差。应编

① （元）脱脱：《宋史》，中华书局 1999 年版，第 3319 页。
② （元）脱脱：《宋史》，中华书局 1999 年版，第 3320 页。
③ （元）脱脱：《宋史》，中华书局 1999 年版，第 3325 页。

配者，虽会赦，不移不释。凡囊橐之家，劫盗死罪，情重者斩，馀皆配远恶地，籍其家赀之半为赏。盗罪当徒流者，配五百里，籍其家赀三之一为赏。窃盗三犯，杖配五百里或邻州。虽非重法之地，而囊橐重法之人，以重法论。其知县，捕盗官皆用举者，或武臣为尉。盗发十人以上，限内捕半不获，劾罪取旨。若复杀官吏，及累杀三人，焚舍屋百间，或群行州县之内，劫掠江海船筏之中，非重地，亦以重论。”①

宋代的严以治盗是历代法制的主要内容，一方面是保护私有制的需要，另一方面对于维护统治秩序、保持社会稳定具有实际意义。但是，社会财富分配严重不公，贫富差距过大，民不聊生，才是盗案发生的必然。囊橐：袋子，口袋。小者为橐，大者为囊。“囊橐之家”即收容包庇，也说明并非因贫穷而盗。《汉书·张敞传》记载：“广川王姬昆弟及王同族宗室刘调等通行为之囊橐。”颜师古注：“言容止贼盗，若囊橐之盛物也。”严罚窝藏强盗，虽然符合严惩群盗的原则，但是也说明所谓群盗，具有抢劫、杀人、掳掠、放火，甚至群行州县的行为，可能已经发展成为有组织的犯罪团伙，是否属于黑恶势力或者武装起义的性质，缺乏相关资料佐证。

（二）疑罪从无

宋代实施严惩“失入”之罪，“不坐失出”之罪开创了封建帝王时代“疑罪从无”、珍视生命、维护法律公平的先河，对于促进法律进步，具有积极意义。

宋代刑法的另一进步表现在对于死刑的重视。宋神宗赵顼熙宁二年二月庚子，诏曰：“今后谋杀人自首，并奏听敕裁。”② 安石以为：“有司用刑不当，则审刑、大理当论证；审刑、大理用刑不当，即差官定议；议既不当，即中书自宜论奏，取决人主。此所谓国体。”

必须具体分析死刑的犯罪原因，以及实施犯罪所造成的后果，作为量刑的标准。所谓中书论证取决人主，其前提是依法论证，人主也需依法断

---

①（元）脱脱：《宋史》，中华书局1999年版，第3326页。

②（元）脱脱：《宋史》，中华书局1999年版，第3348页。

决。地方官审判不当，依次经过审刑院、大理寺复审；再不当，即刑部组织三法司会审；仍不当，经中书省组织会审，奏决皇帝。

《宋史·刑法志》记载：令诸州获盗，非状验明白，未得掠治。其当讯者，先具白长吏，得判乃讯之。凡有司擅掠囚者，论为私罪。①

宋代从审判制度立法“凡有司擅掠囚者，论为私罪。”对于改革刑讯制度具有重要作用。这是宋代之前没有过的审判制度，严刑拷掠是制造冤案的基础，在没有废除刑讯制度的宋代，擅掠囚为私罪之规定，对于减少冤假错案具有切实意义。

（三）看守所之审限制度

宋代实施审限制度，是看守所审前羁押功能的一大进步，也是防止滞狱的有效措施。所谓审限实际就是看守所羁押时限。

元祐二年，刑部、大理定制：“凡断谳奏狱，每二十缗以上为大事，十缗以上为中事，不满十缗为小事。大事以十二日，中事九日，小事四日为限。若在京八路，大事十日，中事五日，小事三日。台察及刑部举劾约法状并十日，三省、枢密院再送各减半。有故量展，不得过五日。凡公案日限，大事以三十五日，中事二十五日，小事十日为限。在京八路，大事以三十日，中事半之，小事三之一。台察及刑部并三十日。每十日，断用七日，议用三日。”② 大理寺制定案件涉财金额分为大中小三等审限时间，规定各级审判机关依照案件等级在规定时限内完成该级审判并及时上报，以利于防止枉法贪赃以及冤假错案的发生。

1. 鞫囚时限

即规定犯罪嫌疑人被逮捕后在看守所羁押时限，依照案情分为大中小三等，必须在限内审判结案，逾限为罪。这是因为看守所官吏普遍发生“旁缘为奸，逮捕证佐，滋蔓逾年而狱未决具”的现象，导致枉法。

太平兴国六年下诏：“诸州大狱，长吏不亲决，胥吏旁缘为奸，逮捕证佐，滋蔓逾年而狱未决具。自今，长吏每五日一虑囚，情得者即决之。”

① （元）脱脱：《宋史》，中华书局 1999 年版，第 3319 页。

② （元）脱脱：《宋史》，中华书局 1999 年版，第 3328 页。

复制听狱之限："大事四十日，中事二十日，小事十日，不他逮捕而易决者，毋过三日。"后又定令："决狱违限，准官书稽程律论，逾四十日则奏裁。事须证逮致稽缓者，所在以其事闻。"然州县（看守所）禁系，往往犹以根穷（即深究、残酷刑讯，致使攀引诬陷，牵连广泛）为名，追扰辄至破家。因江西转运副使张齐贤言："合外县罪人五日一具禁放数白州。州狱别置历，长吏检察，三五日一引问疏理，月具奏上。刑部阅其禁多者，命官即往决遣，冤滞则降黜州之官吏。"会两浙运司亦言："部内州系囚满狱，长吏辄隐落，妄言狱空，盖惧朝廷诘其淹滞。"乃诏："妄奏狱空及隐落囚数，必加深遣，募告者赏之。"①

宋代地方各级看守所普遍出现滞狱现象，原因在于禁系人犯之后，勒索财物"辄至破家"，"冤滞则降黜州之官吏"，惩罚不谓不严。然而"募告者赏之"则是一句空话。"冤滞"是由于州县官吏造成的，百姓不可能了解详情，而最为清楚"冤滞"详情的则是被"冤滞"者，没有可能、也没有办法告发。这一诏令操作困难，缺乏制度性措施，难以达到预期之效果。

雍熙三年始用儒士为司理判官，令诸州讯囚，不须众官共视，申长吏得判乃讯囚。刑部张佖言："官吏枉断死罪者，请稍峻条章，以责其明慎。"始定制："应断狱失入死刑者，不得以官减赎，检法官、判官皆削一任，而检法仍赎铜十斤，长吏则停任。"寻置刑部详覆官六员，专阅天下所上案牍，勿复遣鞫狱吏。置御史台推勘官二十人，皆以京朝官为之。凡诸州有大狱，则乘传就鞫。陛辞日，帝必临遣谕之曰："无滋蔓，无留滞。"咸赐以装钱。还，必召问所推事状，着为令。自是大理寺杖罪以下，须刑部详覆（检察）。又所驳天下案牍未具者，亦令详覆乃奏。判刑部李昌龄言："旧制，大理定刑送部，详覆官入法状，主判官下断语，乃具奏。至开宝六年，阙法直官，致两司共断定覆词，今宜令大理所断案牍，（评议、覆审、制作判决书），寺官印署送详覆（检察）。得当，则送寺共奏，否即疏驳以闻。"②宋神宗初诏："失入死罪，已决三人，正官除名编管，贰

① （元）脱脱：《宋史》，中华书局 1999 年版，第 3320 页。
② （元）脱脱：《宋史》，中华书局 1999 年版，第 3322 页。

者除名，次贰者免官勒停，吏配隶千里。二人以下视此有差。不以赦降，去官原免。未决，则比类递降一等；赦降，去官，又减一等。”①

宋太宗三年开始实施专职审判官、复审官以及专职司法监察官（检法官）制度，同时定律：“应断狱失入死刑者，不得以官减赎，检法官、判官皆削一任，而检法仍赎铜十斤，长吏则停任。”宋神宗继续实施依法惩治失入罪，“失入死罪”，即不够死刑而判死刑者，“已决三人”，即已经行刑三人。“正官除名编管，贰者除名，次贰者免官勒停，吏配隶千里。二人以下视此有差。不以赦降，去官原免。未决，则此类递降一等；赦降，去官，又减一等。”对于同一死刑案例涉及行政长官（编管），其副职除名（开除公职永不叙用），次贰即副职属下，免职停止工作（撤职查办），吏，直接管理案件的吏，即非职官，不入品之役吏发配千里，即一千里流刑。附加条件是“不以赦降，去官原免”。不属于赦宥范畴，除名永不叙用。误判死罪二人以下“视此有差”。这是对于失（即过失），即并非故意错判的审判工作失误属于失入罪的责任追究法令。即严惩轻罪重判，对于重罪误判轻罪者免责，实现疑罪从轻、从无的审判原则。

严惩失入，在一定程度上，减少死刑冤假错案之发生，有利于维护执法公正。实施专职法官、检察官制度，也是维护司法公正的重要措施。

《宋史·刑法志》记载：“淳化初（公元990年宋太宗赵光义15年）始置诸路提点刑狱司，凡管内州府十日一报囚帐，有疑狱未决，即驰传往视之。州县稽留不决，按谳不实，长吏则劾奏，佐史、小吏许便宜按劾从事。帝又虑大理、刑部吏舞文巧诋，置审刑院于禁中（可见审刑院的职责就是审判检察），以枢密直学士李昌龄知院事，兼置详议官（检察）六员。凡狱上奏，先达审刑院，印讫，付大理寺、刑部断覆（复审）以闻。乃下审刑院详议申覆，裁决讫，以付中书省。当，即下之；其未允者，宰相覆（再次复审）以闻，始命论决（执行）。”②

这是宋太宗十五年与宋神宗三年定制，对于看守所羁押、审判程序作出的规定。审判官执法审判，检法官检查法律适用情况及案情复审，即审

① （元）脱脱：《宋史》，中华书局1999年版，第3358页。
② （元）脱脱：《宋史》，中华书局1999年版，第3322页。

判评议，二人无异议，共同签署案牍，杖罪以下，案牍呈报大理寺复察定案用印，报详覆官（检察官）即审刑院（检察覆审），无异议，共奏。否则疏驳即提出异议，上奏。再经过中书省、丞相组织会审覆报，始命论决，以示慎重与高度重视。

《宋史·刑法志》规定："凡大理寺决天下案牍，大事限二十五日，中事二十日，小事十日。审刑院详覆（检察），大事十五日，中事十日，小事五日。三年，诏御史台鞫徒以上罪。狱具令尚书丞郎、两省给舍以上一人，亲往虑问。"① 即三法司会审。

因此，审限从立法到制度化过程，是宋代早期重视法律，尤其重视刑讯改革的体现，是提高审判执法水平的制度性措施。审判官、检法官（法律适用评议即司法执法检察）、大理寺、审刑院（审判检察）、御史台（司法监察）、中书省、丞相府、御史台等皆参与司法检察、监察、监督，对于司法监察制度化的形成具有重要意义。当然，在人治社会模式下，行政权干预司法是不可避免的，审判不能独立，是中国封建社会的特征。就司法审判多级检察制度而言，也是司法不能独立时代的一种进步。

2. 谳狱制度

谳狱，谳，评议、确定。谳狱，疑狱。主要指重案、人命大案等，案情或者定案证据不能完全确定，案情有可以从轻、从重、疑似情节，法律适用困难等，或者与当时之政策、社会形势等方面之意识形态的需求，审判官定案困难，或者案情涉及特殊情节时，允许审判官不加判决，直接将案件上报朝廷，由朝廷组织会审或者直接由皇帝做出判决。谳狱有时候可以防止冤假错案，但是，也能够成为贪赃卖法的手段。谳狱直接由中央朝廷大臣会审或者皇帝决断，有可能从法外权直接干预执法权。但是，刑讯常常导致案情真假难辨，为了防止疑罪从有、从重，对于不服判决者，可以报谳狱，也可以上诉。汉高祖、汉景帝规定谳狱不当上报，而上报不为罪，即不追究上报者之责任。大多数朝代实施"不当谳而谳，或者谳无据，以违制论。"即追究上报谳狱者之法律责任。南宋时期，谳狱弊端日甚。是因为朝廷上下皆不遵法度，营私舞弊，买通权臣，变化案情上报谳

① （元）脱脱：《宋史》，中华书局 1999 年版，第 3322 页。

狱，达到从宽或者从重处理的目的，事实上也是行政权干预司法权的现象。因为谳狱最高决定权即具有最高行政权的帝王或者大臣掌握，而非专职法官。也有谳狱被执法机构故意扣押不报，导致囚犯瘐死之例，总之执法缺乏有效监督时，难以公正。

《宋史·刑法志》记载：至乾道，谳狱之弊，日益滋甚。孝宗乃诏有司缘情引条定断，更不奏裁。其后刑部侍郎方滋言："有司断罪，其间有情重法轻，情轻法重，情理可悯，刑名疑虑，命官犯罪，议亲议故之类，难以一切定断。今后宜于敕律条令，明言合奏裁事件，乞并依建隆三年敕文。"从之。

南宋时往往谳狱不时报，囚瘐死。监察御史程源凤奏："今罪无轻重，悉皆送狱，狱无大小，悉皆稽留。或以追索未齐而不问，或以供款未圆而不呈，或以书拟未当而不判，狱官视以为常，而不顾其迟，狱吏留以为利，而唯恐其速。奏案申牍既下刑部，迟延日月方送理寺。理寺看详，亦复如之。寺回申部，部回申省，动涉岁月。省房又未遽为呈拟，亦有呈拟而疏驳者，疏驳岁月，又复如前。辗转迟回，有一二年未报下者。可疑可矜，法当奏谳，矜而全之，乃反迟回。有矜贷之报下，而其人已毙于狱者；有犯者获贷，而干连病死不一者，岂不重可念哉？请自今诸路奏谳，即以所发月日申御史台，从台臣究省、部、法寺之慢。"从之。① 而所司延滞，寻复如故。可见南宋谳狱制度形同虚设，从根本上不能解决立法不公、执法不公，而依靠谳狱，也不可能获得公正，原因是一致的，皆为谋取私利。

法寺断狱，大辟失入有罚失出不坐。诏令刑部立法："诸人入徒、流之罪已结案，而录问官吏能驳正，或因事而能推正者，累及七人，比大辟一人推赏。"② 鼓励平反冤狱能够促使司法公正。

宋代看守所羁押、审限、审判纪律、审判制度、谳狱制度、法律制度、奖励平反等司法监察皆已经制度化，不过，最终却不能实施有效监督，不能坚持执行，法制逐渐被破坏。维护人治权力的封建体制，不可能

① （元）脱脱：《宋史》，中华书局1999年版，第3353页。
② （元）脱脱：《宋史》，中华书局1999年版，第3359页。

坚持实施有效的司法监督制度。

回顾汉代、唐代、宋代，这三个历时比较长久的朝代，其看守所羁押以及审判的法律制度演变具有基本相同的轨迹。西汉从立国到文景之治，其看守所与法律制度宽放，帝王遵法守法，犯罪率下降，社会繁荣；汉武帝严刑刻法、实施独裁，看守所数量激增，经济严重衰退，以致户口减半。唐代从立国到贞观之治，帝王依法治国，看守所与法制相对公正，犯罪减少，经济繁荣；武则天实施权力独裁，利用看守所实施酷刑，苛法酷吏，导致社会混乱，民不聊生，几至亡国。宋代立国之初，法宽政和，帝王守法，社会稳定，经济发达；至宋徽宗、宋高宗先后皆实施权力独裁，甚至御笔破法，卖国求和，最终亡国。由此可见看守所的执法倾向与法制的基本特性具有密切关系，说明古代看守所的羁押功能变化，与其法律基本特性的演变密切相关。这是封建制度，法律不平等，人治社会独裁专政的基本规律。

3. 看守所“系囚”制度

宋代（北宋）对于看守所羁押时限进行立法，同时实施司法监察制度，是对古代看守所羁押制度的一大贡献，建立了比较系统和规范的看守所管理体系。

《宋史·刑法志》记载：“开宝二年五月，宋太祖以暑气方盛，深念缧系之苦，乃下手诏：‘两京、诸州，令长吏督狱椽，五日一检视，洒扫狱户，洗涤杻械，贫不能自存者给饮食，病者给医药，轻系即时决遣，毋淹滞。’自是，每仲夏申敕官吏，遂以为常。”①这是防止看守所官吏虐囚、滞狱的制度性规定。

《宋史·刑法志》记载：“雍熙元年，令诸州十日一具囚帐及所犯罪名、系禁日数以闻，俾刑部专意纠举。帝阅诸州所奏狱状，有系三百人者，乃令门留、寄禁、取保在外并邸店养疾者，咸准禁数，件析以闻。其鞫狱违限，及可断不断，事小而禁系者，有司驳奏之。”②可以看出，在宋初遵循的是严以治吏、宽以待民的执法指导思想。

---

① （元）脱脱：《宋史》，中华书局1999年版，第3319页。

② （元）脱脱：《宋史》，中华书局1999年版，第3320页。

《宋史·刑法志》记载："天祐八年，中书省言：'昨诏内外，岁终具诸狱囚死之数。而诸路所上，遂以禁系二十而死一者不具，即是岁系二百人，许以十人狱死，恐州县弛意狱事，甚非矜恤之意。'诏刑部自今不许辄分禁系之数。"[①]废除原"系囚"准死二十分之一的规定，改为系囚妄死一人的责任追究制度。

宋代重视检校狱具，同时涉及品官命妇的囚禁状态，体现看守所羁押对于官民实施执法不公的规定。《宋史·刑法志》记载："诸狱具，令当职官依式检校，枷以干木为之，轻重长短刻识其上，笞杖不得留节目，亦不得钉饰及加筋胶之类，仍用官给火印。暑月每五日一洗濯枷杻，刑、寺轮官　员，躬亲监视。诸狱司并旬申禁状，品官、命妇在禁，别具单状。合奏案者，具情款招伏奏闻，法司朱书检坐条例、推司录问、检法官吏姓名于后。"[②]

各州每年开收编配羁管奴婢人及断过编配之数，各置籍。《宋史·刑法志》记载："各路提点刑狱司，岁据本路州军断过大辟申刑部，诸州申提刑司。其应书禁历而不书，应申所属而不申，奏案不依式，检坐开具违令，回报不圆致妨详覆，与提刑司详覆大辟而稽留、失覆大辟致罪有出入者，各抵罪。知州兼统兵者，非出师临陈，毋用重刑。州县月具系囚存亡之数申提刑司，岁终比较，死囚最多者，当职官黜责，其最少者，褒赏之。"[③]提刑司不仅监察看守所，同时监察已决犯行刑监狱，对于各执法官实施严格地奖惩制度，有利于执法公正。涉及"各州每年开收编配羁管奴婢人及断过编配之数，各置籍。"说明编配羁管属于徒刑的一种。

宋代法律同时对司法官员进行了严格的要求，认真执行对于司法官的惩罚制度，实行有效的执法监察措施。《宋史·刑法志》记载："中兴五年岁终比较，宣州、衢州、福州，无病死囚，当职官各转一官；舒州病死及一分，惠州二分六厘，当职官各降一官。六年，令刑部体量公事，邵州、广州、高州勘命官淹系至久不报，诏知州降一官，当职官展二年磨勘（罚当职官无职杂务二年），当行吏永不收叙（即永不叙用）。德庆府勘封川

① （元）脱脱：《宋史》，中华书局1999年版，第3359页。
② （元）脱脱：《宋史》，中华书局1999年版，第3337页。
③ （元）脱脱：《宋史》，中华书局1999年版，第3338页。

县令事，七月不报，诏知州、勘官各抵罪。九年，大理寺朱伯文广西催断刑狱，还言：'雷州海贼两狱，并系平人七人，内五人已死。'诏本路提刑以下重致罚。"①

另外，在宋代还制定了系囚之生活保障制度。规定："诸狱皆置楼牖，设浆铺席，持具沐浴。时令温暖，寒则给薪碳、衣物，暑则五日一涤枷杻。郡县则所职之官躬行检视，狱敝则修之使固。"②这是郡县看守所对于系囚生活保障的制度性法律规定，即必须保障系囚的生活环境卫生、防止狱吏虐囚。

宋神宗即位初，诏曰：狱者，民命之所系也。比闻有司岁考天下之奏，而多瘐死（囚徒病称瘐，瘐死，囚徒病死，事实上包含囚徒被虐致死）。深惟狱吏并缘为奸，检视不明，使吾元元横罹其害。书不云乎："与其杀不辜，宁失不经。"其具为令：应诸州军巡司院所禁罪人，一岁在狱病死及二人，五县以上州岁死三人，开封府司、军巡岁死七人，推吏、狱卒皆杖六十，增一人加一等，罪止杖一百。典狱官如推狱，经两犯即坐从违制。提点刑狱岁终会死者之数上之，中书检察。死者过多，官吏虽已行罚，当更黜责。③

宋代看守所管理制度理论上尚属严密，事实上依然存在诸多瘐死的恶行，虽然严法制裁虐囚致死之狱吏，还是存在"惟狱吏并缘为奸"的残酷致死系囚的现象，说明看守所的执法监察制度，并不能从根本上解决拘押、审判，以非法酷刑虐囚致死的普遍现象。再次证明，贪赃枉法而致的刑讯才是导致增加瘐死的真正原因。

绍兴十二年，御史台点检钱塘、仁和县狱具，钱塘大杖，一多五钱半；仁和枷一多一斤，一轻半斤。诏县官各降一官。绍兴十三年，诏："禁囚无供饭者，临安日支钱二十文，外路十五文。"绍兴十六年，诏："诸鞫狱追到干证人，无罪遣还者，每程给米一升半，钱十五文。"绍兴二十一年，诏：官支病囚药物钱。④这是对于州县看守所系囚刑具使用制度、囚

① （元）脱脱：《宋史》，中华书局 1999 年版，第 3338 页。
② （元）脱脱：《宋史》，中华书局 1999 年版，第 3357 页。
③ （元）脱脱：《宋史》，中华书局 1999 年版，第 3358 页。
④ （元）脱脱：《宋史》，中华书局 1999 年版，第 3338 页。

犯生活、医疗制度的规定。

从以上关于看守所执法及其管理制度的考察，可以看出，宋代（主要是北宋）的狱政管理以及审判制度的监察，包括实施“失入”从严不计失出，疑罪从无、从赦的执法倾向等规定，比隋唐以来具有显著进步。

四、宋代牢城

（一）牢城的设置——未决犯与已决犯分别关押制度

宋代，设立了专门执行刑罚的机构，称“牢城”。并制定了监管行刑的法律制度，与具有审前羁押功能的看守所有着本质的区别。宋代对于“牢城”命名，相对于隋唐有所进步，唐称“役院”、“配所”，实际就是服役、发配之场所，而“牢城”对罪人显示了监管拘禁的意思，具有监狱的含义。

刑部规定：都官郎中，员外郎掌徒流、配隶。凡天下役人与在京百司吏职皆有籍，以考其役放及增损废置之数。①

《宋史·刑法志》规定：“诸州流罪免送京都及其配役规定，原规定诸州流罪锢送阙下，所在或因缘细微，道路非理死者十恒六七，张齐贤请：‘凡罪人至京，择清强官虑问。若显负沈屈，致罢官吏。且令只遣正身，家属俟旨，其干系者免锢送。’乃诏曰：‘诸犯徒、流罪，并配所在牢城，勿复转送阙下。’”② 诸州徒流罪解送京师，道路死者十之六七，即还没有终审，就死了一半以上，再“锢送”至被发配之地，死亡更多。至此，宋代规定“并配所在牢城，勿复转送阙下。”

根据以上记载可以看出，在宋代，诸州不仅具有审前羁押性质的“狱”，同时也有执行徒、流刑的“牢城”，牢城即行刑监狱。从而可以看出在宋代已决犯与未决犯是分别监管的。

“雍熙二年令窃盗满十贯者，奏裁；七贯，决杖、黥面、隶牢城；五

① （元）脱脱：《宋史》，中华书局1999年版，第2586页

② （元）脱脱：《宋史》，中华书局1999年版，第3320页

贯，配役三年；三贯，二年；一贯，一年。它如旧制。”[①]“凡配役者傅军籍，用重典者黥其面。会赦，则有司上其罪状，情轻者纵之；重者，终身不释。初，徒罪非有官当赎铜者，在京师则隶将作监役，兼役之宫中，或输左校、右校役。开宝五年御史台言：‘若此者，虽有其名，无复役使。遇祠祭，供水火，则有本司供官。望令大理依格断遣。’于是并送作坊役之。”[②] 说明在宋代所有年刑全部送作坊役之，即在牢城进行劳作，执行刑罚。

（二）宋代囚犯发配地的法律规定

流、流徙、加役流，皆属流刑，加役，即流刑增加劳作刑，事实上出现了无期徒刑。根据宋代法律规定，强盗杀人放火，赃满五万钱，强奸殴伤两犯致死，累赃二十五万，谋杀致死等皆是死刑，贷死加役流配，所以成为无期徒刑。宋代又有刺配、刺隶、配、发配等，即押送指定的牢城执行被判处的刑罚。从以上所配送的规定可知，各州牢城适用于本地或者邻州轻刑罪犯配送；而沙门岛、远恶之地如春州、琼州等地，则是犯罪性质恶劣的重刑犯配送地。其执法指导思想认为前者可以通过牢城之劳役惩罚，使其改恶向善，回归社会，重新做人。后者以其犯罪性质恶劣，杀人奸淫，虽然贷其死刑，但是有可能终身不改，一旦回归社会依然可能重新犯罪，危害巨大，遇赦也不移配、不纵还，使之永远处于险恶生存环境之处。

国初，沿五代之制，罪人率配隶西北边，多亡投塞外，诱羌为寇，乃诏：“当徒者，无复隶秦州、灵武、通远军及沿边诸郡。”时江、广已平，乃皆流南方。但是犯死罪获贷者，多配隶登州沙门岛及通州海岛，皆有屯兵使者领护。而通州岛中凡两处官煮盐，豪强难制者隶崇明镇，懦弱者隶东州市。隋唐以来就有刑徒配隶西北边的记载，结果导致边防不安，自此宋代不再配隶西北边陲。

太平兴国五年，始令分隶盐亭役之，而沙门如故。端拱二年诏免岭南

---

① （元）脱脱：《宋史》，中华书局1999年版，第3321页

② （元）脱脱：《宋史》，中华书局1999年版，第3354页

流配荷校执役。初，妇人有罪至流，亦执针配役，至是，诏罢免之。

始令杂犯至死贷命者，勿流沙门岛，止隶诸州牢城。隶本地牢城，有利于刑徒的劳动改造，也可以减少病死率。

《宋史·刑法志》记载："配隶之人，盖有两等。其乡民一时斗殴杀伤，及胥徒犯赃贷命流配等人，设使逃逸，未必能为大过，止欲从徒，配本州牢城重役，限满给据复为良民。至于累犯强盗，及聚众贩卖私商，曾经杀伤捕获之人，非村民、胥吏之比，欲并配屯驻军，立为年限，限满改刺从正军。"① 宋代所配之地，自高宗以来，或配广南海外四州，或配淮、汉、四川，迄度宗之世无定法，皆不足纪也。这一规定说明，对于普通犯罪的徒流徙刑徒，可以在本地牢城服刑。"限满给据复为良民。"服役期满后给予释放证明，恢复平民身份。符合劳动改造罪犯，使之改恶从善、重新做人的人道主义精神。这不仅是行刑思想的进步，也说明在宋代即公元十世纪，中国已经出现了"限满给据复为良民"的行刑指导思想。宋人已经认识到封建专制型法律，以残酷的抛弃方式惩治犯罪是不人道的，应该给予犯罪者以改正悔过的机会，应当重视生命权，使刑法制度人性化。而对于屡教不改之惯犯、或凶杀极恶、特别凶狠之徒，远恶地流配或限满从军。符合坚持长期改造的目的，并非即刻处死，也是维护生命权的一种积极措施。

（三）"病囚院"的设置

宋代牢城设置病囚院。《宋史·刑法志》记载："咸平四年，从黄州守王禹偁再请，诸路置病囚院，徒流以上有疾者处之，馀责保于外。"② 有病囚院，同时也有"馀责保于外"的法律规定，即保外就医之制度。

"配本州牢城"，说明各州设有"牢城"，并不称其为"狱"，从而区别了牢城不属于看守所羁押功能的"狱"。而是执行监管"配隶之人"的监狱。与其相对应的是"路置病囚院，徒流以上有疾者处之。馀责保于外。"路下辖若干州，即有若干"牢城"，病囚院也是针对已决犯在执行

① （元）脱脱：《宋史》，中华书局1999年版，第3357页。
② （元）脱脱：《宋史》，中华书局1999年版，第3323页。

刑期过程中生病而设置的。

（四）刺配制度

刺配是肉刑中黥（墨）刑的残留。

旧制，童仆有犯，得私黥其面。帝谓："僮使受佣，本良民也。"诏："盗主财者，杖脊、黥面配牢城，勿私黥之。十贯以上，配五百里外；二十贯以上奏裁。"帝欲宽配隶之刑，祥符六年，诏审刑院、大理寺、三司详定以闻。既而取犯茶盐矾曲、私铸造军器、市外蕃香药，挟铜钱诱汉口出界、主吏盗货官物、夜聚为夭，比旧法咸从轻减。禁止私黥，但是依然存在"黥面配牢城"之法，这是肉刑的残余。

南渡后，诸配隶，《祥符编敕》庆历中，增至一百四十六条。至于淳熙又增至五百七十条，则四倍于庆历矣。配法既多，犯者日众，黥配之人，所至充斥。淳熙十一年，校书郎罗点言其太重，乃诏刑、寺集议奏闻。至十四年，未有定论。其后臣僚议，以为："若止居役，不离乡井，则几惠奸，不足以惩恶；若尽用配法，不恤点刺，则面目一坏，谁复顾藉？强民适长威力，有过无由自新。检照《元丰刑部格》，诸编配人自有不移、不放及移放条限；《政和编配格》又有情重、稍重、情轻、稍轻四等。若依仿旧格，稍加修订，如入情重，则仿旧刺面，用不移不放之格；其次稍重，则止刺额角，用配及十年之格；其次稍轻，则与免黥刺，用不刺面、役满放还之格；其次最轻，则降为居役，别立年限纵免之格。倘有从坐编管，则置之本城，减其放限。如此，则于见行条法并无牴牾，且使刺面之法，专处情犯凶蠹，而其他偶丽于罪，皆得全其面目，知所顾藉，可以自新。省黥徒，销奸党，诚天下之切务。"即诏有司裁定，其后讫如旧制。①

刺配是宋代刑罚的最大失误，刺配事实上属于复古之肉刑，最早见于五代时期有刺面之记载，由于宋代苏颂、蔡京等人主张恢复肉刑，所以，刺配作为常刑使用，对于后世影响颇大。至于南宋时期，配法既多，犯者日众，导致末世刑制混乱的结果。

---

① （元）脱脱：《宋史》，中华书局 1999 年版，第 3357 页。

（五）妇女犯罪之发配制度

《宋史·刑法志》记载："乾兴以前，州军长吏，往往擅配罪人。仁宗即位，首下诏禁止，且令情非巨蠹者，须奏待报。又诏各路按察官，取乾兴赦前配隶兵籍者，列所坐罪状以闻。自是赦书下，辄及之。初，京师裁造院募女工，而军士妻有罪，皆配南北作坊。天圣初，特诏释之，听自便。妇人应配，则以妻窑务或军营致远务卒之无家者，著为法。又诏曰：'闻配徒者，其妻子流离道路，罕能生还，朕甚怜之。自今应配者，录具狱刑名及所配地里，上尚书刑部详覆。'未几，又诏应配者，须长吏以下集听事以问。后以奏牍烦冗，罢录具狱，第以单状上呈进司。既又罢虑问焉。"①

宋代刑法专门规定了妇女犯罪的羁押及处罚办法，一般情况下，在宋代对于妇人配隶者从宽处理，这是比较人道的体现。

五、编管，刺配

《宋史·刑法志》记载："曾公亮以中书论正刑名为非"，"中书上刑名未安者五：其一、岁断死刑几二千人，比前代殊多"；"其二、徒流折杖之法，禁网加密"；"其三、刺配之法二百余条，其间情理轻者，亦可复古徒流移乡之法，俟其再犯，然后决刺充军。其配隶并减就本处，或与近地。凶顽之徒，自从旧法。编管之人，亦迭送他所，量立役作时限，无得髡钳。其四、令州县考察士民，有能孝悌力田为众所知者，给帖付身。偶有犯令，情轻可恕者，特议赎罚；其不悛者，科决。其五、奏裁条目繁多，滞淹刑禁，亦宜删定。"②

根据《宋史·刑法志》的记载分析，编管属于刑法之一种刑种，其罪行轻于刺配，但是，亦属于监管之下的役作刑，因为"量立"、"役作时限"。可以解释为比徒刑的役作时限应该少。"亦迭送他所"，就是执行被编管的场所，刺配必须押送牢城，所以被编管的"所"是监管被编管者的

① （元）脱脱：《宋史》，中华书局1999年版，第3354页。
② （元）脱脱：《宋史》，中华书局1999年版，第3349页。

场所，是否就是牢城尚不能肯定。因为上文中提出“无得髡钳”的建议，可见编管之押送过程之中是以着钳或者髡的刑罚同时使用的。所以不可能编入户籍管制而是被编入劳作、隶役者名册进行管制，而且没有时限。髡钳是使用于刑徒的刑具，证明编管是刑法的一个刑种。

安置、编置、编管、羁管、收管等性质近似，沈家本撰《历代刑法考》认为羁管次于配隶，编管次于羁管，即轻重之等差也。羁管是羁系而管束之，编管，当是编入户籍而管束之，编置，当又轻于编管，谓编籍而安置之。①

其实“潜窜”、“编配”、“窜”皆属于限制其自由的一种刑罚。

从刑罚角度理解，安置、编置、编管、羁管、收管等应该属于同一刑种。即次于刺配的管制，还有“窜”，即记述被贬斥官员的一种写法，也是指编管一类刑罚，属于已经判决。所以，既非编入户籍，也非编入刺配之籍，而是编入羁管、编管、编置等之籍。编，即监管之义，属于徒刑的一个刑种。

六、赦、曲赦、德音

宋代恩宥之制，凡大赦及天下，释杂犯死罪以下，甚则常赦所不原罪，皆除之。

凡曲赦，惟一路，或一州，或别京，或畿内。

凡德音，则死及流罪降等，馀罪释之，间亦释流罪。所被广狭无常。又，天子岁自录京师系囚，畿内则遣使，往往杂犯死罪以下，第降等，杖、笞释之，或徒罪亦得释。若并及诸路，则命监司录焉。所谓德音就是帝王发布有利于被拘押或者刑徒弛刑的命令，包括改善其待遇等。

大赦与自然灾害相联系，已属荒谬，无法救治自然灾害。郊礼大赦也是董仲舒“天人合一”思想的体现，不过北宋的赦宥比隋唐诸代更加宽放，尤其对于死刑，除非极其残忍或凶杀多人，一般并不执行死刑。

但是，赦，证明政事不节。社会稳定及和谐不是用赦免罪犯能够解决

---

① 沈家本：《历代刑法考》，中华书局 1985 年版，第 261 页。

的，尤其在官吏普遍贪赃枉法，导致社会道德沦丧的时期，法律不能维护社会正义，人们失去法律信仰，就是政事最大不节之具体表现，赦宥不能解决公正执法的根本问题，也不能挽救灭亡。

七、编敕所

宋代设立编敕所，以整理、编修宋历代诸朝发布或者使用的诏、敕、令、制，使之成为应时之用的敕令。

敕，原义为训诫、整饬、告诫勉励之意。汉代作为以上命下辞，后成为帝王下达命令的专用词，敕令即诏书。宋代成立编敕所，把帝王发布的关于行政、法令、制度、格式、范例等敕令与历代成文法对照，进行综合整理，择其当时能够适用的，编订成册，作为法律执行，唐代法律规范称谓律、令、格、式。律即商鞅变法以来的成文法律。令，即国家制定的各种制度包括行政制度与行为规范。格，就是朝廷颁布实施的奖惩标准。式，即朝廷规定的官署行文程序、程式。宋代称敕令格式。宋代把成文法律与本朝历次发布的敕令、案例及其与法令相关的敕令，结合社会实际的需要，进行整合编辑，以作为现行法律使用，所以宋代称敕令格式，即敕令作为优先使用之成文法，敕令所不载，可以参酌历代成文法，即律。编敕所是由朝廷设立的，大多以精通法律、正直而有威望、博学的大臣担任，门下省、中书省、御史台、刑部等也参与讨论。

在宋代，认为律不足以周事情，凡律所不载者一断以敕，所以更律、令、格、式为敕、令、格、式。而律恒存乎敕之外。熙宁初，置局修敕，诏中外言法不便者，集议更定，择其可采者赏之。元丰中，始成书26卷，复下二府参订，然后颁行。帝留意法令，尝谓："法出于道，人能体道，则立法足以尽事。"又曰："禁于已然之谓敕（法律），禁于未然之谓令（行为规范），设于此以待彼之谓格（制度标准），使彼效之之谓式（规格、程式）。"于是，凡如笞、杖、徒、流、死，自名例以下至断狱，十二门，丽刑名轻重者，皆为敕。自品官以下至断狱三十五门，约束禁止者，皆为令。命官之等十有七，吏、庶人之赏等七十有七，又有倍、全、分、厘之级凡五等，有等级高下者，皆为格。表奏、帐籍、关牒、符檄之类凡五卷，有体制模楷者，皆为式。[①]

简言之，律为已经成文习用的基本法，即成文法，用于劾定罪实，律所不载用例，即判例法，基本原则是例不破律。律、例皆不能适应，则用敕。而敕如果与律相抵牾，就必须进行立法研究，认真审定。所以编敕所，相当于国家立法筹备委员会，依据社会发展实际需要，从宋历代所发布实施的诏、敕、令、制，筛选符合实际需要的内容，编为敕令。以填补法律之不足。从理论上分析，法律改革与时俱进是合理的。但是，朝廷随意改革法律必然导致法制混乱。

宋法制因唐律、令、格、式而随时损益，则有编敕，一司、一路、一州、一县又别有敕。建隆初，诏判大理寺窦仪等上《编敕》四卷凡106条，诏与新定《刑统》三十卷并颁天下。参酌轻重为详，世称平允。太平兴国中，增至十五卷，淳化中倍之。咸平中增至一万八千五百五十五条，定可敕者二百八十六条，准律分十二门，总十一卷。又为《仪制令》一卷。当时便其简易。大中祥符间又增三十卷，一千三百七十四条。又有农田敕五卷，与敕兼行。[②]

《宋史·刑法志》有“诏送编敕所”的记载。[③]

从以上《宋史·刑法志》的记载分析，宋代法律改革，随着帝王的更替，法律也随之改变，虽有一定进步意义。但是，北宋哲宗以后法律改革混乱而随意，没有定规，以致敕令繁多无法实施，至南宋更加混乱难以适用。

《宋史·刑法志》记载：“《咸平仪制令》及制度约束之在敕者五百余条，悉附令后，号曰《附令敕》。天圣七年，编敕成，合农田敕为一书，视祥符敕损百有余条。其丽于法者，大辟之属17条，流34条，配隶63条，徒106条，杖258条，笞之属76条。又配隶之属63条，大辟而下奏听旨者71条。凡此，皆在律令外者也。”[④]

庆历又修：一司敕2307条，一路敕1827条，一州、一县敕1451条，

---

① （元）脱脱：《宋史》，中华书局1999年版，第3317页。

② （元）脱脱：《宋史》，中华书局1999年版，第3361页。

③ （元）脱脱：《宋史》，中华书局1999年版，第3350页。

④ （元）脱脱：《宋史》，中华书局1999年版，第3316页。

大辟31条，流21条，徒105条，杖168条，笞12条，配隶81条。大辟而下奏听旨者总64条。凡此，又在编敕之外者也。

嘉佑七年书成。总1834条，视庆历敕大辟增60条，流增50条，徒增61条，杖增73条，笞增38条，配隶增30条。大辟而下奏听旨者增46条。又别为续附令敕三卷。①

尽管宋代后期敕令纷繁，后来到了极其混乱的程度，终致灭亡，但是，北宋早期的看守所羁押制度与监督、审判、牢城等法律较前具有一定进步，也有明显之不足。表现在以下几个方面：

1. 对于不同犯罪性质的不同羁押时限立法，建立未决犯死亡责任追究制度，制定囚犯生活、医疗、卫生等管理制度，对于维护囚犯的生存权利具有实际意义。

2. 允许讯案翻异（上诉）至三，同时规定，如有翻异，可以异地同级换审，而不影响覆审以及谳狱。有利于审判公正，减少冤狱。

3. 重罚失入，不坐失出。实施疑罪从无原则。

4. 设立牢城，以监管、改造已决罪犯，促使其改恶向善，回归社会。改变了秦汉以来历代王朝，对于已决犯采取仇视、遗弃、远徙等不人道的法律规定。

5. 徒罪以下由御史台复案、设提刑按察司加强了对于重罪判决的监督。

6. 实行死罪贷死之法，减少了死刑。但是折杖加重了刑法。

7. 由于审前羁押之“狱”（即看守所）与“牢城”（即监狱）完全分离，促进了司法、检察、监察、复审、刑事侦查、犯罪学以及狱政（出现了关于看守所法学、检验格目、尤其法医学的研究，对于后世具有重要意义等）的研究，同时加强了专职行刑机构“牢城”的立法研究。事实上宋代（主要是北宋）之审前羁押制度为犯罪学、监狱法学、法医检验学以及看守所立法的学术讨论与研究作出了重要贡献。

8. 实施看守所囚犯死亡刑事责任追究制度。

9. 南宋以“编管、编制”等严厉的专政方式，奴役主战官民。对于后

① （元）脱脱：《宋史》，中华书局1999年版，第3316页。

世实施奴化法制教育具有恶劣影响。

10.“御笔”成为破坏、干预司法公正的主要因素。

第二节　辽金时代的看守所

一、辽代看守所

辽代（公元907—1125年），历时218年。辽为契丹族，是我国历史上的古老民族之一，唐代契丹就在我国北方建立了辽国。其刑制受唐以来诸代之影响，但是也充分表现出我国北方民族的政治特性，官制为南北两院分治，北院多治理本族，南院主治汉人等。

（一）辽代看守所的设置

诸道州县设立审前羁押之狱，南院分官职责是：平理庶狱，采摭民隐。汉唐以来，贤主以为恤民之令典。官不常设。有诏，则选材望官为之。分决诸路滞狱使。[①] 圣宗统和九年，命邢抱朴等五员，又命马守瑛等三员分决诸道滞狱。本注：按统和九年，三月“复遣库部员外郎马守瑛、仓部员外郎祁正、虞祁员外郎崔佑、蓟北县令崔简等分决诸道滞狱（应作四员）。”按察诸道刑狱使。当时诸道州县皆设审前羁押机构，但是看守所普遍出现滞狱现象，并引起朝廷的重视，委派专人赴各地看守所审判。

开泰五年遣刘泾等分路按察刑狱。[②] 按察刑狱即检查与监察各州县看守所的羁押与审判之刑事案件。辽代设提点刑狱司，专职监察各路所辖州县看守所的羁押与审判案件。

北院设立“夷离毕院”，掌刑狱。又分左、右夷离毕；知左、知右夷离毕事；敞史，选底，掌狱。[③] 其刑狱制度尚不完善，“夷离毕院，掌刑

① （元）脱脱：《辽史》，中华书局1999年版，第494页。

② （元）脱脱：《辽史》，中华书局1999年版，第499页。

③ （元）脱脱：《辽史》，中华书局1999年版，第422页。

狱。”在此可以看出，北院具有刑部或者大理寺的职权。掌刑狱，主管司法，即主管该级看守所。

辽代看守所的滞狱现象比较重视。对于已决犯的管理，也是分散在诸州服役，不过没有相关的、更详细的记述。北面著帐官记载：诸色人犯罪被没入之役徒管理混乱，既可以担任后宫禁卫、也可以宫廷为奴，也可能随时被赦免，尤其担任皇族禁卫或充当后宫、皇宫杂役，以致发生多次罪隶谋杀、策动反叛事件。对于辽代刑制，由于史料记载不是很详细，因此了解不够，虽然具有审前羁押之狱的事实存在，不过从下面记载之史实上分析，辽代显现的是落后、残酷、混乱之刑狱制度。

（二）辽代看守所的相关法律规定

其刑有四：死、流、徒、杖。

死刑：绞、斩、凌迟，又有籍没之法。

流刑：量罪轻重，置之边城部族之地，远则投诸境外，又远则罚使绝域。

徒刑：一曰终身，二曰五年，三曰一年半；终身者决五百，其次递减百；又有黥刺之法。

杖刑：自五十至三百，凡杖五十以上者，以沙袋决之；又有木剑、大棒、铁骨朵之法。木剑、大棒之数三，自十五至三十；铁骨朵之数，或五或七。有重罪者，将决以沙袋，先于脽骨之上及四周击之。刑罚残酷，属奴隶社会之野蛮刑制。

拷讯之具，有粗、细杖及鞭、烙法。粗杖之数二十；细杖之数三，自三十至六十。鞭、烙之数，凡烙三十者鞭三百，烙五十者鞭五百。被告诸事应伏而不服者，以此讯之。品官公事误犯，民年七十以上，十五以下犯罪者，听以赎论。赎铜之数，杖一百者，输钱千。亦有八议、八纵之法。籍没之法，谋叛以其首恶家属，没入瓦里。① 瓦里即官奴婢。辽代刑法苛酷而重，并且法制不完善。

太祖初年，庶事草创，犯罪者量轻重决之。其后治诸弟逆党，权宜立

① （元）脱脱：《辽史》，中华书局 1999 年版，第 573—574 页。

法。亲王从逆，不磬诸甸人，或投高崖杀之；淫乱不轨者，五车轘杀之；逆父母者视此；讪詈犯上者，以熟铁锥揕其口杀之。从坐者，量其轻重杖决。

杖有二。大者重钱五百，小者三百。又为枭磔、生瘗、射鬼箭、炮掷、肢解之刑。岁癸酉，下诏曰："朕自北征以来，四方狱讼积滞颇多。今休战息民，群臣其副朕意，详决之，无或冤枉。"神策六年乃诏大臣定治契丹及诸夷之法，汉人则断以律令，乃置钟院以达民冤。

至太宗时，治渤海人一依汉法，馀无改焉。[①] 渤海人包括汉人朝鲜人以及东北地区之少数民族。

六年，帝以契丹、汉人风俗不同，国法不可异施，于是命惕隐苏、枢密使乙辛更定条例。凡合于律令者，具载之；其不合者，别存之。时校定官即重熙旧制，更窃盗赃二十五贯处死一条，增至五十贯处死；又删其重复者两条，为五百四十五条；取律一百七十三条，又创增七十一条，凡七百八十九条，增重编者至千馀条。后来由于法条繁多，难以使用，又下诏"自今复用旧法，馀悉除之。"[②]

以上记载说明辽虽沿用汉人律令，但是其以武立国，法多严酷，表现出奴隶制的野蛮与残忍。虽然欲改用汉法，但是不能习惯，依旧使用旧法。

二、金代看守所

女真族也是我国最古老的民族之一。公元十二世纪初，女真灭辽、夏。建立了与宋南北对峙之金朝。在北方统治近 120 年（公元 1115 年—1235 年）。早期刑法简单，至金太宗以后刑法制度稍近宋制。

（一）看守所设置

1. 刑部。金代刑部主要职责是主管刑制、修刑律和对全国看守所的

① （元）脱脱：《辽史》，中华书局 1999 年版，第 574 页。
② （元）脱脱：《辽史》，中华书局 1999 年版，第 580 页。

监察。

刑部机构设置为：尚书、侍郎、郎中各一员。员外郎二员，一员掌律令格式、审定刑名、关津稽查、赦诏鞫勘、追征给没等事；一员掌监户、官户、配隶、诉良贱、城门启闭、官吏改正、功赏捕亡等事。主事二人。①

其基本职能是：掌管律令格式，修订刑法，主持发布赦令，主管刑徒即已决犯的分配、释放、调动、造册登记等。也与大理寺共同负责天下谳狱（检察），负责监管刑法的发布与使用，对于全国州县看守所之羁押、审判、检察，具有司法行政监察权，发布、实施赦令，主要针对各级看守所执法实施司法检察。

2. 大理寺。金代大理寺的主要职责是执法与谳狱，其下设看守所。

大理寺机构设置为：天德二年置，自少卿至评事，汉人通设六员。女直、契丹各四员。卿、少卿、丞，各一员，掌审天下奏案、详谳疑狱。司直四员，掌参议疑狱、披详法状。评事三员，掌同司直（检察）。知法十一员，掌检断刑名事，明法二员。②

其基本职能是：详谳疑狱，参议疑狱，披详法状，检断刑名事。

此外，金代诸州县皆设司狱，管理各州县看守所。

3. 诸司狱。司狱，一员，正九品，提控狱囚（主管该级看守所）。司使一人，公使二人，典狱二人（直接管理看守所狱政等），防守狱囚门禁启闭之事。狱子（狱卒）防守罪囚者（即看守所之看守），负责看守系囚。

《金史·百官志》记载：诸节镇防御刺史县镇等职，诸总管府设有推官、知法主管刑法；诸府设推官、知法。诸节镇设观察判官（正七品）兼判兵、刑、公案；设知法、司狱（正八品）主管刑狱，即看守所。诸防御州设判官、知法、巡捕使。诸京巡院、诸防刺州司侯司、诸县，诸知镇等。本注：其设公使皆与县同，皆设司狱主管看守所。③ 金代与前代刑制相似，县以上行政机构各级皆设审前羁押之狱。

另外，金代设总管府（类似于宋代的路），总管府设推官，主管审

① （元）脱脱：《金史》，中华书局1999年版，第822页。

② （元）脱脱：《金史》，中华书局1999年版，第848页。

③ （元）脱脱：《金史》，中华书局1999年版，第869—870页。

判，知法主管司法监察。

（二）金代看守所的相关法律规定

金国旧俗，轻罪笞以柳葼（音 zong，柳树枝），杀人及盗劫者，击其脑杀之，没其家资，以十之四入官，其六偿主，并以家人为奴婢。其亲属欲以马牛杂物赎者，从之。或重罪亦听自赎，然恐无辨于齐民，则劓、刵以为别。其狱则掘地深广为之（此狱即审前拘押之看守所）。太宗稍用辽、宋之法。天会七年，诏凡窃盗，但得物徒三年，十贯以上徒五年，刺字充下军，三十贯以上徒终身，仍以赃满尽命刺字于面，五十贯以上死。征偿如旧制。[①] 根据金代刑法规定可以看出，金代旧制法律的野蛮和残酷。后虽近宋法，依然表现出其刑法残酷之特征。

所修律成，凡十二篇：一曰名例，二曰卫禁，三曰职制，四曰户籍，五曰厩库，六曰擅兴，七曰贼盗，八曰斗讼，九曰诈伪，十曰杂律，十一曰捕亡，十二曰断狱。实唐律也。但加赎铜皆倍之，增徒至四年、五年为七，削不宜于时者四十七条，增时用之制百四十九条，因而略有所损益者二百八十二条，馀一百二十六条皆从其旧；又加以分其一为二、分其一为四者六条，凡五百六十三条，为三十卷。附注以明其事，疏议以释其疑，名曰《泰和律义》，颁行之。[②]

可见金代的刑法及其制度与设置，基本上是采纳唐宋法制，略有增损，仍表现为刑法偏重，如徒刑加年，死刑执行残酷。

（三）金代看守所与“作院”

在金代，各州同时设有“作院”，其主要职能是执行刑罚的机构，即监狱。

其机构基本设置是：使一员，付使一员，掌监造军器，兼管囚徒，判院事。都监一员，掌收支事。牢长，监管囚徒及差设牢子。中都、南京依此置，仍加“都”（即都使、都付使、都牢长等）。南京省都监一员，东

---

① （元）脱脱：《金史》，中华书局 1999 年版，第 670 页。

② （元）脱脱：《金史》，中华书局 1999 年版，第 676 页。

京西京置使或付一员，上京并省。随府节镇院使副，并以军器使副兼之。其或置一员。证明“作院”，即“役徒之作院”，类似唐代的“役院”，或相当于宋代的“牢城”，牢长监管囚徒及差役牢子。[①]在金代，已决犯与未决犯也是分开监管、拘押，牢长总监管“作院”。

金代重视刑狱，规定看守所的典狱等管理狱政的官吏要居住在看守所附近，以便于及时观察、了解。同时规定狱卒必须以“年深而信实者轮值”，即对看守所狱吏品格、能力的具体要求。

金代的审限制度尚未完善，看守所制度也不规范，刑讯制度混乱，甚至刑具也没有法定标准。法制混乱是看守所不能执法公正的重要原因，尽管多次修订刑法，执法指导思想不能统一，这是导致金代司法混乱的基本因素。没有制度性谳狱、复狱程序，以导致“州县官往往以权势自居，喜怒自任，听讼之际，鲜克加审。但使译人往来传词，罪之轻重，成于其口，货赂公行，冤者至有三二十年不能正者。”[②]法制不健全，司法监察体系还没有形成有效监督机制，以致地方官吏目无法制，肆意而为，货赂公行，最终导致社会处于混乱状态。

① （元）脱脱：《金史》，中华书局 1999 年版，第 870 页。
② （元）脱脱：《金史》，中华书局 1999 年版，第 676 页。

第六章　元代及明代的看守所

第一节　元代看守所

蒙古族领袖成吉思汗于公元1206年建立蒙古国，至元世祖（忽必烈）八年，即1271年定国号为元，建都大都（北京），顺帝二十八年朱元璋军攻占大都（1368年），计98年。元史对于法制，尤其关于牢狱、刑狱的记述颇少而凌乱。

一、元代看守所的设置

在元代，审前羁押之狱的设置及其法律制度，与其执行的蒙汉分治与达鲁花赤（即掌印者、监督者）制度有关，各路府州县皆设置审前羁押之狱。枢密院、御史台、刑部、大宗政府等部门也设置审前羁押之狱。但是，元代早期，各级正官基本上由蒙古人担任，路州县皆设达鲁花赤，以监督各级司法行政。

（一）枢密院狱

《元史·百官志》记载：至元初，设置诸路总管府，总管府置推官（审判官），专治刑狱，下设司狱司，配置司狱（狱政）、丞（检察）等。朝廷枢密院下设断事官（审判官），掌处决军府之狱讼。[①] 根据需要下设

① （明）宋濂等：《元史》，中华书局1999年版，第1438页。

（诸省设）行枢密院，事已则罢。并设有枢密院狱，具有审前羁押的性质。

（二）刑部狱

刑部设有看守所，同时又是管理全国刑名律令之最高行政机构。

其职能及机构设置是：掌天下刑名法律之政令。凡大辟之按覆，系囚之详谳，孥收产没之籍，捕获功赏在式，冤讼疑罪之辨，狱具之制度，律令之拟议，悉以任之。世祖中统元年，以兵、刑、工为右三部。置尚书二员，侍郎二员，郎中五员，员外郎五员。以郎中、员外郎各一员，专署刑部。

其属附：司狱司，狱丞，狱典（主管看守所）。初以右三部照磨兼刑部系狱之任（当时官少，兵刑工三部分管刑部看守所羁押、审判、评议、检察。）大德七年年始置专官。部医一人，掌调视病囚。

司籍所，提领一员，同提领一员。至元二十年，改大都等路断没提领所为司籍所，隶刑部。[①] 掌管徒隶在籍。

（三）御史台狱

元代御史台，下设察院，监察朝廷各部，分设行御史台，行省察院，皆设有看守所。元初立山东东西道、河东陕西道等四道提刑按察司，后增立十五道，至元二十八年改提刑按察司为肃政廉访司，提刑按察司、肃政廉访司功能一致，监察地方刑狱。

其机构设置是：御史台，秩从一品。大夫二员从一品；中丞二员正二品；侍御史二员从二品；治书侍御史二员从二品。下设殿中司，察院。有狱丞，设狱。分设江南道行御史台、陕西道行御史台，设官品秩同内台。察院，品秩同内察院。肃政廉访司：国初，立提刑按察司四道，后增至22道。隶属御史台。[②]

元代也以御史台为监察机构，中央设都察院实施行政执法监察，省设行省察院，路设提刑按察司，实施该级所属看守所之执法监察，察院设狱

① （明）宋濂等：《元史》，中华书局1999年版，第1425页。

② （明）宋濂等：《元史》，中华书局1999年版，第1448页。

丞主管御史台狱。省察院同中央察院皆设审前羁押之狱。

（四）大宗正府狱

元代初期未设立刑部以及大理寺，以大宗正府为最高司法机构，并以诸王为府长，治理朝廷及都城罪案，并设看守所。后设刑部，分管汉人刑名，宗政府则管理蒙古人、色目人刑狱，也设审前羁押之狱。

其职能及基本机构设置是：秩从一品，国初未有官制，曰扎鲁忽赤，会决庶务。凡诸王驸马投下蒙古、色目人等，应犯一切公事，及汉人奸盗诈伪、蛊毒及厌魅、诱掠逃驱、轻重罪囚，及边远出征官吏、每岁从驾分司上部存留住冬诸事，悉掌之。至元二年，置十员。三年，置八员。九年，降从一品银印，止理蒙古公事。以诸王为府长，馀悉御位下及诸王之有国封者。二十八年置四十六员。皇庆元年以汉人刑名归刑部。泰定元年复命兼理，置扎鲁忽赤四十二员。令史改为椽使。致和元年，以上都、大都所属蒙古人并怯薛军站色目与汉人相犯者，归宗正府处断。其余路府州县汉人、蒙古、色目悉归有司刑部掌管。正官达鲁忽赤四十二员从一品，郎中二员，从五品，员外郎二员，从六品；都事、管勾、椽史、蒙古必阇赤、通事、知印、宣使、蒙古书写、典史、库子、医人、司狱（主管宗正看守所）等。①

（五）都护府及州县狱

《元史》记载，元代设都护府，并设有狱。

其机构设置为：都护府，秩从二品。掌领旧州城及畏吾儿之居汉地者，有词讼则听之。大都护四员，从二品；同知二员，从三品；副都护二员，从四品。下设经历、都事、照磨、令史、译史、通事、知印宣使、典吏等。元世祖至元二十年改大理寺，后又复旧。②

大都路总管府下设大都路兵马都指挥使司，掌京城盗贼奸伪鞫捕之事。一置司于北城，一置司于南城。司狱司凡三：秩正八品。司狱一，狱

① （明）宋濂等：《元史》，中华书局1999年版，第1453页。

② （明）宋濂等：《元史》，中华书局1999年版，第2273页。

丞一，狱典二人。掌囚系狱具（主管看守所）之事。一置于大都路，一置于北城兵马司，通领南城兵马司狱事。皇庆元年，以两司异禁，遂分置一司于城南。[①]

诸路总管府下设司狱司基本相同，诸州县皆设有审前羁押之狱。[②]

二、元代看守所制度及相关法律规定

（一）元代看守所相关制度

1. 刑具

诸大小刑狱应监系之人，并送司狱司看守所，分轻重监收。诸掌刑狱，辄纵囚徒在禁饮博，及带刀刃纸笔阴阳文字入禁者，罪之。[③]

元代路府州县各狱分别由司狱司、司狱、狱吏、狱卒管理狱政，罪行轻重在看守所分别拘禁。其看守所制度略似唐宋，“辄纵囚徒在禁饮博者罪之”说明看守所禁囚不严，制度管理混乱。

诸狱具枷长五尺以上，六尺以下，阔一尺四寸以上，一尺六寸以下，死罪重二十五斤，徒流二十斤，杖罪一十五斤，皆以干木为之，长阔轻重各刻志其上。杻长一尺六寸以上，二尺以下，横三寸，厚一寸。锁长八尺以上，一丈二尺以下，镣连（镮）重三斤。笞大头径二分七厘，小头径一分七厘，罪五十七以下用之。杖大头径三分二厘，小头径二分二厘，罪六十七以上用之。讯杖大头径四分五厘，小头径三分五厘，长三尺五寸，并刊削节目，无令筋胶诸物装钉。应决者，并用小头，其决笞及杖者，臀受；拷讯者，臀若股分受，务令均停。[④]

州县看守所为初审或二审，路及中央各级看守所接受复审和终审，依法使用不同的刑具。看守所制度从其刑具规定比宋代为重，内容基本上与宋代相同。其刑讯制度比宋代严酷，没有规定刑讯标准，尤其规定刑讯“邂逅致死者”不坐，因此必然导致冤假错案的普遍性。

---

① （明）宋濂等：《元史》，中华书局 1999 年版，第 2301 页。

② （明）宋濂等：《元史》，中华书局 1999 年版，第 1538 页。

③ （明）宋濂等：《元史》，中华书局 1999 年版，第 1749 页。

④ （明）宋濂等：《元史》，中华书局 1999 年版，第 1635 页。

2. 系囚饮食及医疗规定

元代看守所羁押以案情轻重分开管理，男女分监羁押，司狱主管看守所狱政，狱卒为司狱属下，直接看管囚犯。即“诸狱囚，必轻重异处，男女异室，毋或参杂，司狱致其慎，狱卒去其虐，提牢官尽其诚。”①

诸在禁囚徒，无亲属供给，或有亲属而贫不能给者，日给仓米一升，三升之中，给粟一升，以食其疾者。凡油炭席荐之属，各以时具，其饥寒而衣食不继，疾患而医疗不时，致非理死损者，坐有司罪。

诸各处司狱司看守囚徒，夜支青油一斤。诸路州府县，但停囚去处，于鼠耗粮内放支囚粮。诸在禁无家囚徒，岁十二月至于正月，给羊皮为披盖，裤袜及薪草为暖匣熏炕之用。规定系囚医疗卫生以及生活标准，违者追究司狱或者狱卒刑事责任。

同时法律规定，涉及证人或者案件相关人员，只需要知道联系住址，由当地人担保其开庭审判时不误即可，若无保人，就要把涉案人留在看守所附近的店铺居住，以等候审判，其住宿饮食生活费用，由该“有司”，即当地政府机关提供，“勿寄养于民家。”即不准寄养民家。说明涉案证人也要被执法机构限制在羁押审判机构附近，不准擅自离开，以完成审判程序。即“诸狱讼，有必听候归对之人，召保知在，如无保识，有司给粮养济，勿寄养于民家。”②“诸狱讼，有必听候归对之人。”诉讼涉及原被告以及证人，涉案人必须到齐。

3. 狱政管理

元代看守所规定了严格的监规制度，提牢官、司狱为该级看守所之主管官员。即“诸禁囚因械梏不严，致反狱者，直日押狱杖九十七，狱卒各七十七，司狱及提牢官皆坐罪，百日内全获者不坐。诸罪在大恶，官吏受赃纵令私和者，罢之。诸司狱受财，纵犯奸囚人，在禁疏枷饮酒者，以枉法科罪，除名。”③

其管理制度是：“诸郡县佐贰及幕官，每月分番提牢，三日一亲临点视，其有枉禁及淹延者，即举问。月终则具囚数牒次官，其在上都囚禁，

① （明）宋濂等：《元史》，中华书局 1999 年版，第 2689—2690 页。

② （明）宋濂等：《元史》，中华书局 1999 年版，第 2690 页。

③ （明）宋濂等：《元史》，中华书局 1999 年版，第 2634 页。

从留守司提之。诸南北兵马司，每月分番提牢，仍令提控案牍兼掌囚禁。诸盐运司监收盐徒，每月佐贰官分番董事，与有司同。”[①]以诸州县佐贰官即其副职，幕官为州县正官属下，无正职，以辅佐州县官行政，所以分工管理该级看守所。月终做出呈报文件（牒，文件。）上报，即每月对于所辖看守所之羁押、审判执行情况检查上报，属于未决犯的详细报表。这里特别提出盐运司监收盐徒，即管理从事煮盐的刑徒，每月也要做出关于盐徒相关情况的报表上报。

4. 监察制度

元代其审判纪律的规定不够详细，但是治安与执行抓捕、看守、羁押纪律规定较为严格，弓兵、祗候、狱卒皆为负责看守所安全、看守、防止系囚逃亡的役卒。即“诸弓兵祗候狱卒，辄殴死罪囚者，为首杖一百七，为从减一等，均征烧埋银给苦主，其枉死应征倍赃者，免征。”[②]诸鞫狱辄以私怨暴怒，去衣鞭背者，禁之。诸鞫问囚徒，重事须加拷讯者，长贰僚佐会议立案，然后行之，违者重加其罪。

并且规定，不依法羁押，滥用职权者获罪。诸有司辄收禁无罪之人者，正官并笞一十七，记过。无招枉禁，自缢而死者，笞三十七，其年后叙。诸有司辄将无辜枉禁，瘐死者，解职、降先品一等叙。

“诸有司受财故纵正贼，诬执非罪，非法拷讯，连逮妻子，衔冤赴狱，事未晓白，身已就死，正官杖一百七，除名，佐官八十七，降二等杂职叙，仍均征烧埋银。诸有司故入人罪，若未决者及囚自死者，以所入罪减一等论，入人全罪，以全罪论，若未决放，仍以减等论。诸故出人之罪，应全科而未决放者，从减等论，仍记过。诸失入人之罪者，减三等，失出人之罪者减五等，未决放者又减一等，并记过。”[③]受财故纵或故失入罪，皆属于严重的贪赃枉法行为，惩罚轻微，所以元代法制混乱，执法也没有有效监督机制。

“诸有司失出人死罪者，笞五十七，解职，期年后降先品一等叙，记过，正犯追禁结案。诸有司辄将革前杂犯，承问断遣者，以故入论。”故

① （明）宋濂等：《元史》，中华书局1999年版，第2635页。
② （明）宋濂等：《元史》，中华书局1999年版，第2633页。
③ （明）宋濂等：《元史》，中华书局1999年版，第2633页。

失罪规定模糊，故失出入惩罚标准一样，显属不公，失入死罪仅解职而已。

“诸监临挟仇，违法枉断所监临职官者，抵罪不叙。诸审囚官强愎自用，辄将蒙古人刺字者，杖七十七。除名，将已刺字除去之。诸为盗，并从有司归问，各投下辄擅断遣者，坐罪。诸斗殴杀人，无轻重，并结案上省部详谳。有司辄任情擅断者，笞五十七，解职，期年后，降先品一等叙。”①

作为行政长官打击报复属下者“抵罪不叙”，尚属公平。蒙古人犯罪不得同罪同罚，结果导致法律公正丧失。

以上规定说明，对执法官吏没有具体监督、监察制度，尤其对于冤假错案处分轻微，致死人命之冤案，也仅“正官杖一百七，除名，佐官八十七，降二等杂职叙，仍征烧埋银。”所谓烧埋银即五十两丧葬费，元代发行纸币，一锭，就是五十两，用至元纸币于市面兑换银子为六八折或者七折，当时一头驴的价值就是一锭。这些规定也说明蒙汉分治的不合理性，同罪异罚，蒙古人犯罪可以不用刺配。

（二）刑法

《元史·刑法志》记载：“元初未有法守，百司断理狱讼，循用金律，颇伤严苛。及世祖平宋，强理混一，由是简除繁苛，始定新律，颁之有司，号曰《至元新格》，经过仁宗、英宗损益，书成，曰《大元通制》。其书大纲有三：一曰诏制，二曰条格，三曰断例。凡诏制九十四，条格一千一百五十一，断例七百七十七条，大概纂集世祖以来法制事例而已。”

从其刑法志记载，我们可以看出元代设有五刑，其五刑之目为：

1. 笞刑：七、十七、二十七、三十七、四十七、五十七；

2. 杖刑：六十七、七十七、八十七、九十七、一百七；

3. 徒刑：一年杖六十七，一年半杖七十七，二年杖八十七，二年半杖九十七，三年杖一百七，盐徒盗贼既决而又镣之；

4. 流：则南人迁于辽阳迤北之地，北人迁于湖广之乡；

---

① （明）宋濂等：《元史》，中华书局1999年版，第2633—2634页。

5. 死刑：则有斩而无绞，恶逆之极者，又有凌迟处死之法。其弊也，南北异治。刑法志评议说：事类繁琐，加情之吏，舞弄文法，出入比附，用谲行私。①

事实上元代早期没有刑法，后篡集刑制，又多严酷。而由于南北异治、同罪不同刑，尤其便于官吏贪赃枉法。

元代和前代一样，对强盗罪做出了非常严厉的规定。其一，持杖（即凶器）者得不得财皆死刑；其二，四十贯，为首者死；其三，不持杖伤人，唯造意（主谋）及下手者死。其余依据财物多少笞刑至徒流、徒，体现了元代早期严刑惩治强盗的法律规定。

即“诸强盗持仗但伤人者，虽不得财，皆死。不曾伤人，不得财，徒二年半，但得财，徒三年；至二十贯，为首者死，余人流远。不持仗伤人者，惟造意及下手者死。不曾伤人，不得财徒一年半，十贯以下徒二年；每十贯加一等，至四十贯，为首者死，余人各徒三年。若因盗而奸，同伤人之坐，其同行人止依本法，谋而未行者，于不得财罪上，各减一等坐之。”②

“诸窃盗始谋（造意）而未行者，笞四十七；已行而不得财者，五十七；得财十贯以下，六十七；至二十贯，七十七。每二十贯加一等，一百贯，徒一年，每一百贯加一等，罪止徒三年。诸盗库藏钱物者，比常盗加一等，赃满至五百贯以上者流。”③ 元代窃盗没有死刑。

另外，元代南北异治，没有规范的法律程序，以致“出入比附，用谲行私”。从《大元通制》的大纲可知，招制、条格、断例、篡集为法，又有南北（蒙汉）分治，即同法不同治。

“诸正蒙古人，除犯死罪，监禁依常法，有司毋得拷掠，仍日给饮食。犯真奸盗者，解束带佩囊，散收。馀犯轻重者，以理对证，有司勿执拘之，逃逸者监收。”④ 即蒙古人犯罪不准戴刑具，只能散禁，这是常法。尤其不准汉官审判蒙古人犯，导致社会法制严重不公，法无定制。

① （明）宋濂等：《元史》，中华书局 1999 年版，第 1729 页。
② （明）宋濂等：《元史》，中华书局 1999 年版，第 2657 页。
③ （明）宋濂等：《元史》，中华书局 1999 年版，第 1764 页。
④ （明）宋濂等：《元史》，中华书局 1999 年版，第 2632 页。

三、徒、流囚法

徒、流囚法是元代针对强盗、盗贼等犯罪行为达到徒刑、流刑的相关标准而制定的法律内容。

（一）流罪

流罪，即适用流放刑之罪。“流，则南人迁于辽阳迤北之地，北人迁于湖广之乡。”根据元代早期刑法规定，流刑没有等级之分，后期进行了流刑等级的细化。而流刑等级的细化过程就是刑法适用过程，从逮捕、羁押、审判皆在看守所完成。

流罪的规定主要有以下相关内容。

1. 从犯

“诸流囚，强盗持仗不曾伤人，但得财，若得财二十贯，为从；不持杖。不曾伤人，得财四十贯，为从；及窃盗，割车剜房，伤事主，为从；不曾伤事主，但曾得财；不曾得财，内有旧贼，初犯怯烈司盗驼马牛，为从；略卖良人为奴婢一人；诈雕都省、行省印；套画省官押字，动支钱粮，干碍选法；或妄造妖言犯上；并杖一百七，流奴儿干。”

元代法律很明确的界定了从犯的标准，以及对从犯的处罚办法。

2. 首犯

首犯的界定标准和处罚办法是：初犯盗驼马牛，为首；及盗财三百贯以上；盗财十贯以下，经断再犯；发冢开馆伤尸，内应流者；挑剜俾凑宝钞，以真作伪，再犯；知情买使伪钞，三犯；并杖一百七，发肇州屯种。[①]

看守所羁押、审判是依照犯罪性质、轻重划分流刑等级的。对于触犯以上罪行的皆属流刑，发肇州屯种，即在肇州监管其为国家生产粮食的农场执行流刑。流罪已决之后，即押送至流放地执行，而不在看守所执行。

3. 流罪刑徒医疗管理

元代刑法对系囚患病规定的较为宽缓，生病必须给予救治，否则狱官要承担相应法律责任。其具体规定是：“诸流囚在路，有司日给米一升，

① （明）宋濂等：《元史》，中华书局 1999 年版，第 2634 页。

有疾命良医治之，疾愈随时发遣。诸狱医，囚之司命，必试而后用之，若有弗称，坐掌医及提调官之罪。诸狱囚病至二分，申报渐增至九分，为死证，若以重为轻，以急为缓，误伤人命者，究之。诸狱囚有病，主司验实，给医药，病重者去枷锁杻，听家人入侍。职事散官五品以上，听二人入侍。犯恶逆以上，及强盗至死，奴婢杀主者，给医药而已。诸有司，在禁囚徒饥寒，衣食不时，病不督医看候，不脱枷杻，不令亲人入侍，一岁之内死至十人以上者，正官笞二十七，次官三十七，还职；首领官四十七，罢职别叙，记过。”①

4. 流罪刑徒监规管理

（1）逃逸之规定

诸犯罪流远逃归，再获，仍流。若中路遭乱而逃，不再犯，及已老病并会赦者，释之。法制混乱以致社会混乱，流刑从流放地逃回，仍然抓捕再送回流放地。如果押送途中“遭乱，不再犯，及已老病，会赦释之。”说明元代后期各地起义军控制了地方政权，流刑已经没有能力实施，朝廷以此法相威胁，流放逃回、遭乱、不再犯、会赦等，都是自圆其说，真正原因是“遭乱”，即农民起义，流刑执行困难。

（2）节假日之规定

诸流囚拘役，非遇元正、寒食、重午等节，并无给假。即春节、清明、端午等节，流刑可以休假，不是节日不准休息。

（3）赦罪之规定

诸配役囚徒，遇闰月，通理之。诸应徒流，未行会赦者释之；已行未至，会赦者亦释之。诸囚徒配役，役所停罢者，会赦，免放。徒流徙刑徒遇到闰月，通理之，即加算日期，三年两闰，如果徒三年，依照年份实际为三十八个月，刑期为三十六个月，应该减去两个闰月。徒流刑徒只要遇赦就释放，因为历代大赦多有“已起发者不赦”之规定，即徒流徙刑，终审判决前、判决后未及配送上路，遇赦即赦，已经在配送途中或已到配所，遇赦，不属于这次大赦范围，除非具有明文规定才能赦免。元代这一规定排除了旧法，即只要大赦，所有刑徒皆赦。

① （明）宋濂等：《元史》，中华书局 1999 年版，第 2690 页。

“诸有罪，奉旨流远，虽会赦，非奏请不得放还。”[①] 奉旨流远，即皇帝特殊判决，虽然大赦，还得再次请旨才能赦免。这是封建帝王法外特权具体表现。

(4) 囚徒配送之规定

“诸部送囚徒，中路所次州县，不寄囚于狱而监收旅舍，以致反禁而亡者，部送官笞二十七，还职本处，防卫官笞四十七，就责捕贼，仍通记过名。诸有司各处递至流囚，辄主意故纵者，杖六十七，解职，降先品一等叙，刑部记过。”[②] 徒流囚配送途中应该在沿途郡县监狱机构住宿，否则发生逃亡，押送官要受刑事处分。

《王结传》记载：“先时，有罪者，北人则徙广海，南人则徙辽东，去家万里，往往道死，王结请更其法，移乡者至千里外，改过听还其乡，因著为令。”[③] 这是元代元统、至元年间即元代后期，因为社会混乱，途中刑徒多死，也难以到达配送地，提出流刑改革。事实上元代流徙刑属于无期徒刑，只有会赦才能释放，至于奉旨流远，非奏请不得放还。这是典型的人治管理，“去家万里，往往道死”，其残酷可知，“改过听还其乡”没有标准，最后是没有结果的。

(二) 徒罪（役作）

元代法律规定徒刑，一年杖六十七，一年半杖七十七，二年杖八十七，二年半杖九十七，三年杖一百七，盐徒盗贼既决而又镣之。元代早期没有法制，后逐渐学习辽金宋法，基本废除肉刑，实施徒流徙刑，只是徒刑比较残酷，徒刑加杖而“盐徒盗贼既决而又镣之”，即被判决到煮盐配所时，不仅要决杖，还要带上镣劳动。

1. 徒流罪配所监管制度

诸徒罪，昼则带镣拘役，夜则入囚牢房。其流罪发各处屯种者，止令监临关防屯种。徒罪有无期，有期者一至五年。徒罪服刑期间需戴刑具，流及流徙发往各处屯种者也是无期刑，却不用戴刑具。此一记载可能有误。

---

① (明) 宋濂等：《元史》，中华书局 1999 年版，第 1749 页。
② (明) 宋濂等：《元史》，中华书局 1999 年版，第 1741 页。
③ (明) 宋濂等：《元史》，中华书局 1999 年版，第 2771 页。

诸应配役人，随有金银铜铁洞冶、屯田、堤岸、桥道一切等处就作，令人监视，日计工程，满日放还，充“警”迹人。这是指轻罪的徒流刑，刑满放还，但是还要从事充“警”迹人，可能记载错误，既然“满日放还”就不应该再充“警”迹人。

2. 徒流罪减刑条件

元代刑法规定，诸盗未发而自首者，原其罪。能捕获同伴者，仍依例给赏。但是其与事主有所损伤，及准首再犯，不在原免之例。诸杖罪以下，府州追勘明白，即听断决。

元代执行徒罪的行刑监狱服刑方式很多，冶炼、屯田、修筑堤岸、桥道等。在其劳作过程中如果表现良好或优秀，可以给予奖赏和减免刑期。

在元代还有一种特殊的减免罪之规定，即充“警”迹人。充“警”迹人是犯盗窃罪，情节轻的，使其协助官府缉捕盗窃或者强盗罪犯，能立功者免罪。

3. 徒流罪决配权

徒罪由总管府决配，仍申合于上司照验。

流罪以上须牒廉访司官，审覆无冤，方得结案，依例待报。其徒伴有未获，追会有不完者，如复审既定，赃验明白，理无可疑，亦听依上归结。① 路设总管府，有徒罪终审权。流罪以上需经中央即廉访司复审上报，廉访司即御史台下设之路提刑按察司，后改称肃政廉访司，依旧属于司法监察机构，为御史台属下。

徒罪加杖源自五代及于宋代，可以缴纳铜赎，事实上是刑罚的加重。

在元代，诸流远囚徒惟女直、高丽二族流湖广，余并流奴儿干及取海青之地。属于同罪异罚的种族歧视政策。

诸徒罪，无配役之所者，发盐司居役。可见在元代犯罪率极高，已决犯配所不能容纳，皆发盐运司煮盐。

4. 盐业司——行刑监狱

诸盐运司监收盐徒，每月佐贰官分番董视，与有司同。②

① （明）宋濂等：《元史》，中华书局 1999 年版，第 1763 页。
② （明）宋濂等：《元史》，中华书局 1999 年版，第 1750 页。

元代法制混乱，已决徒罪太多，没有固定的役院收管，虽有金银铜铁洞冶、屯田、堤岸、桥道一切等处就作，令人监视，日计工程，满日放还。但是，大部分送往盐司居役，所以元代盐业司成为行刑监狱。其监管与有司同，有司即刑罚执法机构。

同时规定，诸主守失囚者，减囚罪三等，长押流囚官中路失囚者，视提牢官减主守罪四等，既断还职（受刑事处分后降职使用）。①这是对行刑监狱监管刑徒的官吏制定的法律责任，包括各地解送已决犯时途中脱逃，皆需承担刑事责任。

（三）充“警”迹人

充“警”迹人属于徒罪，终审权在州府，决定权在总管府（即路），路设总管府，流罪以上须上报廉访司经刑部、大理等部门“审覆”，这是对盗窃等徒流罪的惩治办法。因为强盗与窃盗会严重危害公私财产，扰乱社会治安，受到历代法律之重视。但是元代实施以盗治盗的充“警”迹人制度，认为盗者具有其专业能力，既然是盗贼，就比较了解盗贼的行动规律，抓捕盗贼后，使其戴罪立功，从事专门抓捕盗贼的工作，就是以判决的盗窃法刑徒暂时充当警察，缉捕盗贼，规定一定的缉捕数量，以免其罪。所以“警”字加括号以示非正式国家警务执法人员。

充“警”迹人，强盗初犯刺项，并充“警”迹人，官司以法拘检关防之（出具准许从事缉捕盗贼的证明文件）。意思是对于初犯之强盗罪，刺项（颈项），给以关防文书，责令其自行侦缉强盗或者窃盗犯罪者，只要能够抓捕或者协助官方逮捕盗贼，就能够免除原罪，同时可以去除刺字，官府应给以支持。对于强盗（重罪）配役期满后，放还者，也可以作充“警”迹人。

《元史·刑法志》记载：“诸有司承告被盗，辄将警迹人，非理枉勘身死，却获正贼者，正问官笞五十七，解职，期年后，降先职一等叙；首领官及承吏，各五十七，罢役不叙；均征烧埋银给苦主，通记过名。”②“警”，在此作侦察解。迹人，迹，痕迹。就是暂时充当搜寻盗贼的人。有司即当地

① （明）宋濂等：《元史》，中华书局1999年版，第1749页。
② （明）宋濂等：《元史》，中华书局1999年版，第2633页。

发生强盗或者盗窃案件，执法官吏不能及时破获，却严刑拷掠充“警”迹人，甚至致死。该法官须承担刑事责任。

充“警”迹人虽然是已决犯，却不允许执法官吏随意进行非法处置，其任务是侦缉、及协助官府缉捕窃盗，以立功赎罪，任何官吏皆不得再次对其“非理枉勘”，即非法拘禁或拷掠。这是对已决犯的一种执行方式，企图通过以盗治盗，以期减少盗窃、抢劫等案件的发生。同时也是给予窃盗犯罪者一个教育、改造、回归社会的机会。与从秦汉以来的“司寇刑”，即已决犯可以协助执法部门巡视、防守盗贼等有相类似的意义，使用已决犯协助巡警，维护治安也能够折算刑期。

其可以在家从事“生产作业”，同时协助警方缉捕窃盗、强盗等罪犯，有诸强窃盗充“警”迹人者，五年不犯，除其籍（即五年刑）。其能告发及捕获强盗一名，减二年，二名比五年，窃盗一名减一年，应除籍之外，所获多者，依常人获盗理赏，不及数者，给凭通理。籍既除，再犯，终身拘籍之。凡“警”迹人缉捕之外，有司毋差遣出入，妨其理生（即不能妨碍其维持生活的生产劳动）。诸“警”迹人，有不告知邻佑，辄离家经宿，及游惰不事生产作业者，有司纠之，邻佑有失觉察者，亦罪之。可见充“警”迹人属于“管制”刑罚，有司不得差遣其作其他事情以妨害其正常之生产与生活。但是，其行动受到有司及邻佑的监视，包括不准在外留宿，否则邻佑也受到连坐。

充“警”迹人属当地看守所负责管理，缉捕与协助缉捕盗贼，与看守所之逮捕、羁押、审判相结合。所谓“有司毋差遣出入”，指当地执法机构，羁押、审判一体，所以充“警”迹人的管理机构仍是看守所，但是不在看守所羁押，属于已决犯，除非再犯。从“限内改过者，除其籍。无本管官司发付者，从有司收充警迹人”之规定，说明充“警”迹人归属当地看守所管理。

诸“警”迹人受命捕盗，既获其盗，却挟恨杀其盗，而取其财，不以平人杀有罪贼人论。诸色目人犯盗，免刺科断，发本管官司设法拘检，限内改过者，除其籍。无本管官司发付者，从有司收充“警”迹人。①

① （明）宋濂等：《元史》，中华书局1999年版，第1769页。

诸为盗经刺，自除其字，再犯非理者，补刺。五年不再犯，已除籍者，不补刺，年未满者仍补刺。诸盗贼赦前擅去所刺字，不再犯，赦后不补刺。诸应刺左右臂而臂有雕刺青者，随上下空歇处刺之。诸犯窃盗已经刺臂，却遍文其身，覆盖原刺，再犯窃盗，于手背刺之。诸累犯窃盗，左右项臂刺遍，而再犯者，于项上空处刺之，强盗刺字须五年不犯才能去掉刺字。[①] 与刑期有关，充“警”迹人也是五年。充“警”迹人在除籍（即去除盗窃罪刑期）之前，由当地看守所负责管理，并不收监。

诸窃盗悔过，以赃还主不尽，其余赃尤及刺罪者，仍刺之。[②]

诸盗窃初犯，刺左臂，谓已得财者。再犯刺右臂，三犯刺项。强盗初犯刺项，并充“警”迹人，官司以法拘检关防之。其蒙古人有犯，及妇人犯者，不在刺字之列。诸评盗贼赃者，皆以至元钞为则，除正赃外，仍追倍赃。其有未获贼人，及有虽获无可追尝，并于有者名下追征。

第二节　明代看守所

明代（公元1368—1644年），历时276年。国初丞相李善长等提出：“历代之律，皆以汉《九章》为宗，至唐始集其成。今制宜遵唐旧。”太祖从其言。明代法制受唐律影响颇大。

一、明代看守所设置

“自洪武十三年罢丞相不设，析中书省之政政归六部（其实即权归帝王）。……其纠劾则责之都察院，章奏则达之通政使，平反则参之大理寺，……分大都督府为五，而征调隶于兵部，外设都、布、按三司，分隶兵刑钱谷，……是时吏户兵三部之权为重。”[③]

---

① （明）宋濂等：《元史》，中华书局1999年版，第1769页。
② （明）宋濂等：《元史》，中华书局1999年版，第1769页。
③ （清）张廷玉：《明史》，中华书局1999年版，第1155页。

明代看守所设置与其政治体制相关联，府州县基本与唐宋一样皆设置看守所。明代刑法《捕亡律》“狱囚脱监及反狱在逃”条规定：“凡犯罪被囚禁而脱监，及解脱自带枷锁越狱在逃者各于本罪上加二等。”本注：从门出者谓之脱监，踰垣出者谓之越狱。称狱为监，也称狱。在此指审前羁押之“狱”，即看守所。也包括监管已决犯之逃脱，这条法律指所有囚犯、刑徒，包括犯罪未捕而逃、押送途中逃脱以及从役院或者配所中脱逃者。所以“监狱”二字连用，在此指所有未决、已决囚犯的囚禁机构。元代刑部设有提举所等，明代也使用“所”作为国家机构设置，具有专门职能的行政机构名称之场所或者居处，例如照磨所、营缮所、织染所，兵部设有典牧所、卫所、都司卫所，各州府县皆设千户所等，而没有发现看守所的设置名称。

（一）刑部狱

刑部为最高司法机关，同时设置审前羁押之狱。而且，刑部还设有专门管理全国已决犯的机构，以掌管徒隶及其调配。

1. 刑部狱的官吏设置

洪武元年置刑部，刑部尚书掌天下刑名及徒隶、勾覆、关禁之政令。侍郎佐之。设尚书1人，正二品，左右侍郎各1人，正三品。其属司务厅，司务2人，浙江等十三省清吏司，各郎中1人，员外郎1人，主事2人。照磨所负责制作、管理档案文件。照磨正八品、检校正九品各1人。司狱司，司狱6人，从九品。十三司各掌其分省及兼领所分京、府、直隶之刑名。

2. 刑部狱的职能

刑部管理全国已决犯，即刑徒，同时也是明代最高司法行政机构，设十三清吏司，治各布政司刑名，即主管该级复审。司狱司管理该级所属看守所之狱政，刑部设有刑部直属看守所，也由司狱司管理。《明职官二》记载：“照磨、检校，照刷文卷，计录赃赎。司狱，率狱吏，典囚徒。凡军民、官吏及宗室、勋戚丽于法者，诘其辞，察其情伪，傅律例而比议其罪之轻重以请。”

根据规定，刑部狱设置了非常详细的相应机构，各司其职。照磨所主管照刷文卷，磨勘卷宗，负责相关文卷的整理与运用；检校所，负责相关事件的计录、审核与核算；司狱，负责狱政管理，率狱卒直接管理看守所系囚（狱政）。

另外，刑部狱对死囚犯判决进行复审。

凡死刑，即决及秋后决，并三覆奏。两京及十三布政司，死罪囚岁谳平之。五岁请敕遣官，审录冤滞。死刑即决就是立即执行，秋后决即死缓。死刑执行前二日奏报朝廷二次，执行当日再次奏报一次，称三覆奏。

但是，死刑、五岁刑（即准徒五年并包括流刑等重刑）必须申报朝廷，遣官覆审。而死刑临决前还需三覆奏，以示对于生命之重视。

霜降录重囚，会五府、九卿、科道官共录之。矜疑者戍边，有词者调所司再问，比律者监侯。霜降录重囚是因为临近死刑执行时间，所以覆审重囚。比律，即参照监候，监候就是死缓。如果没有发现新罪，以律从宽。

3. 刑部狱之管理

（1）热审

热审，即进入立夏前审判看守所系囚，尽快断决，防止系囚暑热死亡。“夏月热审，免笞刑，减徒、流，出轻系。遇岁旱，特旨录囚亦如之。凡大祭止刑。凡赎罪，视罪轻重，斩、绞、杂犯、徒未减者，听收赎。”

（2）上诉

明代规定了特殊的上诉制度，允许至京城击登闻鼓，地方大狱涉及人多，则由朝廷派遣官员赴地方审判。“词诉必自下而上，有事重而迫者，许击登闻鼓。四方有大狱，则受命往鞫之。”

（3）收赎

四方决囚，遣司官二人往莅（四方即京城以外之天下所有地区）。听收赎，即转为赎刑。

（4）上报

全国各地，地方审判人数及其案情、判决必须按月、年申报刑部，以上报朝廷。即“凡断狱岁疏其名数以闻，曰岁报；月上其拘释存亡之数，曰月报。”

（5）狱政

“狱成，移大理寺覆审，必期平允。凡提牢，月更主事一人，修葺囹圄，严固扃钥，省其酷滥，给其衣粮。囚病，许家人入视，脱械锁医药之。簿录俘囚，配没官私奴婢，咸籍知之。”

狱成，即各级审判结束，须上报大理寺复审。提牢即直接管理看守所的官员，监察其监规狱政，提牢也负责已决犯的及时配送。但是，刑部主要负责对全国俘囚、配没官私奴婢等之登记与管理。

（6）监察

“（洪武）二十九年，改为十二清吏司，永乐元年以北平为北京，……遂定为十三清吏司。”[①] 清吏司属刑部，是依照明代地方行政机构设置而配置的执法监察机构，明代实施布政司制度，相当于省级行政机关，清吏司负责监察（司法检察）布政司辖区看守所执法复审，然后才能上报刑部，最后大理寺终审。

（二）大理寺狱

根据《大理寺职责》记载，明初，大理寺设有审前羁押之狱。明后期由于京城设置了更多看守所，大理寺成为最高司法审理机构，而不设狱，后因为复审需要羁押犯罪嫌疑人，又恢复大理寺看守所的设置。

1. 大理寺狱的官吏设置

“大理寺卿一人，正三品，左右少卿各一人，正四品，左右寺丞各一人，正五品。其属，司务厅，司务一人，从九品。左右二寺，各寺正一人，正六品。寺副二人，从六品。评事四人，正七品。”卿为正职，少卿为副，司务即大理寺政务、典籍管理。寺正即原来之大理正，管理地方上报之谳狱、申诉案件。

2. 大理寺狱的职能

（1）谳狱

谳狱即审理诉讼，审问案情，审判断罪。

根据明律规定，卿掌审谳平反刑狱之政令。少卿、寺丞赞之。

---

① （清）张廷玉：《明史》，中华书局1999年版，第1174页。

左右寺分理京畿、十三布政司刑名之事。

凡刑部、都察院、五军断事官所推问狱讼，皆移案牍（案件文本，即案卷），引囚徒，诣寺详谳（囚犯需要到庭，所以设看守所）。

（2）覆审

“左、右寺寺正各随其所辖而覆审之。既按律例，必覆问其款状，情允罪服，始呈堂准拟具奏即案情、证据、口供皆有符合。不则驳令改拟即驳回重审，曰照驳。三驳不当则纠问官即加罪审判官，曰参驳（向皇帝参告有责任的审判官）。有牾律失入者（使用法律不当，而加重判决为失入），调他司再讯，曰番异（即翻案）。犹不惬，则请下九卿会讯，曰圆审。已评允而招由未明，移再讯，曰追驳（再次重审）。屡驳不合，则请旨发落，曰制决（皇帝亲决）。凡狱既具，未经本寺评允，诸司毋得发遣。误则纠之。”[①] 大理寺之复审，必须“皆移案牒，引囚徒”，刑部、都察院、五军断事官所推问狱讼，必须经过大理寺再次复审检察。不仅要移送案牒，还需要人犯亲到。

（3）监察（司法检察）

大理寺评事负责监察。

万历九年，更定左右寺分理天下刑狱。浙江、福建、山东、广东、四川、贵州六司道，左寺理之。江西等七司道，右寺理之。以能按律出入者为称职。明初犹置刑具、牢狱。弘治以后止阅卷，囚徒俱不到寺。司务典出纳文移。[②]“能按律出入者为称职。”即能够按照法律规定，能够发现地方上报案件用法不当或者不准确者，其为称职之检察官吏。

十七年建三法司，对大理寺进行了改革。改建刑部、都察院、大理寺、审刑司、五军断事官署于太平门外，钟山之阴，名其所曰贯城。下敕言：“贯锁七星如贯珠，环而成象名天牢。中虚则刑平，官无邪私，故狱无囚人；贯内空中有星或数枚者即刑繁，刑官非其人；有星而明，为贵人无罪而狱。今法天道置法司，尔诸司其各慎乃事，法天道行之，令贯锁中虚，庶不负朕肇建之意。”又谕法司官：“布政、按察司所拟刑名，其间人

① （清）张廷玉：《明史》，中华书局1999年版，第1188页。

② （清）张廷玉：《明史》，中华书局1999年版，第1189页。

命重狱，具奏转达刑部、都察院参考，大理寺详拟。著为令。”[①]所谓的贯城，就是明太祖说的“天牢”，即三法司管理的看守所。这是迷信的谬论，所谓贯城是三法司包括建“刑部、都察院、大理寺、审刑司、五军断事官”之联合办公场所，看守所也设在其中，至于“贯锁七星”即“法天道行之”，故弄玄虚，天上的星星如何能够对照地上的审前羁押之狱。不过，贯城是针对“布政司、按察司”而设的中央司法复审、检察机构。规定人命重案须经“奏转达刑部、都察院参考，大理寺详拟。著为令。”刑部检察、都察院监察，大理寺评议（司法检察）、复审，成为定制。

（二）都察院管理之狱

《明职官二》记载，御史台设置都察院。御史台成为司法审理与监察相结合的执法机构。总督、巡抚皆理刑狱，其属有司狱司、司狱，设有看守所。说明明代御史，已经真正成为执法监察机关，司狱推鞫，就是主审判；法司检断，即依法监督审判机关的审判程序、审判方式、刑罚与罪行准抵程度，尤其用法当否、审判纪律等，全面做出评判。从理论上应该属于具有实际效果的司法监察机构。御史权重，规定“凡御史犯罪，加三等，有赃从重论”。实际情况是，明代司法（刑名，刑部）、检察（详断、详覆，大理寺）、监察（御史台）同属于朝廷行政权力同级的层级式管理，并没有独立执法权与独立检察权、监察权。

1. 都察院官吏之设置

都察院，左右都御史，正二品；左右副都御史，正三品；左右佥都御史，正四品；其属，经历司，经历1人，正六品；都事1人，正七品；司务厅，司务2人，从九品；照磨所，照磨正八品、检校正九品；司狱司，司狱从九品；初设6人，后改5人。十三道监察御史110人，正七品。其在外加都御史或副、佥都御史衔者，有总督、提督，有巡抚，提督兼巡抚，及经略，总理，赞理，巡视，抚治等员。本属中央都察院长官即左右都御史、副都御史。十三道监御史纠察内外官邪，包括其他各级看守所羁押、审判的纠察举报，全国各地之总督、巡抚等皆为御史系统官吏。监察

① （清）张廷玉：《明史》，中华书局1999年版，第1541页。

执法，重点是州县看守所，都察院有权审理徒以上罪。

2. 都察院的职责

“都御史职专纠劾百司，辩明冤枉，提督各道，为天子耳目风纪之司。凡大臣奸邪、小人构党、作威福乱政者，劾。凡百官猥茸贪冒坏官纪者，劾。凡学术不正、上书陈言变乱成宪、希进用者，劾。遇朝觐、考察、同吏部司贤否陟黜。大狱重囚会鞫于外朝，偕刑部、大理谳平之。其奉敕内地，抚循外地，各专其敕行事。”

都察院为中央监察机构，有权监察全国各部及其行政机构、执法机构的官吏，所以称为天子耳目风纪之司。其重点监察各级看守所逮捕、羁押、审判等官吏执法，与刑部、大理寺联合执法称谓三法司，负责全国上诉案件。在京城监察朝廷诸大臣，奉使出京，能够代表朝廷巡察全国各级官吏。

十三道监察御史有权监督全国地方官吏及其司法机构的收押、审判、检察，同时有权审录罪囚，吊刷案卷，有故出入者理辩之。发现违法即可直接上奏朝廷。

“十三道监察御史，主察纠内外百司之官邪，或露章面劾，或封章奏劾。（面奏、也可封章即书面形式报告朝廷）在内两京（南京、北京）刷卷，巡视京营……轮值登闻鼓。……州县官诸考察，举劾尤专，大事奏裁，小事立断，按临所至，必先审录罪囚（即巡察各地，首先监察该地看守所执法情况），吊刷案卷（所有原审案卷），有故出入者理辩之（复审平反）。……诸御史纠劾（奏劾责任官吏以进行处罚），务明著实迹，开写年月，毋虚文泛诋，讦拾细琐。出按复命，都御史覆劾其称职不称职以闻。凡御史犯罪，加三等，有赃从重论。……洪武年间有试御史，一年后实授。又有理刑进士，理刑知县，理都察院刑狱，半年实授。”①

御史执法权重，所以必须熟知法律，并由具有一定执法经验者才能担任都察院御史。对于御史的任用，不仅注重品格才能，同时重视法律专业技能，明代实行试御史，试用期一年。理刑，即具有刑法知识的专职刑法官吏，半年后才能实授，理刑进士、理刑知县半年后才能担任都察院刑狱

① （清）张廷玉:《明史》，中华书局 1999 年版，第 1179—1182 页。

御史。县令是县级最高司法长官，具有初级审判权，也必须熟知法律。御史权力很大，所以御史犯法，加三等处罪，尤其御史贪赃枉法，惩罚更重。因为御史是监督执法的执法官，受朝廷尊重，是国家监察制度的主要机构。都察院正官称都御使正二品、副职称副都御使正三品、辖左右佥都御使正四，监察御史正八品，司狱司司狱正九品。监察御史官品不高，但其职权权力很大。有权监察地方各级官吏管理之看守所，调阅、审判其所有已决、未决案件，进行复审平反，同时惩罚该案审判官吏。

（四）指挥使司、五城兵马指挥司管理之狱

明代设指挥使司和五城兵马指挥司，专职京城内外社会治安管理机构，是明代司法的一大特征，在军队中也设置审前羁押机构，同时管理刑事、民事、军队、地方治安以及所有的司法事务，并且拥有执法权和检察权。

指挥使司、五城兵马指挥使司属于京都安全保卫机构，有兵马武装力量。负责京都安全、治安，也设看守所，以羁押和管理军民之治安、刑事违法案件。其都事、断事、副断事等为审判官，司狱管理看守所狱政。其具体责任是，五城兵马指挥司指挥巡捕盗贼疏理街道沟渠及囚犯、火禁（防火等）之事。凡京城内外各划境而分领之。境内有游民、奸民则逮治。若车驾亲郊，则率夫里供事，即护卫皇帝外出。明初，置兵马指挥司设都指挥、副都指挥、知事。后设指挥使、副指挥使，各城门设兵马，下设看守所以羁押未决犯。五城兵马使还担任京都地区凶杀案件的稽查缉捕与检验伤格。[①]

其机构设置是：各州府皆设都指挥使（后改指挥使） 1人，正二品，都指挥同知2人，从二品，都指挥佥事4人，正三品，其属，经历司，经历，正六品，都事，正七品，断事司，断事，正六品，副断事，正七品吏目各1人。司狱司，司狱从九品。仓库、草场、大使、副使各1人。行都指挥使司，设官与都指挥使司同。断事理刑狱。司狱司，司狱主狱。[②]

---

① （清）张廷玉：《明史》，中华书局1999年版，第1210页。

② （清）张廷玉：《明史》，中华书局1999年版，第1248页。

（五）顺天府狱

顺天府下设顺天府狱，即为顺天府看守所，由司狱主管。

顺天府，即旧北平府所辖宛平、大兴二县，各县知县 1 人，正六品，县丞 2 人，正七品，主簿无定员，正八品，典史 1 人。司狱司，司狱 1 人等。①

（六）府州县狱

明代，府辖州县，分府、州，县三级，各级皆设看守所，由该级行政长官统一管理该级行政、司法，看守所则由各级司狱、典狱、狱史或狱椽直接管理，而各级提牢官专职管理该级看守所狱政，提牢官为看守所之长官。

明诸路设府，知府 1 人，正四品，掌府政，平狱讼，均赋役，以教养百姓。同知正五品，通判无定员，正六品，推官 1 人，正七品，其属，经历司经历 1 人，正八品，知事 1 人，正九品。照磨所，照磨 1 人，从九品，检校 1 人，司狱司，司狱 1 人（职责：率狱卒、典囚徒）。

州，知州：1 人，从五品，同知从六品，判官无定员，从七品。计天下州二百三十四。皆设州看守所。

县：知县 1 人、正七品。计天下县凡一千一百七十一。知县掌一县之政，凡赋役、贡士、读法、表善良、恤贫乏、稽保甲、严稽捕、听狱讼等。② 县级看守所为基层看守所，有笞刑审决权，笞刑以上初审后，依次报州、府、省、中央。但是，县看守所主审皆有县令进行，事实上县令对于案件审判具有主导性作用。俗称“灭门知县”，大多数冤假错案皆是由知县亲自操作，所以历代县看守所皆成为司法监察、检察的主要部门，因为初审错判，导致官官相护，很难平反。

（七）南京、刑部、都察院皆设司狱司

在此再次提出南京、刑部、都察院、司狱司，是因为朱棣政变之后，

---

① （清）张廷玉：《明史》，中华书局 1999 年版，第 1211 页。

② （清）张廷玉：《明史》，中华书局 1999 年版，第 1233 页。

迁都北京，南京乃其父朱元璋所建，故仍称京，基本设置没有改变，但是权力职能皆相当于州府，有些徒有名称而已。

承宣布政使司设司狱司，司狱。① 即布政使司大于府，属于省级行政机构，其直辖执法机构之看守所，称布政使司狱。

提刑按察司设司狱司，司狱，也设“狱”。② 提刑按察司是省级司法检察机构，有权评议、检察、复审布政使看守所之执法与审判。

在此需要说明的是，明代还设有工部主管工程，其主要职责是对已决犯的管理和看押（使用其劳作）。设有配所性质的“狱”，其功能是以处罪人输作者，即管理徒流已决犯之劳作，监管已决犯的徒役，实施其劳作刑，而非审前羁押性质之狱。其具有宋代“牢城”之功能。“凡置狱具，必如律。凡工匠二等，曰轮班，三岁一役，役不过三月，皆复其家；曰住坐，月役一旬，有稍食。”轮班住坐是指技术工匠世家犯罪被役作，役不过三月，供给其家饮食。皆复其家，即三年内其家不再服徭役。

“工役二等（普通刑徒属于一般技工分二等），以处罪人输作者，曰正工，曰杂工。杂工三日当正工一日，依照其技术等级计算工日，技工一日对于普工三日。计算刑徒时间。皆视役大小而拨节之。洪武初，置工部及官属，以将作司隶焉。设总部，四科等，其职能依旧。”说明工部主要是使用已决犯进行各种技术性劳作，从事建筑、制造的劳作。

工部“尚书掌天下百官、山泽之政令。侍郎佐之，营缮典经营兴作之事。凡宫殿、陵寝、城郭、坛场、祠庙、仓库、廨宇、营房、王府邸第之役，鸠工会材，以时程督之。凡卤簿、仪杖、乐器，移内府及所司，各以其职治之，而以时省其坚洁，而董其窳滥。凡置狱具，必如律。凡工匠二等：曰轮班，三岁一役，役不过三月，皆复其家；曰住坐，月役一旬，有稍食。工役二等，以处罪人输作者，曰正工，曰杂工。杂工三日当正工一日，皆视役大小而拨节之。……洪武初，置工部及官属，以将作司隶焉。……设总部，四科等，其职能依旧。”③

行人司隶鸿胪寺。“每岁朝审则行人特节传旨法司，遣戍囚徒，送五

---

① （清）张廷玉：《明史》，中华书局 1999 年版，第 1226 页。
② （清）张廷玉：《明史》，中华书局 1999 年版，第 1227 页。
③ （清）张廷玉：《明史》，中华书局 1999 年版，第 1175 页。

府填写精微册批缴内府。”[①]

同时，在明代规定行人司负责遣戍囚徒，押解已决犯发送至役所，具有对已决犯的遣送与登记造册管理职能。行人司对看守所终审结束及时输送已决犯有直接关系，不过行人司主要负责京都已决犯的配送、造册，属于朝审结束的已决犯，主要是三法司所属之狱的已决犯配送。

二、明代创设的具有特殊功能性质之看守所

《明史·刑法志》评议称：“刑罚有创之自明，不衷古制者，廷杖、东西厂、锦衣卫、镇抚司狱是已。是数者，杀人至惨，而不丽于法。踵而行之，至末造而极。举朝野之命，一听之武夫、宦竖之手。”[②]明代采用军事管制及宦官专政，设置特殊功能之看守所，处理帝王需要处理的特别的人或事件，针对特别的对象，以维护皇帝专制统治的需要。

包括廷杖在内的非法之刑的设立，乃是明代为了加强帝王权力独裁、维护其独裁专政统治而设置的。通过探索明代的看守所制度，即可发现，明代之看守所制度是中国古代封建帝王专政的刑狱典型。

《明史·刑法志》评论：其“杀人至惨，而不丽于法，踵而行之，至末造而极。”尤其明成祖之时，是继秦始皇、汉武帝以来历代所设置的看守所中，最不符合法制原则，也是最为残酷的审前羁押机构，不能不说是法制的倒退。

廷杖与看守所制度没有直接关系，是明太祖创设的一种法外之刑，是针对朝廷大臣的特殊惩治手段，突出体现帝王言出法随的独裁特性，其实质则是对朝廷议事制度的严格限制，也是对御史台、谏官的严厉控制，最终导致执政的宦官也拥有这种帝王的法外特权，从而实施奴化统治。

廷杖的实施，完全混淆了封建社会长期以来形成的罪与非罪的法律概念，独裁者的精神、意识、心理乃至情绪状态，成为施刑的绝对标准。所以，廷杖严重地干扰、破坏了法律的严肃性及其维护社会公正的基本特

① （清）张廷玉：《明史》，中华书局 1999 年版，第 1207 页。
② （清）张廷玉：《明史》，中华书局 1999 年版，第 1557 页。

性，遭到儒家士人阶层的激烈反对，在一定程度上挫伤了他们的积极性。因为廷杖直接产生三种结果：一是廷杖结束，被杖者依然立于朝班，尤其无辜受杖，又是在朝廷会议之时，其羞辱可知；二是被杖死；三是杖后下狱。廷杖成为明代刑罚一大特征，也是加强奴化法制的具体体现。廷杖多在朝廷议事会议时，皇帝随意呵斥，即刻行杖。

明代设置的特殊功能的看守所主要有锦衣卫狱、镇抚司狱、东西厂狱。

（一）锦衣卫狱

锦衣卫是明太祖创设的。建国之初，朱元璋认为“立国之初，当先正纲纪。元氏暗弱，威福下移，驯至于乱，今宜戒之。”所以严防“威福下移”，即必须加强皇权独裁，防止那些曾经的功臣在进入新的权力体系之时，漠视“纲纪”。利用亲军组建的锦衣卫，主要用于侦察、制裁企图“不守纲纪者”。

“锦衣卫之狱，太祖常用之。后已禁止，其复用亦自永乐时。”[①] 锦衣卫掌侍卫、缉捕、刑狱之事，恒以勋戚都督领之，恩荫寄禄无常员。凡朝会、巡幸，则具卤簿仪仗，率大汉将军（本注：共一千五百七员。）等侍从扈行。宿卫则分番入直。朝日、夕月、耕籍、视牲，则服飞鱼服佩秀春刀。侍左右。盗贼奸宄，街涂沟洫密缉而时省之。凡承制鞫狱录囚勘事。偕三法司。五军官舍比试并枪，同兵部莅视。统所凡十有七。中、左、右、前、后五所，领军士。五所分銮舆、擎盖、扇手、旌节、幡幢、班剑、斧钺、戈戟、弓矢、驯马十司，各领将军校尉，以备法驾。上中、上左、上右、上前、上后、中后六亲军所，分领将军、力士、军匠。[②] 朱元璋称帝，朝廷护卫、仪仗达 1707 人。四面八方护卫森严，可谓历代帝王之最，但是他并没有以此感到安全，还要侦察臣民背后之言论，为此而设置了专门为帝王负责的秘密侦察与羁押机构，以皇帝的亲军组成锦衣卫之特殊性质的看守所。朱棣由于担心篡夺政权之需要，则更加大力使用这一

---

① （清）张廷玉:《明史》，中华书局 1999 年版，第 1241 页。

② （清）张廷玉:《明史》，中华书局 1999 年版，第 1241 页。

秘密侦察手段。锦衣卫狱设置在后宫近处，以方便皇帝随时遣派检视。

锦衣卫狱属于明朝特设看守所之一。《明史·刑法志》记载："锦衣卫狱者，世所称诏狱也。古者狱讼掌于司寇而已。汉武帝始置诏狱二十六所，历代因革不常。五代唐明宗设侍卫亲军马步军都指挥使，乃天子自将之名。至汉有侍卫司狱，凡大事决焉。明锦衣卫狱近之，幽系残酷，害无甚于此者。"①

锦衣卫狱同时也是明代朝廷设置的诏狱，不能作为法律意义上的诸州县常设看守所对待。

（二）镇抚司狱

镇抚司狱是朱棣"以篡得天下，御下多用重典"的结果。② 镇抚司职理狱讼，初立止一司，与外卫等。洪武十五年添置北司，而以军匠诸职掌属之南镇抚司，于是北司专理诏狱。然大狱经讯，即送法司拟罪，未尝具狱词。成化元年始令覆奏用参语，法司宜掣肘（即三法司如刑部、都察院、大理寺等，主张依法审判，违背皇帝旨意。不能按照帝王意志审判）十四年增铸北司印，一切刑狱毋关白本卫。即卫所行下者，亦径自上请可否，卫使毋得与闻（重新建立北镇抚司置于法制之上以绝对服从皇帝旨意）。故镇抚职卑而其权日重（直接为皇帝负责，职微权大）。初，卫狱附卫治，至门达掌问刑（受朱棣宠任），又于城西设狱舍，拘系狼藉。门达败，用御史吕洪言，毁之。成化十年，再立。③ 南镇抚司看守所羁押、审判，当时要经过三法司复审评议，检察定案，依法审判。不能完全依照皇帝（朱棣旨意）的意志办事，所以另建北镇抚司并刻印，任命佞臣门达主持北镇抚司，不必再经过三法司依法审判用印。印即权力，完全取代了法律。由此也可发现，即使明代这样的封建社会，也存在皇帝的权力与法律的斗争。

"明初置拱卫司，职正七品，管领校尉，属都督府。后改拱卫使司，职正三品。寻又改为都尉司。洪武三年改为亲军都尉府，管左、右、中、

① （清）张廷玉：《明史》，中华书局 1999 年版，第 1561 页。
② （清）张廷玉：《明史》，中华书局 1999 年版，第 5298 页。
③ （清）张廷玉：《明史》，中华书局 1999 年版，第 1561 页。

前、后五卫军士，而设仪鸾司隶焉。四年定仪鸾司为正五品，设大使一人，副使二人。十五年罢仪鸾司，改置锦衣卫，（可见锦衣卫原来是军事机构）秩从三品。其属有御椅等七员，皆正六品。设经历司，掌文移出入；镇抚司，掌本卫刑名，兼理军匠。十七年改锦衣卫指挥使正三品，二十年以治锦衣卫者多非法凌虐，乃焚刑具，出系囚。（说明朱元璋时期所设锦衣卫已经撤销）其余系囚送刑部审录。诏内外狱，咸归三法司，罢锦衣狱。成祖时复置。寻增北镇抚司，专治诏狱。成化间，开印畀之，狱成得专达，不关白锦衣，锦衣官亦不得干预。而以旧所设为南镇抚司，专理军匠。”明代锦衣卫、镇抚司由朱棣重新建立，直至明亡。

朱棣使镇抚司与锦衣卫分开，北镇抚司另制印，而原来旧所设为南镇抚司也成为直属帝王管辖之诏狱。在朱棣时期镇抚司、锦衣卫互相竞争，采取及其恶劣的方式获取臣民私生活细节甚至床头隐私，作为情报灵透博取皇帝信任，酷刑锻炼，诬陷善良。镇抚司与锦衣卫也是朱棣时期扩建并分开的，这是因为镇抚司日益取得皇帝信任，锦衣卫后来利用宦官势力，权力逐渐扩大。两者各自的职责皆是为皇帝负责，镇抚司善于迎合旨意而得宠，锦衣卫后来以善于侦察臣民隐私受到皇帝重视。

（三）提督东西厂

《明史·刑法志》记载：“东厂之设始于明成祖朱棣。锦衣卫之狱太祖尝用之，后已禁止，其复用自永乐时。厂与卫相倚，故言者并称厂卫。初，成祖起北平，刺探宫中事，多以建文帝左右为耳目。故即位后专倚宦官，立东厂于东安门北，令嬖昵者提督之，缉访谋逆妖言大奸恶等，与锦衣卫均权势，盖迁都后事也。然卫指挥纪纲、门达等大幸，更迭用事，厂权不能如。至宪宗时，尚铭领东厂，又别设西厂刺事，以汪直督之，所领缇骑（武士乘骑，即侦察、逮捕人犯的禁卫吏役）倍东厂。自京师及天下，旁午侦事，虽王府不免。先后凡六年，冤死者相属，势远出锦衣卫之上。会（汪）直数出边监军，大学士万安乃言：‘太宗建北京，命锦衣官校缉访，犹恐外官徇情，故设东厂，令内臣提督，行五六十年，事有定规。往者妖狐夜出，人心惊惶，感劳圣虑，添设西厂，特命直督缉，用戒不虞，所以权一时之宜，慰安人心也。向所纷扰，臣不赘言。今直镇大同，京城众口一词，皆以改去西厂为便。伏望圣恩特旨革罢，官校悉回原卫，宗社幸甚。'”①

明成祖朱棣利用宦官侦察建文帝宫廷，特别信任帮助他成功的太监，不仅建立镇抚司看守所、锦衣卫看守所，又特意利用太监建立东厂部，与锦衣卫、镇抚司共同掌管京城大臣、百姓的侦察，以加强对他们的控制。后来又设立西厂，其职责与东厂一样。秘密侦察、秘密逮捕、秘密审判、秘密处死。朱棣之后镇抚司侦察功能稍差，总之明代帝王换代，锦衣卫、东西厂换人，但是其职能不仅不减，而且其侦察能力、审判愈来愈严厉和残酷。

正德年间太监刘瑾用事，又设西厂，两厂争相用事，而与锦衣卫势力相合，刘瑾权倾天下，又改惜薪司外薪厂为办事厂“狱”，荣府旧仓地为内办事厂“狱”，刘瑾自领之。京师谓之内行厂“狱”，虽东西厂皆在伺察中，加酷烈焉。且创例，罪无轻重皆决杖，永远戍边，或枷项发遣。枷重百五十斤，不数日辄死。官吏军民非法死者数千。嘉靖二年给事中刘济言厂卫“缉执于宦寺之门，锻炼于武夫之手，裁决于内降之旨，何以示天下！”不报。② 东厂、西厂（西厂时兴时废万历时太监冯保以司礼兼厂事，建厂东上北门之北，曰内厂，以兴大狱）、锦衣卫终明代灭亡，时强时弱，一直作为帝王或者当权太监的专政机构而存在。

提督东厂设置：掌印太监一，掌班、领班、司房无定员。贴刑二，掌刺缉刑狱之事。旧选各监（十二监）一人提督，后专用司礼太监。

“旧选各监中一人提督，后专用司礼、秉笔第二人或第三人为之。其贴刑官，则用锦衣卫千百户为之。凡内官司礼监掌印，权如外廷元辅；掌东厂，权如总宪。秉笔、随堂视众辅。各设私臣掌家、掌班、司房等员。”③ 明代司礼监之掌权太监，权力之大，非朝廷大臣可比。只是因为他们能够直接与皇帝接触，以一切手段获取实施权力的机会，从中谋利益。

“凡中官掌司礼监印者，其属称之曰宗主，而督东厂者曰督主。东厂之属无专官，掌刑千户一，理刑百户一，亦谓之贴刑，皆卫官。其隶役

① （清）张廷玉：《明史》，中华书局 1999 年版，第 1558 页。
② （清）张廷玉：《明史》，中华书局 1999 年版，第 1559 页。
③ （清）张廷玉：《明史》，中华书局 1999 年版，第 1214 页。

悉取给于卫，最轻黠獧巧者乃拨充之。役长曰挡头，帽上锐，衣青素璇褶，系小绦，白皮靴，专主伺察。其下番子数人为干事。京师亡命，诓财挟仇，视干事者为窟穴。得一阴事，由之以密白于挡头，挡头视其事大小，先予之金。事曰起数，金曰买起数。既得事，帅番子至所犯家，左右坐曰打桩。番子即突入执讯之，无有左证符牒，贿如数，径去。稍不如意，搒治之。名曰干醡酒。亦曰搬罾儿，痛楚十倍官刑。且授意使牵有力者，有力者予多金，即无事。或靳不予，予不足，立闻上，下镇抚司狱，立死矣。每月旦，厂役数百人，掣签庭中，分瞰官府。其视中府诸处会审大狱、北镇抚司考讯重犯者曰听记。他官府及各城门访缉曰坐记。某官行某事，某城门得某奸，胥吏疏白坐记者上之厂曰打事件。至东华门，虽夤夜，投隙中以入，即屏人达至尊。以故，事无大小，天子皆得闻之。家人米盐猥事，宫中或传为笑谑，上下惴惴无不畏打事件者。锦衣卫之法，亦如厂。然须具疏，乃得上闻，以此其势不及厂甚远。有私人夜饮密室，一人酒酣，谩骂魏忠贤，其三人噤不敢出声。骂未讫，番人摄四人至魏忠贤所，即磔骂者，而劳三人金。三人者魄丧不敢动。”①

以上是关于太监经营的厂卫侦察机关的相关记载，镇抚司会审有太监的“打事件”者侦察，这些训练有素的“番子”，侦察昼夜不断，而且能够把深夜侦得之消息或事情即时密报皇帝，足见其组织严密，效率之高，一旦得手，敲诈勒索无所不用其极。已经没有法制可言，朝廷完全依靠这种邪恶、酷毒手段治国。

《明史·刑法志》记载这些案例充分说明，东西厂的基本功能属于情报机构。“打事件”者即秘密谍报人员，同时设有及其特殊羁押之狱，即特殊的看守所。“番子”即番人，具有“打事件”即侦察个人隐私的专业技能，也是那个时代的特殊产业，有受过专门培训的缇骑，也有专门培养的“番子”从事“买事件”与“卖事件”，于是假“番子”也应时而生，告密之风盛行，法制尽失，直接导致社会混乱。

《明史·刑法志》记载：“自太监刘瑾创‘立枷’，锦衣卫狱常用之。神宗时，御史朱应毂具言其惨，请除之，不听。至魏忠贤益为大枷，又设

① （清）张廷玉：《明史》，中华书局1999年版，第1559页。

断脊、堕指、刺心之刑。庄烈帝问左右：'立枷何为？'王体乾对曰：'以罪巨奸大憝耳。'帝愀然曰：'虽如此，终可悯。'史称，东西厂之祸至魏忠贤至极。然厂卫未有不相结者，狱情轻重，厂能得于内。而外廷有扞格（互相抵触、格格不入）者，卫则东西两司房缉之，北司拷问之，锻炼周内（即周纳，罗织罪状、故意陷人于法。）始送法司。即东厂所获，也必移镇抚司再鞫，而后刑部得拟其罪。故厂势强，则卫附之，厂势稍弱，则卫反气凌其上。及后中官愈重，阁势日轻，阁臣反比厂为之下。"①

积重难返的根源还在国法私用，明代帝王利用亲军、太监，采取卑鄙手段，破坏法制，最大的因素就在于从朱元璋、朱棣直至他们的子孙，皆为皇权独裁，学习并发扬了秦始皇、汉武帝等封建帝王的依靠宦官、武力、实施酷刑，以维护其皇权独裁。虽然在唐宋律的基础上实施了改革，却是在一定程度上破坏了唐宋以来形成的法律监察程序，而以皇权独裁包括利用太监、亲军，控制国家法律。明代是中国封建时代太监专政的典范，也是依靠亲军利用法外特权，是厂卫秘密侦察机构的创设者。

锦衣卫、东西厂、镇抚司是具有特殊功能的看守所，其特殊性表现在独立于国家法律体系之外，同时设有秘密侦察组织，不是维护社会治安、维护社会正义的司法机构。他们抓捕、刑讯乃至随时虐害、杀死或者禁闭、用刑、皆不依法，虽然名义上由皇帝直接掌管，但是，皇帝只是听而不闻、甚至视而不见，盖由亲军、太监全权代行皇帝之权力，以致代替行使独裁专制的帝王权力。所以明代法外权的扩展极其严重。

明代使用完全不懂法律的太监、亲兵执法，其特殊意义在于信任，从朱元璋、朱棣等明代帝王，采用锦衣卫、太监监督并秘密侦讯大臣、军民背后言行，目的就是巩固其独裁政权，他们认为太监没有夺权之野心，亲兵也比较可靠，放权给这些人，以牵涉或杀戮那些具有执政能力的大臣，从而保障皇权的稳固。从以上记载可以看出，法律在锦衣卫、东西厂、镇抚司已经失去实际应用价值，无论从其审前羁押或者审判，皆不在法律规范之内。

① （清）张廷玉：《明史》，中华书局 1999 年版，第 1563 页。

三、明代看守所与审判制度

（一）审判制度

1. 三法司

三法司，即刑部、都察院、大理寺。刑部受天下刑名（接受省府州县上报之案件，检察原审判包括诉讼、刑侦、判决及其适用法律之准确性，刑名，即犯罪事实“案情”与刑法规定的刑名法例条文的匹配，刑法执行状态、审讯经过等），都察院纠察（刑侦及司法执行程序等合法性监察），大理寺驳正（评议、检察、审断并纠正冤假错案）。太祖曰：“凡有大狱，当面讯，防构陷锻炼之罪弊。”洪武十七年作贯城。又谕法司官曰：“布政、按察司所拟刑名，期间人命重狱，具奏转达刑部、都察院参考。大理寺详拟。着为令。”刑部有十三清吏司，治各布政司刑名（司法），而陵卫、王府、公侯伯府、在京诸曹及两京州郡，亦分隶之。按察名提刑，盖在外之法司（提刑司为地方司法监察机构）也，按察司（即提刑司）设在各路（省）参以副使、佥事、分治各府县事。京师自笞以上罪，悉由部议。洪武初决狱，笞五十者，县决之，杖八十者州决之，一百者府决之，徒以上具狱送行省，移驳繁而贿赂行。乃命中书省御史台详谳（评议、检察），改月报为季报，以季报之数，类为岁报。凡府州县轻重狱囚，依律决断。违枉者，御史、按察司纠劾。[①]“依律决断”，即依照法律规定之审级依法审判、依法检察、依法监察。

2. 审级

在明代，规定了死刑的三种覆狱（终审）结果，一是监收侯决即死缓；二是决不待时，即立即执行；三是情词不明或出入者属于疑狱，大理寺驳回改正，再问驳至三，改拟不当，将当该官吏奏问，谓之照驳。若停疑谳决，而囚有番异，则改调隔别衙门问拟。二次翻异不服，则具奏，会九卿鞫之，谓之圆审。至三四讯不服，而后请旨决焉。[②]

洪武二十六年定制：布政司及直隶府州县，笞杖就决；徒流、迁徙、

---

① （清）张廷玉：《明史》，中华书局 1999 年版，第 1541 页。

② （清）张廷玉：《明史》，中华书局 1999 年版，第 1542 页。

充军、杂犯死罪解部，审录行下，真死囚所坐罪名上部详议如律者，大理寺拟覆平允，监收侯决。其决不待时重囚，报可，即奏遣官往决之。

3. 审判

会官审录之例（会审制度），定于洪武三十年。初制，有大狱必面讯。十四年命法司论囚，拟律以奏，从翰林院、给事中及春坊正字、司直郎会议平允（即会审），然后覆奏论决。至是置政平、讼理二幡，审谕罪囚。谕刑部曰："自今论囚，惟武臣、死罪，朕亲审之，余俱以所犯奏。然后引至承天门外，命行人持讼理幡，传旨谕之；其无罪应释者，持政平幡，宣德意遣之。"

明律规定审判公开制度。幡，旗帜，上绣文字。"讼理"，即依法审判，"理"古代之刑官；"政平"，即执法公平、公正。

永乐七年，令大理寺官引法司囚犯赴成天门外，行人持节传旨，会同府、部、通政司、六科等官审录（会审）如洪武制（公开审判）。十七年，令在外死罪重囚，悉赴京师审录（会审）。德宗宣德三年奏重囚，帝令多官覆阅之，曰："古者断狱，必讯于三公九卿，所以合至公，重民命。卿等往同覆审，毋致枉死。"英国公张辅等还奏，诉枉者，五十六人，重命法司勘实，因切戒焉。①

明初洪武亲审大案，并规定法司复审、大臣会审、奏请取旨，然后公开审判。对于府州县看守所无权终审的徒刑以上之流徙、死刑案犯，必须解送京城大理寺复审，人命重狱，具奏转达刑部、都察院参考。大理寺详拟（评议检察覆审），著为令。而陵卫、王府、公侯伯府等皆须参加会审。按察名提刑，按察司（即提刑司）设在各路（省）参以副使、佥事、分治（司法检察）各府县事（刑事案件）。京师自笞以上罪，悉由部议。洪武初决狱，笞五十者，县决之，杖八十者州决之，一百者府决之，徒以上具狱送行省，乃命中书省御史台详谳（评议、检察）、刑部、大理寺等亦可组织会审。天顺三年，令每岁霜降后，三法司同公、侯、伯会审重囚，为之朝审。其审判程序大致如此。②

① （清）张廷玉：《明史》，中华书局 1999 年版，第 1542 页。

② （清）张廷玉：《明史》，中华书局 1999 年版，第 1542 页。

（二）审判时间

1. 热审

热审始于永乐二年，止决遣轻罪，命出狱听候而已。寻并宽及徒流以下。宣德二年五六七月，连谕三法司录上系囚罪状，凡决遣二千八百余人。这是一种恤刑方式，即临近暑热，防止系囚瘐死，采取的两种宽大形式。一种是全国各级看守所系囚，属于轻罪即徒以下罪可以释放归家候审。二是所有看守所系囚徒流以上罪（未终审，属于未决犯），一律上报其罪行材料，经过三法司审阅后，行决遣，即判决遣送，使之离开看守所。

从正德元年开始，热审在全国推行。

嘉靖十年，令每年热审并五年审录之期，杂犯死罪、准徒五年者，皆减一年。二十三年，刑科罗崇奎言："五六月间，笞罪应释放、徒罪应减等者，亦宜如成化时钦恤枷号例，暂于蠲免，至六月终止。南法司亦如之。"报可。

万历三十九年，方大暑省刑，而热审矜疑疏未下，刑部侍郎沈应文以狱囚久滞，乞暂豁矜疑者，未报。明日法司尽按囚籍军徒未结者五十三人，发大兴、宛平二县监候，乃以疏闻，神宗亦不罪也。旧例，每年热审自小满后十余日，司礼监传旨下刑部，即会同都察院、锦衣卫题请，通行南京法司，一体审拟具奏。京师自命下之日至六月终止。南京自部移至日为始，亦满两月而止。①

古代规定夏季不决大案，由于看守所之中系囚多，暑热以致死亡，所以规定农历六月暑热之前，审决、释放或者遣送已决犯离开看守所，以减少囚犯死亡。

2. 寒审

历朝无寒审之制，崇祯十年以代州知州郭正中疏及寒审，命所司求故事。尚书郑三俊乃引数事以奏，言："谨按洪武二十三年十二月癸未，太祖谕刑部尚书杨靖：'自今惟犯十恶并杀人者论死，馀死罪皆令输粟北边以自赎。'永乐四年十一月法司进月系囚数，凡数百人，大辟仅十之一，

---

① （清）张廷玉：《明史》，中华书局1999年版，第1543页。

成祖谕吕震曰：‘此等既非死罪，而久系不决，天气冱寒，必有听其冤死者。’凡杂犯死罪下约二百，悉准赎发遣。九年十一月，刑科曹润等言：‘昔以天寒，审释轻囚。今囚或淹一年以上且一月间瘐死者九百三十余人，狱吏之毒所不忍言成祖诏法司切责。’遂诏：‘徒流以下三日内决放，重罪当系者恤之，无令死于饥寒。’十二年十一月，复令以疑狱名上，亲阅之。宣德四年十月，以皇太子千秋节减杂犯死罪以下。宥笞杖及枷镣者。嗣后，世宗、神宗或以灾异修刑，或以覃恩布德。寒审虽无近例，而先朝宽大，皆所宜取法者。”奏上，帝纳其言。[①]

自此，在明代出现了寒审。

3. 春审

宣德七年二月，亲阅法司所进系囚罪状，决遣千余人。减等输纳，春审自此始。六月，又以炎暑，命自实犯死罪外，悉早发遣，且驰谕中外，刑狱悉如之。成化时，热审始有重罪矜疑、轻罪减等、枷号疏放诸例。[②]

热审、寒审、春审对于防止看守所系囚瘐死以及冤狱等原因而致囚犯死亡，具有实际意义，打破了董仲舒“天人合一”、遵照二十四节气管理囹圄系囚的规定，只是明代并没有能够认真坚持执行。从侧面也可以反映出明代看守所的非法、虐囚的情形，全国府州县的看守所囚犯尚且死亡严重，锦衣卫狱、东西厂狱、镇抚司狱看守所被囚者的死亡就可想而知。不能从法制方面改善看守所之管理制度，一些刑官只能以恤刑的名义，提出热审、寒审及春审，也只是在明代专制法律的形势下，减少看守所死亡的一种临时性措施，无法与宋代看守所瘐死即追究刑事责任相比。

四、看守所与徒、流、徙遣送制度

凡刑部问发罪囚，所司（各级所属看守所）通将所问囚数（看守所羁押之未决犯），不问轻重，分南北人若干送山东司，呈堂奏闻，谓之岁报。每月以见（现有）监（看守所羁押）罪囚奏闻，谓之月报。其做工、

① （清）张廷玉：《明史》，中华书局1999年版，第1544页。

② （清）张廷玉：《明史》，中华书局1999年版，第1543页。

运炭等项每五日开送工科，填写精微册，月终分六科轮报之。京外官五品以上有犯必奏闻请旨，不得擅勾问罪。在八议者，实封以闻。民间狱讼，非通政司（省级行政机构设有看守所）转达于部，刑部不得听理。诬告者反坐，越诉者笞，击登闻鼓不实者杖。讦告问官（被告上告审判官枉法），必核实乃逮问。至罪囚打断起发有定期，刑具有定器，停刑有定月日，检验尸伤有定法，恤囚有定规，籍没亦有定物，惟复仇者无明文。[①]

明代法律规定了看守所发送已决犯的制度。"至罪囚打断起发有定期"，即徒流罪终审结束，看守所必须在法定时间内，及时解送已决犯至配所或者役所，否则有罪。《唐明律合编》记载："稽留囚徒，凡徒、流、徙、充军囚徒，断决后，当该官司限一十日内如法枷杻，（提牢官）差人管押，牢固关防，发遣所拟地方交割。若限外无故稽留不送者，三日笞二十，每三日加一等，罪止杖六十。"[②]同时规定如果失职，负责遣送已决犯的提牢官受杖。因此，在明代其看守所与执行已决犯之役院、牢城、配所等监管职能也具有性质不同的特性，并且分别设置，已决犯必须及时遣送。

凡讦问（讦，音 jie，举发、检举）原问官司者，成化间定议，劾究得实，然后逮问（按："讦问原官司"即反告审判官）。弘治时南京御史王良臣按指挥周恺等怙势黩货，恺等遂讦良臣。诏下南京法司逮系会鞫。侍郎杨守随言："此与旧章不合。请自今以后，官吏军民奏诉，牵缘别事，摭拾原问官者，立案不行。所奏事仍令问结，虚诈者拟罪，原问官枉断者亦罪。"乃下其议于三法司。法司覆奏如所请，从之。洪武二十六年前，刑部主事厅会御史、五军断事司、大理寺、五城兵马指挥使官，打断罪囚（会审即复审采用会审形式）。二十九年并差锦衣卫官。其后惟主事会御史，将笞杖罪于打断厅（审判庭）决讫，附卷，奉旨之次日复命。至于打断相验（检察），令御史三六九日遵例会同。馀日止会寺官以速遣。徒流以上，部、寺详鞫，笞杖小罪，听堂部处分。命如议行。凡狱囚已审录，应决断（终审）者限三日，应起发（配送）者限十日，逾限计日以笞。囚淹滞至死者罪徒，此旧例也。[③]

---

① （清）张廷玉：《明史》，中华书局 1999 年版，第 1545 页。

② （清）薛允升：《唐明律合编》，法律出版社 1998 年版，第 763 页。

③ （清）张廷玉：《明史》，中华书局 1998 年版，第 1547 页。

根据以上规定，凡狱囚已经审录（评议、检察、覆审），应决断者限三日，应起发者限十日，逾限计日以笞，囚延滞致死者，责任人判处徒刑，处分沿袭旧制，与《唐明律合编》相关内容一致。明代对于不及时输送已决犯离开看守所的要承担刑事责任，与唐宋一样，实行未决犯与已决犯分离监管羁押。[①]

五、看守所之狱政

明代看守所的狱政包括对狱吏的要求，对囚犯的监管，对系囚生活、患病的管理以及刑具的使用规范等。明代法律对看守所的狱政规定的比较规范，只是在具体的执行过程中存在很大的问题。

嘉靖六年，给事中周琅言："比者狱吏苛刻，犯无轻重，概加幽系，案无新故，动引岁时。意喻色授之间（敲诈勒索贿赂），论奏未成，囚骨已糜。又况偏州下邑，督察不及，奸吏悍卒倚狱为市，或扼其饮食以困之，或徙之秽溷以苦之，备诸痛楚，十不一生。臣观律令所载，凡逮系囚犯，老疾必散收，轻重以类分，枷杻荐席必以时饬，凉浆暖匣必以时备，无家者给之衣服，有疾者予之医药，淹禁有科，疏决有诏。此祖宗良法美意，宜敕臣下同为奉行。凡逮系日月并已竟（案情已尽审察明确证供相符而无疑）、未竟、疾病、死亡者，各载文册，申报长吏，较其结竟之迟速，病故之多寡，以为功罪而黜陟之。"帝然其言，且命中外有用法深刻，致戕民命者，即敕为民，虽才守可观，不得推荐。[②]

《明史·刑法志》记载："凡内外刑官，惟死罪并窃盗重犯始用拷讯，余止鞭扑常刑。酷吏辄用挺棍、夹棍、脑箍、烙铁及一封书、鼠弹筝、拦马棍、燕儿飞，或灌鼻、钉指、用径寸懒杆、不去棱节竹片，或鞭脊背、两踝致伤以上者，具奏请，罪至充军。"此一法制是可行的，但是缺乏有效监督，法之不行，皆是如此。检验尸伤，由照磨司取部印尸图一副，宋代检验尸伤已经形成定制，明代刑部也印有统一检验规格标准的"尸图"，

① （清）薛允升：《唐明律合编》，法律出版社 1998 年版，第 780 页。

② （清）张廷玉：《明史》，中华书局 1999 年版，第 1547 页。

按照规定检验填写，京城由五城兵马司“如法检验”填写，府则通判、推官，州县则长官亲检。这是刑事诉讼的进步，重视客观证据的获取，尸伤检验对于断狱具有重要意义。这是宋代淳熙初，浙西提刑郑兴裔上《检验格目》的成绩。

同时，明代法律规定了行刑机构的徒刑犯之饮食、医疗、衣服的供应标准及条件。即狱囚贫不自给者，洪武十五年定制，人给米日一升，二十四年革去。正统二年，以侍郎何文渊言，诏如旧，且令有赃罚蔽衣得分给。成化十二年令有司买药饵送刑部，又广设惠民药局，疗治囚人。至正德十四年，囚犯煤、油、药料，皆设额银定数。嘉靖六年，以运炭等有力罪囚折色籴米，上本部仓每年约五百石，乃停收。岁终给棉衣裤各事，提牢主事验给之。

六、明代看守所之死刑执行制度——“三覆奏”

明代刑法规定，凡决囚（死刑执行），每岁朝审毕，法司以死罪请旨，刑科三覆奏，得旨行刑。死刑多在京都实行，于行刑前必须上报待覆，获准执行死刑后再次上报，于收到覆奏报下三日内不得执行，刑前二日再覆奏（二覆奏），执行当日再请（三覆奏）。

州县地方监狱，在收到执行死刑判决后，必须再次向朝廷上奏报告，请示准确执行时间，朝廷答复之前不得执行，收到答复之后，三日内不得行刑，如果朝廷派出御史监督大臣，必须等待，如准许地方执行，还需再次上请，接到死刑执行覆报三日后执行。法律规定：“诸死罪囚，不待覆奏报下而决者，流二千里。即奏报应决者听，三日内乃行刑，若限未满而行刑者，徒一年；即过限，违一日杖一百，二日加一等。”①

在外者奏决单于冬至前，会审决之。正统元年令重囚三覆奏毕，仍请驾帖，付锦衣卫监刑官，领校尉诣法司，取囚赴市。又制，临决囚有诉冤者，直登闻鼓给事中取状封进，仍批校尉手，驰赴市曹，暂停刑。嘉靖元年，给事中刘济等以囚廖鹏父子及王钦、陶杰等颇有内援，惧上意不决，

① （清）薛允升：《唐明律合编》，法律出版社 1998 年版，第 799 页。

乃言："往岁三复奏毕，待驾帖则已日午鼓下仍受诉辞，得报且及未申时及再请始刑，时已过酉，大非刑人于市与众弃之之意。请自今决囚在未前毕事。"从之。（未时前即午时或者过午）。七年定议，重囚有冤，家属于临决前一日挝鼓，翼日午前下，过午行刑，不覆奏。各省决囚，永乐元年定制，死囚百人以上者，差御史审决。弘治十三年定岁差审决重囚官，俱以霜降后至，限期复命。

"三覆奏"充分体现了对于死刑的高度重视，防止冤案、错杀，也是对于生命的爱惜，允许犯人或其亲属于临刑前最后一次申诉，如果查实有据，可以改判。自从隋唐以来就开始实施刑前"三覆奏"，甚至"五覆奏"。

七、看守所与赦令

明代自仁宗立赦条三十五，皆杨士奇代草，尽除永乐年间弊政，历代因之。

凡以赦前事告言人罪者，即坐以所告者罪。并规定赦前罪已经皇帝赦免，再以赦免之罪告人，是蔑视皇帝赦令，就以"以其所告罪罪之"。

弘治元年民吕梁山等四人，坐窃盗杀人死，遇赦。都御史马文升请宥死戍边，帝特命依律斩之。世宗虽停刑，尤慎无赦。廷臣屡援赦令，欲宥大礼大狱暨建言诸臣，犹持不允。及嘉靖十六年，同知姜辂酷杀平民，都御史王廷相奏当发口外，乃特命如诏书宥免，而以违诏责王廷相等。四十一年，三殿成，群臣请颁赦。世宗曰："赦乃小人之幸。"不允。[①] 明代法律规定："赦出临时定罪名，特免降减从轻者，不在此限。"需要赦令发布后，针对该次赦令制定赦令内容、赦令范围、限度。即赦令免、减罪行名称、等级、范围、时限、规格等。也有不需另行规定者，即"肆赦"，不需别定罪名，则仍依常赦所不原之律，常赦所不原，即"殊死"、"十恶"不赦。"殊死"指犯罪性质恶劣的死刑实刑，亲手杀人手段残忍、杀死二人以上、奸、盗杀人、蛊毒杀人等。"十恶"为：谋反、谋大逆、谋

① （清）张廷玉：《明史》，中华书局1999年版，第1549页。

叛、恶逆、不道、大不敬、不孝、不睦、不义、内乱。

赦令的具体种类及内容主要有以下几种：

1. 大赦

凡有大庆、灾荒皆赦，然有常赦，有不赦，有特赦。

大赦属于常赦。常赦中有不赦，“十恶”及故犯者不赦。律文曰：“赦出临时定罪名，特免降减从轻者，不在此限。”“十恶”中，不睦又在会赦原宥之例，此则不赦者亦得原。

2. 肆赦

肆赦，即全国范围之大赦，如果没有随赦规定其他条件，即依照常赦不原之律实施。一般发布肆赦令，都有比常赦较宽放的赦宥内容。

若传旨肆赦，不别定罪名者，则仍依常赦不原之律。

3. 特赦

特赦，即赦令指定赦宥的人或者范围、事件也可能针对特定案件、特定地区、特定刑种，即非常赦，特免降减从轻者也属于特赦。

八、明代看守所相关法律规定

《唐明律合编》中“捕亡律”、“断狱”等法律之规定，皆与看守所以及已决犯的监管有关。

（一）《明律卷第二十七》之“捕亡律”

1. 关于追捕罪人之规定

明律规定，专以捕役为应捕人，即巡捕军与弓兵，及衙门正役，官府选充者，原以差捕为役，而承差遣追捕犯罪人或逃亡之人者谓之应捕人。其余皂隶民壮，保甲里长，不拘在官在外人役原非以追捕为责，而官府临时暂差遣者，谓之非应捕人。

罪人，即有一定犯罪证据，或者有人证、物证，或被供证等，没有经过审判完全查实，或者已捕而在看守所，或途中逃亡者。不能完全确定其犯罪程度或者案情不够明确，而有符合逮捕的证据者，即执行逮捕。明代法律针对应捕人而规定，看守所未决犯罪名未定，如果应捕人故纵卖放，与罪人同罪之法律无法执行，因为犯罪嫌疑人没有审判结束，没有判断刑名。若非应捕人被遣追捕罪人故纵，相对应捕人罪减一等。从捕亡律本条可以看出，明代看守所羁押犯罪嫌疑人，法律具有明文规定，必须具备一定的人证或物证，才能够逮捕羁押。而其厂卫机构之所以称之谓特殊看守所，执行逮捕，不需要犯罪证据，而是根据皇帝或者锦衣卫、太监的意志进行逮捕。明代并非没有法律制度，相反，明代具有较为完善的法律体系和严格的法律制度，却不能执行。

凡应捕人承差追捕罪人，而推故不行，若知罪人所在而不捕者，减罪人罪一等。限三十日内，能自捕得一半以上；虽不及一半，但所获者最重，皆免其罪。虽一人捕得，余人亦同。若罪人已死及自首各尽者，亦免罪；不尽者，止以不尽之人为坐。其非应捕人临时差遣者，各减应捕人罪一等。受财故纵者，不给捕限，各与囚同罪。赃重者，计赃以枉法从重论。本注："故纵"云者，或被禁而亡，或在役而亡，均因故纵而后亡，故可与亡者同罪。万历十五年十二月，刑部题：律称受财故纵，与囚同罪，至死全科，稍失原情，不无宽滥，今后问拟故纵人犯，必其所纵之囚，已经审实，如人命检验以明，坐以抵赏；强盗赃证已明，坐以斩枭。方拟同罪。其或罪人被逮而未在官，虽已在官而未定罪，止以受财枉法科断。"减罪人罪一等"，是罪人虽未到官拟罪，采证明白，即同成狱，其罪已可据矣。此曰与囚同罪，不曰与罪人同罪者，盖受财故纵，至死全科，故必罪人到官，已伏招承，定拟罪名，而后可以论故纵者之罪也。若罪人未伏招承，则其死罪且未定，安可据与同死罪也？

从以上记载我们可以看出，明代法律规定，追捕逃犯、惩治故纵犯罪，需要分清已决犯与未决犯。囚，属于未决犯。已经审实，即为罪人，是谓已决犯。未经审判，不能称之谓罪人。虽未被逮审判，但是"罪人虽未到官拟罪，采证明白，即同成狱，其罪已可据。"[①] 即还没有逮捕入狱，犯罪嫌疑人并没有被看守所羁押，可是已经掌握其确实的犯罪证据。由此可以说明，当时此一规定，重视证据而非依靠口供。

---

① （清）薛允升：《唐明律合编》，法律出版社 1998 年版，第 752 页。

2. 关于罪人拒捕之规定

罪人拒捕是犯罪逃走而拒捕者，惩罚从严。罪人不拒捕而被捕者打伤或杀伤，“各以斗杀伤论”。罪人在羁押期间或者犯罪即逃走，皆属于避罪行为，再拒捕，是罪上加罪。规定此条意义有二：一是犯罪不应该逃走，更不应该拒捕；二是缉捕人员，是国家工作人员，应该知法守法，无论是看守所或者在抓捕过程，皆不允许无故虐待罪犯或杀伤罪犯。不拒捕而殴、杀伤罪犯，依照斗杀伤论罪。

因此明律规定，凡犯罪逃走拒捕者，各于本罪上加二等。罪止杖一百，流三千里。殴人至折伤以上者，绞；杀人者，斩。为从者，各减一等。若罪人持杖拒捕，其捕者格杀之，及囚逃走，捕者逐而杀之，若囚窘迫而自杀者，皆勿论。若已就拘执及不拒捕而杀，或折伤者，各以斗杀伤论。罪人本犯应死而擅杀者，杖一百。

本注：罪人拒捕，即《周礼》禁杀戮之所谓攘狱者也。琐言：若罪人原不逃走，虽应死，不得擅杀，所谓惟士师则可以杀之也。观别条狱卒凌虐罪囚致死者绞，死囚令人自杀，以斗杀论。彼皆应死之人，而不得擅杀，以此推之，岂常人所得杀哉。①

从以上规定我们可以看出，犯死罪，捕者不得无故擅杀，否则治罪。囚犯被狱卒虐待者，严惩狱卒，依法保障被羁押者之应当权利。

3. 关于狱囚脱监及反狱在逃之规定

在明代，狱囚脱监是指看守所羁押犯罪嫌疑人从看守所大门逃走，不同性质的脱监，治罪轻重也不同。从墙上逃走谓越狱，也有不同方式的越狱。反狱在逃是以武力实现逃脱看守所羁押的方式，处死刑。这是看守所被押罪犯逃走的法律惩罚办法。

凡犯罪被囚而脱监，及解脱自带枷锁越狱在逃者，各于本罪上加二等。因而窃放他囚，罪重者，与囚同罪，并罪止杖一百，流三千里。本犯应死者，依常律。若罪囚反狱在逃者，皆斩。同牢囚人不知情者，不坐。

本注：笺释，从门出者谓之脱监，踰垣出者谓之越狱。琐言亦同。唐律窃囚而亡，与囚同罪，窃而未得减二等。载在劫囚条。明律入此处。谓

① （清）薛允升：《唐明律合编》，法律出版社1998年版，第754页。

因自行脱狱而窃放同禁之囚，盖误认私窃逃亡为窃囚而亡也。窃囚而亡，与囚同罪，疏议谓窃死囚还得死罪，窃流徒罪囚还得流徒之类。是称同罪者，仍科死罪之法也。①

脱监、越狱连用监狱二字，是首次在我国古代文献中出现，但是还未称之谓“监狱”。在此说明羁押狱囚之场所即为监狱，明代沿袭唐宋法制，实施已决犯、未决犯分别拘押监管的制度。

4. 关于徒流人逃之规定

明代法律规定，凡徒、流、徙囚人役限内而逃者，一日笞五十，每三日加一等。罪止杖一百，仍发配所。其徒流照依原犯徒年，从新拘役。役过月日，并不准理。若起发已断决徒、流、迁徙、充军囚徒，未到配所，中途在逃者，罪亦如之。主守及押解人不觉失囚者，一名杖六十，每一名加一等，罪止杖一百，皆听一百日内追捕。提调及长押官，减主守及押解人三等。限内能自捕得，或他人捕得，若囚已死及自首，皆免罪。故纵者各与囚同罪。受财者，计赃以枉法从重论。

被判处徒刑、流刑、流徙刑之囚在役限内不准逃跑，逃者进行严厉处置。同时追究监狱管理者的刑事责任，不同情况下的脱逃，适用法律也不同。押解人不觉失囚，是已经决断之囚，罪止军者（即最严重的是充军罪无死罪），特押解往配所耳。故逃者有期限，失者有名数，各罪止杖一百，盖罪之轻者。主守不觉失囚条内，押解罪犯中途逃脱，系未经决断，或未经起发之囚（未决犯，可能有死罪），且死罪重罪亦在内，故其法重。在此可以看出，明律规定未决犯逃脱和已决犯逃脱，对狱政管理者的处罚不同。看守所未决犯逃走罪重，因为可能有死刑，而徒流徙（徙也指充军）已决犯逃走，无死刑。

同时对已决犯逃亡的，不过原判死刑改免死充军者逃走，捕获后执行死刑。《问罪条例》规定：“凡问发充人犯逃回，原犯真犯死罪，免死充军者，照依原问处决。杂犯死罪以下充军者，问罪，枷号三个月，改发极边卫分充军。”②

---

① （清）薛允升：《唐明律合编》，法律出版社 1998 年版，第 758 页。

② （清）薛允升：《唐明律合编》，法律出版社 1998 年版，第 762 页。

5. 关于稽留囚徒之规定

稽留囚徒，就是指对已决犯要及时遣送，否则提牢官及主守官要承担相应的法律责任。

明律规定，未决犯与已决犯必须分别羁押，看守所在押犯终审结束，十日内必须发遣至所拟地方执行刑罚。如果不能按时发遣，提牢官或主守官依照延误日数惩罚，发生其他情况者，按照下面规定治罪。

凡应徒、流、迁徙、充军囚徒，断决后，当该官司一十日内如法枷杻，差人管押，牢固关防，发遣所拟地方交割。若限外无故稽留不送者，三日笞二十，每三日加一等，罪止杖六十。因而在逃者，就将提调官吏抵犯人本罪发遣。后捕获犯人到官，替役之日，疎放别叙。本注：抵犯人本罪，谓将提调官吏照依犯人所犯，该徒者抵徒，该流者抵流，该迁徙者抵迁徙，该充军者、抵充军，候跟捕犯人得获至日，将官吏疏放，别行叙用。若邻境官司，囚到稽留不即递送者，罪也如之。若发遣之时，提调官吏不行如法枷杻，以致囚徒中途解脱，自带枷杻者在逃者，与押解人同罪。并罪坐所由，受财者计赃，以枉法从重论。本注：《淹禁律》规定：狱囚应起发，限一十日内起发，限外不起发者当该官吏，过三日笞二十，每三日加一等，罪止杖六十，与此律复。《公事应行稽程律》规定：公事有应起解官物囚徒而稽留者，一日笞二十，每三日加一等，罪止笞五十，与此律不符。① 此条与《唐律》“徒流送配稽留条”略同。审前羁押之狱，自唐以来，一直坚持执行按时发送已决犯离开看守所（未决犯）的分别监押管理制度。

6. 关于主守不觉失囚之规定

主守不觉失囚，主守即典狱、狱卒，是直接管理看守所的官吏。提牢官、提调官或者主簿、司狱等为看守所的上级主管，所以，如果出现“失囚”要受到刑罚处罚。狱卒不觉失囚，减囚罪二等。即如果死罪减二等，也是年限最长之徒刑。死罪减一等为减去军（流徙）罪，减二等即减去流罪，执行徒罪。

看守所系囚逃亡，对于狱官惩罚比较重，前者罪止杖一百，后者减二

---

① （清）薛允升：《唐明律合编》，法律出版社 1998 年版，第 763 页。

等，如果死罪减二等，就是年限最长之徒刑。提牢官具有监察狱政管理的责任，而典狱官、狱卒则是狱政管理的直接责任人。可以看出明代看守所的直接负责长官就是提牢官，司狱即狱官、狱卒，皆为看守所狱政管理官吏。

因此明律规定：凡狱卒不觉失囚者，减囚罪二等。若囚自内反狱在逃，又减二等。听给限一百日追捕。限内能自捕得，及他人捕得，若囚已死及自首，皆免罪。司狱官典减狱卒罪三等。其提牢官曾经躬亲逐一点视罪囚，枷、锁、杻俱已如法，取责狱官、狱卒牢固收禁文状者，不坐。若不曾点视以致失囚者，与狱官罪同。故纵者不给捕限，各与囚同罪。未断之间能自捕得，及他人捕得，若囚已死及自首，各减一等。受财者，计赃以枉法从重论。若贼自外入劫囚，力不能敌者，免罪。若押解罪囚，中途不觉失囚者，罪亦如之。

笺释：徒流人逃条言一名杖六十，每一名加一等，罪止杖一百。此但言减囚罪二等，不言罪止，则囚罪有至死者，减二等，有满徒者矣。盖前之徒流人，是已断决者，其狱已成，其事已结。此押解罪囚中，或未经断结，或犹未追正赃，或停囚待对，或案候归结，且死罪重囚俱在内，实与起发已断决徒流、充军、迁徙之囚徒不同也。琐言亦同。①

（二）“断狱上”

断狱，即看守所羁押审判的整个程序。明律在此方面有非常详细的法律规定。

1. 囚应禁而不禁

即看守所系囚规定依照罪行轻重、男女分开羁押，同时依法使用刑具，称禁。本条即应禁而不禁，责任人应该承担的法律后果。

明律规定：凡狱囚应禁而不禁，应枷、锁、杻而不枷、锁、杻及脱去者，若囚该杖罪，笞三十；徒罪，笞四十；流罪笞五十；死罪，杖六十。若应枷而锁，应锁而枷者，各减一等。若囚自脱去及司狱官、典狱卒私与囚脱去枷、锁、杻者，罪亦如之。提牢官知而不举者，与同罪；不知者，

① （清）薛允升：《唐明律合编》，法律出版社 1998 年版，第 765 页。

不坐。其不应禁而禁，及不应枷、锁、杻而枷、锁、杻者，各杖六十。若受财者，并计赃以枉法从重论。

本注：《唐律疏议》谓，《狱官令》："禁囚死罪枷、杻，妇人及流以下去杻，其杖罪散禁。"流以上锁禁，犯笞者不合禁。此即界限。

笺释：男子犯徒流以上、女子犯奸及死罪，皆应收禁。其在禁内，徒以上应杻，充军以上应锁，死罪应枷。凡枷者兼锁、杻，凡锁者兼杻，惟妇人不杻。琐言解释，则谓男子犯笞以上亦应收禁，不知何故。①

同时对狱内刑具也做出了较为具体的规定。狱具图载：枷长五尺五寸，头阔一尺五寸，以干木为之，死罪重二十五斤，流二十斤，徒十五斤，长短轻重，刻志其上。又，现在例文，寻常枷号重二十五斤，重枷重三十五斤，枷面各长二尺五寸，头阔二尺四寸。是枷号之枷其形方，狱囚之枷其形长，迥然两样，何能混而为一。改定之律，直以枷号之枷为狱囚之枷矣，似系误会。且枷锁杻之外，又有脚镣，狱具图载明以铁为之。徒罪以上用之，即所谓带镣居作也。是脚镣与锁、杻，同为应用刑具，律内何以并未载入。②

辑注：杻施于手，所以拘束其动作，即手铐是也。枷施于足，所以羁绊其行走，即脚镣是也。则又以镣为枷矣。而今亦无带镣居作之法，则宽而又宽矣。此说似不准确，枷不应该施以足，不知辑注之解从何而来，留待一说。《史记·平准书》记载：敢私铸铁器煮盐者，钛左趾。韦昭曰："钛以铁为之，着左足以代刖也。"张斐著《汉晋律序》云：钛状如跟衣，着足下，足下重六斤，以代刖。即后世之脚镣。汉书惠帝纪：有罪当盗械系者，皆颂系。如淳曰："盗者逃也，恐其逃亡，故着械。"又《后汉书·党锢传》记载：滂等皆三木囊头。注：三木，项及手足皆有械。前书司马迁曰："魏其大将也，衣赭关三木也。"此律在禁者分别枷锁杻，亦此意也。

如果受财、挟仇而擅自使用刑具，皆属违法，即无应与不应之分。③

看守所使用刑具的法律规定历代大致相同，只要禁收，包括徒罪在内的流徙以及死刑必须依法使用刑具。只是对已决犯的刑具使用改革较大，

① （清）薛允升：《唐明律合编》，法律出版社 1998 年版，第 777 页。

② （清）薛允升：《唐明律合编》，法律出版社 1998 年版，第 778 页。

③ （清）薛允升：《唐明律合编》，法律出版社 1998 年版，第 778 页。

宋以来徒流徙刑徒一般在牢城不用刑具。

明代看守所狱具的使用，虽有法律规定，事实上，狱官狱卒尽可以随意非法使用刑具。而且古代，缺乏刑事侦察技术，取证极其困难，更重要的是，专制主义执法指导思想对于审判具有重要影响。所以，审判以刑讯即拷讯为主要方式。看守所备有各种刑具，成为定制。

2. 故禁故勘平人

故禁故勘平人是官吏以行政权力或者强制性行为，利用看守所羁押无辜之人，实施刑讯拷掠，属于官吏滥用职权的违法行为。

明有此律，也说明当时审前羁押之狱，即看守所的官吏有故意收押、拷讯平人者。提出“邂逅”致死者勿论，不期而遇曰邂逅，即意料之外的死亡不追究。这一原则，使看守所里大多数被虐害致死的被囚者沉冤难雪，所以本条之规定，必然成为明代看守所执法者任意虐囚的保护伞。

凡官吏怀挟私仇故禁平人者，杖八十；因而致死者，绞。提牢官及司狱官、典狱卒知而不举首，与同罪；至死者，减一等；不知者不坐；若因公事干连平人在官，无招，误禁致死者，杖八十；有文案应禁者，勿论；若故勘平人者，杖八十；折伤以上，依斗伤论；因而致死者，斩；同僚官及狱卒知情共勘者，与同罪；至死者，减一等；不知情及依法考讯者，不坐；若因公事干连平人在官，事须鞫问，及罪人赃仗证佐明白，不服招承，明文立案，依法拷讯，邂逅致死者，无论。①

本注：《示掌》记载：上条是误禁轻罪之人，此条重，故禁无罪之平人致死，按此因律有故禁字样，故以前律为误禁，若然则不应枷锁杻，亦可谓之误行枷锁杻乎。

说明故意羁押平人必然有其目的，以国家刑法达到个人私利之目的，应该从严惩处。

3. 淹禁

即故意拖延应该释放或者押送配送，而不予释放或押送配送的称淹禁。

明律规定：凡狱囚情犯已完（指案件审判终结），检察御史、提刑按

① （清）薛允升：《唐明律合编》，法律出版社 1998 年版，第 779 页。

察司审录（评议、检察、覆审）无冤，别无追勘事理，应决断者，限三日内决断。应起发者，限一十日内起发。不起发者，当该官吏三日笞二十，每三日加一等，罪止杖六十。因而淹禁致死者，若囚该死罪，杖六十；流罪杖八十；徒罪，杖一百；杖罪以下杖六十，徒一年。①

淹禁是对已决犯的规定，主要针对徒流徙等需要押送执行判决的法律规定，看守所的长官（提牢官、提调官等）负责及时配送已决犯到行刑的监狱。本条名为"淹禁"，意思是囚犯滞留在看守所，可见未决、已决犯的分押规定，目的之一就是必须依法尽快完成对于审前羁押者的审判，不得淹滞。徒流徙等终审完成后，必须依法按时送达行刑机构，以准确执行判决。"平人"，即非犯罪嫌疑人，也是看守所不应该羁押之人；已决犯应该在其应受刑罚责任之处，接受罪、刑相当之刑事惩罚，而非在看守所执行其刑罚。待决死刑犯，关押在死牢，另有专门羁押场所等候执行。

4. 凌虐罪囚

在明代，明律有关于禁止凌虐罪囚的相关法律规定，即凡罪囚非理在禁，凌虐、殴伤罪囚者，依凡斗伤论；克减衣粮者，计赃以监守自盗论；因而致死者，绞。司狱官典及提牢官知而不举者，与同罪；至死者，减一等。

辑注：尅减不问枉法而坐监守，衣粮乃官给之物，非罪囚之物也。凡囚无家属供送，必请官给衣粮，官之所给，皆由狱卒所掌，有所克减，非监守自盗而何？然必出自官者方是，若出于罪囚者家，则与监守不同，应问用强求索。如因而致死，则亦坐绞，克减之衣粮不同，而致死则一也。凌虐而未殴伤，律无治罪明文。然实有凌虐而无伤者，岂可不论！然凌虐者比比皆是，当酌之。以补律文之未备。②

正是由于狱吏"凌虐而未殴伤"法无明文，所以导致看守所凌虐罪囚现象普遍存在，屡屡造成"邂逅"致死，冤案致死无从申理。可见当时"狱"内凌虐罪囚的现象严重，律文止于死伤，所以注者也提出，凌虐罪囚，虽无死伤，也应治罪。针对看守所的狱政管理制度，法律规定不够详

① （清）薛允升：《唐明律合编》，法律出版社 1998 年版，第 780 页。

② （清）薛允升：《唐明律合编》，法律出版社 1998 年版，第 781 页。

细，执行存在漏洞。

5. 与囚金刃解脱

与囚金刃解脱，即有人或狱卒给囚犯提供武器、工具，以致囚犯解脱刑具逃跑或自杀、杀伤人。如果发生此类案件，应依法严惩。

因此明律规定：凡狱卒以金刃及他物可以自杀及解脱枷锁之具而与囚者，杖一百。因而致囚在逃及自伤或伤人者，并杖六十，徒一年。若因自杀者，杖八十，徒二年。致囚反狱及杀人者，绞。其囚在逃未断者间，能自捕得及他人捕得，若囚已死及自首者，各减一等。若常人以可解脱之物与人，及子孙与祖父母、父母、奴婢、雇工人与家长，各减一等。若司狱官典及提牢官知而不举者，与同罪。至死者，减一等。若受财者，计赃以枉法从重论。若狱囚失于点检，致囚自尽者，狱卒杖六十，司狱官典各笞五十，提牢官笞四十。

本注：《汉书义纵传》记载：义纵为定襄太守，掩狱中重囚二百余人，及宾客昆弟私入相视者亦二百余人。义纵一切捕鞠，曰“为死罪解脱。”皆报杀四百余人（报杀，申报朝廷批准而杀）。服虔曰：“律，诸囚徒私解脱桎梏柑赫、加罪一等。为人解脱与同罪。义纵鞫相赂饷者二百余人，以为解脱尽杀之。”①

以上内容提出《汉书》记载义纵为“死罪解脱”，但其性质不能完全相同，义纵残酷而冤杀四百余人，实非被判死刑罪人，所谓“解脱”，即死亡的意思，实为杀害。本条“与囚金刃解脱”，系指以金刃解脱枷锁杻，或者致死，虽然也有导致囚犯死亡而“解脱”者，其真实意思并非以“解脱”代替死亡。即使囚犯获得金刃解脱枷锁杻，甚至自杀而“解脱”。所以惩罚不重，参看第 9 条“死囚令人自杀”条。

6. 主守教囚反异

主守教囚反异，是指看守所官吏教令囚犯翻供。即狱卒、典狱、审判官等教令囚犯翻案上诉，称反异。依其不同性质、程度适用以下法律论处。

明律规定：凡司狱官典、狱卒教令罪囚反异，变乱事情，及与通传言

① （清）薛允升：《唐明律合编》，法律出版社 1998 年版，第 782 页。

语，有所增减其罪者，以故出入人罪伦。外人犯者，减一等。若容纵外人入狱，及走泄事情与囚，罪无增减者，笞五十。若受财者，并计赃以枉法从重论。

笺释：传通言语有两义，谓传通囚言于外，或传通外言于囚，皆是。又教令及为人书写词状，罪无增减者勿论，此主守若于囚先自诬服，而教之反异，伸冤理枉者，乃得事情之实，非变乱也。此非律之所科矣。总注：谓如囚先诬服而教之伸冤理枉，得事情之实，及囚之应入视亲人，教令传通，而主守之狱官等不知者，俱不坐。①

如系冤案，囚被酷刑而诬服，有正义感的官吏"教之反异，伸冤理枉者，乃得事情之实，非变乱也"，本条目的在于防止贪赃枉法，官吏为从中取利而扰乱正常执法。所以律内注明，为伸冤理枉者不在此限。

7. 狱囚衣粮

明代狱囚之衣粮自备，由其亲属送至看守所，交付狱卒转交囚犯，如果远离家乡，看守所可以暂时申请官府供应，俟其家属送达补交。没有亲属等情况即不能供应囚衣粮者，狱卒报告官府供给。患病者看守所给医药或者请医生诊治，家人也可带医生进入看守所诊治。官吏五品即可随时允许家人入侍。如果囚犯病重，也可由看守所报告官府请求保外医治。

明律规定：凡狱囚应请给衣粮医药而不请给，患病应脱去枷、锁、杻而不脱去，应保管出外而不保管，应听家人入视而不听，司狱官典、狱卒笞五十，因而致死者，若囚该死罪，杖六十；流罪，杖八十；徒罪杖一百；杖罪以下，杖六十，徒一年。提牢官知而不举者，与同罪。若已申禀上司不即施行者，一日笞十，每一日加一等，罪止笞四十。因而致死者，若囚该死罪，杖六十；流罪杖八十；徒罪杖一百；杖罪以下，杖六十，徒一年。②

本注：《汉书宣帝纪》地节四年诏：今系者，或以掠辜若饥寒瘐死狱中。（本注：苏林曰："瘐，病也，囚徒病，律名为瘐。"如淳曰："律，囚以饥寒而死曰瘐。"朕甚痛之。其令郡国岁上系囚，以掠笞若瘐死者，

---

① （清）薛允升：《唐明律合编》，法律出版社 1998 年版，第 785 页。
② （清）薛允升：《唐明律合编》，法律出版社 1998 年版，第 786 页。

所坐名、县、爵、里，丞相御史课殿最以闻。）苏东坡《谢赐恤刑诏书表》内云：奉汉律之严，无令瘐死，是也。《唐律》诸囚应请给衣食医药而不请给者，杖六十，以致死者徒一年，即窃减囚食笞五十，以致死者，绞。《疏议》曰：准《狱官令》“囚去家玄远绝饷者，官给衣粮，家人至日，以数征纳。”是以减窃不科监守盗，与近来囚粮均由官给不同（近来指清末）。狱囚衣粮尚系自办，则徒流在役亦系自备可知，此无兼丁者之所以俱免居作也，参看自明。今狱囚衣粮俱系作正开销，又何不请给之有。

以上规定我们可以看出，在清代之前，狱囚无论已决、未决衣粮均需自备，所以徒流徙对于无兼丁者不判居作，无拘役（无拘役，即可以其劳作抵其衣粮费用），以免其家无衣粮供应。囚瘐死，汉代、唐代皆追究刑事责任，而且比较本条为重。其看守所保外就医制度对于后世影响较大。

8. 功臣应禁，亲人入视

明代看守所制度对于官吏犯罪有优待和特殊照顾，五品以上官犯罪看守所监禁，允许亲人入视探望，如果被判处徒流徙刑，也允许亲人随行。

即凡功臣及五品以上官犯应禁者，许令亲人入视。徒流者并听亲人随行。若在禁及至配所，或中途病死者，在京原问官在外随处官司；开具致死缘由，差人引领亲人，诣阙面奏发放。违者，杖六十。

9. 死囚令人自杀

死囚令人自杀，是死囚令人杀死自己，或者令人为自己提供自杀工具，以致死刑者自杀或者杀人。分析其原因不十分明确，既判死刑必然由国家执行死刑，明代法律规定，严惩擅自杀死、或促使其自杀者。

明律规定：凡死罪囚已招服罪，而囚使令亲戚故旧自杀，或令雇请人杀之者，亲故及下手之人，各以本杀罪减二等。若囚虽已招服罪，不会令亲故自杀，及虽会令自杀，而未招服罪，辄杀讫，或雇请人杀之者，亲故及下手之人，各以斗杀伤论。若虽已招服罪，而囚之子孙为祖父母、父母，及奴婢、雇工人为家长者，皆斩。

本注：《唐律疏议》问曰：囚本犯应死，辞未穷竟，又不遣人雇请杀之，而囚之亲故雇请人杀及杀之者，合得何罪？答曰：辞虽穷竟，不遣雇请人杀之；虽遣雇请人杀之，辞未穷竟；此等二事，各以斗杀为罪，至死者加役流。若辞未穷竟，复不遣雇请杀之而辄杀之者，各同斗杀之法，至死者，并皆处死，不合加役流。[①]

这一规定需要深入探讨，死罪囚，无论已决未决，即使法司对其实施死刑之可能性较大，为什么犯人会提出要求，被自己人先行杀死？依法处死是斩或者绞，与被自己人杀死有何不同？最大的可能因素就是避免在狱中长期受到折磨，或者为了躲避被当众处死的精神打击，总之此一法律规定不合常理，留此待考。

10. 老幼不拷讯

明代法律规定，老幼不能拷讯，显现了其人道精神，也是亲亲容隐的伦理观念，不能拷掠子女证其父母，反之亦同。疾病、孕妇也同，不适用拷讯。

明律规定：凡应八议之人，及年七十以上，十五以下，若废疾者，并不合拷讯，皆俱众证定罪。违者以故出入人罪论。其于律得兼容隐之人及年八十以上、十岁以下，若笃疾皆不得令其为证。违者，笞五十。

本注：宋文帝时侍中蔡廓建议，以为鞫狱令子孙下辞明言父祖之罪，亏教伤情意，莫此为大，自今不需责家人下辞。朝仪咸以为允。此律与律得相容隐者不得令其为证，即此意也。天理国法人情三者俱备，盖良法美意也。今之治狱者不知得相容隐之谓何，令其为证者甚多，何愦愦如斯耶。又梁武帝天监三年，建康女子任提坐诱口当死，其子景慈对鞫辞云，母实行此，是时法官僧虔启称，按子之侍亲，有隐无犯，直躬证父，仲尼为非。景慈素无防闲之道，死有明目之据，陷亲极刑，伤和损化，岂得避五岁之刑，忽死母之命，诏流于胶州。景慈故应科罪，令其为证者，伊何人乎。《唐律》减罪人罪三等，最为允当。[②]

审判官迫使其亲人下辞，古法不许，不符合“亲亲相隐”之德，事实上如果父子、兄弟共同杀人为恶，将会遵循什么样的审判原则，因此这条规定不符合法律的基本精神，违背了法律的基本原则，与法律的基本价值规律相背离。

---

① （清）薛允升：《唐明律合编》，法律出版社 1998 年版，第 787 页。

② （清）薛允升：《唐明律合编》，法律出版社 1998 年版，第 788 页。

11. 鞫狱停囚待对

鞫狱停囚待对就是在审判过程中，发现相关涉案人或者关键证人未到，中止审判等待官府将涉案人或者证人追寻到案，再进行审判，这里法律之规定是关于该级看守所之审判官吏，尽快以法定形式发出函件，追索涉案人员或证人，相关机构接到函件，不论其职务高低，皆应该以审判为重，遣送其到案受讯。待对即停囚（暂停审判）。

明律规定：凡鞫狱官推问罪囚，有起内人伴，见在他处，官司停囚待对者，虽职分不相统摄，皆应直行勾取。文书到后，限三日乃发遣。违限不发者，一日笞二十，每一日加一等，罪止杖六十。仍行移本管上司，问罪督发。若起内应合对问同伴罪囚，已在他处州县事发见问者，听轻囚就重囚，少囚从多囚。若囚数相等者，以后发之囚送先发官司并问。若两县相去三百里之外者，各从事发处归断。违者，笞五十。若违法将重囚移就轻囚，多囚移就少囚者，当处官司随即收问，仍申达所管上司，究问所属违法移囚之罪。若囚到不受者，一日笞二十，每一日加一等，罪止杖六十。

本注：集解：勾取即关提之意，人犯未定有罪名，故曰人伴。见在他处官司，是一事发于此而未发于彼也。已在他处事发，是一事而发于两处也。[①]“起内人伴”即刑事案件涉案人，人伴有伙伴之意，但是尚不能断定是否共同犯罪，罪行大小。所以称人伴而不称人犯。人伴“见在他处，官司停囚待对者，虽职分不相统摄，皆直行勾取（出具司法文书，索取人伴）。”同案人不齐，不能定案，所以“停囚待对”。案件负责人不论官职高低、职权大小，可以直接开出索取人伴之司法文书，至人伴所在地“勾取”人伴到案。对方行政机构，必须依法即刻办理。

12. 依告状鞫囚

以告状鞫囚，即严格按照诉讼目的审判，不能涉及诉讼以外的事件，目的是防止严刑拷掠导致乱供，而成为冤假错案。

明律规定：凡鞫狱，须依所告本状推问，若于状外，别求他事摭拾人罪者，以故入人罪论。同僚不署文案者，不坐，若因其告状或应掩捕搜

① （清）薛允升：《唐明律合编》，法律出版社 1998 年版，第 789 页。

检，因而检得别罪，事合推理者，不在此限。[①] 此一规定有利于避免冤假错案的发生。

13. 原告事毕不放回

明代，原告自诉立案缉捕被告之后，结案之前，原告不得擅自离开看守所指定的住所，即所谓“官铺”，有弓兵看守，也有被散禁于看守所内的，以防止诬告者逃亡。不能不说明代这一规定，对于保障原被告双方法律权利，具有重要意义。

明律规定：凡告词讼对问得实，被告已招服罪，原告人别无待对事理，随即放回。若无故稽留三日不放者，笞二十，每三日加一等，罪止笞四十。

笺释：得实二字要看，盖不得实则原告不能无罪，而告亦未必招服。原告非必尽系己事，容有告别事者，故特立此条。律内作奸犯科之事，均准旁人讦告，参看自明。这也是防止诬告，即原告有诬告内容，被告不能依照原告之辞完全服认，也可以反审原告。即相当于现代之“反诉”。

14. 狱囚诬指平人

诬指平人即系囚牵引无罪之人，依照不同原因及其性质依法论处。

明律规定：凡囚在禁诬指平人者，以诬告人论。其本犯罪重者，从重论。若官吏鞫问罪囚，非法拷讯，故行教令诬指平人者，以故入人罪论。若追征钱粮，逼令诬指平人代纳者，计所枉征财务，坐赃论，其物给主。其被诬之人，无故稽留三日不放回者，笞二十，每三日加一等，罪止杖六十。若鞫囚而证佐之人不言实情，故行诬证及化外人有罪，通事传译番语不以实对，致罪有出入者，证佐人减罪人罪二等。（本注：谓证佐人不说实情，出脱犯人全罪者，证佐人减犯人全罪二等。若增减其罪者，亦减犯人所得增减之罪二等之类。）通事与同罪。（本注：谓化外人本有罪，通事符同传说出脱全罪者，通事与犯人同得全罪。若将化外人罪名增减，传说者，以所增减之罪坐通事。谓化外人本招承杖六十，通事传译增作杖一百，即坐通事杖四十，又如化外人本招承杖一百，通事传译减作笞五十，即坐通事笞五十之类。）

---

① （清）薛允升：《唐明律合编》，法律出版社 1998 年版，第 790 页。

本注按：此专指引人为同伙而言，故唐律有“徒侣”二字，疏议谓盗发者妄引人为同盗，杀人者妄引人为同行之类。若指别事，见囚禁不得告举他事，律已详析言之，似是重复。至本犯应死，唐律犹准加杖之法，不能免其妄引之罪。《明律》规定本罪重者从重论，殊失唐律之意。①

在此我们可以看出，此条规定不够严格。刑讯，尤其在酷刑之下，是否诬指，很难判断，而且对于证佐之人也加拷掠，证佐也很难实事求是。至于通事（翻译人员）以语言不通作弊，与诬指性质不同。

15. 决罚不如法

决罚不如法，即不依法审判。决罚，即使用刑罚，不依照刑法规定用刑，导致受刑者重伤或死亡，依法惩治用刑之官吏或执行者。

明律规定：凡官司决人不如法者，笞四十；因而致死者，杖一百。均征埋葬银一十两。行杖之人各减一等。不如法，谓应用笞而用杖，应用杖而用讯，应决臀而决腰，应决腿而鞭背。其行杖之人，若决不及肤者，以验所决之数抵罪，并坐所由。若受财者，计赃，以枉法从重论。若监临之官，因公事与人虚怯去处非法殴打，及自以大杖或金刃手足殴人至折伤以上者，减凡斗伤罪二等。至死者杖一百徒三年，追埋葬银一十两。其听使下手之人，各减一等，并罪坐所由。（本注：谓情不挟私非梯已事者，如有同官催征钱粮，鞫问公事，提调造作，监督工程，打所属官吏、夫匠之类；及管军官操练军马，演习武艺，督军征进，修理城池，打总小旗，军人之类。）若于人臀腿受刑去处，依法决打，邂逅致死及自尽者，各勿论。

笺释：上节决人，专为断狱官言。下节“因公”二字，所包者广，不独专指断狱官而言。谓催征钱粮提调造作之类。后魏孝明帝诩熙平元年，中尉元匡弹劾侍中侯刚掠杀羽林，廷尉处刚大辟，太后曰：刚因公事掠人，邂逅致死，于律不坐。少卿袁翻曰：邂逅谓情状已露，隐避不引，拷讯以理者也。今此羽林，问则具首，刚口唱打杀，挝筑非理，安得谓之邂逅。可见“邂逅致死”的解释是人犯“情状已露，隐避不引”属于已经具有足够的证据而不肯招认，才可以依法拷讯。因而致死，可以不追究责

① （清）薛允升：《唐明律合编》，法律出版社 1998 年版，第 791 页。

任。侯刚打死羽林，是故意的，“今此羽林，问则俱首，刚口唱打杀”[①]所以不属于邂逅致死。

纵观“决罚不如法”，即审判官的刑讯不依法，实为古代审判制度一大弊政，秦代已经认识到刑讯拷掠的不合理性，历代不能改进或者取缔，所以，刑讯逼供导致的冤案，历代普遍存在，皆是其执法指导思想的错误造成的，只有正确的执法指导思想，才能够改善不合理的审判方式，审判艺术的科学性是随着执法指导思想的进步而发展的，同样涉及看守所羁押、刑讯、司法检察制度的改进。

（三）“断狱下”

1. 官吏出入人罪

官吏贪赃枉法故意偏袒一方，非法用刑，制造冤假错案，称官吏故出入人罪。

明律规定：凡官吏故出入人罪，全出全入者，以全罪论。本注：谓官吏因受人财及法外用刑，将本应无罪之人而故加以罪，及应有罪之人而故出脱之者，并坐官吏以全罪。法外用刑（如用火烧烙铁烙人，或冬月用冷水浇淋身体之类），若增轻作重，减重作轻，以所增减论。至死者，坐以死罪。（本注：谓如其人犯罪应决一十而增作二十之类，谓之增轻作重，则坐以所增一十之罪。其人应决五十而减作三十之类，谓之减重作轻，则坐以所减二十之罪。馀准此。若增轻作重，入至徒罪者，每徒一年，折杖二十；入至流罪者，每流一等折徒半年；入至死罪，已决者，坐以死罪。若减重作轻者，罪亦如之。）若断罪失于入者，各减三等，失于出者，各减五等。（本注：谓鞫问狱囚，或证佐诬指，或依法拷讯，以致招承，及议刑之际，所见错误别无受赃情弊，及法外用刑致罪有轻重者，若从轻失入重，从重失出轻者，亦以所剩罪论。）并以吏典为首，首领官减吏典一等，佐贰官减首领官一等，长官减佐贰官一等科罪。若囚未决放及放而还获，若囚自死，各听减一等。本注：谓故入及失入人笞、杖、徒、流、死罪未决，其故出及失出人笞、杖、徒、流、死罪未放，及放而更获，若囚

① （清）薛允升：《唐明律合编》，法律出版社 1998 年版，第 793 页。

人自死者于故出入及失出入人罪上各听减一等。

如淳曰："鞫者，以其辞决罪也。"晋灼曰："律说出罪为故纵，入罪为故不值"《晋・刑法志》记载："知而犯之谓之故，意以为然谓之失。"[①] 审判不以实乃古今刑法之大害，尤其故出入人罪，皆为枉法所致，是执法不公正的主要原因，所以北宋严厉惩治故入人罪，司法官故出入人罪的社会影响极其恶劣，导致人们丧失法律信仰，直接造成社会混乱。

2. 辩明冤枉

即检察或者监察、覆审、评议机构能够正确运用法律平反冤狱。

明律规定：凡监察御史、按察司辩明冤枉，需要开具所枉事迹，实封奏闻委官追问得实，被诬之人，以律改正，罪坐原告、原问官吏。若事无冤枉，朦胧辩明者，杖一百，徒三年。若所诬罪重者，以故出入人罪论。所辩之人知情，与同罪；不知者，不坐。

本注：此条专为监察御史、及按察司官而设，刑部、大理寺之检察、评议官亦可，谓其职专理冤抑者。又，凡内外有司衙门鞫问罪囚，在内从监察御史，在外从提刑按察司审录。《集解》谓此官皆有辩明冤枉之责者也。[②]

《问刑条例》记载：法司遇有重囚称冤，原问官员辄难辩理者，许该衙门移文三法司，锦衣卫堂上官，就于京畿道会同辩理。果有冤枉及情可矜疑者，奏请定夺。

3. 有司决囚等第

即各级执法机关对于已决犯执行的权力规定，徒流以下府州县决配即决罚与配送，在内服从监察御史、刑部，在外服从提刑按察司、布政司审录无冤，以律议拟，奏闻。

凡狱囚鞫问明白，追勘完备，徒流以下，从各府、州、县决配。在内听监察御史，在外听提刑按察司审录无冤，依律议拟，转达刑部定议奏闻，回报。直隶去处，从刑部委官与监察御史；在外去处，从布政司委官与按察司官司同审决。若犯人反异，家属称冤，即便推鞫。事果违枉，同

① （清）薛允升：《唐明律合编》，法律出版社 1998 年版，第 801 页。
② （清）薛允升：《唐明律合编》，法律出版社 1998 年版，第 803 页。

将原问原审官吏通问改正。其审录无冤，故延不决者，杖六十。若明称冤抑，不为申理者，以入人罪故失论。本注：朝审之制律文不载，迄天顺二年九月二十五日，奉英宗旨，人命至重，死者不可复生，自天顺三年为始，每至霜降后，但有该决重囚，着三法司奏请会多官人（会审）等从实审录，庶不冤枉，永为定例。钦此。此朝审之始也。[①]

4. 检验尸伤不以实

刑事侦察与勘验技术的进步，宋代具有很大贡献。虽然《云梦秦简》中已经出现检验尸伤的具体记载，审判重视证据。但是，自汉武帝实施董仲舒"罢黜百家，独尊儒术"以来，提出"春秋决狱"及"原心定罪"，主张拷讯，冤案增多，开始采用大赦、录囚等方式以缓解冤假错案过多的社会矛盾。北宋时期对于法律比较重视，科考时，专门设置法科，以培养法律专业人才。使痕迹检验、刑事侦察、法医学等皆获得很大进步，直至清代尚且使用《洗冤录》以及检验尸格。

明律规定：凡检验尸伤，若牒到托故不即检验，致令尸变，及不亲临检视转委吏卒，若初复检官吏相见，符同尸状及不为用心检验，移易轻重增减尸伤不实，定执致死根因不明者，正官杖六十，首领官杖七十，吏典杖八十。仵作行人检验不实，符同尸状者，罪亦如之。因而罪有增减者，以出入人罪论。若受财故检验不以实者，以故出入人罪论。赃重者，计赃以枉法从重论。

本注：姚石甫《康輶纪行》记载：今制，州县官相验命案，皆以部颁尸格，官亲率刑仵验毕，刑仵高声喝报，某处伤有或无，本官亲以朱笔逐一填注，此格存案。刑吏照录尸格五本，着验官衔名，及刑仵结状姓名，用印申报所司。此制盖亦创自北宋。始先检验之法甚备，其后郡县玩弛，或不即委官，或所委官不即至，至亦不亲视，甚则以不堪检覆告。由是奸吏得肆，冤枉不明，狱讼滋炽。淳熙初，浙西提点刑狱郑兴裔乃创为检尸格目，排立字号，分界属县，遇有告杀人者，即以格目三本，付所委官。凡告人及所委官属行吏姓名，受状承牒，及到检所时日，廨所去检所远近，伤损痕数，致命因依，悉书填之。一申所属州县，一付被害之家，一

① （清）薛允升：《唐明律合编》，法律出版社 1998 年版，第 804 页。

申本司，又言于朝。乞下刑部镂版，颁之诸路提刑司。准此，遂著为令。此淳熙元年五月事也。元、明至今，格式相因，惟小有更异，此法则自郑创始也。后宋慈惠父氏又著《洗冤录》一书，相验之法日益增多，然唐世尚无此法。①

在此我们可以看出，明代检验尸格伤痕，基本也是依据宋代郑兴裔检尸格目与《洗冤录》之检验尸格实行。

法医学以宋代最为发达，尸伤检验同样是宋代奠定了基础，法医学以及尸伤检验对于刑事侦查的进步具有重要意义，以上检验规定可见明代官府并不重视，各级正官从不亲自检验尸伤，所以尸伤检验在明代进步不大。

5. 断罪引律令

明代规定依法执法的前提就是执法引用律令。其基本原则是“特旨断罪，临时处置不为定律者，不得引比为律。若辄引比，致罪有出入者，以故失论。”肯定了帝王不得超越法律的规定，如果帝王特旨断罪，不能作为法律或者律例引用，因此而造成罪有出入者，以故失论。即要承担刑事责任。

明律规定：凡断罪皆须引律令，违者，笞三十。若数事共条，止引所犯罪者，听。其特旨断罪，临时处置不为定律者，不得引比为律。若辄引比，致罪有出入者，以故失论。② 即以律断罪，就是律所不载，不为罪。不能引用特旨为律断罪。

《琐言》记载：律令出于素定，斟酌详明，用法之经也。故断罪者俱引之。特旨断罪，出于临时裁定，而不为定律者，用法之权也。官司不得比引为律。此条，明确了法律与帝王的权力关系。“旨”，即帝王之命令，代表其王权，属于法外权。所以琐言认为律令是“用法之经”，断罪必须引律令为据，禁止引“旨”断罪，认定“旨”非律令，而是“用法之权”是帝王具有律令之外的权力，并不是法律。其实古代人已经认识到帝王权力干扰法律的实际危害，却没有更好的解决办法。《明史·职官志》规定：

---

① （清）薛允升：《唐明律合编》，法律出版社 1998 年版，第 805 页。

② （清）薛允升：《唐明律合编》，法律出版社 1998 年版，第 807 页。

照磨、检校，照刷文卷，计录赃赎。司狱率狱吏，典囚徒。凡军民、官吏及宗室、勋戚丽于法者，诘其辞，察其情伪，傅律例而比议其罪之轻重以请。诏狱必据爰书，不得奉迎上意。凡有殊旨、别敕，诏例、榜例，非经请议著为令甲者，不得引比。①

虽然明代法律明确规定了断罪必须依法而不得引比圣旨，借以限制法外权之扩张。但从中国古代看守所的产生及其发展过程可以看出，事实上，王权（行政权力的私化）大于法权，这正是导致历代法律不公，从而引起社会生产力衰退，社会混乱，发生王朝更替的主要原因。宋高宗绍兴四年诏，特旨处死情法不当者，计大理寺奏审。邱世浚曰：人君立法司以断庶狱，人之有罪，一断于祖宗成法，无自处死之理。王言一出，臣下奉承之不暇，知其非而不言者多矣。《管见》记载："今有已入律及与律殊者，皆依律。近有例与令殊者，亦依令尔。"《据会》记载："引律可摘字不可增字。"正统时，侍讲刘球疏言："故人君不亲刑狱，必有理官，盖恐任喜怒而轻重失平也。迩法司所上狱，多奉敕增减，轻重不敢执奏，及讯他囚，又观望以为轻重，民用多冤，宜使各举其职，此则真能言人所不能言者，书曰：'庶狱庶慎，文王罔敢知于兹。'"事实上这里提出的重要原则就是司法独立，不受行政权力的干预。真正做到司法独立、依法执法，却十分困难。由此可见明代尤其突出的体现皇权与法权的争夺更为激烈，明代帝王建立了不受法律限制的特殊看守所，完全避开了法律控制，成为真正的帝王独裁专制机构。

6. 闻有恩赦而故犯

闻有恩赦而故犯，即有消息发布恩赦而故犯，为逃避法律责任，知道赦令发布消息，阴谋实施犯罪，从而被赦令赦免。

因此明律规定：凡闻知有恩赦而故犯罪者，加常犯一等，虽会赦，并不原宥，若官司闻知有恩赦，而故论决囚犯者，以故入人罪论。

笺释：闻赦故犯，是使法无所施也。官司闻赦故决，是使恩无所及也。②

---

① （清）张廷玉：《明史》，中华书局 1999 年版，第 1173 页。

② （清）薛允升：《唐明律合编》，法律出版社 1998 年版，第 810 页。

古代赦令频繁，大多具有一定规律性，即使规律难以掌握，赦令一旦发出，就难以保密，因为皇帝发布赦令首先知道的是太监，然后才是中书、门下、御史台、刑部、大理寺等，即使依据圣旨制定赦令具体内容及其实施办法，保密也十分困难。如果有人阴谋犯罪，即可预谋犯罪时间，恰恰赶在赦令正式发布之前，所犯罪行有可能被赦免。相反，一些法司为了某种原因，欲严惩某个罪犯，即可赶在赦令发布之前判决或者执行。

7. 徒囚不应役

这是针对行刑机构的官吏制定的法律制度，防止刑徒逃避劳作，违者严惩其管理刑徒之责任官吏。

明律规定：凡盐场、铁冶拘役徒囚，应入役而不入役，及徒囚因病给假，病已痊可，不令计日贴役者，过三日笞二十，每三日加一等，罪止杖一百。若徒囚年限未满，监守之人故纵逃回，及容令雇人代替者，照依囚人应役月日，抵数徒役，并罪坐所由。受财者，计赃以枉法从重论。仍拘徒囚，依律论罪贴役。[①] 这是针对已决犯制定的监规，以防止刑徒逃避劳动，甚至还有人能够雇人代替刑徒役作。

本注：徒之有役，自古已然。《史记》言：傅说为胥靡。《汉书》楚元、王傅二人谏，不听，胥靡之。晋灼曰："胥，相也。靡，随也。古者相随坐轻刑之名。"师古曰："联系使相随而服役之，故谓之胥靡，犹今役囚徒以锁联缀耳。"《墨子尚贤篇》记载：昔者傅说居北海之州，圜土之上，衣褐带索，庸筑于傅岩之城。与《史记》所云说以胥靡而庸筑正合。《元律》规定：诸犯徒者，役一年杖六十七，一年半杖七十七，二年杖八十七，二年半杖九十七，三年杖一百七，皆先决讫，然后发遣合属，带镣拘役，应配役人随有金银铜铁铜（洞）冶屯田堤岸桥道一切等处就作，令人监视，日计工程，满日放还充"警"迹人，见盗贼门。

《唐律》杖自杖，与徒无关，也不杖。宋以后徒也兼杖。元明徒皆杖。唐律规定杖刑就是杖击次数，徒刑即年刑，按照时间劳作。但是自从宋代以来，徒流徙刑皆加杖刑，实质上是加重了刑罚。

---

① （清）薛允升：《唐明律合编》，法律出版社 1998 年版，第 811 页。

8. 妇人犯罪

明律规定，凡妇人犯罪，除犯奸及死罪外，其余杂犯，责付本夫收管。如无夫者，责付有服亲属、邻里保管，随衙听候，不许一概监禁。违者笞四十。若妇人怀孕犯罪应拷决者，依上保管，皆待产后一百日拷决。若未产而拷决，因而坠胎者，官吏减凡斗伤罪三等；致死者，杖一百，徒三年；产讫限未满而决者，减一等。若犯死罪，听令隐婆入禁看视，亦听产后百日乃行刑。未产而决者，杖八十；产讫限未满而决者，杖七十；其过限不决者，杖六十。失者，各减三等。①

本注：拷决孕妇，《明律》比《唐律》科罪为轻，亦可说明明代对于他人生命的轻忽。

历代规定妇女犯罪只有实决死刑才入监等候执行死刑，怀孕也不执行死刑。明律也对此作出了相应的规定，并且规定不许监禁。有罪，则取保候审。

9. 断罪不当

明律规定：凡断罪应决配而收赎，应收赎而决配，各以出入人罪减故、失一等。若应绞而斩、应斩而绞者，杖六十；失者，减三等。其已处决讫，别加残毁死尸者，笞五十。若反逆缘坐人口应入官而放免，及非应入官而入官者，各以出入人流罪故、失论。②

断罪不当的处理办法，对于执法者处罚轻微，亦不严格区分出入故失，没有关于执法责任的追究制度，尤其是赎、配、斩、绞，相差无几，明代虽有法律，只是律、例等太过繁琐，此等法律条文实际意义不大。

10. 吏典代写招草

吏典代写招草，即被审判之犯罪嫌疑人的招供，由审判者或者看守所官吏代为书写。

明律规定：凡诸衙门鞫问刑名等项，若吏典人等为人改写，及代写招草，增减情节，致罪有出入者，以故出入人罪论。若犯人果不识字，许令不干碍之人代草。不允许看守所以及相关审判官吏代替被拘押人员书写招

① （清）薛允升：《唐明律合编》，法律出版社 1998 年版，第 814 页。

② （清）薛允升：《唐明律合编》，法律出版社 1998 年版，第 816 页。

草（即供词），一是防止诬枉陷害、冤假错案；二是防止枉法串供。

笺释：谓鞫问刑名等项，必据犯人之招草，以定其情，即古之所谓爰书也。康诰之要囚，周礼乡士：异其死刑之罪而要之，皆是。《九经古义》云：文王世子告于甸人注云：告当为鞫，读书用法曰鞫。《正义》曰：读书，读囚人所犯罪状之书，用法，谓以法律平断其罪案。《秋官小司寇》记载："读书用法，先郑云：如今读鞫已乃论之。贾公彦云：鞫谓劾囚之要词，读已乃行刑。"①

《唐律》与《明律》同条相比较，唐律于诸人有犯，涉于拟似者，唯恐误轻为重，《明律》则总防其避重就轻，用意各不相同，明律唯恐刑轻。

① （清）薛允升：《唐明律合编》，法律出版社 1998 年版，第 817 页。

第七章　清代看守所

清代（公元1616—1911年），历时295年。自从秦王朝建立中央集权制的封建社会，至清代后期堕入半封建半殖民地社会，两千多年的帝王专制法律制度也随之发生了巨大变化。《清史稿·刑法志》指出："中国自书契以来，以礼教治天下。……周衰礼废，典籍散失。魏李悝著《法经》六篇，流衍至于汉初，萧何加为《九章》，历代颇有增损分合。至唐《永徽律》出，始集其成。虽沿宋讫元、明而面目一变，然科条所布，于扶翼世教之意，未尝不兢兢焉。君子上下数千年间，观其教化之昏明，与其刑罚之中不中，而盛衰治乱之故，綦可睹矣。"

探索上下数千年之看守所制度，即可发现，看守所与刑法中与不中，亦可观矣。古代刑狱制度之审前羁押机构，多称之为"狱"，或"囹圄"。正式启用看守所这一名称作为审前羁押机构的是在清代，使用习艺所作为行刑机构这一名称的也是在清代，皆分别出现在《清史稿·刑法志》中。

第一节　清代刑法与看守所制度

清兵入关，即清世祖顺治元年，摄政睿亲王入关定乱，六月，即令问刑衙门准依《明律》治罪。十月皇太极入京，下旨："在外仍照《明律》行，如有恣意轻重等弊，指参重处。"二年，命修满、汉条例。三年五月，《大清律》成。世祖御制序文曰："爰敕法司官广集廷议，详译明律，参以国制，增损剂量，期于平允。书成奏进，朕再三覆阅，仍命内院诸臣校订妥确，乃允刊布，名曰《大清律集解附例》。”①

清律是依明律为本的，实以唐律为基础。《清史稿·刑法志》记载：“监狱与刑法相消息”，“自光绪三十二年审判画归大理院，院设看守所，以羁犯罪之待讯者，各级审检厅亦然。于是法部犴狴空虚。别设已决监于外城，以容徒流之工作”②“看守所”一词作为审前羁押机构的名称，首先出现在《清史稿·刑法志》，“看守所”名称在清代开始使用。同时，清代也是首先使用“监狱”一词作为未决犯行刑机构之名称的，也是首先使用“习艺所”作为行刑监狱的名称的。③

一、清代看守所的设置

看守所这一名称的使用，与狱的意思相近，就是看而守之。所，即场所。如前述，明代政府机构以“所”为名的很多，清代刑部设有“督崔所而督以例限”。其职能是督察省州县看守所依照羁押时限同时遵守审结时限及时审判案件。西方国家审前羁押机构意译为看守所，也是狱的意思。《清史稿·职官志》记载：“看守所所长一人，从五品，（奏补）。所官四人，正八品。”④“光绪三十二年改大理寺，设看守所各官。”“三年设京师高等审判厅，看守所所长、所官各一人。”⑤清代，在大理院设看守所，以羁押那些等待审讯的犯罪嫌疑人。

内阁、军机处、六部（盛京在国初亦设部）及省、州、县，看守所的设置与明代相同。清初，凡诉讼在外由州县层递至于督抚，在内归总于三法司。后来在京讼狱，无论奏咨，俱由刑部审理。⑥

（一）刑部狱（清职官志一）

在清代，刑部下设看守所，其基本机构设置如下。

① （清）赵尔巽：《清史稿》，中华书局 1977 年版，第 4183 页。
② （清）赵尔巽：《清史稿》，中华书局 1977 年版，第 4217 页。
③ （清）赵尔巽：《清史稿》，中华书局 1977 年版，第 3463 页。
④ （清）赵尔巽：《清史稿》，中华书局 1977 年版，第 3464 页。
⑤ （清）赵尔巽：《清史稿》，中华书局 1977 年版，第 3465 页。
⑥ （清）赵尔巽：《清史稿》，中华书局 1977 年版，第 4206 页。

1. 官吏配备

尚书，左、右侍郎，俱满、汉各1人。其属：清档房满洲二人，汉本房满洲3人，汉军1人。

司务厅，司务满、汉各1人。缮本笔贴式40人。

直隶、奉天、江苏、安徽、江西、福建、浙江、湖广、河南、山东、山西、陕西、四川、广东、广西、云南、贵州十七清吏司：郎中，宗室1人（湖广司置），满人15人（本注：除奉天、湖广外，每司各1人），蒙古人1人（奉天司置），汉19人（湖广、陕西各2人）蒙古人1人（奉天司置），满人23人（江苏、广东、湖广、河南、山东、陕西司各2人，余俱1人），蒙古1人（直隶司设），汉19人（直隶、浙江司2人，余俱1人）。与明制相似，各省清吏司评议、复审、检察该省案件。

主事：宗室1人（广西司置）满洲15人，除奉天、湖广外司各1人。蒙古1人（山西司置）汉17人，司各1人。

督捕清吏司：郎中，满、汉各1人，员外郎，满洲主事，满汉各1人。笔贴式宗室1人，满洲百有3人，蒙古4人，汉军15人。提牢厅主事：满汉各1人（由额外及侍奉主事引见补授）。

司狱：从九品。满洲4人，汉军、汉各1人。赃罚库，正七品，满洲1人，库使，未入流，满洲2人。刑部司狱具体主管刑部看守所。

2. 刑部职能

（1）审刑（即检察）

大清律规定，尚书掌折狱审刑，简核法律，各省谳疑，除当具报，以肃邦纪。侍郎贰之。十七司各掌其分省所属刑名。

本注：直隶司兼掌八旗等北方各地。奉天司并理宗人府等。江苏司兼掌各省减免之案，凡遇恩赦，审详具奏，并兼江南道御史，江宁将军等。河南司兼理礼部、都察院礼科、河南道御史，及正红旗等，凡夏令热审，颁行各省钦恤如制。山东司兼兵部、都察院兵科等。山西司兼定边左副将军，科布多参赞大臣。四川司掌工部、秋审等。广西司掌理通政司、朝审，具题稿，囚衣则以时散给。各司皆有所兼。

（2）狱政

大清律非常明确的规定了各狱官之职责：督捕司掌八旗及各省逃亡；

提牢厅掌检狱圄；司狱掌督狱卒；赃罚库掌贮现审赃款，会数送户部；刑部提牢厅主管刑部狱；司狱直接掌管狱事。

（3）修律

在清代特别设置了律例馆，主要职责是掌修律例。

即别设律例馆，由尚书或侍郎充总裁。提调 1 人，纂修四人，校对 4 人，收掌 2 人，翻译、誊写各 4 人（由司员及笔贴式充）。

掌修条例。五年汇缉为小修，十年重编为大修。

（4）复审与检察

清代设秋审处，其主要职责是“主核秋录大典。”录各省囚，谓之秋审。录本部囚，谓之朝审。岁八月，会九卿、詹事、科道公阅爰书，核定情实。凡大辟，御史、大理寺官会刑司录问，案法随科，曰会小三司。录毕，白长官。都御史、大理卿诣部偕尚书、侍郎会鞫，各丽法议狱，曰会大三法司。谳上，复召大臣按覆，然后丽之于辟。①

秋审处也设看守所，同时羁押朝审和刑部案件羁押之未决犯，主要是复审和检察各省之判决。“录各省囚”，即检录各省未决犯，评议、检察、复审基层刑事案件之审判。

（5）司狱

清代设司狱，其机构设置及职能如下。

汉司狱 4 人（康熙五十一年增满洲四人、乾隆六年定汉军、汉各二人）五年定满汉尚书各 1 人，蒙古员外郎 8 人。康熙三十八年，增设督捕前、后司为十六司。雍正元年设现审左、右二司，主鞫讯囚系。② 光绪三十二年更名为法部。设监狱（此处指审前羁押之看守所收押未决犯），典狱掌修葺囹圄严固扃钥，习艺所（即行刑之监狱，监管已决犯）俘隶簿录并典司之。设司狱总管守长、正管守长二人，付总管守长六人。并置监医正、医付各一人。③ 这里的司狱总管守长等系刑部审前羁押机构之狱，收押全国送京都终审之重刑罪犯及其谳狱、检察、申诉案件之被羁押者，即看守所之待审者。刑部同时掌管天下习艺所，即已决犯关押机构，簿录

① （清）赵尔巽：《清史稿》，中华书局 1977 年版，第 3290 页。
② （清）赵尔巽：《清史稿》，中华书局 1977 年版，第 3290 页。
③ （清）赵尔巽：《清史稿》，中华书局 1977 年版，第 3462 页。

并负责检察管理。[①]

《清史稿·刑法志》记载：刑部有南北两监（其功能主要是审前羁押），额设司狱 8 员，提牢 2 员，掌管狱卒，稽查罪囚，轮流分值。每月派御史查监，有瘐毙者亦报御史相验。[②] 年终并由部汇奏一次，即为刑部看守所，刑部职权扩展，成为清代最高司法行政管理机构，包括司法检察、执法检察、谳狱会审、已决犯行刑监狱的管理等职能。

（二）都察院、左副都御史狱

都察院为中央监察机构，按察使（后改提法使）为各省司法监察机构。名称为督察、按察，实际就是前代的御史台，履行的是司法监察职能。但皆下设看守所。

其机构设置及职能是：俱满汉各2人。其属经历司经历，都事厅都事，俱满汉 1 人。笔贴式 42 人。十五道掌印监察御史满汉各 1 人。左都御史掌察覈（核）官常，参维纲纪，率科道官矢言职，率京畿道纠失检奸，并预参朝廷大议。凡重辟，会刑部、大理寺定谳。祭祀、朝会、经诞执法纠不如仪者。左付都御史佐之。十五道掌弹举官邪，敷陈治道，各核本省刑名。兵马司指挥、副指挥、吏目。五城各 1 人，掌巡缉盗贼，平治道路，稽检囚徒。[③]

后改二十道，设巡按御史。“每月派御史查监，有瘐毙者亦报御史相验。”[④]“都城省会及商埠各设地方及初级审检厅，改按察使为提法使司”的制度。[⑤]

（三）大理寺狱

光绪三十二年，更大理寺为大理院。院设看守所，以羁犯罪之待讯者。[⑥] 同时也是清代最高审判机构。

---

① （清）赵尔巽:《清史稿》，中华书局 1977 年版，第 3463 页。
② （清）赵尔巽:《清史稿》，中华书局 1977 年版，第 4217 页。
③ （清）赵尔巽:《清史稿》，中华书局 1977 年版，第 3302 页。
④ （清）赵尔巽:《清史稿》，中华书局 1977 年版，第 4217 页。
⑤ （清）赵尔巽:《清史稿》，中华书局 1977 年版，第 4215 页。
⑥ （清）赵尔巽:《清史稿》，中华书局 1977 年版，第 4217 页。

其主要机构设置是：卿、少卿，满汉各1人，司务厅司务，满汉各1人。左右寺丞，满洲、汉军、汉各1人，左、右评事，汉各1人。笔贴式，满洲4人，汉军2人，设看守所。①

（四）府州县狱

清代，在府一级主要设置顺天府等为直辖。其机构设置是：兼管府尹事大臣，尹，正三品。丞正四品。俱各1人。其属：治中，正五品。通判，正六品。经历司经历，从七品。照磨所照磨，司狱司司狱并从九品，俱各1人。并汉员，所辖四路厅，正五品。二十州县，正七品，各1人。在京者大兴、宛平二县，知县各1人，正六品。县丞4人（大兴一人、宛平三人），正七品。二县各掌其县之政令与五城兵马司使分壤而治，品秩服章视外县加一等。奉天府如顺天府，而府尹为满人。②司狱司掌管顺天府所属州县看守所，司狱主管顺天府看守所。

府。其机构及职能设置是：知府1人，从四品，同知，通判无定员，其属：经历司经历，知事，照磨所照磨，司狱司司狱各1人，知府掌总领属县，宣布条教兴利除害，决讼检奸。三岁察属吏贤否，职事修废，刺举上达，地方要政白督、抚，允乃行。同知、通判分掌粮盐督捕江海防务，河工水利，清军理事，抚绥民夷诸要职。计全国有府二百一十五。司狱直接管理府看守所。③

州。其机构及职能设置是：知州1人。州同、州判无定员。吏目1人。知州掌一州治理。属州视县，直隶州视府，（惟无附郊县）。州同，州判，分掌粮务、水利、防海、管河诸职。吏目掌司奸盗、察狱囚、典簿籍。计全国直隶州七十六，属州四十八。州设吏目察狱囚，管理州看守所。

县。其机构及职能设置是：知县1人。正七品。县丞1人，正八品。主簿无定员。正九品。典史1人未入流。知县掌一县之治理，决讼断辟，劝农赈贫，讨猾除奸，兴养立教。凡贡士、读法、养老、祀神、靡所不综。县丞、主簿分掌粮马、征税、户籍、缉捕诸职。典史掌稽检狱囚。光

① （清）赵尔巽：《清史稿》，中华书局1977年版，第3308页。
② （清）赵尔巽：《清史稿》，中华书局1977年版，第3333页。
③ （清）赵尔巽：《清史稿》，中华书局1977年版，第3356页。

绪三十一年定考核州县章程，计全国县凡一千三百五十八。[①] 县看守所由典史管理。

府州县看守所依旧称狱，清末北京、上海等地区审前羁押之狱改称看守所，但在全国未能统一实行。

二、清代看守所的相关法律规定

清律本于明律。虽有明代律文，但是其执法原则则是满汉分治。明律原于《唐律》，以笞、杖、徒、流、死为五刑。自笞一十至五十，为笞刑五。自杖六十至一百，为杖刑五。徒自杖六十徒一年起，每等加杖十，刑期半年至杖一百徒三年，为徒五等。流以二千里、二千五百里、三千里为三等。而皆杖一百。死刑二：斩、绞。此为正刑。其律例内之杂犯、斩绞、迁徙、充军、枷号、刺字、论赎、凌迟、枭首、戮尸等刑或取诸前代或明所自创，要皆非刑之正。雍正三年之律，乃依例各于本律注明板数。徒流加杖，亦至配所照数折责。[②] 清代早期刑法与明代相近，不过清初认为明律繁琐，不宜执行，虽经过多次改革，但看守所的基本刑制没有大的改变。

（一）徒流徙刑

徒者，奴也，盖奴辱之。明发盐场铁冶煎盐炒铁，清则发本省驿递。其无驿县分拨各衙门，充水火夫各项杂役，限满释放。这些皆是执行徒刑的场所。

流犯初制由各县解交巡抚衙门，按照里数，酌发各处荒芜及濒海州县。嗣以各省分拨不均，不免趋避拣择。乾隆八年，刑部始纂辑《三流道里表》，将各省、府所属流犯，按照所流里数计算，并规定发往各省、府，按计程途、限定地址，逐省逐府，分别开载。律称“犯流妻妾从之，父祖子孙欲随者听。”乾隆二十四年将佥妻之例停止。死刑如明代，顺治定律，

① （清）赵尔巽：《清史稿》，中华书局 1977 年版，第 3358 页。
② （清）赵尔巽：《清史稿》，中华书局 1977 年版，第 4193 页。

凡律不注监侯者，皆立决也；凡例不言立决者，皆监侯也。自后京、外死罪多决于秋，朝审遂为一代之大典。清律于官吏受赃，枉法不枉法，满贯俱改为实绞。余多仍之。[①]从以上规定可以看出，清律对流犯规定的较为宽松，并规定死刑与死缓的判决必须经过朝审，即由会审决定，因此而形成死刑会审制度。

迁徙原于唐之杀人移乡，而定罪则异。律文沿用数条，然皆改为比流减半、徒二年，并不徙诸千里外。迁徙的惩罚在明代为无期，清代改为徒刑，减轻了徙刑的惩罚程度。

在明代充军为“义主实边”，不能完全与流刑相一致。到清代则裁撤边卫，但仍沿用充军之刑。后遂以附近、近边、边远、极远、烟瘴为五军，且于满流以上，为节级加等之用。附近二千里，近边二千五百里，边远三千里，极边、烟瘴俱四千里。在京兵部定地，在外巡抚定地。乾隆三十七年，兵部根据《邦政纪纲》辑为《五军道里表》，凡发配者，视表所列。然名为充军，至配并不入营差操，第于每月朔望检点，实与流犯无异。然军遣止及其身。苟情节稍轻，尚得更赦放还。以视明之永远军戍，数世后犹句及本籍子孙者，大有间也。若文武职官犯徒以上；轻则军台效力，重则新疆当差。成案相沿，遂为定例。[②]流刑基本如明代，不过官吏被处流刑，充军而已。

清代刑法制度基本与明代相同，没有显著的改变。只是制定了《三流道里表》、《五军道里表》，便于徒流刑、流徙刑发配使用。说明清代对于已决犯依然实施与唐宋一样的行刑监狱，专门监管徒刑、流、及流徙配役。

（二）旗人以枷代徒流

枷杻本以羁狱囚，即在看守所使用，明代《问刑条例》规定，于本罪外或加以枷号，示辱戮也。清律旗人犯罪免发遣条规定：“凡旗人犯罪笞杖各照数鞭责，军、流、徒免发遣，分别枷号。徒一年者枷号二十日，每

① （清）赵尔巽：《清史稿》，中华书局 1977 年版，第 4194 页。
② （清）赵尔巽：《清史稿》，中华书局 1977 年版，第 4195 页。

等递加五日。流二千里者，枷号五十日，每等也递加五日。充军附近者，枷号七十日，近边、沿海、边外者，八十日，极边、烟瘴九十日。”盗犯、奸犯等加枷。康熙八年，部议囚禁人犯止用细链，不用长枷，而枷号遂专为行刑之用。其数初不过一月、二月、三月，后竟有论年或永远枷号者，枷号成为一种行刑方式。

从以上规定可以看出，清代实施种族歧视政策，旗人犯徒流徙罪不实施实刑，而以枷号代替实刑，清代刑法体现种族歧视，同罪异罚，直至清代灭亡没有改变。

（三）刺字

刺配在清代更加广为应用。充“警”迹人也仍在使用。

清律规定：刺字，律第严于盗贼，乃其后条例滋多，刺缘坐，刺凶犯，刺逃军、逃流，刺外遣、改遣、改发。有刺事由者，有刺地方者，并有分刺满汉文字者。初刺右臂，次刺左臂，次刺右面、左面。大抵律多刺臂，例多刺面。若窃盗责充“警”迹，二三年无过，或缉获强盗二名以上、窃盗三名以上例又准其起除刺字，复为良民。[①]

（四）赎刑

清代的刑律规定赎刑有三：一曰纳赎，无力照律决配（没有钱即决配），有力照例纳赎（有钱即赎）。二曰收赎，老幼废疾、天文生及妇人折杖，照律收赎（家族连坐）。三曰赎罪，官员正妻及例难的决（的决即实施杖刑），并妇人有力者，照例赎罪。收赎名曰赎律，原本唐律收赎。赎罪名为例赎，则明代所创行。

其具体规定是：其捐赎一项，顺治十八年，有官员犯流徒籍没认工赎罪例；有死罪现监人犯输米边口赎罪例；三十年，有军流人犯捐赎例；三十四年，有通仓运米捐赎例；三十九年，有永定河工捐赎例；六十年，有河工捐赎例。然皆事竣停止，其历朝沿用者，惟雍正十二年户部会同刑部奏准预筹运粮事例，不论旗、民，罪应斩、绞，非常赦所不原者，三品

① （清）赵尔巽：《清史稿》，中华书局 1977 年版，第 4196 页。

以上官照西安驼捐例，捐运粮银一万二千两，四品官照营田例捐运粮银五千两，五六品官，照营田例捐运粮银四千两，七品以下、进士、举人、二千五百两，贡、监生二千两，平人一千五百两，军、流各减十分之四，徒以下各减十分之六，俱准免罪。刑部别设赎罪处，此又律赎、例赎而外别自为制矣。①

清代全面实施赎罪制度，平人赎银虽然低于有公职者，一般平民也难以承受。但是，毕竟减少了实刑。

三、习艺所的设置

（一）习艺所之设置

光绪二十八年，山西巡抚赵尔巽奏请各省通设罪犯习艺所。经刑部议准，徒犯毋庸发配，按照年限，于本地收所习艺，习艺所成为已决犯徒流徙刑之行刑监狱。

清代以习艺所代替唐宋以来的"役院"、"配所"、"牢城"等，执行徒流徙监管已决犯。比宋代的"牢城"制度具有一定进步。习艺所，含有学习劳动技艺的意思，比"牢城"、"监狱"、"役院"等更加人性化，去除了完全属于奴役性的色彩，有利于罪犯的思想改造。徒流徙全部折合为年刑，刑满准其入籍为民。从人的生存权利方面分析，促使行刑监狱向有利于尊重人权方面发展，相比《清史稿·刑法志》指出的"徒者，奴盖奴辱之也"的行刑思想，有了本质的区别。

（二）刑狱改革

清代末期由于受到西方法制的影响，对刑狱制度进行了一些改革，比清初的刑制有了明显进步。重视生命，基本废除残酷的笞杖酷刑，尤其重刑最高在习艺所服刑十年。并废除刺字之法、连坐法，以罚金折笞杖。肉刑被完全废除。其积极意义在于表现出维护人权，废除封建专制主义刑制的残酷性，采用人道主义的执法理念。二十九年，刑部又对充军进行了改

---

① （清）赵尔巽：《清史稿》，中华书局1977年版，第4197页。

革，删除充军名目，将附近、近边、边远併为三流，极边及烟瘴改为安置，仍与当差并行。自此五军第留其二，而刑名亦改矣。三十年，张之洞等会奏变法第二褶内，有恤刑狱九条。其省刑条内，经法律馆议准，笞、杖等罪，仿照外国罚金之法，改为罚银。

其具体改革为：

第一，笞杖改赎及死刑改革。

凡律例内笞刑五，以五钱为一等，至笞五十，罚银二两五钱，如无力完纳，折为作工。应罚一两，折作工四日，依次递加，至杖一百改为罚十五两而止。然窃盗未便罚金，议将犯窃应拟笞罪者，改科工作一月；杖六十者，改科工作二月，杖七十至一百，每等递加二月。并将军、流、徒加杖概予宽免，毋庸决责。自此，笞杖二刑废弃矣。并废止凌迟、枭首、戮尸之刑，死罪俱改斩决。①

第二，连坐、族刑之改革。

沈家本等提出了废除连坐以及族刑等。认为“今世界各国皆主持刑罚止及一身之义，与‘罪人不孥’之古训实相符合。请将律内缘坐各条，除知情者仍坐罪外，其不知情者悉于宽免。余条有科及家属者准此。”当时世界各国实施“谁犯罪，谁受刑”，没有连坐之法，沈家本还是引用了“罪人不孥”，即罪人亲属不被收孥，其实夏启就实施“孥戮汝”的连坐法，连坐法对于后世影响深远。

第三，肉刑之完全废除。

刺字乃古墨刑，即肉刑之黥，汉文帝废除肉刑而黥亦废，魏、晋、六朝虽有逃奴劫盗之刺，旋行旋废。隋唐皆无此法。至石晋天福间，始创刺配之制，相沿至今。在立法之意，原欲使莠民知耻，庶几悔过而迁善。讵知习于为非者，适于以标识，助其凶横。而偶罹法网者，则黥刺一膺，终身僇辱。拟请将刺字款目概行删除。以上悉除，旨下，中外称颂。②从此完全废除了肉刑，中国古代的封建社会之耻辱刑基本废除，是社会及法制之进步。此外各刑具、枷号亦一概废除。残酷的刑具被废除，乃天下之大

① （清）赵尔巽：《清史稿》，中华书局1977年版，第4198页。

② （清）赵尔巽：《清史稿》，中华书局1977年版，第4200页。

幸，对于减少冤假错案具有重要作用。

第四，流刑之改革。

清代流徙刑皆改为劳作年刑，满流为十年，取消了无期徒刑。其中军、流为常赦所不原者照定例发配，到配一律收所习艺。流二千里限工作六年，二千五百里限工作八年，三千里限工作十年。遣军照满流年限（十年）计算，限满释放，听其自谋生计，并准在配所入籍为民。

另外规定如果为常赦所得原者，无论军、流，都不需要发配，即在本省收所习艺。工作年限，亦照前科算。自此五徒并不发配，军、流之发配者，数亦锐减矣。

第五，赎罪之改革。

三十二年，法律馆奏准将戏杀、误杀、擅杀虚拟死罪各案，分别减为徒、流，自此而死刑亦多轻减矣。又是年法律馆以妇女收赎，银数太微，不足以资警，议准妇女犯笞杖，照新章罚金。徒、流、军、遣，除不孝及奸盗、盗、诈伪旧例应实发者，改留本地习艺所工作，以十年为限，馀俱准赎罪。徒一年折银二十两，每五两为一等，五徒准此递加。由徒入流，每一等加十两，三流准此递加。遣、军照满流科断。如无力完缴，将应罚之数，照新章按银数折算时日，改习工艺。其犯该枷号，不论日数多寡俱酌加五两，以示区别。

以上习艺所等制度的实施，以做工代罚，在一定程度上表现出对于生命权利的重视，从而改变了中国古代几千年封建社会蔑视民众生存权利的专制主义执法倾向。

此外，按照习艺章程，五徒依限收入本地习艺所习艺；流、遣毋论发配与否，俱应工作。故于徒五等注明按限工作，流二千里注工作六年，二千五百里注工作八年，三千里注工作十年，遣刑（即死刑改流徙）俱注工作十二年。收赎则根据妇女赎罪新章酌减银数，改为通例。罚刑照应罚之数折半收赎；徒一年赎银十两，每等加银二两五钱，至徒三年收赎银二十两。流刑每等加银五两，至三千里赎银三十五两。遣刑与满流同科。绞、斩则收赎银四十两。亦分注于各刑条下。然非例应收赎者，不得滥及也。捐赎，据光绪二十九年刑部奏准照运粮事例，减半银数，另辑为例。其笞、杖虽不入正刑，仍留竹板以备刑讯之用。

宣统二年颁布《现行刑律》。其五刑之目，首罚刑十，以代旧律之笞、杖。改为一等罚，罚银五钱，至十等罚，为银十五两；次徒刑五，年限仍旧律；次流刑三，道里仍旧律，然均不加杖；次迁（遣）刑二，曰极边足四千里及烟瘴地方安置，曰新疆当差；次死刑二，曰斩、绞。清代死刑犯不能进入习艺所，而以死刑监狱收押。在各省州县还是由该地区看守所的死刑牢房羁押。①

这些变法主要是采纳日英法德美诸国刑法制度进行的改革。虽然是国际形势逼迫清廷改制，但是，为促进中国封建社会专制主义刑法的进步提供了范例。行刑监狱进步的同时，审前羁押机构也进行了相应的改革，尽管没有废除刑讯，却对看守所进行了较前代明确的司法分工，确定看守所为审前羁押机构之狱的名称。但是，终清代之世，没有完成看守所制度的全国性改革与普及。除上海等通商口岸设立审判庭、看守所，其他省府州县，依旧称“狱”或监狱。习艺所为行刑机构，以示区别。

四、看守所及其审判制度

（一）刑部：清代最高司法、检察机关

清代刑部的主要功能有三,一是刑部核覆（评议、复审）全国刑案，相当于最高法院；二是国家最高司法检察机构，即具有检察功能；三是主管已决犯行刑以及全国司法行政。清代刑部权力特重。

清沿明制，但是并不完全一致，明制三法司，刑部受天下刑名，都察院纠察，大理寺驳正。清则外省刑案统由刑部核覆，不会法者，院寺无由过问，应会法者，亦由刑部主稿。在京讼狱，无论奏谘，俱由刑部审理，而部权特重。刑部初设十四司，雍正元年添置现审左右二司，审理八旗命盗及各衙门钦发事件。后复改并十八清吏司。凡各省刑名谘揭到部，各省俱稿呈堂，以定准驳。后设督捕衙门置侍郎满汉各一，其属有前、后司，专理缉捕逃旗。后裁撤前后司改隶刑部，嗣后并为一司，不掌外省刑名，也不分现审。刑部收受讼案，已结未结，每月汇奏。设督催所，而督

① （清）赵尔巽:《清史稿》，中华书局 1977 年版，第 4202 页。

以例限（即检察各级看守所羁押、审判时限）。审结寻常徒、流、军、遣等罪，按季汇题。案系奏交，情虽轻，专案奏结。死罪既取供，大理寺委寺丞或评事，都察院委御史，赴本司会审，谓之会小法（即小三司）。狱成呈堂，都察院左都御史或左副都御史，大理寺卿或少卿，挈同属员赴刑部会审，谓之会大法（即大三司，建立朝廷二级会审制度）。如有翻异，发司覆审，否则会稿分别题奏。罪干立决，旨下，本司派员监刑。监侯则入朝审。各省户、婚、田、土及笞、杖轻罪，由州县完结。例称自理。词讼每月设立循环簿申送督、抚、司、道查考。巡道巡历所至，提簿查核，如有未完，勒限催审。徒以上解府、道、臬司审转，徒罪由督抚汇案咨结。有关人命及流以上，专咨由部汇题。死罪系谋反、大逆、不道、劫狱、反狱、戕官，并洋盗、会匪、强盗、拒杀官差，罪干凌迟、枭、斩者，专折具奏，交部速议。杀一家二命之案，交部速题。其余斩绞，俱专本具题，分送揭帖于法司科道，内阁票拟，交三法司核议。议上立决，命下，钉封飞递各州县正印官，或佐贰，会同武职行刑。监候则入秋审。①

以上记载，说明清代建立了二级会审制度，同时形成对死刑、死缓朝审之制度，说明清代末期对于人们生命权的重视，以法律形式维护生命权，是尊重人权的体现。

隋代初设刑部，唐以刑部掌管徒流徙已决犯的执行，包括发配地区、刑期变化、收放处理、入籍、役作年限等，宋元明沿袭唐制。清代刑部权力置于御史台、大理寺之上，成为全国最高司法行政、司法检察、执法监察、各级看守所狱政管理、审判评议、朝廷大、小三司会审等主持者。

清代看守所的设置机构与明代基本一致，只是刑部权力的极大扩展，导致执法权相应集中，各级看守所接受刑部监督。清代没有似锦衣卫、东西厂等特殊性质的看守所。

（二）朝审

朝审是刑部主持的朝廷会审制度，规定必须案犯到庭才可复审，对于

---

① （清）赵尔巽：《清史稿》，中华书局1977年版，第4206页。

全国死刑及其重大案件定期进行朝廷会审制度的建立，有利于防止贪赃枉法，减少冤假错案的发生，对维护司法公正，具有一定作用。

朝审原于明代天顺三年，令每岁霜降后，但有该决（执行死刑）重囚，三法司会同公、侯、伯从实审录。秋审亦原于明之奏决单，冬至前决之。顺治元年依明旧例，为清代秋、朝审之始。嗣后逐渐举行，而法益加密。初制分情实（证供准确无疑案情完全明确）、缓决（死缓）、矜（具有可能宽放之情节）、疑（案情有疑点），然疑狱不经见。雍正以后加入留养承祀（死刑为独子具有缓刑可能），区为五类。截止日期，云南、贵州、四川、两广以年前封印日，福建以正月三十日，奉天、吉林、黑龙江、甘肃、陕西、湖北、湖南、浙江、江西、安徽、江苏以二月初十，河南、山东、山西以三月初十日，直隶以三月三十日。然遇情重（案情复杂之人命重案）之案，虽后期有声明赶入秋审者。刑部各司自岁首将各省截止期前题准之案，分类编册，发交司员看详。朝审本刑部问拟之案，刑部自定实缓。[①] 以此体现清代对于生命权的重视程度，比元明时代有明显进步。

（三）秋审

秋审是诸省司法机构的省级会审制度，具有司法公开、公正的意义，在一定程度上防止执法官营私舞弊、酷刑锻炼而制造冤狱。如果可以认真执行，也是一种具有一定效果的司法监督形式。

则直省各督抚于应勘时，将人犯提解省城，率同在省司道公同会勘，定拟具题。因此，省级会审对于执法公正具有实际意义。刑部俟定限五月中旬以前，各省后尾到齐，始则司议、提调、坐办主之。继则堂议，六堂主之，司议各员与焉。议定，刑部将原案及法司督抚各勘语刊刷招册，送九卿、詹事、科道各一份，八月内定期在金水桥西会同详核，进行朝廷会审。

先日朝审，三法司、九卿、詹事、科道、入座，刑部将监内应死人犯提至当堂，命吏朗诵罪状及定拟实、缓节略，事毕回禁。次日秋审，凴招

① （清）赵尔巽:《清史稿》，中华书局 1977 年版，第 4207 页。

册审核，如俱无异议，会同将原拟陆续具题；有异，前期签商。若各执不相下，持疑之人奏上，类由刑部回奏听裁。苟攻及原审，则径行扣除再讯。二百余年来，刑部历办秋、朝审，句稽讲贯，备极周密，长官每以此校司员之优劣。究之人命至重，死者不可复生，其所矜慎，犹在实、缓。乾隆三十二年酌定《比对条款》四十则，刊分各司，并颁行各省，以为勘拟之准绳。后又别辑《秋谳志略》，故秋、朝审会议，其持异特奏者，每不胜焉。①

清代早年执行严格的省级会审与朝廷定期会审制度，不仅体现对于生命的重视，同时也能够促进执法能力的提高，防止冤假错案，有利于维护执法公正。

秋审本上，入缓决者，得旨后，刑部将戏杀、误杀、擅杀之犯，奏减杖一百，流三千里，窃赃满贯、三犯窃赃至五十两以上之犯，奏减云、贵、两广极边、烟瘴充军。其余仍旧监固，俟秋审三次后查办（对于情节严重之死缓须秋审三次后改判）。间有初次入缓，后覆改实者，权操自上，非常例也。② 死缓判决后即改为流三千里，强盗赃重者充军；少数死刑犯情节严重者，虽改死缓，暂不改判，仍旧羁押，必须经过三次秋审才能最后确定立决或者死缓。足见其对于死刑判决之慎重。

清代对于秋、朝审会议非常重视。但是，有时皇帝亲自过问某案，下旨定案，朝审只得服从，可见最高司法权还是在帝王。秋审、朝审的意义，不完全取决于会审结果，也不在于司法的独立审判与监察，而在于帝王的意志，有时并非真正依法执行审判的程序。到了慈禧专制，秋审、朝审即流于形式。

（四）热审与停审

为了防止暑热未决犯死亡，在小满后十日至立秋前对于所有非死罪囚尽快给以减等处理、防止瘐死。于是在清代制定了热审和停审制度。

热审的具体规定是：热审之制，康熙十年，定每年小满后十日起，至

---

① （清）赵尔巽：《清史稿》，中华书局 1977 年版，第 4208 页。

② （清）赵尔巽：《清史稿》，中华书局 1977 年版，第 4209 页。

立秋前一日止，非实犯死罪及军、流，俱量予减等（减等从轻判罪）。列朝无寒审，而有军、流、遣犯隆冬停遣之例。未起解者，十月至正月终及六月停遣。这是人道主义的恤刑体现。

停审的具体规定是：停审之例，每年正月、六月、十月及元旦令节七日，上元令节三日，端午、仲秋、重阳各一日，万寿圣节七日各坛庙祭享、斋戒及忌辰素服等日并封印日期，四月初八日，每月初一、初二日，皆不理刑名。然中外问刑衙门，于正月、六月、十月及封印日期、每月初一二等日不尽如例行也。其农忙停审，则自四月初一至七月三十日，一应户、婚、田、土地细故，不准受理，刑事不在此限。又有停刑之例，每年正月、六月及冬至以前十日，夏至以前五日，一应立决人犯及秋、朝、审处决重囚，皆停止行刑。①

停审系古代传统制度。在规定时间内不准审判，即为停审。农忙时间停审，是为了防止牵连证人太多，妨碍农事，其他时间依然是“天人合一”思想的体现，对于执法倾向无实际意义。

（五）审级

清代实施县、府、省、部四级审判制度，死刑终审权在朝审。审级也包括上访、上诉制度。其中规定：“发回及驳审在案，责成督抚率同司道亲鞫，不准复发原问官，名为钦部案件。”这条规定是比较合理的，案件不可“复发原问官”，如果依旧发回原审判机构处理，对案件的审理不具有实际意义。但是，宗人府的满汉同法不同治的原则除外。

审级直省以州县正印官为初审。不服，控府、控道、控司、控院，越诉者笞。其有冤抑赴都察院、通政司或步军统领衙门呈诉者，名曰京控。登闻鼓，顺治立诸都察院。十三年改设右长安门外。每日科道官一员轮值。后移入通政司，别置鼓厅。其投厅击鼓，或遇乘舆出郊，迎驾申诉者，名曰叩阍。迎车驾而冲突仪仗，亦罪至充军。京控、叩阍之案，或发回该省督抚，或奏交刑部提讯。如情罪重大，以及涉及各省大吏，抑经言官、督抚弹劾，往往钦命大臣莅审。发回及驳审在案，责成督抚率同司道

① （清）赵尔巽：《清史稿》，中华书局 1977 年版，第 4211 页。

亲鞫，不准复发原问官，名为钦部案件。外省刑名总汇于按察使司，而督抚受成焉。京师笞、杖及无关罪名词讼，内城由步军统领，外城由五城巡城御史完结。徒以上送部，重则奏交。如非常大狱，或命王、大臣、大学士、九卿会审。宗室有犯，宗人府会刑部审理。觉罗，刑部会宗人府审理。阉寺犯轻罪，内务府慎刑司（慎刑司主管皇宫内太监、宫人、皇族等犯罪之审前羁押与审判，也设看守所）。讯决，徒以上送刑部。旗人狱讼同知会同州县审理。①

在此我们可以看出清代法律也体现了同罪异罚的民族歧视法制，造成严重的法律不公。法制属于社会行为，立法、执法必须公正，无论以何种理由、针对何种对象实施不公正的法制，其后果比没有法制还要严重，能够直接导致法外权、法外阶层、法外集团、法外势力的形成，必然抑制社会生产力与社会经济的发展，以及国家的稳定。

（六）检验与刑讯

凡检验，历代都以宋代宋慈撰《洗冤录》为准。刑部题定《验尸图格》，颁行各省。按照清律规定，人命呈报到官，地方正印官随带刑书、仵作，立即亲往相验。仵作具伤喝报部位之分寸，行凶之器物，伤痕之长短浅深，一一填入尸图。若尸亲控告伤痕互异，许再行覆检，不得违例三检。如自缢、溺水、事主被杀等案，尸属呈请免检者，听。京师内城正身旗人及香山等处各营房命案，由刑部当月司员往检。街道及外城人命，无论旗、民，归五城兵马司指挥相验。检验不以实者有刑。②

检验属于刑事案件的证据，具有重要意义，直接涉及犯罪学的研究，也是刑事侦察的必须程序，尤其对于提高审判效果、避免冤假错案具有切实意义，清代对于法医学方面尚属重视，却也没有获得大的进步。

清代在一定程度上比明代更加重视痕迹鉴定与取证，但是刑讯的残酷并无改善。

例如，清律规定：讯囚用杖每日不得过三十。热审时得用掌嘴、跪链

---

①（清）赵尔巽:《清史稿》，中华书局1977年版，第4212页。

②（清）赵尔巽:《清史稿》，中华书局1977年版，第4213页。

等刑，强盗人命酌用夹棍，妇人拶棍，通不得过二次。其余一切非刑有禁。断罪必取输服供词，律虽有“众证明白，即同狱成”之文，然非共犯有逃亡，并罪在军、流以下，不轻用。① 说明依旧是刑讯审判。

（七）审限

审限是审理案件的期限，清代刑律规定了严格审理案件的期限。

按照清律，具体的审限规定是：审限在直省寻常命案限六阅月，盗劫及情重命案、钦部事件并抢夺掘坟一切杂案俱定限四阅月。其限六月者，州县三月解府州，府州一月解司，司一月解督抚，督抚一月咨题。其限四月者，州县二月解府州，府州二十日解司，司二十日解督抚，督抚二十日咨题。如案内正犯及要证未获；或在监患病，准其展限或扣限。若隔属提人及行查者，以人文到日起限。限满不结，督抚咨部，即于限满之日起算，再限二、三、四月各级分限如前。如仍迟逾，照例参处。按察使自理事件，限一月完结。州县自理事件，限二十日审结。上司批发事件，限一月审报。刑部现审笞、杖限十日，遣、军、流、徒二十日，命盗等案应会三法司者三十日。每月奏报，声明曾否逾限。如有患病及查传等情，亦得依例扣展。速议速题，均限五日覆。死罪会核，自科钞到部之日，立决限七十日，监侯限八十日。会同提覆，院、寺各分限八日。由咨改题之案，展现十日。系清文加译汉十日或二十日，逾限附参（超过时限就要参奏朝廷受到惩罚）。

严格审限，严格羁押时限，这是历代司法、执法制度的基本原则，也是保障人权的基本措施，能够在一定程度上防止贪赃枉法，提高审判能力。

清代审限的确立比较明代具有实质性进步，这是因为明代具有明确的、特殊的众多法外执法机构，以致影响全国各级看守所的执法功能，审限制度成为虚设，而清代没有设立明确的、公开的、大规模的法外专政机构，仅在雍正、慈禧专政时期，出现了“文字狱”等阶段性的全国范围之社会危害。

---

① （清）赵尔巽：《清史稿》，中华书局 1977 年版，第 4213 页。

（八）押解递送囚犯制度

清代，刑律规定了关于看守所的押解递送囚犯制度，其主要规定如下。

其一，定案时之解审（即由县级看守所之初审解送）

徒犯解至府州转报，军、流、遣（即流徙）及死罪，由府州递省，逐级讯问无异，督抚然后咨题。即上奏。事实上这是对于未决犯的递送，军流遣死罪犯必须解京定案。

其二，秋审时之解勘

死罪非立决，发回本州县监禁，逮（等候）秋审，径行解司审勘。官犯自定案即拘禁司监待决，常犯缓决者，二次秋审，不复解。其直省各边地离督抚驻处窎远，有由该管巡道审勘加结转报者，非通例也。其性质与未决犯同，因为虽是二次秋审，但是还属于没有定案。

其三，发遣时之解配

徒囚问发隔县，军流起解省份，预行咨明应发省份督抚，查照《道里表》，酌量州县大小、远近、在配军流多寡，先期定地，饬知入境首站州县，随到随发。遣犯解至例定地方安插。

犯籍州县佥差（即原籍看守所解送官吏），名曰长解。沿途州县派拨兵役护送，名为短差。罪囚视罪名轻重，定用铁锁扭镣道数。

若中途不觉失囚，讯明有无贿纵分别治罪。隔属关提及发交各地方官管束者，视此为差。京师现审，徒犯发顺天府充徒。流囚由刑部定地，劄行顺天府起送。五军咨由兵部定地提发，外遣亦由兵部差役起解。综计诉讼所历，自始审讫终结，其程序各有定规，毋或逾越。①

解审、解勘是根据实施审级的需要而定，从理论上分析，犯罪嫌疑人的逐级押送堂审，而非仅只呈报案牍，应该能够有效的预防冤假错案的发生。事实上并非如此，从看守所实例即可发现，冤假错案仍然普遍存在，究其原因，虽然与立法思想有关，执法者对于法律的理解、认知及其执法能力自是重要，国家设刑立法、置吏行政皆为必然。然而，千古难改的刑讯制度与代代相因的司法、监察、递相统辖之官僚体系，终于无奈。是以

① （清）赵尔巽：《清史稿》，中华书局1977年版，第4215页。

历代追寻有效地司法监督与正确的执法思想，成为谋求吏治清廉、司法公正的核心。通过考察古代看守所制度的产生与发展过程，基本可以肯定，审前羁押之看守所与终审后的行刑监狱的分离，是刑法进步的体现，也是促进刑法进步的必然，审前羁押的实际功能状态，对于司法公正具有极其密切的关系。依法羁押，依法审判、依法检察，依法监察，其实质即法治，法治与吏治密不可分，其原因就是“缘法而治”，能够坚持“缘法而治”的原则，必须是执法者，也只有执法者。又是什么人不能坚持这一原则？还是执法者。几千年来的认识基本统一，即“以私害法”的也是“吏”。这一浅显的道理，四五千年以前人们即已经懂得，却无法解决。法律如何才能够保障社会公平、公正，保障民众的生命权利，已经是属于包括立法指导思想、政治、体制等等深层理论范畴的社会学内容。

清代规定的案犯层级式递审，尽管途中多有不便，但是，案犯亲自到庭受审，比只报案卷审阅为好。

（九）赦典

历朝登极、升祔、册立皇后、皇上五旬以上万寿、皇太后六旬以上万寿及武功克捷之类，例有恩赦。

1. 大赦的相关规定

常赦所不赦，即正常发布之赦令，并非适用所有罪犯，赦令附注具体内容。其诏内开：官吏军民人等有犯，除谋反、大逆、子孙谋杀祖父母、父母、内乱、强奸、妻妾杀夫、奴婢杀家长、杀一家非死罪三人、采生折割人、谋杀故杀真正人命、蛊毒魇魅毒药杀人、强盗、妖言、十恶等真正死罪不赦外，军务获罪、隐匿逃人及侵贪入已亦不赦外，其余已发觉未发觉、已结未结者，咸赦除之。除以上罪，其余已决犯、未决犯，包括犯罪未及逮捕判罪者，一律赦免。对于真正杀人案、贪污案、谋反、谋叛、军务罪等属于常赦所不赦。

2. 恩赦、恩旨

若寻常万寿（皇帝、皇后五十岁以上寿诞称万寿）及喜庆等事，则传旨行赦。

恩赦则死罪以下俱免，恩旨则死罪以下递减。诏书既颁，刑部检察成案，分别准免不准免，开单奏定，名为恩赦条款。

恩旨则分别准减不准减，名为减等条款。刑部设减等处专司核驳。明制，徒流已至配，不复援赦。清自康熙九年准在配徒犯会赦放免。乾隆二年恩诏军流在配三年安静悔过，情愿回籍，查明准释。迨嘉庆二十五年，始将到配未及三年人犯，一体查办，尤为旷典。

无论恩赦、恩旨，或是大赦特赦等，皆非法律意义上的公正或者公平。为了防止赦免罪大恶极者，所以规定常赦所不原，即赦令所不能赦免的条例。所有常赦所不赦者大部分属于人命大案以及反叛、恶性财务侵夺案，这些案犯大多被判死刑、死缓、免死从遣（徙、军）等重刑。而流徙、充军等即无期刑，所以为常赦所不赦。

用赦免方式不能解决司法公正，更不利于司法公正。但是在全国性冤假错案普遍存在的时候，大赦有利于暂时性缓解社会矛盾，即以行政权干预非法执法的司法状态时，具有一定的实际意义。

五、清代看守所的相关制度改革

（一）法部

光绪三十二年，改刑部为法部，统一司法行政，下设看守所。

改大理寺为大理院，设看守所。配置总检察厅，专司审判。

于是，法部不掌现审，各省刑名划归大理院覆判，并不会都察院，而三法司之制废。题本改为折奏，内阁无所事事。秋、朝审专属法部，其例缓者随案声明，不更加勘，而九卿、科道会审之制废。京师暨各省设高等审检厅，都城省会及商埠各设地方及初级审检厅及看守所，改按察使为提法司。三十二年，法部奏定《各级厅试办章程》；宣统二年，法律馆奏颁《法院编制法》。由初级起诉之案不服，可控由地方而至高等，由地方起诉之案不服，可控由高等而至大理院，名为四级三审。日本以及英美诸国由于司法独立而实施法院、检察院四级审判，没有省级会审以及朝廷二级会审制度。

从前审级、审限、解审、解勘之制，州县行之而不行于法院，当时各级法院设看守所，州县依然称狱或者监狱，事实上也是审前羁押之狱。

清代审判分民事、刑事。民律艰于成书，所据者第旧律户役、田宅、钱债、婚姻各条，而法未备。司法事务由年度，判断有评议。刑事有检察官莅审，人命由检察官相验，法院行之而不能行于州县。刑诉制度，盖杂糅矣。所以地方州县依旧是司法行政衙门合一制度，没有公、检、法各司其职之制度，只有上海、广州、天津等通商口岸设置法院，以适合外国人。故称法制杂糅。

法部规定设立法庭，并设置看守所，负责审前羁押。

司法机关的名称及其设置变化，属于形式改革，重要的是立法、执法指导思想及其政治体制改革。形式的改革不能决定其内容实质的改变，恰恰是实质性内容能够决定其实施形式的变化。清末属于半封建半殖民地社会，名义上设立独立之司法机构，事实上依然是帝王独裁专制，立法、执法、法官体系等依旧，虽然受西方法制之影响，但不可能实现资本主义民主之法制。

（二）监狱

“监狱与刑制相消息，从前监羁罪犯，并无已决未决之分。其囚禁在狱，大都未决犯为多。既定罪，则笞、杖折责释放，徒、流、军、遣即日发配，久禁者斩、绞监候而已。”[①]这一观点显然是不全面的，此监狱实际上是对所有具有羁押监管机构的统称。

“监狱与刑制相消息”之说法是正确的，对于监狱基本概念的理解仅限于其监禁功能，即监狱具有羁押、监禁、禁闭等严格限制人们活动自由的功能，监狱是刑法的一种表现形式，也是刑罚执行的重要工具。随着刑法制度的发展与进步，监狱作用于刑法程序的不同阶段，凸显其特殊的功能性质也有区别。实施审前羁押（看守所性质），其积极意义在于及时中止犯罪，提供特殊的、有利于公正审判的法制环境，维护司法公正的同时，促进社会秩序的优化，在一定程度上保障审判程序的顺利进行。尤其重要的是，审前羁押功能充分体现了国家法律的尊严，是启动国家刑法的肇始机构。审前羁押代表国家法律的执法倾向，在此阶段，属于刑罪适配

① （清）赵尔巽：《清史稿》，中华书局 1977 年版，第 4217 页。

的审决期。“刑当其罪”是刑法的本质属性，也是通往行刑监狱的主要门径，并以此体现法律维护社会正义的基本特性。所以作用于审前羁押阶段的看守所，与作用于已决犯行刑之监狱，其功能性质具有明显不同。而现代监狱学研究的重点是行刑监狱的功能，行刑监狱作用的执法时段，在司法程序的后期，毋庸置疑，行刑监狱之重要意义，学界已经有了明确而深刻的认识，不再赘述。需要更正的是，通过历史的考证，未决犯与已决犯早在古代已经分开监管（西周圜土为行刑监狱之萌芽，秦汉之司空律属于行刑监狱制度，唐代以法律形式严格规定必须在徒流徙刑审决十日之内，递解已决犯至“役院”“配所”，否则治罪。宋有“牢城”，明律与唐律一致，清末改称习艺所）。只是审前羁押、审判、检察属于统一行政体系即羁押与审判、检察、行政一体。尽管典狱或者司狱，直接管理狱政。问刑或者问事、推官等属于审判官，主管审判、复审。白直、评事、丞、正等负责检察、评议。御史台、提刑司、按察司等检察并监察司法，事实上审判并不能独立执法，而审前羁押机构与负责逮捕、检察、审判之机构多为一体。大理寺、刑部等最高执法机构直接受到皇帝的主宰，刑讯制度的残酷，法律的不平等，诸多封建专制法律体系的存在，与已决犯未决犯的分开监管没有直接关系，清代已决犯、未决犯皆由刑部负责。已决犯未决犯分开监管，其名称与职能不相吻合。

通过对于古代法律进程的探索，也可以看出，审前羁押之看守所的存在远在行刑监狱出现之前。这是由于刑法发展之过程所决定的，也是刑法文明进步的必然，而行刑监狱的出现与发展也同样体现了法律文明的历程。

事实上，从西周的“圜土”规定，刑满三年不能与乡民叙年齿。就是说，出“圜土”之后三年才能恢复平民的身份。由此即可看出，行刑监狱已经区别于掌囚管理的审前羁押待审之狱。秦汉以降，已决、未决犯即已分押、分管，《云梦秦简》已经清楚记载，只是审前羁押称“狱”、“囹圄”等而不称看守所；而徒、流、徙、军，皆发配至“配所”或送入“役院”（唐代称役院、配所）或司空狱、工部役所，至宋代于诸州府设“牢城”以专门关押徒流徙犯役作至刑满。应该说，行刑监狱的出现，西周有“圜土”，秦代有《司空律》的相关记载，唐代史有明文记载“役院”、“配所”之制，同时又有“稽留囚徒”、“徒囚应役不役”之法。至于清代早期也有《三流道里表》和“徒流发遣时之解配”的法律规定，清末改习艺所，应该是行刑监狱与审前羁押之看守所的分离。所以以上考据皆可肯定已决犯与未决犯古代已经分开监管，将在下面进一步叙述。

监狱一词与看守所同时使用，则是从《清史稿·刑法志》开始。而明代《捕亡律》有“狱囚脱监及反狱在逃”一条，把羁押人犯的场所泛称监或狱，并非专指囚禁已决犯的行刑机构。事实上未决犯、已决犯在唐律《稽留囚徒条》中已经明文规定：“凡应徒、流、迁徙、充军囚徒，断决后，当该官司限一十日内如法枷扭，差人管押，牢固关防，发遣所拟地方交割。”逾期不遣，以刑罚处置。宋代之“牢城”不仅明确为行刑监狱，而且已经具有“限满给据复为良民”的行刑指导思想，不再是“与众弃之”的原则，也不同于西周“圜土”规定，刑满三年不能与乡民叙年齿。封建专制型法律的特性就是只有法律限制，从来没有表述给以被限制者如何生存的权利，而宋代规定了刑徒经过牢城的改造刑满，就能够恢复良民的权利。不能认为中国古代没有行刑监狱，甚至没有实施未决犯与已决犯分监、分押制度。

清代州县狱，以吏目、典史为管狱官。知州、知县，为有狱官（即主管）。司监则设按司狱。各监有内监以禁死囚（死刑待终审或者待行刑），有外监以禁徒流徙以下（待决，即未终审结束）。妇人别置一室，曰女监。徒以上锁收，杖以下散禁。囚犯日给仓米一升，寒给絮衣一件。锁杻常洗涤，席荐常铺置，夏备凉浆，冬设暖床，疾病给药医。然外省监狱（也为审前羁押之看守所）多隘，故例有轻罪人犯及干连证佐，准取保候审之文。无如州县惧其延误，每有班馆差带诸名目，胥役藉端虐诈，弊窦丛滋。①但是，看守所监禁的是未决、待审者，只有死刑有可能终审结束待刑者如果不在京城，获准在发案地区执行死刑，被该地区看守所之死囚牢房暂时单独关押。证明清代已决犯未决犯也是分开监管的，只是名称不同而已。

别设已决监于外城（即习艺所），以容徒流之工作，并令各省设置新

① （清）赵尔巽：《清史稿》，中华书局1977年版，第4217页。

监（看守所），其制大都采自日本。监房有定式，工厂（习艺所）有定程，法律馆特派员赴东调查。又开监狱学堂，以备京、外新监之用。然斯时新法初行，措置未备，外省又限于财力，未能遍设也。[①] 这里所记载之狱多为看守所，而所谓外城用于行刑的监狱，即习艺所。

李凤鸣著《清代州县官吏的司法责任》一书中提出："一般情况下清代监狱关押的大部分为未决犯，如果已经终审判决定罪，'则笞杖折责释放，徒流军遣即日发配。'因此清代狱内羁押的大致可分为犯罪嫌疑人、死刑待决犯、徒流等罪的待遣犯、斩绞监候犯、人证等类型。"[②] 也说明清代监狱一词在这里实指审前羁押机构，其功能性质也是审前羁押。

（三）"干连证佐"

"干连证佐"是历代狱制一大弊端，审前羁押必然涉及与案件有关联的证人、亲属、乡邻、尸亲、涉案之所有嫌疑人犯以及初审时牵连佐证未到、同案人犯未能捕获以及等待复审、需要审核的人犯，依旧羁押在看守所，非正犯即属干连人等，并不放回，亦不取保候审，盖由办案役吏（胥役、吏役，习称书隶）设置所谓"班房"以私禁人犯，即刑法中所规定的"不准擅设仓、铺、店、所等名"私禁人犯，结果不能制止。在清代，最终取得合法地位，这是清代州县胥吏参与审前羁押之看守所管理的必然结果，胥吏之中亦有善良、公平执法者。但是史书记载多以"胥役诈赃，胥吏揽讼，蠹役为奸"批判"蠹役恶狠"。清代州县官习俗以刑房书吏分派入监值宿，与人犯多所接触，其对未决犯的执法公正与否，具有实际意义。所以清代断狱律中对于胥吏具有相应责任之法律规定。狱卒、捕人、文书等亦属胥吏或吏役范畴，在刑部、按察司、州县等设置看守所，皆为隶属司法机构基层人员因非正官，故称吏役。

刑部有南北两监额设司狱八员，提牢二员，掌管狱卒，稽查罪囚轮流分值。每月派御史查监，有瘐毙者亦报御史相验。年终并由部汇奏一次，防闲致为周备。刑部南北二监皆是审前羁押之看守所。刑部一样涉及干连

① （清）赵尔巽：《清史稿》，中华书局 1977 年版，第 4218 页。

② 李凤鸣：《清代州县官吏的司法责任》，复旦大学出版社 2007 年版，第 54 页。

佐证，这是审前羁押机构之特点，历代如此，只是清代比较严重。

自光绪三十二年审判划归大理院，院设看守所，以羁犯罪之待讯者，各级审判庭亦然，于是法部犴狴（即看守所）皆虚。为什么设法院的看守所，就没有干连佐证，未决犯可以进入看守所，这是因为资本主义国家不允许拘押干连佐证，审判分级，所以法部犴狴空虚。

六、清代后期法律与看守所设置的变化

清代进行了多次法律改革。康熙十八年特谕刑部定律之外，所有条例应去应存，看九卿、詹事、科道会同详加酌定，制定《现行则例》，并将《现行则例》附入《大清律》之中。诸臣以律文昉自《唐律》，词简意赅，以致舛讹，于每篇正文后增用总注，疏解律意。经雍正三年修改，乾隆年间又修订八九次。嘉庆以降按期开馆，沿道光、咸丰以讫同治，条例乃增至一千八百九十二条。盖清代定例，与宋时之编敕很相类似，同样是“有例不用律，律既多成虚文，而例遂愈繁碎。”所修改的律例其间前后抵触，或律外加重，或因例破律，或一事设一例，或一省一地方专一例，甚至因此例而生彼例，不惟与他部则例参差，即一例分载各门者，亦不无歧义。惜后世议法诸臣未尽明世轻世重之故，每届修例，第将历奉谕旨，及议准臣工条奏节次编入，从未统合全书，逐条厘正。穆宗号称中兴，母后柄政，削平发、捻、回疆之乱。百端待理，德宗幼冲继统，未遑兴作。兼之时事多故，不敢议修。事实上由于历代尊儒卑法，缺乏司法专业知识，所谓修法，专制之下，不过是杂抄而已，所修律例多有前后矛盾之处。

光绪二十六年联军入京，两宫西狩。忧时之士，或谓非取法欧美不足以图强。于是条陈时议者，颇稍稍议及刑律。二十八年，会保刑部左侍郎沈家本、出使美国大臣伍廷芳修订法律，兼取中西。旨如所请，并论将一切现行条例，按照通商交涉情形参酌各国法律妥为拟议，务期中外通行，有裨治理。自此而议律者，乃群措意于领事裁判权。是年刑部亦奏请开馆修例。三十一年，先将例内今昔情况不同，及条文无关引用，或两例重复，或旧例停止者，奏准删除三百四十四条。三十三年更命侍郎俞廉三与

沈家本俱充修订法律大臣。沈家本乃征集馆员，分科纂辑，并延聘东西各国之博士律师，藉备顾问。其前数年编纂未竣之旧律，亦特设编案处，归并分修。十二月议定满汉通行律，又删并旧例四十九条。宣统元年，全书纂成缮进，谕交宪政编查馆核议。二年，覆奏订定，名为《现行刑律》。时官制改变，立宪诏下，东西洋学说朋兴。[①] 八国联军已经攻进北京，还在屠杀变法人士，直至慈禧太后回宫，仍没有真正接受君主立宪，变法失败。

光绪三十二年法律馆撰上《刑民诉讼律》，酌取英美陪审制度。各督抚多议其窒凝，遂寝。三十三年，沈家本等汇集各说，复奏进《修正草案》。时江苏提学使劳乃宣上书宪政编查馆论之曰："法律大臣会同法部奏进修改刑律，义关伦常诸条，未依旧律修入。但于附则称中国宗教尊孔，以纲常礼教为重。如律中十恶未便蔑弃。中国人有犯以上各罪应仍依旧律别辑单行法，以昭惩创。窃维修订新律，本应筹备立宪，统一法权。凡中国人及在中国居住之外国人，皆应服从同一法律。是此法律本当以治中国人为主。今乃依旧律别辑中国人单行法，是视此新刑律专为外国人设矣。本末倒置，莫此为甚。草案案语谓修订刑律，所以收回领事裁判权。刑律内有一二条为外国人所不遵奉，即无收回裁判权之实。故所修刑律，专以摹彷外国为事。此说实不尽然。泰西各国，凡外国人居其国中，无不服从其国法律，不得执本国无此律以相争，亦不得持本国有此律以相抗。今中国修订刑律，乃谓为收回领事裁判权，必尽舍固有之礼教风俗，一一摹仿外国。则同乎此国者，彼国有违言，同乎彼国者，此国又相反，是必穷之道也。总之一国之律必与各国之律相同然后乃能令国内居住之外国人遵奉，万万无此理，亦万万无此事。以此为收回领事裁判权之策，是终古无收回之望也。"

从以上记载我们可以看出，在清代末期修律多模仿国外法律之体系，并且涉及到法律的效力问题，即针对外国人的法律效力。但国力不强，任人宰割，法律终究不能起到其应有之作用。但是《民律》、《商律》、《刑事诉讼律》、《民事诉讼律》、《国际法》等俱编纂告竣，只是未经核议。

---

① （清）赵尔巽：《清史稿》，中华书局 1977 年版，第 4187 页。

惟《法院编制法》、《违警律》、《禁烟条例》均经宣统二年颁布。与《现行刑律》仅行之一年，而逊位之诏下矣。[①] 变法失败，帝国主义列强分割中国，国民革命，宣统（溥仪）不得不“逊位”，清王朝灭亡。

此刻的中国，已经堕入半殖民地状态，由于不平等条约的签订而丧权辱国，同时丧失了领事裁判权，国家的落后，朝廷的腐败，世界列强的侵略，促使国人认识到刑法改革的迫切性与必然性。

《清史稿·刑法志》评论道：“夫外交视国势之强弱，权利既失，岂口舌所能争。故终日言变法，逮至国本已伤，而收效卒鲜，岂法制之咎与？然其中有变之稍善而未竟其功者，曰监狱。”[②]“监狱”一词，自此出现在《清史稿·刑法志》中，但是这里的监狱是指看守所与习艺所的广义合称之狱。

同时《清史稿·刑法志》记载：“监狱与刑制相消息。”即刑法之刑罚形式决定行刑方式。

从中国古代刑法的产生与刑种的变化过程，可以得出如此结论。有了徒刑之后，产生了执行自由刑的监狱，尽管监管羁押机构名称不同，其实际的基本意义是一致的。秦汉以来监羁罪犯，对于已决、未决是有区分的，而唐代法律明文记载最为详实。其囚禁在州县未完成终审的“狱”中，是未决犯。而已决犯则必须依照所限时间，押送至规定的配所或役院。至于死刑待决或者清代的斩监侯，则必须在朝廷终审结束时指定的看守所监禁待刑。与我国现代看守所唯一不同的是“被交付执行刑罚前剩余刑期在三个月以下的罪犯，依法由看守所代为执行。”古代看守所没有类似之记载或法律规定。

所以，已决犯与未决犯分开拘押并非从清代开始，这方面从秦汉之前的西周，尤其唐代已经以法定形式作出强制性规定，对于已决犯不能按时发送者，施以刑罚。监狱一词，《清史稿·刑法志》具有确切的记述，但是《清史稿·刑法志》所记载之监狱，是泛指包括州县看守所、习艺所在内的所有监狱而言。在称习艺所之前，沿袭明代徒役遣送制度，在各州、

① （清）赵尔巽：《清史稿》，中华书局 1977 年版，第 4192 页。

② （清）赵尔巽：《清史稿》，中华书局 1977 年版，第 4217 页。

边地等处配所或者役院执行劳作刑或者流徙刑。已决犯不许可在审前羁押机构即看守所执行刑罚，即所谓在“役身”的场所，与审前羁押机构是由法律规定，必须分离。

第二节　清末法制改革

法制改革是随着君主立宪制的提出而开始的，是国际社会发展形势下被动的改革。

清代设内阁，包括外务部：出使大臣，税务处。民政部：内外警巡总厅。度支部：清理财政处，大清银行造币总厂。学部：国子监、大学堂。陆军部，海军部。法部：修订法律馆，大理院，京师各级审检厅。农工商部，邮传部，军谘府，弼德院，资政院，盐政院。典礼院：礼学馆。提学使，提法使：外省各级审检厅。

与看守所、习艺所、监狱有关的主要为法部和民政部。

一、相关司法机构之改革

（一）法部

法部即刑部，负责掌主法职，制勘掌秋审录实、缓（终审死刑之实刑或缓刑，实，立即执行；缓，清代称斩监候。）还负责徒流徙军等犯之定地编发，设有典狱掌修葺囹圄，严固扃钥（为审前羁押之看守所），习艺所俘隶簿录并典司之（管理已决犯）。会计掌财用出入，勾稽罚锾钧金。都事掌翻译章奏，收发罪囚文移。所辖：司狱总管守长、正管守长各2人，付管守长6人（属于审前羁押机构），监医正、监医付各1人。即原来之刑部狱（刑部看守所），以及刑部所属之都官、比部等职能。同时法部也是国家最高司法行政机构。

经过改革，法部的机构及职能设置是：

法部设司法大臣、副大臣各1人；左右丞，参议各1人，参事4人；

审录、制勘、编置、宥恤、举叙、典狱（主管看守所）、会计、都事八司；郎中25人（其中审录4人，内宗室一缺，余各3人）；员外郎34人（其中制勘、编置各5人，内宗室各一缺。余俱4人）；主事33人（其中宥恤5人，内宗室一缺，余俱4人）；收发所员外郎、主事各2人；七品小京官26人（内宗室二缺）；八品录事53人，九品30人（内宗室各2人缺）。大臣掌主法职，监督大理院、及京外审判、检察，以维法制。副大臣贰之。审录掌朝审录囚，复核大理院、审判庭刑名。制勘掌秋审录实、缓，定科刑禁。编置掌盗犯减等，定地编发（已决犯）。宥恤掌恩诏赦典，清理庶狱。举叙掌升迁调补，籍纪功罪，征考法官、律师、书记。典狱掌修葺囹圄（即法部审前拘押之看守所），严固扃钥，习艺所俘隶簿录并典司之（管理已决犯）。会计掌财用出入，勾稽罚锾钧金。都事掌翻译章奏，收发罪囚文移。所辖：司狱（主管看守所，因为有南北两所看守所，所以设总管守长）总管守长、正管守长各2人，副管守长6人，监医正，正八品、监医副，正九品，各1人。①

（二）刑部

光绪三十二年改革了刑部，刑部设尚书、侍郎、左、右丞，参以次各官。并十七司为八司。设收发所，置员外郎、主事各官。后又增置宗室郎中、主事各1人；员外郎、小京官，八、九品录事各2人。裁司务入都事司，司库入会计司。司狱一职改令典狱司小京官充，曰正管守长；八、九品录事兼充，曰副管守长。旧设提牢厅，以典狱司员外郎主事兼充，曰总管守长（主管看守所）。三十四年，依提牢厅司狱往制，仍定为兼职。寻置监医正、医副各1人。宣统三年，改尚书为大臣，侍郎为副大臣。修订法律馆大臣，无定员（特简兼任）。提调2人，总纂4人，纂修、协修各6人。庶务处总办1人。译员、委员无恒额（并以谙法律人员充之）。光绪三十三年设。②但是刑部看守所的设置没有变化，只是将官职名称改为总管守长（原来称司狱、提牢官、典狱官等）。

---

①（清）赵尔巽：《清史稿》，中华书局1977年版，第3462页。

②（清）赵尔巽：《清史稿》，中华书局1977年版，第3462页。

（三）大理院

经过改革，大理院的机构设置是：正卿，正二品，少卿，正三品，各1人；刑科、民科推丞各1人。正四品；推事二28人，正五品（刑科、民科第一庭俱各4人，第二、三庭俱各5人）；典籍厅都典簿1人，从五品；典簿6人，从六品；主簿6人，正七品。以上俱奏补。八、九品录事30人。并下设看守所。并设总检察厅。厅丞1人，从三品；检察官6人，正五品，（奏补）；主簿2人，八、九品录事4人。看守所所长1人，从五品；所官4人，正八品；九品录事2人。①

其具体职能是：正卿掌申枉理谳，解释法律，监督各级审判。以一法权。少卿佐之。推丞分掌民、刑案欵，参议疑狱。刑科掌被旨推鞫宗室官犯，披详刑事京控上诉法状。民科掌宗室诤讼，披详民事京控上诉法状。都典簿掌簿籍罪囚。典簿掌出纳文移。大理于重罪为终审。凡法庭审判，推事五人会鞫之，是为合议制。附设总检察厅，掌综司大理民、刑案内检察事务，监督各级检察厅，调度司法警察官吏。

大理院成为国家高级司法监察机构，监督各级检察厅。其看守所仍是原来之大理寺狱。

（四）大理寺

光绪三十二年，改革大理寺，置正卿、少卿各1人，推丞2人。刑事四厅，推事19人。民事二厅，推事9人。并置典簿厅，以次各官。又总检察厅厅丞1人，检察官6人，主簿1人，录事4人。设看守所，置所长各官。宣统元年，改刑科四庭为民科三庭，置推事十四人。三年，增置总检察厅典簿1人，改录事为八、九品各2人。

大理寺成为司法检察与审判评议复审机构，所以称审检厅，设看守所。

（五）设京师高等审判厅

清代末年司法机构改革，设京师高等审判厅。

---

① （清）赵尔巽：《清史稿》，中华书局1977年版，第3463页。

京师高等审判厅，即法院。厅丞1人，正四品（请简）；掌治厅务，监督下级审判厅（下同）。刑科、民科、推事12人，从五品；（刑科、民科一、二庭俱各3人。）典籍厅典簿2人，正七品；主簿4人，从七品；九品录事6人。于重罪为二审，轻罪为终审。审判会鞫视大理。检察厅检察长1人，正四品。掌纠正同级审判，监督下级检察厅（下同）。检察官四人，从五品（奏补）；典籍、主簿各1人，九品录事2人；看守所所长，正六品；所官，从八品各1人，录事6人。光绪三十三年设高级法院，内设看守所。

宣统三年，增置检察厅典簿、主簿各1人。并置所长各官。京师地方审判厅，厅丞1人，从四品；刑科、民科推事30人，从五品；民、刑一、二庭俱各6人，三庭俱各3人。典簿2人，正七品；主簿2人，正八品；录事14人，于重罪为初审，轻罪为二审。推事三人会鞫之，亦合议制。检察厅检察长1人，正五品（奏补）；检察官5人，正五品（奏补）；典簿，从七品、主簿，从八品；录事各2人。看守所所长1人，从六品；所官2人。[①] 增设高级检察厅，并下设看守所。

清代后期进行了司法改革。预审厅、初级审判厅、中级审判厅、高级审判厅与其相对应的检察厅的建立，逐级皆设置看守所，相对完善了审级以及审判检察制度。各级审判、检察机构也必须设有看守所，以羁押待审者。于此同时，全国各省府州县依旧设置看守所，名称与狱同时混用，其审前羁押职能没有变化，不过实行分级审判的诸审判庭不必依次经过县、州、府、省再到朝廷，而是依照新设之初、中、高级审判厅审结，由此导致新旧审判制度同时混用，《清史稿·刑法志》称之为刑法制度“杂糅”。

二、民政部

清代末期，民政部下设看守所，同时民政部的职责也发生了相应的变化，社会治安系统、习艺所等也列为民政部的管理范围。

---

① （清）赵尔巽：《清史稿》，中华书局1977年版，第3464页。

其机构设置是：民政部大臣、副大臣、左右丞、左右参议各 1 人；承政厅员外郎，主事、小京官，各 4 人。参议厅参事 2 人；民治、警政、疆里、营缮、卫生五司。郎中 8 人，民治、警政、疆里各 2 人，余各 1 人；员外郎 16 人，民治、警政、营缮各 4 人，余各 2 人；主事 18 人；民治、警政各5人，余各2人；小京官1人；习艺所员外郎1人，兼充消防队总理；主事2人，五品警官5人，消防队3人，习艺所2人；六、七品警官各9人；消防队各 6 人，习艺所各 3 人；八、九品警官各 12 人；消防队各八人，习艺所各 4 人；六、七品艺师各 1 人；隶营缮司，六七品医官各 1 人，隶卫生司（自警官以下俱奏补）；八品录事 20 人，九品录事 32 人（俱咨补）。从其编制可以看出，警察归民政主管，所以这里的看守所的设置则是归属警察的治安体系。

大臣掌主版籍，整饬风教，绥靖黎物，以奠邦治，副大臣贰之。民政部掌编审户口，兼司保息乡政。

警政掌巡察禁令，分稽行政司法。疆里掌经界图志，审验官民土地。营缮掌陵寝工程，修治道路，并保护古迹祠庙。卫生掌检医防疫，建置医院。

所辖预审院所，设看守所（本注：后隶大理寺院。），路工局，教养局，俱遴员分治之。①

警政属于社会治安系统，社会治安列入民政部，以社会公共安全作为民政部的职能。以显示民权思想，体现对于清代帝王专制型法律的改革。习艺所是劳作刑服役的监狱，从事土木工程、制作等劳作。所以，习艺所也有归属民政部管辖的，同时民政部还设有看守所。

光绪三十年又进行改革，设巡警部，隶属民政部。其机构设置是：置尚书，左右侍郎，左右丞，参议，各 1 人。警政、警法、警保、警学、警务五司，郎中 5 人，三十二年增 2 人。员外郎、主事各 16 人，三十二年增员外郎 2 人，主事 4 人。三十四年增营缮司 1 人。小京官 4 人，三十二年增 5 人。一、二、三等书记官各 10 人（仿七八九品笔贴式旧制，三十二年改为八九品录事）。习艺所员外郎 1 人，主事 2 人，三十二年更名民政。设

① （清）赵尔巽：《清史稿》，中华书局 1977 年版，第 3452 页。

承政、参议两厅，置参事2人。宣统元年定习艺所及消防队员额。

同时设内外城巡警总厅，厅丞各1人。初制正四品，（光绪三十三年升从三品。请简。）掌徼循坊境，并典跸路警卫。总务处总佥事各1人，从四品。行政、司法、卫生三处各佥事3人。正五品。五品警官各4人。六品警官19人。七品警官20人。八品警官27人。九品警官28人。八九品录事各4人。①

民政部的巡警机构，设有看守所、留置所、待质所等审前羁押机构。总之巡警机构有似后世的公安机构。其设置的羁押机构既有未决人犯，其性质相似于看守所之功能，也有习艺所，教养所等。

三、司法官职改革

（一）设提法使司

宣统二年改各省按察使为提法使，停辖驿传。

提法使司：提法使1人，正三品，掌司法行政，督监各级审判厅，调度检察事务。署设三科，曰总务，曰民刑，曰典狱，主管看守所。科长各1人，正五品。一等科员各1人，正六品。二等科员，正七品，无恒额。光绪三十三年，东三省各置提法使1人，正三品。

（二）设高等审判厅

高等审判厅，厅丞1人，从四品；刑科、民科推事6人，正六品；典簿1人，正七品；主簿2人，正八品；录事无定员，从九品；检察厅检察长1人，从四品；检察官1人正六品；录事2人。并设看守所。

（三）设地方审判厅

地方审判厅，推事长1人，从五品；刑科、民科推事6人，从六品；典簿从七品；主簿从八品；事繁或2人，事简不置；各1人，录事无定员；检察厅检察长1人，从五品；检察官1人，从六品；录事2人。看守所所

① （清）赵尔巽：《清史稿》，中华书局1977年版，第3453页。

官 1 人，正九品。录事无定员。各级审判厅皆设看守所。

（四）设初级审判厅

初级审判厅，推事 2 人，正七品。事繁或三四人。录事无定员。检察厅检察官 1 人，正七品。录事 2 人。看守所所官 1 人。

（五）设管狱官

光绪三十四年，奉天设模范监狱（其性质是审前羁押之看守所），置正管狱官，省府司狱、县典史。宣统二年，增置副管狱官。厥后各府、厅、州、县有仿照而行之者（时保定、天津、湖北监狱成，未置专官）。时初建行省，诸省设置与东三省基本相同。[①] 管狱官 1 人（看守所），从五品。副管狱官 1 人，从六品。课长 3 人，正八品。文牍、守卫、庶务各 1 人。所长 2 人，正九品。教诲、医务各 1 人。府管狱官 1 人，从七品。州、县副管狱官 1 人，从八品。可见各府州县皆设看守所。

清代法制改革之后，检察、审判机构之名称在全国推广，当时并没有完全统一。各州府县之检察、审前羁押机构也未统一改革为检察厅、审判厅，所以各级所属之审前羁押机构，也没有完全更名为看守所，有的依旧称狱、甚至称模范监狱。从形式上，司法审判似已独立，其实不然，徒具形式而已。

清末改革司法体制，欲学习日本、英、美、法、德等国司法独立体制，而不能成功，君主立宪的失败，进入半殖民地状态，国家主权丧失，依旧是帝王封建专制制度，司法体制改革也随之失败。这里需要提出的是沈家本当初援例以郎中分刑部，“光绪九年，成进士，仍留部。补官后，充主稿，兼秋审处。自此专心法律之学，后擢通水道、山西按察使，未及行，两宫西幸。”“因驰赴行在，授光禄寺卿，擢刑部侍郎。”说明“沈家本修法律”是在八国联军入侵之后的时期。沈氏对于引进东西方法律、进行法律制度的改革颇有贡献。著有《历代刑法考》等。

关于未决、已决的分监，这一时期除京师、上海等商阜设立审判厅与

① （清）赵尔巽：《清史稿》，中华书局 1977 年版，第 3473 页。

看守所外，全国省州县多未设立看守所。无论是看守所、待质所、拘留所，皆为审前羁押，由于县、州、省皆非终审机构，县无判决徒罪及其以上罪之终审权，初审后上报等候复审，不能认为属于已决。所以凡是未经终审结束，即非已决犯，而不能送入习艺所或者配所。尽管清代使用了“看守所”这一名称，其审判层级、谳狱程序等并未从根本上改变，所改变者主要在清末为减轻徒流徙及充军的残酷性，大多实施各省建立习艺所制度，对于已决犯进行劳动改造其行刑执法指导思想在前代的基础上有一定进步。而所谓的新监或者模范监狱收押的是未决犯，也属于审前羁押机构。清代审前羁押机构的进步，是由于受到东西方资本主义国家之影响，才从形式上表现出羁押、审判与检察的进一步分离；而逮捕、羁押与刑事侦察依然与前代一样，没有制度性与机构性的相应规定与设置，尤其刑法的改革，没有从根本上解决法律平等的权力义务原则，没有涉及权利法的重要内容。尽管如此，门户开放，当时东西方民事法律以及法律平等的人权思想的渗入，甚至出现了“征考法官、律师”[①]的记载，为粉碎封建专制型的法律制度，建设真正的法制社会，带来了希望。

第三节　清代末期设置、定名的看守所

中国传统审判制度中已决犯和未决犯之区别在于是否终审结束，所有徒流徙以及死刑在没有经过朝廷终审定案之前仍为未决犯，必须羁押在原来看守所。问案官员为方便问案，且又担心涉案人员及其证人逃跑而将所有涉案人员加以羁押，其羁押地点原则上就是问案官员所在地看守所附近，盖由办案役吏（胥役、吏役，习称书隶）设置所谓“班房”以私禁人犯，就是历代刑法中所规定“不准擅设仓、铺、店、所等名”私禁人犯，结果不能制止，在清代，最终竟然取得合法地位。

但在司法实际操作时，情况却有所不同。当地方看守所无法容纳下

① （清）赵尔巽：《清史稿》，中华书局 1977 年版，第 3465 页。

众多的涉案人员、证人时，作为地方官员的法官也就不得不违背历朝关于“狱”为惟一关押人犯和相关人员的规定，私下允许书吏、衙役们对涉案人及证人进行关押，从而形成了所谓的“班房”、“卡房”、“自新所”、“待质所”、“知过亭”、“中公所”等机构。这些机构可以成为州县吏役们私设的非法“看守所”。整个清代历史显示，这种类似看守所的非法机构大体经历了一个由“房”、“卡”向“所”的演变过程。如清代中前期那些被衙役们用来关押涉嫌人的地方多称为房，即班房、卡房等，而至嘉、道、咸以后，则多将其称为“馆”或“所”，其中尤其是“所”因为宋元明清以来，官府之隶属专责机构多以所为名，例如刑部下辖诸司所属照磨所、检校所，巡检司、税课司等下设批检所、递运所等。道光初年四川就广设卡房、班房、捕卡等机构，该省巴县地方曾设有班房，华阳县设有捕卡。另如道光年间的广东省，该省南海县也设有此类班馆多处，甚至出现“私馆凡十余处”的现象。而此时期广东顺德县的班馆也不少，从其标号上看，至少有八处。此后同治年间，江苏地方也广设此类非法机构，如该省皋县其中的“看守”指“看守人役”，而不是一种行为或动作。以上之例均表明，在清代具体司法实践活动中，不仅出现了“看守”这一两字联用作为一种工作或行为的现象，而且它还开始转化为指代从事该种行为或工作的人。此种转变不仅为古代看守人役向近代“看守”名称的转变提供了先例，而且也为近代时期这一动词转变为指代从事该种工作之人的名词转变提供了先例。正是此种先例可能给中国近代“看守”名称的正式定名提供了基础，而且也为中国近代看守所这一指代未决监的机构之定名提供了某种暗示或线索，最终在《清史稿·刑法志》中确定了“看守所”这一名称。备此一说。

由此看来，“看守所”这一名词最早是清末新政时期从日本直接移植而来的这一设想不能成立。在清末司法改革中，中国的修律专家们既可能是借鉴了西方各国在中国租界内设立近代司法机构的做法，也可能是借鉴了日本、英法美等国司法体制内设未决监的做法，在中国设立了用于关押未决人的看守所这一新式司法机构。而众多学者认为，借鉴日本司法制度设立看守所这一机构的可能性更大。从中国古代史探索，审前拘押之狱已经存在几千年，称狱而不称所。因为在清末中国狱政改良时，对于古代已决、未决之区分尚不够明白。中国时人所仿效的重点对象就是日本。借鉴日本司法制度以推进清末中国司法体制改革是这一时期中国的一大潮流。如光绪三十三年（1907年）四月间沈家本在奏实行改良监狱宜注意四事时就称“日本则以巢鸭郸称为模范监狱，我国天津及京师各习艺所，俱仿其制。”此处中国还只是从硬件方面借鉴日本的做法，即如何设立“习艺所”等另一类“监狱”。而光绪三十三年六月间法部尚书戴洪慈等在奏拟修订法律办法折时，则明确提出借鉴日本司法改革经验以推动清末司法改革的用心。此期间清廷正打算聘请日本法律专家帮助中国进行司法体制改革，但其中主要是律令的制定。而光绪三十三年八月间沈家本在奏酌拟法院编织法缮单时则已经开始雇请日本法律专家帮助清廷修订律令了，并请日本教习、法学博士冈田朝太郎帮助纂辑新政改革时期一部重要的司法法令——《法院编制法》。以上史实均表明，清末时中国借鉴日本司法制度以推进自身司法体制改革是这一时期的主流做法。但是，从目前史料来看，“看守所”一名称的使用并没有移植于日本。

中国方面派人去日本参观、学习监狱制度也是这一时期中国时人的一大努力。如光绪二十九年（1903年）直隶总督袁世凯派凌福彭等赴日本考察监狱，光绪三十一年（1905年）六月袁世凯又奏准“凡新选新补各州县官，必先饬赴日本游历三个月，方准到任，轧饬各属一体遵循事项”。又如清末新政改革期间，为改革狱政，清廷特派董康去日本考察监狱制度。董氏回国后，在其《考察司法制度报告书》中就特别强调了欧美及日本的监狱制度，并且翻译了《监狱访问录》一书。这一时期，为推进中国司法体制改革，其中尤其是监狱制度改革，晚清时人尤其注意对日本监狱制度方面书籍的翻译和借鉴。光绪三十三年五月间沈家本在奏《为沥陈修订法律情形，拟请归并法部、大理院会同办理，恭折仰祈圣鉴事》中就列举各国译著26种，其中明确来自日本的就有15种。另据学者考证，清末中国共引进外国监狱学著作25种，其中译自日本的有23种。正是如此，所以晚清修律时期“看守所”这一名词的出现，以及看守所这一制度的借鉴很大可能引自以上原著或译著。具体到清末时期看守所这一名词的出现与看守所制度的设计密切联系在一起。光绪三十二年（1906年）清廷在颁布《大理院审判编制法》时不仅要求各级地方审判厅设立民事庭和刑事庭，而且要求各地方审判厅设立待质所（针对民事），和附设看守所一所。就目前所能发现的史料，此处是清末新政时期最早提到看守所这一机构的地方，同时也是晚清时期最早出现看守及看守所这一名称的地方。其“看守”或“看守所”这些名称是不是通过翻译日本监狱学著作时借鉴过来的，仍有待更多的资料加以说明。不过光绪三十三年（1907年）董康等于日本考察回国后所作《调查日本裁判监狱报告书》却为我们提供了一条基本线索，即早在日本明治十四年日本监狱制度中就已经出现了近代“看守”、“看守长”这一职务名称。但另一方面从他在报告中仍将日本方面拘禁刑事被告人的场所称为“拘置监”、将暂时留置刑事被告人的地方称为“留置场”来看，此时日本并未有“看守所”这一提法。尽管如此，此阶段沈家本等国内法律改良家已将“看守”视为一种职业而不是一种动作了。如光绪三十三年四月十一日，沈家本在奏“实行改良监狱宜注意四事折”中就将“看守”定义为对人犯进行看管的一种职业，并将从事这种职业的人定义为看守。不仅如此，在该道奏折中，沈家本还特别强调了关押已决人犯的监狱与关押“拘置浮浪贫乏者”的看守所的前身——习艺所之间的不同，其不同之处就是前者为关押已决犯而设，后者为“拘置”未决犯而设。这里的“拘置”做法其性质与此时期日本监狱内的未决监即看守所同。更为重要的是，这一时期由于大理院较为严格地遵照了近代西方已决、未决监分离的做法设立了看守所等近代司法机构，以至于大理院认为自己是晚清中国司法改革的典范。由此可见，此时大理院已经早于其他地方设立了看守所，这应是近代中国第一家看守所。其最终出现在《清史稿·刑法志》一书中。因此，可以断定，“看守所”一词并不是移植之舶来词，而是在我国清代就已使用和出现的。

第八章　中国近代看守所

第一节　国民政府统治区看守所

1911 年孙中山先生领导的资产阶级民主革命，推翻了封建王朝的统治，建立了中华民国，即南京临时政府。时隔不久，北洋军阀袁世凯篡夺了政权，代表地主买办阶级建立了“北京政府”，挑起了 16 年的军阀混战。袁世凯篡夺政权之后，对清末时期的监所（监狱）及其管理制度进行原封不动的接管，颁发了《中华民国监狱规则》、《看守所暂行规则》、《监狱看守点检规则》、《监狱看守服务规则》、《监狱待遇犯人最低限度标准规则》等等法律、法规，用法规形式统一了监狱和看守所名称。如“××厅看守所”、“××审检所看守所”。民国时期的法院、军事系统、特务机关均设置看守所，关押刑事被告人和政治犯。

民国时期的看守所有新旧之分，属于地方法院管辖的称为新看守所，属于监理司法的县政府管辖的称旧看守所。[①] 看守所是高等以下法院为羁押刑事被告人而设立的。被判处死刑的罪犯也被关押在看守所。看守所接受高等以下法院院长监督，高等法院院长可以将其监督权委托高等法院分院院长或地方法院院长，各法院院长对于所辖看守所除应就近随时亲自视察之外，高等法院院长每年应派专员视察管辖区域内各处看守所一次。视察所得之情况应详具报告呈送司法行政部。看守所对待被告人须与平民等

① 朱葛民：《旧监狱内幕》，上海文史资料选辑第 63 辑，第 184 页。

同，但有碍于审判进行及所中纪律者不在此限。所长或所官承该管法院院长之指挥督率所掌管全所事务。看守所可以依被告人之要求，酌量情形许其做工，但以不妨碍诉讼之进行为限。作业者应遵守规定时间，并对作工者给予工资。工资额数分别成绩比照地方普通工价十分之五至十分之七来核定。未设法院地方之看守所，所长或所官之职权由管狱员代行，法院之职权以监理司法之县政府或司法公署行使。①

1927 年蒋介石集团建立了南京国民党政府之后，监狱、看守所得到了强化，成为保护买办官僚阶级利益的反革命工具。除了全面承袭北洋政府的看守所和监狱法规外，还大量搬用外国资产阶级和法西斯的监管制度。主要机构有：普通监狱、法院看守所、军人监狱、少年监（幼年监）、管收所、反省院和集中营。在国民党政权统治时期，其监所（监狱）的设置比历史上的任何一个时期都多，除了司法行政部管辖的监狱、看守所之外，军队、警察、特务机关都有自设的监狱和看守所，在管理上实行军事化、特务化和法西斯化三位一体。为镇压共产党人、革命志士和广大劳苦大众，维护其官僚买办阶级和地主阶级的反动统治，在监所管理上不仅继承了清末和北洋军阀旧制的衣钵，还按照外国资产阶级和法西斯的监狱制度，制定了种类繁多的监所（监狱）法规和法令。对被拘禁人采取“杂居制”和“优待制”的关押方法。如对社会地位、身份较高或者他们认为比较重要的人，则单独分号关押；对有变节行为或投降叛变的则关押在优待号；其他人员则关押在杂居号。所有监所由军队或武装特务看守，防范极其严密。不仅如此，在法外用刑方面更为残酷，对囚禁的人施以非刑吊打，关入水牢，坐老虎凳，“披麻戴孝”，坐电椅、鞭笞、棒锤、火烧、枭首、下油锅、集体枪杀、秘密处死等。

另外，国民党设置了“白公馆”和“渣滓洞”，残杀大批革命者。白公馆，原为四川军阀杨森部下师长白驹的乡间别墅，1939 年冬由军统局用做临时看守所。当中美合作所建立时，白公馆看守所奉命将人犯迁往渣滓洞，白公馆房屋则让给美方人员作为住所，名为中美合作所第三招待

① 蔡鸿源主编：《民国法规集成》第 66 册，黄山书社 1999 年版，第 98 页。

所。直到抗战胜利后中美合作所撤销，美方人员回国，白公馆才又恢复关押政治犯的职能（后称国防部保密局看守所），主要关押国民党当局认为是“要犯”的较高级别政治犯。渣滓洞监狱，原是为白公馆看守所人满为患而增设，1946年底将人犯迁回白公馆后，曾一度关门，后于1947年底又重新开张（称重庆行辕第二看守所），主要关押在1947年“六一大逮捕”中抓捕的教育、新闻界人士，“小民革”地下武装案被捕人员，川东三次武装起义被俘、被捕人员，《挺进报》事件被捕人员，民革川东、川康分会成员等。

民国时期的监所管理人员的设置也有着较为严格的要求，1932年6月13日司法行政部公布《监狱官任用暂行标准》，规定甲乙两种监狱官的资格为：一、经过高等考试、监狱官考试及格并练习期满或照章免于练习者；二、现任或者曾任甲种监狱典狱长经甄别审查或考绩合格者；三、现任或曾任乙种监狱典狱长、甲种监狱之分监长、主科看守长及地方法院以上看守所长合计8年以上，经甄别审查或考绩合格者；四、现任或曾任司法官及荐任司法行政官经甄别审查合格并办理监狱事务3年以上者；五、在国立或经最高教育行政机关立案或承认之国内外大学独立学院、专门学校，修习政治法律社会监狱等学科3年以上毕业，得有证书，曾于民国有特殊勋劳或致力国民革命5年以上而有勋劳，并办理监狱事务3年以上者；六、得有第五款毕业证书，曾在前京师第一监狱练习期满，就监狱学科目著有专书，经司法行政部审查认为足供监狱官指导或参考之用者；七、得有第五款毕业证书或曾任委任司法行政官，办理监狱事务5年以上并经甄别审查或考绩合格者。①

乙种监狱典狱长，甲乙两种监狱分监长，主科看守长，看守所所长所官，管狱员有下列资格之一者遴任之，但有第七款之资格者，初任时以甲乙两种监狱之看守长、所官管狱员或乙种监狱之分监长及主科看守长为限：一、经普通考试、监狱官考试及格练习期满或照章免于练习者；二、经监狱练习员考试或监狱官考试及格并在前京师第一监狱练习期满均

① 赵金康：北京师范大学博士后研究工作报告《南京民国政府司法制度研究（1927—1945）》，第75—77页。

得有证书曾办监所事务者；三、现任或曾任委任典狱长分监长、主科看守长、看守所所长、管狱员经甄别审查或考绩合格者；四、现任或曾任司法行政官办理监狱事务3年以上并经甄别审查或成绩合格者；五、在警察学校监狱专科或司法部核准之监狱学校毕业得有证书，曾任或现任监所职员经甄别审查或考绩合格者；六、在专门学校修习法律社会监狱等学科一年半以上或在中学以上毕业得有证书曾于民国有特殊勋劳或致力国民革命5年以上而有勋劳并办理监狱事务一年以上者；七、曾任或现任候补看守长2年以上者。监所看守需要经过训练才能执行职务，根据1932年2月29日司法行政部公布实施的《监所看守训练规则》规定看守所受训练包括以下科目：一、现行监狱法规；二、现行刑法大要；三、现行法院编制法大要；四、现行刑事诉讼法大要；五、公文程序及记录报告方法；六、簿记；七、体操、械具使用方法、消防演习、武艺；八、礼式及其他纪律。除此之外，看守所所受训练除以上科目外，还包括实地练习。[①] 由此可见，民国时期对看守所所长等看守长官的任用较为严格。

民国三十五年（1946年），国民党政府颁布了《羁押法》，《羁押法》规定，刑事被告中需要羁押的应当由看守所羁押。对羁押的相关细则做了较为详细的规定。

第一，规定了分别羁押的原则。为了保障关押的科学性与规范性，羁押法规定了对三种情形必须实行分押制度，一是男女被告应当分别羁押；二是受死刑宣告者应当与其他被告分别羁押；三是未满十八周岁的被告应当与其他被告分别羁押。除此之外还规定，被告入所者，应当独居，但是可以根据其身份、职业、年龄、性格分类杂居，但事件相关联者不能杂居一处。

第二，看守监督制度。羁押法规定了视察制度，高等法院或其分院院长应当视察其所辖地方法院的看守所，每年至少一次。检察官应当随时视察看守所。同时还规定了被羁押者享有申诉的权利，刑事被告对于看守所的处遇有不当者，可以申诉于推事检察官或视察员。推事检察官视察员接

---

① 赵金康：北京师范大学博士后研究工作报告《南京民国政府司法制度研究（1927—1945）》，第75—77页。

受申诉，应当报告法院院长或者首席检察官。

第三，羁押法还规定入所妇女如果请求携带子女者，可以准许，但是子女以未满三岁为限。在所内分娩的妇女，可以在所内抚养子女，也以三岁为限。

第四，羁押法同时规定了被羁押人的相关权利，一是请求接见权，羁押法规定被告享有接见的权利，但是必须经过看守所长官的准许方可接见，如果有形迹可疑的或者是同时三人以上接见同一被告时，看守所长官可以拒绝接见。二是宗教信仰权。被告可以接见所属之宗教师，看守所可以允许。三是就医权，但是被告因疾病请求在外医治的，应当分情形由看守所及时转文法院裁定或者检察官核定。

第二节　根据地和解放区的看守所

新民主主义革命时期，根据地的政治保卫机关和公安机关设立看守所或刑事拘留所，关押反革命、汉奸、特务之未决犯和已决犯；司法机关（裁判部、法院）也设立看守所，关押刑事犯和已决犯。1931年中华苏维埃共和国临时中央政府成立后，通过了立法，统一确定工农民主政权的看守所设置，在新开辟的解放区，肃反委员会下设看守所，羁押未决犯，包括反革命犯和一般刑事案犯，还关押改造判处短刑的犯人。这一时期工农政权在紧张的战争年代，极端动荡不安的环境里，不仅建立了自己的看守所，还把它变成了教育改造犯罪分子的机构，确定了革命根据地建设新型看守所制度的方向。这一时期看守所的发展分为几个阶段。

一、苏维埃红色政权看守所

1927年大革命失败后，我党开创了湘赣、鄂豫皖等十几块根据地。在这些根据地建立了工农民主政权之后，便创建了肃反委员会属辖下的拘留所和看守所。拘留所和看守所，既是关押未决犯的场所，又是对判处监禁的各种犯罪分子执行惩罚和强制教育的机关。当时，工农民主政权处于流动游击状态，因此，看守所的主要任务就是单纯的看管。

到1931年中华苏维埃共和国临时中央政府成立后，通过了立法，统一确定工农民主政权的看守所设置。看守所主要有两类：一类是依据《中华苏维埃共和国裁判部暂行组织和裁判条例》的规定，在省、县、区裁判部设立的看守所，羁押未决犯和监禁刑期较短的犯人。一类是依据《中华苏维埃共和国政治保卫局组织纲要》的规定，在国家政治保卫局及省、县分局执行部设立看守所，担负对反革命案犯羁押的任务。在新开辟的解放区，肃反委员会下设看守所，羁押未决犯，包括反革命案犯和一般刑事案犯，还关押判处短刑的犯人。由于当时的中央苏区和各根据地苏区很分散，看守所尚不能形成一定的体系，所以看守所的任务也不近相同。一般来说，省、县、区裁判部看守所，羁押未决犯和已判的短刑犯；国家政治保卫局和省、县分局看守所，羁押反革命案犯；新开辟的苏区肃反委员会看守所，关押未决的反革命案犯及刑事犯罪。同时负责看押已决的短刑犯。此外，为了适应战争的需要，各根据地工农民主政权还设立了“苦工队”，把判处短期监禁和案情较轻的犯人，组成前方战争勤务队，作为执行徒刑的一种特殊形式。工农民主革命政权建立了新的看守监管制度，实行了革命的狱政方针、政策和管理制度。

第一，废除法西斯的管理方式，废除肉刑。中央工农政府《训令》指出，要坚决废止肉刑。并对所属的看守所以及其他执行刑罚的机关进行了清理整顿，若有用肉刑者，即视为违反苏维埃法令而治罪。看守所在管理上实行革命人道主义，反对虐待人犯，禁止对人犯一切不人道的待遇。不得对犯人实行刑讯逼供、打骂体罚和侮辱虐待。同时，对犯人实行感化教育。规定“用共产主义的精神与劳动纪律去教育犯人，改变犯人的本质。”“特别对犯罪的劳动者，要有系统的进行教育，使他能够很快的脱离犯罪。”

第二，对看守工作进行规范性的管理。一方面建立收押、释放人犯手续制度，规定关押、释放都必须有主管部门批准手续，方可执行，以防止非法关押和释放人犯。另一方面建立严格检查制度。人犯入所要进行登记、搜身检查，以预防把违禁品带进监内。对收缴的人犯物品、文件要进行检查、登记，统一保管。

第三，建立严密看守和生活管理制度。为了保证关押的科学性，实行同案犯、男女犯分号关押和早、晚点名，以防止串供、逃跑等事故发生。看守所管理人员 24 小时值班，加强对在押人犯的生活、卫生管理和思想教育，有条件的组织人犯参加生产劳动。既实现对人犯的科学管理，也对其进行必要的教育和改造。

二、抗日民主根据地看守所

抗日战争时期人民政权的看守所的设置和制度都有了发展。由丁抗口根据地绝大多数处于游击战争环境，1940 年以前，根据地尚未设置监狱，已决犯和未决犯都由看守所关押；1940 年以后，除少数边区或行署设立了监狱关押已决犯外，大部分徒刑犯仍在县或分区看守所关押执行刑罚。所以，抗日战争时期的看守所起到了重要作用，占有重要地位。此时的看守所可分为两种：一是公安机关设置的看守所，负责关押汉奸、敌探、土匪等重大罪犯；二是法院设置的看守所，负责关押由司法机关直接审理的普通刑事案犯和已决犯。①

这一时期，可谓是我国监所由初形而步入完善的建设时期，不仅看守所设置有很大的发展，而且随着战争形势的发展，为适应战争环境的需要，逐步建立起比较完备的看守所管理制度。制订了《看守所规则》、《看守所检查规则》、《延安市地方法院看守所在押人犯接见规则》、《陕甘宁边区高等法院对各县司法工作的指示》、《在所人犯财物保管规则》和《看守所参观规则》等等相关规定。这些相关法律法规都对看守所的相关问题做出了相应的规定。

（一）看守所的任务

随着抗日战争形势的发展，革命根据地不断的扩大，抗日根据地民主政权领导的看守所也陆续成立。但由于抗日根据地多处于游击区，所以看

① 法院的看守所主要分为两种，一是高等法院的看守所，二是县级看守所。

守所的地位就显得特别重要。当时根据地未设监狱，已决犯与未决犯都关押在看守所。1941 年后，虽然少数边区，行署、分区法院和司法处设立了看守所，负责关押由司法机关直接审理和判处的已决罪犯，但多数边区、行署、分区和县公安机关的看守所，仍担负羁押未决的汉奸、敌探、土匪等重大刑事案件案犯和部分已决罪犯的任务。《陕甘宁边区高等法院组织条例》中对看守所的职责与设置做了相应的规定：高等法院看守所设所长及看守员，服从法院院长的领导执行其职务。高等法院看守所设武装警卫队。看守所在所长的指挥监督下执行六类职务：一是人犯的收押、检查、点验及看管；二是登记及保管人犯之财物；三是计划及实施人犯之教育；四是组织及分配人犯之工作或劳动；五是考察人犯之活动；六是登记人犯之出入。同时被判处徒刑或拘役的人犯羁押在看守所的看守方式，根据监狱法的规定来执行。

（二）看守所工作的指导思想

抗日根据地人民政府总结以往的经验教训，结合当时的具体情况，明确提出人民民主专政的狱政思想和狱政方针。这主要表现在两个方面：一是明确指出根据地的看守所既是惩罚罪犯的机关，又是教育改造人的特殊学校。太行区司法处在总结抗日时期司法工作时指出："看守所不仅是看管人的所在，而且主要是个非常尖锐复杂的思想斗争场所，是个治病（思想病）救人的地方。"二是强调对犯人实行感化教育的方针。《陕甘宁边区宪法原则》规定，要对犯人采取感化主义。这是以宪法形式把"感化主义"确定为看守所要实施的狱政原则。

（三）看守所的管理制度

在看守所管理制度改革上，边区政府对犯人采取教育感化的方针，注重政治教育和感化，不采取报复与惩罚主义。当时的革命政权意识到，改革看守所的管理制度，必须唾弃旧中国的有关看守所工作一切腐朽的东西，建立新的狱政管理制度。具体的管理制度主要体现在以下四个方面：

1. 建立依法管理的理念。根据苏区人民政府颁布的《保证人权财权条例》、《监狱管理规定》、《羁押犯人规定》，对人犯拘押、管理、判处及释放，严格依法办理。“尊重犯人人格，禁止施行报复。”通过实施管理制度，既严加管束，又严禁捆绑、打骂侮辱、虐待人犯；既防止人犯行凶、逃跑、自杀等行为的发生，又施以革命的人道主义。要求看守所要注意改善生活和待遇，不准对犯人进行打骂，提高犯人的情绪，并减少其肉体上与精神上的痛苦。使犯人能自觉地守法。

2. 建立登记、检查与生活管理制度、接见制度。各看守所明确规定：人犯入出所必须登记、检查，教育人犯遵纪守法；对人犯生活管理要按规定标准提供囚粮、被服；建立医疗卫生和作息制度，使看守所成为环境文明卫生，有利于人犯思想改造和身体健康的场所。对犯人的接见也做了具体规定，接见人以被接见人的家属为限，但是持有当地政府或各机关团体部队介绍信的人，也允许接见。但是，杀人强盗的未决犯不允许接见。一般的未决犯如果认为不应当接见的，不予接见。接见时必须有看守员在旁监视，并记载谈话概要。接见时谈话不得涉及案件事实，也不得有足以引起被接见人悲观的谈话和表现。

3. 建立政治思想教育制度。抗日民主政府规定：对人犯教育是看守所工作的中心任务。主要施以政治思想、劳动生产和文化知识“三大”教育。在人犯中建立“救亡室”、“俱乐部”和采取个别谈话，组织人犯现身说法“自我教育”形式，以改造和转化人犯思想。《陕甘宁边区高等法院对各县司法工作的指示》中规定，各县看守所要设看守员和警卫班，专门看管犯人。为加强犯人的管理，在看守员的监视检查之下，可以将犯人分别组织起来，由犯人自己管理自己。互相帮助、互相保证、互相检讨、互相批评，纠正日常思想意识和行动表现错误的倾向。实现看管与教育的双重作用。

4. 建立生产劳动制度。抗日战争的环境非常艰苦，经常出现居无定所，但根据地的看守所仍然组织人犯参加生产劳动。在劳动中实行“以教育为主，教育与生产劳动相结合”的原则。组织人犯参加生产劳动，一方面增加收入，用以改善人犯生活。减轻人民负担，支援前线。另一方面，通过劳动生产可以培养人犯树立自食其力的劳动观念，改造思想，成为新人。

三、解放区看守所

从抗日战争开始到1941年，看守所的管理办法还沿用着旧的方法和旧的作风。但是从1941年高等法院成立以后，提出监狱管理民主化的口号，并改犯人为自新人，宣布禁止歧视和打骂，剥夺自新人的自由，颁布了看守所的放假制度，以解决自新人的困难，并规定自新人回村服役办法，提倡劳动生产，解决看守所物质困难。经过1944—1945年的大生产、大整风运动，看守所的生产建设、教育建设都取得了很大的成绩，看守所的民主生活也大大的发展起来，在许多地方的看守所中，自新人有管理自己生活的权利和自由。

随着解放战争的节节胜利，全国广大地区与大中城市的解放，解放区的看守所建设也由游击区转入以城市为中心的建设时期。人民政府入城后，接管了国民党政权设置的拘留所、看守所、集中营等监所。接管后，除了解放大批被关押的革命者和无辜劳动者外，对应继续关押的人犯和犯人，改变了生活待遇和生活环境，修缮监房，清理室内外污垢，使阴暗、污秽的恶劣环境从根本上进行了有利于犯人和人犯改恶从善的改变。把国民党政权对犯人和人犯的摧残和肉刑变为劳动改造，并坚持感化教育的方针，实现刑事犯合理的重新社会化。

这个时期看守所的任务，是继续坚持实行抗日民主政府制定的法律、法规和看守所的管理制度。解放区各级公安机关看守所（或称拘留所），负责羁押特务、土匪、恶霸、反动地主及反革命分子；各级司法机关看守所，负责关押刑事犯罪的未决犯；地区法院设监狱或自新学艺所，负责关押已判徒刑的犯人。为完成看守所的法规建设，在已有“训令”、“法规”的基础上进行修改补充。如东北解放区政府制定的《暂行羁押规则》，对收押、分管分押、接见、通信、生产劳动、人犯教育、医疗卫生、财物保管和释放出所等，都做了明确规定，为新中国成立后看守所法规建设提供了模式。

在解放区，各级公安机关着手改造国民党和日伪时期的旧看守所。彻底废除旧的看守所管理机构及其管理制度，建立在人民政府领导下的新的看守所规章及管理制度。

以太岳区为例，根据《太岳区一九四五年政府工作报告》，太岳区看守所一律改为教育所，教育所不是监狱，而是特种教育的学校。教育所的特点有二：一是实行了审讯处罚教育合一的新办法。把审讯处罚都变成了教育的方法，一切为了改造自新人。二是有严格而又民主的管理制度。一切制度是为了保证教育任务的完成。审讯、处罚、教育合一的新办法的特点是：(1) 不过堂问口供，而是动员自新人自行坦白；(2) 不录口供，而是自新人自行写坦白书，不识字的人，托别人代写；(3) 自新人不认为处罚他们，而认为是爱他们，他们愿意愉快地接受处罚；(4) 自新人懂得清算自己的错误，找出错误的根子，定改错的计划；(5) 改正错误不是说空话，而是切实改正；(6) 自新人的坦白反省改错是互相帮助、互相学习、是集体的运动，不是各顾各；(7) 着重从思想上解决问题，本着治病救人的精神，启发自新人的自愿，不是单纯法律制裁。同时指出，教育所应当有民主作风和民主制度。严格的管理制度主要有入所检查，书信检查，送东西登记检查，接见制度，劳动规则等，因为教育所是一种强迫教育，处罚教育，不同于一般的学校。没有严格的管理制度，不能保证悔过教育的进行。学习制度，学习计划也必须有，自新人应当根据学习进度编为各种不同的小组，有计划地分别进行教育，很好地掌握时事教育和悔过教育的结合，学习和生产的结合。

这一时期，中国处于变动的历史进程中，在此过程中，中国的看守所制度也进入了一个过渡阶段，由旧社会的看守所过渡到新的社会体制下的看守所，为新中国的看守所的发展奠定了一定的基础。

第九章　新中国成立以来的看守所

第一节　看守所的现状

一、新中国看守所发展概述

1949 年 10 月 1 日中华人民共和国诞生，成立了中央人民政府。新中国的看守所是在民主革命和抗日战争时期看守所的基础上建立起来的，是人民民主专政的机关，是随着人民政权的建设和法制工作的完善不断发展成熟起来的。为强化人民民主专政，《宪法》第三十七条第三款规定："禁止非法拘禁和以其他方法非法剥夺公民人身自由。"这说明，除了国家司法机关外，任何国家机关、团体或个人都无权设置看守所，否则是非法的。据此，国家公安机关依法把羁押未决犯的场所统一改称为看守所，并从公安部到各省、市（专）县都设置了看守所。公安部还设立了直辖的特别看守所（即秦城监狱，抚顺战犯管理所）。各级公安机关设立看守所或者拘留所，羁押依法被逮捕、拘留的反革命犯和其他刑事犯，同时监管改造少数已决的短刑犯。县（区）以上人民法院也设看守所，关押普通刑事案犯和公安机关移送起诉的案犯和已决待转出的案犯。

1950 年以后，遵照中央人民政府政务院的指令，法院看守所并入公安机关看守所，称某省、专署、县、区看守所，羁押公安机关、检察院、法院逮捕、拘留的人犯及监管刑期较短的已决犯。由于各方面的原因，有关看守所工作的法规、制度、羁押的对象、时限和条件等都还存在着一定的混乱现象，体制领导关系也没有理顺，机构和制度很不完善、很不健全。1954 年召开了第一次全国人民代表大会，颁布了我国第一部宪法，政权建设，法制建设进入了一个新的历史时期。《劳动改造条例》和《逮捕拘留条例》公布之后，各地对看守所进行了整顿，对不同的人犯分别关押、区别对待，还建立了必要的看守所管理制度。此时期的看守所属于劳动改造机关（中华人民共和国的劳动改造机关，是人民民主专政的工具之一，是对一切反革命犯和其他刑事犯实施惩罚和改造的机关）。根据《劳动改造条例》，对没有判决的犯人应当设置看守所给以监管。看守所以中央、省、市、专区、县为单位设置，由各级人民政府公安机关管辖。在同一地点的各单位看守所，可以斟酌情况合并设置。中央直辖市和省会所在地的市辖区的公安分局，有必要设置看守所时，也可以设置。看守所设所长 1 人，副所长 1 至 2 人，下设干事和看守员各若干人。看守所主要羁押未决犯，除此之外，判处徒刑在二年以下、不便送往劳动改造管教队执行的罪犯，可以交由看守所监管。看守所应当负责了解未决犯的情况；对案情重大的未决犯，应当单独羁押；同一案件或案情有关联的未决犯，应当进行隔离，以便配合侦查、审判机关迅速结案。在不妨碍侦查、审判的条件下，应当组织未决犯进行适当的劳动。看守所代为监管的已决犯，应当同未决犯分别关押，并且强制他们劳动生产和对他们进行政治教育。看守所羁押的未决犯，如果已经判处管制或判处劳役而免予监禁的时候，应当根据人民法院确定的判决，送回原居住地或原工作部门，由当地人民政府或原工作部门执行。1957 年 12 月，公安部将看守所统一归属公安机关预审部门管理。

就看守所的立法而言，1962 年 12 月 4 日，公安部制定了《看守所工作制度》，首次具体明确看守所性质、任务、工作原则。全国有了一个统一的、系统的看守工作制度。通过试行看守所工作制度，使看守工作在思想上、组织上、工作上走上了正常的轨道。该《工作制度》还对犯人的收押、看守、提审、押解、生活、卫生、劳动、通信检查、财务与处理、出所等内容作出了规定。

但是“文化大革命”使行之有效的看守所工作遭到了严重的摧残和破坏，给看守工作造成十分严重的损失。1972 年，在毛主席关于一律废除法西斯式审查方式的指示下，对看守所进行了大力整顿，也取得了一定效果。但由于“左”的路线的干扰，有很多重要问题没有得到解决。

十一届三中全会之后，看守工作得到了大力的恢复和加强，使看守工作走上了正确的轨道，随着《刑法》、《刑事诉讼法》的公布和第三次全国预审工作会议的召开，看守干警的法制观念增强，认真按照法律政策做事，看守工作出现了新的面貌，看守所在组织上、业务上、制度上都发生了深刻的变化，看守工作走上了法制化、规范化、科学化管理的轨道。

1979 年第三次全国预审工作会议对《看守所工作制度》试行草案进行了认真的讨论修改，最后形成了《看守所条例》草稿，在此基础上，公安部又做了大量的调查研究工作，听取了各地公安机关反映的意见，征求了司法、人事、财政等部门的意见，形成了《看守所条例》送审稿，于 1988 年报请国务院审议批准。1990 年 3 月 17 日，《中华人民共和国看守所条例》颁布实施，明确看守所以县级以上的行政区域为单位设置，由本级公安机关管辖。省、自治区、直辖市公安厅（局）根据需要，可设置看守所。铁路、交通、林业、民航等系统相当于县级以上的公安机关，可以设置看守所。中国人民解放军军以上单位也可设置看守所，由本级军事单位政治部、保卫部领导和管理。《条例》的公布施行标志着我国看守工作走上了法制化轨道。

我国 1979 年制定的首部《刑事诉讼法》，将被公、检、法逮捕、拘留的在押人员统称为“人犯”。随着我们国家法治建设的发展，1996 年修订的《刑事诉讼法》改变了这个规定，摒弃了有罪推定，确立了“未经人民法院依法判决，对任何人都不得确定为有罪”的制度。在押人员经历在看守所羁押的过程，虽然有很多经过法院判决成为罪犯，但也有的可能不被认定为犯罪就回归到社会。所以在看守所羁押的在押人员的身份与在监狱服刑的罪犯不是等同的，其处遇和管理应该有所区别。1996 年公安部召开“看守所管理工作曲沃、永济现场会”，第一次提出“寓教于管、管教并举”的管理理念。全国看守所创新管理方式，注重对在押人员的教育感化，打破了传统的只管不教的工作模式，使管理工作上升到一个新的水平，看守所管理秩序实现了由乱而治的转变。1997 年 8 月，公安部将原预审局的名称改为“监所管理局”，其职责任务是指导全国公安机关看守所监督管理工作。1997年看守所实行等级化管理，对看守所的执法管理和基础设施建设等提出全面要求，推动了看守所的规范化建设。

1998年，国务院批准了公安部监所管理局的职能和管辖的监管场所的职能，其中明确公安监管部门不是侦查部门，而是对限制人身自由的监管场所的执法管理部门，建立了“侦押分离”的管理体制。同年公安部开展“严格执法、文明管理”看守所创建活动，第一次向社会公开“八项承诺”，接受社会监督，提高了看守所管理的文明化程度和水平。

2004年，最高人民检察院、公安部联合开展“加强监管执法、加强法律监督、保障在押人员合法权益、保障刑事诉讼顺利进行”的“双加强、双保障”示范单位创建活动，把保障在押人员合法权益摆上了突出位置。

2009年以来，公安部监管局按照部党委的部署要求，积极探索中国特色社会主义公安监管工作规律，逐步总结提出了中国特色社会主义公安监管工作七项基本要求，并将在实践中不断提炼完善以指导全国公安监管工作。2009年4月，公安部召开了全国公安监管工作会议。同时，公安部下发《关于进一步加强和改进公安监管工作的意见》，从领导重视、执法管理、队伍建设、基础保障等各方面提出了明确要求，全面促进了看守所安全、文明管理工作。随着公安监管安全文明管理，“牢头狱霸”现象基本杜绝。另外，公安监管信息化工作快速发展，从监控不普及到全面的普及，进而到监控的智能化、互联互通、无线定位。

2010年，将看守所纳入社会治安综合治理，建立完善了党委政府统一领导、综治部门协调、主管部门负责、相关部门支持配合的长效工作机制，长期制约看守所工作发展的瓶颈性问题得以解决。

2011年2月，公安部监管局下发《关于推进看守所管理机制创新工作的通知》，围绕新时期安全、文明的总体目标，对看守所如何适应形势发展变化和法治建设进步的需要，从安全工作、人权保障、服务诉讼、监督制约四个方面提出了具体要求。全国公安监管部门通过开展看守所管理机制创新，执法理念、管理工作都发生了深刻变化。截至2012年6月底，有2152个看守所建立了在押人员安全风险等级评估机制；462个看守所建设了单独关押监室；1282个看守所建立了心理咨询室；1653名民警取得了心理咨询师资格；2461个看守所落实《看守所勤务模式改革指导意见》的各项工作要求；2552个看守所将《看守所告知在押人员权利和义务的规定》印制成册并发放在押人员；2515个看守所在监室内规范张贴权利义务告知和救济渠道、作息时间、食谱、代购商品价格等内容；2616个看守所改革了在押人员一日生活制度；2519个看守所已取消带有歧视性和有罪推定色彩的标语、口号；1253个看守所对未决在押人员实行单向视频会见；1311个看守所实现留所服刑罪犯互联网双向视频会见；2557个看守所向社会公布联系电话；1904个看守所已实行电话或者网上预约提讯、律师会见；2109个看守所完善了接待大厅设施建设；2449个看守所建立了在押人员投诉处理机制，累计处理在押人员投诉2121件；2333个看守所聘请特邀监督员9897人，巡查9640次。

2012年以来，以法制建设为切入点，公安监管部门执法规范化水平大幅提高。一是积极推动公安监管相关法律法规立法进程。部监管局完成《看守所条例》（修订送审稿）的工作，已报至国务院法制办审签。针对羁押工作中存在的问题，提出对《刑事诉讼法》部分条款的修改意见被采纳。积极参与《国家人权行动计划（2012—2015年）》起草工作。二是积极推动公安监管执法制度建设。制定下发了《看守所告知在押人员权利和义务的规定》、《看守所受理在押人员投诉规定》等一系列执法制度。为破解公安监管部门在押人员死亡处理难的问题，积极争取中央政法委领导的支持并与最高检、民政部共同研究制定出台了《看守所在押人员死亡处理规定》，规范在押人员死亡的调查、鉴定、赔偿等工作。三是积极推动检察机关法律监督。认真贯彻落实《关于人民检察院对看守所实施法律监督若干问题的意见》，与检察机关健全联合检查、重点督导、定期通报制度，推进监控联网、在押人员信息联网和检察信箱进监室。协调法院、检察院和公安机关侦查办案部门解决规范提讯、会见、超期限羁押、变更强制措施等问题。2012年10月，公安部为保障未成年人在押人员的合法权益，专门下发了《关于对看守所未成年在押人员实行集中关押管理的通知》。《通知》要求2012年年底前完成未成年在押人员集中关押管理工作。要求关押未成年在押人员的看守所要为未成年在押人员制定专门的管理教育计划，指定管教经验丰富的民警管理未成年在押人员监室。要充分依靠学校、共青团等社会资源，对未成年在押人员进行法律法规、道德修养、文化知识等方面的教育，并针对未成年在押人员的生理、心理特点，开展生理、心理健康教育。最大程度地保障了未成年在押人员的各项权利。

2013 年，为认真贯彻全国公安厅局长会议精神，积极推动平安中国、法治中国建设，把公安监管场所建设成为“安全规范管理、展示法治文明的重要窗口”，公安部在全国看守所开展了“法治文明窗口建设年”活动，推动看守所管理工作由安全管理向建设法治文明的转变。

目前，看守所的立法进程正在加快，《看守所法》有望在不久的将来出台，看守所的发展将步入一个新的发展时期。

二、新中国看守所的性质

《看守所条例》第 2 条规定，看守所是依法羁押被逮捕、刑事拘留的犯罪嫌疑人、被告人的机关。《监狱法》规定，被判处有期徒刑的罪犯在执行刑罚之前，剩余刑期在一年以下的，由看守所代为执行。由此可见，看守所是兼具刑事羁押与短期改造双重职能的关押机构，是我国刑事审判的辅助性部门，一方面为了刑事诉讼的顺利进行而服务，另一方面为了刑事资源的经济性，为刑事审判与刑事执行的衔接而服务，是一个刑事综合性部门。看守所具有以下四个属性。

（一）国家属性

我国的行政机关从本质属性上来看，可以分为以国家性为主和以社会性为主两种。前者以国家的绝对强制力的执行为其主要的工作模式，而后者则以社会服务性为其主要的工作模式，国家强制力一般处于相对置后的状态。看守所属于以国家性为主的行政机关，这是由看守所的政治属性，也是看守所在国家机构中的地位决定的。看守所是由国家根据相关的法律，为了满足国家打击犯罪而设立的，是国家机器的重要组成部分。看守所从古至今都承担着刑事羁押的职能，是完成国家刑事权力的重要过渡机关。国家刑事权力的强制性从羁押开始，看守所的设立目的决定了其执法行为的强制性。自由是公民与生俱来的权利，这种权利是绝对性的权利，任何人无正当理由不得剥夺公民的自由权。看守所在依照法律的前提下，强行剥夺犯罪嫌疑人的自由权，这种剥夺是违背犯罪嫌疑人、被告人以及罪犯的意愿，因此其强制性是其基本的性质。另外，被羁押人员除去被合法剥夺自由之外，还必须遵守看守所关于学习、生活、劳动等方面的管理规定，必须接受管理、教育。看守所是羁押的第一个场所，也就意味着看守所成为国家刑事权力最直接，也是最初的体现。另外看守所的部分监禁职能表明其能够代表国家执行刑罚这一国家最为权威的权力。由此可见，看守所从其本质属性来看，其国家性强于其社会性。

（二）刑事属性

看守所是刑事案件的特有专属机关，也是看守所区别于其他国家机关的特有属性。看守所的刑事属性主要由以下两个方面决定：

一是看守所效力来源的刑事属性，看守所除去其自身的专属性法律，主要的依据是刑法与刑事诉讼法，刑法决定看守所是连接犯罪与刑罚的中间机构。看守所所关押的人员都是涉及刑事犯罪案件的人员，无论是犯罪嫌疑人、被告人以及罪犯所适用的均是刑事法律。刑事诉讼法中的强制措施是看守所的工作内容，也是看守所的工作重心。因此，刑事法律的适用决定了看守所是具有绝对刑事属性的机关。

二是看守主体的刑事属性。看守所隶属于公安机关，看守警察与一般警察的主要区别在于其权力的刑事属性，看守警察的主要任务是保障刑事诉讼的顺利进行，对被看守的犯罪嫌疑人、被告人和罪犯进行监管，其工作内容的刑事属性是必然的也是单纯的。从调整内容上看，警察法调整的是警察机关及其警察人员在维护国家和社会秩序过程中发生的社会关系。看守警察是调整国家刑事权力与犯罪人之间的社会关系，其刑事属性是公权力中最为典型的一种特性。

（三）羁押属性

看守所从字面上理解是指羁押，与拘留、拘押意思相同，因此，无论其法律属性如何，其执法行为的内容是确定的，即羁押，但是这种羁押具有临时性。看守所与监狱的羁押属性的区别在于：看守所羁押的短期性，而监狱的羁押期限一般较长。看守所羁押的临时性决定了其工作形式的灵活性与羁押目的的单一性。

工作的灵活性主要是由于看守时期的特殊性，被羁押人员的情绪与去向处于不稳定的状态，看守工作必须做到常规性羁押与个别化羁押相结合的方式，实现科学羁押、合理羁押与合法羁押。但是看守所的羁押并不是单纯的羁押，这种羁押还包含着两种功能：1. 羁押的防范性。这种防范作用主要体现在四个方面：一是将违法犯罪人员予以监管，使他们没有条件再继续危害社会。二是通过监管工作，预防被羁押人员继续进行违法或犯罪活动，如预防行凶、脱逃等情况的发生，维护监管秩序，保证监所安全。三是通过对被羁押人员的羁押、监管、教育、特定疾病治疗和心理行为矫正，使普通公民从中受到教育，使社会上有违法犯罪活动企图的人得到警示，对预防违法犯罪，稳定社会治安秩序，起到重要作用。四是促使被羁押人员悔过自新，为其回归社会后不再违法犯罪，成为遵纪守法的公民打下思想基础。这种防范性构成了看守羁押的基本特征，是看守工作的首要功能。2. 羁押的矫正性。根据《看守所留所执行刑罚罪犯管理办法》的规定，罪犯的人格不受侮辱，人身安全和合法财产不受侵犯，罪犯享有辩护、申诉、控告、检举以及其他未被依法剥夺或者限制的权利。罪犯应当遵守法律、法规和看守所管理规定，服从管理，接受教育，按照规定参加劳动。虽然看守所是临时性的羁押场所，但是这种临时性的场所同样具有矫正的功能，原因在于：一是看守所是被羁押人被剥夺人身自由的第一阶段，这一阶段的特殊性决定了被羁押人的心理状态处于不稳定的阶段，这个阶段的思想引导就显得格外重要，如果能够合理引导，既能使得刑事诉讼更加顺利的进行，同时为将来的服刑期间的矫正奠定较好的基础；二是一个人虽然是违法或者犯罪，但仍有人的尊严、人格、求生欲、求知欲以及对前途和希望的追求，并且绝大多数被羁押人员最终还要回归社会。因此，对被羁押人员进行教育，可以唤起其良知、启迪其思想、引导其行为，促使其成为遵纪守法的公民，回归社会。看守所管理的对象中包括刑期较短的罪犯，对待这部分人群，看守所重要的执法目标之一就是矫正犯罪。看守所的矫正性虽然与监狱的矫正性相比不具有普适性和长期性，但是其为刑事犯罪人与监狱的矫正工作的顺利过渡起到了较为重要的作用，因此，矫正功能也是看守所较为重要的功能之一。

（四）法律属性

看守所的监管活动都必须是依据国家的法律、法规来进行的。看守所的羁押与监管是依据《刑法》、现行《刑事诉讼法》、《监狱法》和《看守所条例》等法律、法规进行的。看守所不仅仅体现国家刑权力行使的正确与否，也体现一个国家的人权保障程度，因此，看守所工作的法律属性显得格外重要。看守所的管理必须依照《宪法》对公民的基本权利与义务进行规范，保证其管理理念与原则的合法性。自由权是个人的基础性权利，基础性权利的剥夺必须具有严格的法律依据与法律程序，要实现羁押的实体正义与程序正义的并存。否则，看守工作的正当性必然会受到质疑。看守所的法律属性主要体现在以下三个方面：一是羁押程序的合法性，保障羁押的起因、羁押手续、羁押期限的合法性；二是羁押方式的合法性，保障羁押方法，分类羁押以及特殊人群羁押的合法性；三是诉讼权利保障的合法性，保障被羁押人员充分、合理的行使自己的诉讼权利，保障刑事诉讼的顺利进行。

三、看守所的设置

（一）级别设置

根据《中华人民共和国看守所条例》（下简称《条例》）第二条规定："看守所是羁押依法被逮捕、刑事拘留的人犯的机关。""被判处有期徒刑一年以下，或者余刑在一年以下，不便送往劳动改造场所执行的罪犯，也可以由看守所监管。"[①]看守所具有短期羁押与刑罚执行的双重功能，在其机构设置和级别设置的时候都应当对此进行考虑。看守所的设置，主要以行政区域为单位，以块为主，兼顾条的需要。看守所分为中央、省、地、县四级。《条例》第五条规定，看守所以县级以上的行政区域为单位设置，

---

① 但现行刑诉法第二百五十三条第二款规定："对被判处死刑缓期二年执行、无期徒刑、有期徒刑的罪犯，由公安机关依法将该罪犯送交监狱执行刑罚。对被判处有期徒刑的罪犯，在被交付执行刑罚前，剩余刑期在三个月以下的，由看守所代为执行。"

由本级公安机关管辖。省、自治区、直辖市国家安全厅（局），根据需要设置看守所。铁路、交通、林业、民航系统相当于县以上公安机关需要设置的，应报各部（局）公安局备案。某种程度上，看守所是作为侦查办案部门的一个配合机构而存在的。

（二）人员设置

根据《中华人民共和国看守所条例》和《中华人民共和国看守所条例实施办法》规定，看守所设所长1人，副所长1至2人；根据工作需要，配备看守、管教、医务、财会、炊事等工作人员若干人。看守所干警配备的标准为：县（旗、市）一般不得少于12人，月平均在押人员数超过100人的，一般按百分之十五配备；大中城市看守所，一般按月平均在押人员数的百分之二十配备。各地可根据实际情况，逐步配齐。看守所应当配备医务人员。根据实际需要，设立医务室或卫生所。看守所的炊事员，按月平均在押人员数的百分之三的比例配备，但最少不得少于2人。看守所可根据需要，适当配备其他工勤人员。另外，看守所应当配备女工作人员管理女性在押人员。看守所对在押人员的武装警戒和押解由中国人民武装警察部队（以下简称武警）担任。其目的是为了防范和制止在押人员自杀、脱逃、行凶、破坏、骚乱，镇压在押人员暴动，防范和制止敌对分子、违法犯罪分子袭击看守所、劫持在押人员及其他危害看守所安全的破坏活动。铁道、交通、林业、民航等系统设置的看守所，由看守干警担负对在押人员的武装警戒和押解任务。看守所对执行任务的武警实行业务指导。驻看守所的武警部队根据看守工作的需要和武警《内卫勤务条例》部署警力，武警应当在监区大门、岗楼等处设置哨位。看守所的人员设置一方面为了保证看守工作的效率性，同时也要保证看守工作的安全性。

除此之外，根据《公安部监所管理局关于修订看守所等级评定标准的通知》中对三级以上看守所的人员配置进行了最低限度的规定。三级看守所的人员配置必须具备以下条件：看守所必须配备所长，班子成员不少于二人，且至少一人具有大专以上文化程度。县级看守所的主要领导由副科级以上干部担任，地市级看守所的主要领导由副处级以上干部担任。关于民警的配备问题，《通知》同时规定，三级看守所需要具备的条件是：日常关押量在一百五十人以下的看守所，警力不低于十八人；与拘留所合设的看守所，警力不低于二十一人（押量小的看守所可适当降低标准）。日常关押量在一百五十人至五百人的看守所，民警与月均关押人数的比例不低于 12%；日常关押量在五百人以上的看守所，民警配备在六十人以上，且不低于月均关押人数的 10%；日常关押量在一千人以上的看守所，民警配备在一百人以上，且不低于月均关押人数的 7%。配备技术民警、医务人员、财会人员以及必要的工勤人员。

第二节　看守所的职能

看守所是刑事诉讼顺利进行的过渡性机构，根据其独特的工作性质以及其羁押对象的特点，看守所除了单一的羁押之外，应当将科学合理的羁押与安全、改造等等作为其外延的工作理念。根据看守所在刑事诉讼过程中的地位，看守所应当具备安全、改造、调研、监督、刑罚执行、教育感化深挖犯罪等六大职能。

一、安全职能

所谓安全职能，就是看守所必须确保监所的绝对安全，保障侦查、诉讼活动的顺利进行。安全职能是看守所的首要职能，看守所的首要工作是保障刑事诉讼的顺利进行，在整个诉讼过程中，看守所必须保证被羁押人员参与刑事诉讼的及时性与安全性。及时性体现在根据刑事诉讼的时间安排，充分配合国家的审判活动。安全性则体现在两个方面：一方面是将犯罪嫌疑人和被告人置于公安机关的控制之下，防止其再次威胁社会安全；另一方面对其进行必要的思想教育与法律教育，使其能够积极配合刑事诉讼活动的进行，避免在刑事审判过程中出现串供和规避刑法的行为发生，从而保证刑事诉讼活动的通畅与安全。

二、改造职能

看守所的改造职能分为两个阶段：第一个阶段是针对处于刑事诉讼过程中的未决犯，对于未决犯的改造主要立足于其所处的特定阶段，主要的改造方式是通过对其进行教育矫治，一是为其提供相应的法律咨询与法律学习的机会，使其能够充分认识到自己所犯罪行的性质、轻重以及给社会带来的负面影响，促其认罪服法，服从管理，更好地配合审讯审判；二是开展心理和行为矫治，培养其遵纪守法的自觉性，提高其道德修养和个人素质，为回归社会打下基础。第二个阶段是针对短期已决犯，已决犯的思想状态较为稳定，可以对其进行有计划性的改造，但是由于看守所羁押期限的限制，这类已决犯的刑期较短，在改造时需要考虑已决犯的再社会化问题。社会化改造需要注意两个方面：一是工作技能的社会化，为罪犯的再社会化提供一定的技能培训，增强其适应社会的能力；二是对其进行法制教育，为其再社会化创造良好的思想条件，实现刑罚的一般性预防功能。看守所将两个阶段相结合，实现看守所的针对性改造职能。

三、调研职能

调研职能是看守所的一项拓展职能，是指看守所在监管工作中，应当开展犯罪规律特点及破案对策、社会治安防范的薄弱环节及改进措施、内部执法质量及廉政状况等方面的调研，并将调研结果及时反馈给有关部门。目前，江苏在全省看守所推行的“在押人员入所前活动轨迹分析研判”和“出所高危人员预警工作”就是调研职能最直接的体现。大批在押人员较长时间地关押在看守所，接受看守民警的教育和管理。这种长时间的接触，不仅为看守民警和在押人员之间的沟通创造了条件，也使看守所的调研职能具有了充分的可能性；日趋复杂的社会治安形势和日益完善的执法监督，需要看守所不断增强适应能力，提高执法水平。看守所行使调研职能，有助于看守所及时把握治安防范和打击犯罪工作中出现的新情况、新问题，及时发现执法工作中存在的突出问题，并及时提出相应措施，使公安机关的治安防范、打击犯罪和专业执法工作都始终处于主动地位和较高水平。

看守所的调研职能一方面为看守制度的进一步完善和科学化管理提供相应的理论与实践支撑；另一方面，看守所的调研职能也能为看守干警的进一步深入研究提供较好的平台，为看守所的人才选拔提供有力的依据。

四、监督职能

看守所作为刑事诉讼活动的核心机构，除了保障刑事诉讼过程的顺利进行外，还需要保证刑事诉讼活动的开展具有合法性与合理性，看守所虽然隶属于公安机关，但是其职能决定其应当对公安机关中的侦查部门的相关行为进行监督，结合现行《刑事诉讼法》可以看出，看守所的监督职能主要体现在以下三个方面：

（一）对家属知情权的监督

现行《刑事诉讼法》第八十三条规定："除无法通知或者涉嫌危害国家安全犯罪、恐怖活动犯罪通知可能有碍侦查的情形以外，应当在拘留后二十四小时以内，通知被拘留人的家属。有碍侦查的情形消失以后，应当立即通知被拘留人的家属。"第九十一条第二款规定："逮捕后，应当立即将被逮捕人送看守所羁押。除无法通知的以外，应当在逮捕后二十四小时以内，通知被逮捕人的家属。"从立法理念来看，看守所作为侦查机关的协助履行职务的部门，应当监督侦查部门在合理时间内通知被逮捕人家属，如果侦查机关没有及时通知被逮捕人家属的，看守所应当对其进行提醒或者代为通知。

（二）强制措施执行的监督

现行《刑事诉讼法》第九十六条规定："犯罪嫌疑人、被告人被羁押的案件，不能在本法规定的侦查羁押、审查起诉、一审、二审期限内办结的，对犯罪嫌疑人、被告人应当予以释放；需要继续查证、审理的，对犯罪嫌疑人、被告人可以取保候审或者监视居住。"第九十七条规定："人民法院、人民检察院或者公安机关对被采取强制措施法定期限届满的犯罪嫌疑人、被告人，应当予以释放、解除取保候审、监视居住或者依法变更强制措施。犯罪嫌疑人、被告人及其法定代理人、近亲属或者辩护人对于人民法院、人民检察院或者公安机关采取强制措施法定期限届满的，有权要求解除强制措施。”针对超期羁押的情况，看守所应当书面报告同级人民检察院，并抄送办案机关。

（三）讯问地点的监督

现行《刑事诉讼法》第一百一十六条第二款规定：“犯罪嫌疑人被送交看守所羁押以后，侦查人员对其进行讯问，应当在看守所内进行。”第一百二十一条规定：“侦查人员在讯问犯罪嫌疑人的时候，可以对讯问过程进行录音或者录像；对于可能判处无期徒刑、死刑的案件或者其他重大犯罪案件，应当对讯问过程进行录音或者录像。”“录音或者录像应当全程进行，保持完整性。”看守所应当严格遵守相应的规定，一方面为讯问提供必要的场地和设施，另一方面对讯问过程的录音和录像进行合理保管，以保证讯问的合法性，避免刑讯逼供的发生。看守所作为强制措施的执行机关，应当以安全监管、合法监管、合理监管为宗旨，对于违背其监管宗旨的行为必须予以否定，对违反监管安全的行为必须坚决制止，当被看守人被收押至看守所之日起，看守所应当保证其人身和民主的各项权利不受不法侵害，这就要求看守所应当将其合理地置于其保护之下，讯问地点不得由侦查部门随意变更，讯问过程也应当在看守所的完全监督之下。

虽然法律没有将此作为看守所的监督职能来进行规定，但是从其本质含义上来看，在刑事诉讼过程中，看守所应当主动对这些与看守所的执法与监管相关的行为进行监督，保证刑事诉讼的程序正义。

五、刑罚执行职能

2008年颁布的《看守所留所执行刑罚罪犯管理办法》规定，被判处有期徒刑的罪犯，在被交付执行前，剩余刑期在一年以下的，由看守所代为执行刑罚。被判处拘役的罪犯，由看守所执行刑罚。根据现行《刑事诉讼法》第二百五十三条第二款规定，对被判处有期徒刑的罪犯，在被交付执行刑罚前，剩余刑期在三个月以下的，由看守所代为执行。对被判处拘役的罪犯，由公安机关执行。看守所管理罪犯应当坚持惩罚与改造相结合、教育和劳动相结合的原则，将罪犯改造为守法公民。这种刑罚执行方式节约了罪犯交付执行活动中的成本投入，为罪犯家属探视及感化教育提供了便利条件。看守所有义务保障留所服刑罪犯的各项基本权利，罪犯的人格不受侮辱，人身安全和合法财产不受侵犯，罪犯享有辩护、申诉、控告、检举以及其他未被依法剥夺或者限制的权利。同时，看守所应当为罪犯行使权利提供必要的条件。罪犯应当遵守法律、法规和看守所管理规定，服从管理，接受教育，按照规定参加劳动。看守所主要是羁押依法被逮捕、刑事拘留的犯罪嫌疑人的场所，其任务是依据国家法律对被羁押的人员实行警戒看守，保障人员安全和侦查、起诉、审判工作的顺利进行。但是与专门的监狱场所相比，看守所的硬件设施、人员配备、管理方式等方面，都难以适应对罪犯进行教育改造的要求。留所服刑人员如果过多，一方面与看守所的职能和性质不相适应，另一方面也造成对他们的教育和劳动改造难以有效进行。对留所服刑罪犯仍需进一步的科学化管理，这也是看守所未来功能研究的主要课题之一。

六、教育感化深挖犯罪职能

教育、感化、挽救是我国公安监管工作的基本方针，在这一方针指导下，对在押人员的教育工作始终是看守所的一项重要任务，是监管工作的一项重要内容。做好教育工作不仅是稳定看守所秩序、实现看守所安全的有效手段，而且对促进社会治安综合治理具有重要意义。看守所通过开展形势政策和法律等教育，促使在押人员转变思想，主动坦白余罪，检举揭发公安机关尚未掌握的他人的违法犯罪事实，更好地落实国家宽严相济的刑事政策，使在押人员走上自首和立功赎罪之路，这既是保障在押人员检举权的重要途径，又可最大限度地降低办案成本，为打击犯罪服务。看守所教育感化，深挖犯罪工作不属于侦查工作范畴，从有效打击违法犯罪的角度考虑，应当充分运用看守所“违法犯罪信息库”这一资源。

看守所的六项职能必须处于一种相互协调、相互促进的关系。安全职能是看守所的基础职能，离开了这一职能去行使其他职能，是舍本求末；反之，因为要行使安全职能而忽略其他职能，看守所工作也是不完善的。由于对看守所的职能结构缺乏完整的认识或者认识没有到位，所以在行动上没有采取必要的具体措施，致使看守所的一些职能作用没能得到最充分、最有效的发挥，甚至根本就没发挥。反之，因为这些作用发挥不充分，又影响了对看守所职能结构及其作用的认知与反思。看守所必须对现行的工作机制进行必要的改革，建立起一种全新的运行机制，以确保这六项职能得以充分发挥。

第三节　看守所的收押

看守所的收押是看守所最为重要的程序之一，看守所能否合理地履行其职能，收押的程序是否正当是评价的一项重要标准。看守所收押的对象、收押的程序以及收押的方式是否合理也是对看守所工作的科学性进行认定的一项重要指标。

一、看守所的收押对象

根据《看守所条例》，看守所收押的对象主要包括以下几类。

（一）依法被刑事拘留、逮捕的犯罪嫌疑人、被告人。这部分人群是看守所收押对象的主体人群，由于其特殊性，看守所的羁押性质主要是预防性羁押。

（二）被判处有期徒刑，在被交付执行刑罚前，剩余刑期在三个月以下的罪犯以及被判处拘役的罪犯。这部分群体被看守所羁押的原因在于其剩余刑期较短，为了节省运送与接收资源，降低司法成本，看守所在能够承受的范围之内承担了部分监狱职能。

（三）公安、司法机关在押解和追捕逃犯中需要暂时寄押的犯罪嫌疑人、被告人和罪犯。对于这部分羁押对象，必须由县级以上公安机关、国家安全机关、监狱、人民法院、人民检察院提供追捕、押解犯罪嫌疑人、被告人或罪犯的临时寄押的证明文书。

（四）再审案件的原审被告。这部分人群的数量较少，但是这部分人群的思想波动幅度较大，需要对其进行重点监管。

（五）已经服刑、发现新罪需提回再侦的罪犯。针对这部分罪犯，凭人民法院的《再审裁定书》和公安、检察、安全机关的《提解证》或书面证明，暂予羁押。

（六）监外执行的罪犯。监外执行情形消失，需要收监执行的，这部分罪犯，原经法院裁定监外执行的，由法院做出收监执行决定，凭法院《收监执行决定书》收押，其中余刑一年以上（现行《刑事诉讼法》生效之后为三个月以上）的按规定投送监狱。罪犯居住地看守所收到公安机关收监执行通知书后，应当立即将罪犯收监执行。

（七）在判决前未被羁押，判决后需要收监执行刑罚的罪犯。对于这部分罪犯，在判决生效前由人民法院做出逮捕决定，凭人民法院逮捕决定书收押，判决生效后凭人民法院判决书或裁定书、执行通知书收押。

另外，对看守所收押的对象，应当进行健康检查，有下列情形之一的，不予收押。

（一）患有精神病或者急性传染病的；

（二）患有其他严重疾病，在羁押中可能发生生命危险或者生活不能自理的，但是罪大恶极，不羁押对社会有危险性的除外；

（三）怀孕或者哺乳自己不满一周岁的婴儿的妇女。

看守所收押时，须凭送押机关持有的县级以上公安机关、国家安全机关签发的逮捕证、刑事拘留证或者县级以上公安机关、国家安全机关、监狱、人民法院、人民检察院追捕、押解犯罪嫌疑人、被告人或罪犯临时羁押的证明文书等相关法律凭证。没有上述凭证，或者凭证的记载与实际情况不符的，不予收押。

二、收押的程序

根据看守所条例的规定，看守所收押必须由两名以上工作人员进行。收押一般经过下列程序。

（一）查验法律凭证

看守所收押人时必须有法定的凭证或证明文件。即送押机关必须持有县级以上公安机关或国家安全机关签发的逮捕证、拘留证。或者人民法院的判决书、执行通知书、决定再审裁定书、押票或者人民检察院的抗诉书，公安机关的通缉令，或者县级以上公安机关、国家安全机关、监狱、人民法院、人民检察院在追捕、押解犯罪嫌疑人、被告人、罪犯临时羁押的其他证明文件，看守所方予以收押。

看守所对送押机关的人及提交的拘留证（副页）、逮捕证（副页）或再审案件裁定书（副本）及追捕、押解等证明文书，应及时查验其是否符合收押条件，凭证是否具有法律效力。如发现凭证有涂改或者不清楚之处，应由押解人员作出解释、校正并写出文字说明，签名或盖章，以示法律责任。没有上述凭证或者凭证的记载与实际情况不符合的，或者仅凭某领导的批条、电话指示、口头传达的要求收押的，则一律不予收押。对于不符合法律规定证件而要求羁押的，看守所有权拒绝收押。

（二）进行健康检查

在查验法律凭证、认定符合收押条件之后，要对被收押人的身体健康状况进行检查。健康检查的目的是了解被收押人的身体健康状况，保障看管与办案工作顺利进行。防止把有严重疾病或者有生命危险的人收押进来，发生死亡，造成不良影响，防止把传染病带进看守所造成蔓延，危及其他在押人员的安全。健康检查应当由医生进行，并认真填写健康检查笔录。受医务人员力量、技术和检验设备等制约，公安部于 2010 年专门制定了《关于规范和加强看守所管理确保在押人员身体健康的通知》，要求看守所收押犯罪嫌疑人、被告人必须由医生进行健康检查，看守所不具备健康检查条件的，由送押机关送本地县级以上医院进行健康检查。检查的项目为血压、血常规、心电图、B 超、胸片等，检查结果作为收押的参考依据之一。在健康检查中，发现被收押人中有《看守所条例》第十条规定的情形之一的，则不予收押，提请送押机关依法作其他处理。对于收押后发现不应当收押的，提请办案机关依法变更强制措施；对可能患有精神病的被送押人，由办案机关负责鉴定。但对其中患有一般性传染疾病的人员，可以收押，收押后要采取分押分管或者采取其他隔离措施。对在健康检查时，发现被收押人有疑似精神病，而又无法确定的，可以暂时收押，对可能造成人身伤害，影响监室秩序的，可对其采取保护性强制措施予以约束，并派专人看护。同时由办案单位负责鉴定，鉴定结束后，依法处理。

（三）人身和物品检查

对符合规定条件应予收押的犯罪嫌疑人、被告人，应当对其人身和携带的物品进行严格检查。非日常用品应当登记，代为保管，出所时核对发还或者转监狱。违禁物品予以没收，发现犯罪证据和可疑物品，要当场制作笔录，由被收押人签字捺指印后，送案件主管机关处理。对女性被收押人的人身检查，由女工作人员进行。

1. 进行人身和物品检查的原因。被逮捕、拘留的犯罪嫌疑人、被告人绝大多数是对社会有严重危害的犯罪分子，为了逃避打击，有些人想方设法在身体一些部位和携带的物品内夹带、隐藏各种罪证和有可能危及监所安全的危险品、违禁品。公安司法机关在拘捕时，虽然做过检查，但由于检查目的不同或者检查不细致，危险品和违禁品有可能被遗漏。

2. 检查目的。发现危及看守所安全的危险品和违禁品，以及与案件有关的物证、书证和可疑物品。

3. 检查结果的处理。检查中发现犯罪证据或可疑物品，要予以扣押，当场制作扣押物品清单，由被收押人写明物品来源，签名或按指纹，执行人员签名。然后，将扣押物品和扣押物品清单及时转送办案机关处理；对查出的危险品、违禁品，应办理登记手续，依法予以没收或处理；对于非日常生活用品，要当面点清，逐件查看，并填写财物保管登记表，在被收押人签字或按指纹后，由看守所予以暂时代为保管，出所时清点发还。对于不宜保管或易于发霉变质的物品，可让被收押人家属领回。

（四）采集信息

对准予收押的人，要进行询问和登记：一方面是了解和掌握犯罪嫌疑人、被告人的基本情况，有利于以后的警戒看管教育工作；另一方面是核实被收押人的情况，从中发现错拘、错捕的人或者可疑线索。询问的主要内容是被收押人的基本情况，涉嫌犯罪的性质，主要涉嫌犯罪事实，同案犯姓名及住址，被收押人的家庭成员、主要社会关系等信息。收押民警应当按照相关规定采集被收押人员信息，并录入看守所管理信息系统。询问登记后，开具提讯证，供办案单位提讯犯罪嫌疑人、被告人时使用。

（五）拍摄照片和捺印指纹

对收押的犯罪嫌疑人、被告人，按照公安部技术规范要求，采用数字采集设备，现场采集被收押人员正面、左侧面、右侧面数字相片三张。对收押的犯罪嫌疑人、被告人应当捺印十指指纹和掌印。捺印指纹掌纹要求纹线清楚，有比对使用价值。

（六）告知其应享有的合法权利与应尽的义务

这是源于犯罪嫌疑人与被告人所享有的知悉权。知悉权是未决羁押人员应当享有的一项重要的诉讼权利，是实现其他诉讼权利的基础，也是程序公正基本要求之一。知悉权作为未决羁押人员一项必要的诉讼权利，不仅在国际公约中做出了明确的规定，许多国家的国内立法也给予了详细界定。例如，《欧洲人权公约》第 5 条第 2 款规定：“任何被逮捕的人，都必须尽快用他所能听懂的语言告诉他被逮捕的原因以及对他的任何指控。”未决羁押人员知悉权的内容非常广泛，具体而言主要包括获悉自己依法应当享有的诉讼权利、被指控罪行的性质、事实和理由、直接影响自己自由和财产等宪法权利的拘留、逮捕、搜查、扣押等强制措施的决定及理由等重要诉讼信息。对收押的犯罪嫌疑人、被告人在关进监室之前，应当告知被羁押人在被羁押期间所享有的各项权利和其应尽的义务以及行使权利的方法和途径。2011 年公安部专门制定了《看守所告知在押人员权利和义务的规定》，规定了在押人员在羁押期间必须遵守的十二项规定，依法享有的十二项权利以及救济途径，明确了看守所的告知义务。在押人员享有的法定权利源于我国的相关法律规定。根据我国《宪法》、《看守所条例》、《监狱法》和现行《刑事诉讼法》等法律、法规的规定，在押人员在看守所羁押审查或改造期间，虽然其人身自由受到限制，部分权利发生一些变化，但仍享有比较广泛的权利。

1. 人身权利

人身权利是在押人员的基本权利，主要有以下四个方面。

第一，生命权。生命权主要是指公民的生存权利。生命权非经国家依法剥夺，任何机关、团体、个人都无权侵犯。我国《民法通则》第九十八条规定："公民享有生命健康权。"在押人员虽被羁押或被改造，其人身自由受到限制，但依然享有生命权。因此，其继续生存的权利和条件必须依法予以保护。即使是对于被判处死刑的犯罪分子在最高人民法院未下达执行死刑的命令立即执行以前，仍享有生命权。

第二，健康权。在押人员的健康权主要是指被羁押的在押人员有获得维护其健康所必需的物质保证的权利。看守所应为在押人员的衣、食、住等生活条件和医疗卫生设施及药品供应等提供必要的物质保障。保障在押人员的健康权利是对其实现监管和刑事诉讼活动顺利进行的重要前提，也是人道主义的体现。在押人员每天应当保证能够享有规定的伙食实物量标准，享有足够的饮用水，每天睡眠不少于 8 小时，每日上午、下午各进行一次不少于一小时的监室外活动（雨、雪等特殊天气除外），以保证其健康。

第三，人格受到尊重的权利。尊重人格是公民做人的起码权利。《宪法》第三十八条规定："公民的人格尊严不受侵犯。"在押人员也是公民，应享有应有的人格权。看守所应严格制止侮辱在押人员人格的行为。

第四，不受刑讯逼供、殴打或体罚、虐待的权利。《看守所条例》和《刑法》明确规定，要保障在押人员的合法权益，严禁打骂、体罚、虐待。被羁押人员不被看守管理人员及其他在押人员欺压、凌辱、殴打、体罚、虐待；不受其他在押人员安排和指使。对犯罪嫌疑人、被告人进行刑讯逼供，构成犯罪的，应追究刑事责任。监狱、拘留所、看守所等监管机构的监管人员对被羁押人进行殴打或者体罚、虐待，构成犯罪的，依法追究刑事责任。

2. 会见与通信权利

看守所的会见可以分为一般会见与视频会见两种。一般会见就是被羁押人员与外界人员面对面的会见，视频会见是我国公安部 2012 年新设立的一种会见制度，是通过互联网来实现的一种会见方式。

第一，一般会见。在押人员中的犯罪嫌疑人和刑事被告人属于未决犯，他们正在接受公、检、法机关的审查，因此，他们与外界的联系基本上处于隔绝状态。但是他们在以下两种情况下的会见和通信是法律允许的：一是“在羁押期间，经办案单位同意，并经公安机关批准，可以与亲属通信、会见。”“配偶、父母亲或者子女病危时，除案情重大的以外，经办案机关同意，并经公安机关批准，在严格监护的条件下，允许其回家探视。”（见《看守所条例》第二十八条）；二是“辩护律师自人民检察院对刑事案件审查起诉和人民法院受理案件之日起，可以同在押的犯罪嫌疑人、被告人会见和通信。其他辩护人经人民检察院、人民法院许可，也可以同在押的犯罪嫌疑人、被告人会见和通信。”（见原《刑事诉讼法》第三十六条）

另外，在2012年度的现行《刑事诉讼法》第三十七条中对本条款进行了修改：“辩护律师可以同在押的犯罪嫌疑人、被告人会见和通信。其他辩护人经人民法院、人民检察院许可，也可以同在押的犯罪嫌疑人、被告人会见和通信。”“辩护律师持律师执业证书、律师事务所证明和委托书或者法律援助公函要求会见在押的犯罪嫌疑人、被告人的，看守所应当及时安排会见，至迟不得超过四十八小时。”“辩护律师会见在押的犯罪嫌疑人、被告人，可以了解案件有关情况，提供法律咨询等；自案件移送审查起诉之日起，可以向犯罪嫌疑人、被告人核实有关证据。辩护律师会见犯罪嫌疑人、被告人时不被监听。”“危害国家安全犯罪、恐怖活动犯罪、特别重大贿赂犯罪案件，在侦查期间辩护律师会见在押的犯罪嫌疑人，应当经侦查机关许可。上述案件，侦查机关应当事先通知看守所。”根据现行《刑事诉讼法》的规定，犯罪嫌疑人与被告人的会见权获得了充分的拓展，一方面有利于其保护自身的权利，及时得到律师的帮助，另一方面也为监督侦查工作的进行提供了良好的途径。

第二，视频会见。根据2012年6月27日公安部下发的《看守所在押人员视频会见工作规范》（以下简称《规范》）对我国看守所在押人员的会见制度做了新的调整和补充。视频会见一方面为犯罪嫌疑人、被告人以及罪犯提供了更为便利的会见方式；另一方面，对特殊条件的未决犯提供了权利保障的新途径，也有利于社会对看守监管工作的深度监督，是我国看守制度改革与发展的一大突破。《规范》要求看守所应当设置视频会见室，安装视频会见系统，对犯罪嫌疑人、被告人和罪犯实行视频会见。视频会见分为双向视频会见和单向视频会见两种。

双向视频会见适用于执行通知书已经送达但尚未交付执行的罪犯和留所服刑的罪犯。留所服刑罪犯的近亲属不便来看守所当面会见的，留所服刑罪犯或者其近亲属可以书面或者通过电话、互联网向看守所提出视频会见的申请，看守所对于留所服刑的罪犯或者近亲属的申请应当批准并安排会见。罪犯双向视频会见每月安排不得超过 2 次，每次会见不超过 30 分钟。双向视频会见通过互联网进行，严禁介入公安网，会见时双方可以通话。但罪犯不得穿着显示看守所标识的服装。

单向视频会见适用于犯罪嫌疑人、被告人。单向视频会见室应当分别设在看守所监区内和会见区内。单向视频会见仅供亲属单向可视犯罪嫌疑人、被告人，双方不得通话。犯罪嫌疑人、被告人患有较为严重疾病，或者羁押时间较长，或者属于未成年人，经看守所所长批准之后，看守所可以联系其近亲属到看守所进行单向视频会见。犯罪嫌疑人、被告人单向视频会见每月不超过 1 次，每次会见不超过 5 分钟。单向视频会见不通知犯罪嫌疑人、被告人，由看守所以谈话教育等形式进行。外籍犯罪嫌疑人、被告人和罪犯暂不安排视频会见。

犯罪嫌疑人、被告人以及罪犯视频会见，应有民警在场监督，发现违反看守所管理规定，不适宜继续会见的，立即终止会见，并视情况取消申请会见的资格。

除了会见之外，在押的已决犯享有通信权，根据《监狱法》相关规定："罪犯在服刑期间可以与他人通信，但是来往信件应当经过监狱检查。监狱发现有碍罪犯改造内容的信件，可以扣留。罪犯写给监狱的上级机关的信件，不受检查。""罪犯在监狱服刑期间，按规定，可以会见亲属、监护人。"看守所中关押的已决犯应当享有与监狱关押的已决犯同等的权利，因此，看守所中关押的已决犯也应当与监狱中的已决犯一样享有通信会见权。

3. 控告、检举权

控告与检举是公民的法定权利。我国《宪法》第四十一条所规定的控告、检举权对在押人员也完全适用。现行《刑事诉讼法》第十四条第二款规定：“诉讼参与人对于审判人员、检察人员和侦查人员侵犯公民诉讼权利和人身侮辱的行为，有权提出控告。”控告、检举权是在押人员维护自身合法权利的法律武器之一，十分重要。对上诉、申诉、控告、检举、聘请律师等材料，看守所应及时转交有关部门，不得扣押、拖延和损毁。为保障在押人员控告权的实施，2011 年 9 月，公安部专门制定了《看守所受理在押人员投诉规定》，对看守所在押人员投诉受理、调查、处理工作进行了规范，畅通了在押人员投诉渠道。

4. 选举权

法律规定，凡是未被剥夺或停止政治权利的犯罪嫌疑人、刑事被告人或罪犯，都享有参加选举的权利。全国人大常委会《关于县以下人民代表大会直接选举若干规定》中规定：“判处有期徒刑、拘役、管制而没有附加剥夺政治权利的，都可以行使选举权。”《看守所条例》第四十四条规定：对于人民检察院或者人民法院没有决定停止行使选举权的被羁押犯罪嫌疑人、刑事被告人，准予参加县级以下人民代表大会代表的选举。

5. 宗教信仰自由权

《宪法》第三十六条规定：“中华人民共和国公民有宗教信仰自由。任何国家机关、社会团体和个人，不得强制公民信仰宗教或者不信仰宗教。”在押人员在羁押监管期间享有宗教信仰自由的权利，看守所不得加以干涉，不得强迫其信仰或不信仰宗教，也不得歧视信仰宗教的在押人员。除此之外，外籍在押人员的风俗与禁忌也应当得到尊重。

6. 立功受奖权

被羁押、监管或改造的在押人员享有立功受奖的权利。《看守所条例》第三十五条规定：“在押人员在被羁押期间，遵守监规，表现良好的，应当予以表扬和鼓励；有立功表现的应当报请办案机关依法从宽处理。”《监狱法》第五十七条规定：罪犯能遵守监规，努力学习，认罪服法，或在阻止违法犯罪活动、生产节约、技术革新、防止或消除灾害事故等方面做出一定成绩或贡献的，监狱可以给予物质奖励或者记功。

7. 未成年在押人员享有的法定权利

根据现行《刑事诉讼法》、《未成年人保护法》和《预防未成年人犯罪法》等法律的规定，未成年犯罪嫌疑人、刑事被告人除享有成年犯罪嫌疑人、刑事被告人享有的有关权利外，还享有以下几项特定权利：保留学籍权；分别关押、管理、教育权；法定代理人到场权；不公开审理权；不公开报导权；不得歧视权等。

8. 刑事诉讼权利

刑事诉讼活动是围绕解决犯罪嫌疑人、刑事被告人的刑事责任展开的。为此，现行《刑事诉讼法》和有关法律规定，犯罪嫌疑人、刑事被告人在刑事诉讼过程中享有充分的诉讼权利，归纳起来主要有以下各项权利。

第一，使用本民族语言文字进行诉讼的权利；

第二，要求审判、检察、侦查、翻译人员及书记员和鉴定人回避的权利；

第三，各种形式的辩护权利；

第四，被羁押的犯罪嫌疑人、刑事被告人有申请取保候审权；

第五，对强制措施超过法定期限的，有权要求解除强制措施；

第六，犯罪嫌疑人有拒绝回答与本案无关的提问的权利；

第七，讯问聋哑的犯罪嫌疑人时应当有通晓聋哑手势的人参加；

第八，有核对讯问笔录和要求书写亲笔供词的权利；

第九，对审判、检察、侦查人员侵犯其诉讼权利和人身侮辱的行为有提出控告的权利；

第十，有不受刑讯逼供的权利；

第十一，对不服检察院做出的不起诉决定，有提出申诉的权利；

第十二，在法庭审理中，对起诉书指控的犯罪有陈述的权利；

第十三，在法庭审理中，有向证人、鉴定人发问的权利；

第十四，在法庭审理中，有申请通知新的证人到庭，调取新的物证，申请重新鉴定或者勘验的权利；

第十五，法庭辩论终结后，有最后陈述的权利；

第十六，有权阅读法庭笔录，并有请求补充或者改正的权利；

第十七，不服地方各级法院一审的判决，有向上一级法院提出上诉的权利；

第十八，对已发生法律效力的判决、裁定，有向法院或者检察院提出申诉的权利。

9. 财产权

在押人员享有财产权，其随身携带的合法财物不受侵犯，按照规定由看守所代为保管的财物出现损坏、灭失（不可抗因素除外）的，由看守所照价赔偿。在看守所内购买的生活用品价格不得超出当地市场的零售价格，消费时由本人签字确认。

10. 留所服刑人员的权利

留所服刑罪犯享有劳动、获得劳动报酬和休息的权利，以及有悔改立功获得减刑、假释的权利，执行刑罚届满，有依法及时恢复自由的权利等。

（七）在押人员必须履行的义务

看守所应当按照性别、年龄以及其他和案件相关的情况，将收押的犯罪嫌疑人送到指定的监室关押，保障关押的合理性与规范性。因此，在押人员除了享有相应的权利之外，还应当履行必要的义务。

1. 遵守法律、法规和看守所的管理规定，服从看守所民警的管理和执勤武警的看管；

2. 遵守看守所日常生活制度，按规定的作息时间和内容进行活动，接受看守所法制、文化、道德的教育；

3. 发现其他在押人员有预谋、实施脱逃、行凶、自杀等行为的，要立即报告或者制止，不得隐瞒、包庇；

4. 不准拉帮结伙、恃强凌弱，不准殴打、体罚、虐待、侮辱其他在押人员，不准打架斗殴；

5. 不准私藏刀具、利器、绳索、香烟、火柴、打火机等违禁物品；

6. 保持个人卫生和监室卫生，不准随意刻画；

7. 爱护公物，不准损坏看守所公共设施、装备和物品；

8. 不准占用他人财物，未经管教民警批准，不准私自借用、馈赠衣物或钱财；

9. 不准抢吃多占，不准伙吃伙喝；

10. 不准擅自调换铺位睡觉，不准两人合盖被子，不准蒙头睡觉；

11. 不准向其他监室喊话、扔纸条或者其他物品，不准托人或者为他人带书信或者口信等；

12. 生病及时报告，如实陈述病情，积极配合医生治疗，不准私藏药品，不准抗拒治疗，不准自伤、自残、绝食或者装病。

三、收押的形式

看守所的收押分为两种形式：单押和混押。单押即一个人单独关押在一个监室里。单独关押的对象，主要是涉外案犯或国家的重要案犯。单独关押，需要由办案单位报告上级主管机关特别批准，方可实施。根据公安部 2011 年《看守所建立在押人员安全风险评估分级管理机制指导意见》的要求，我国看守所已普遍设立了单独关押监室，对精神行为异常等确立为一级重大风险人员，经看守所所长批准，可以实行单独关押。混押，即多人押在一个监室。在多人押在一个监室时，还要按照一定的规则来进行分管分押。分管分押是看守所根据其性别、年龄和案件的性质等情况，本着有利于看管和办案工作需要而实行的分别关押、分别管理制度。目前，监管单位实行分管分押的法律依据主要是 1990 年 3 月 17 日颁布的《中华人民共和国看守所条例》。《看守所条例》第十四条规定了分管分押的具体情况："对男性人犯和女性人犯，成年人犯和未成年人犯，同案犯以及其他需要分别羁押的人犯，应当分别羁押。" 1991 年 10 月 5 日，公安部发布的《中华人民共和国看守所条例实施办法》第八条对分管分押进一步细化为："对男性人犯和女性人犯，成年人犯和未成年人犯以及同案犯，应当分别关押。对初犯和累犯，有条件的也应当分别关押。需要单独关押的人犯，由办案机关提出，并报告主管领导机关批准后实行。"

分管分押具有重要的司法及社会意义：

首先，分管分押是人道主义的体现，折射出司法文明。男性在押人员与女性在押人员分管分押的监管制度，不仅照顾到女性的生理特点，而且防止受到侵害，对于保护女性在押人员的合法权益具有十分重要的作用。

其次，分管分押便于管理。对不同情况的在押人员分别关押，采用不同形式有针对性地管理，有利于分化瓦解、教育改造在押人员，有利于防止闹监、抗拒改造等问题的出现。

再次，分管分押有利于防止“交叉感染”，防止监管场所成为犯罪的传习场所，对于防止未成年人沾染更多的恶习，保护未成年人的合法权益具有十分重要的意义。

最后，分管分押对于保证诉讼活动顺利进行具有重要的意义。羁押的目的之一是防止在押人员串供、毁灭、伪造证据，干扰诉讼活动的顺利进行。在羁押场所内的同案犯同样有一个防止他们串供的问题，最有效的解决办法是分管分押。①

分管分押从其分押的方式来看，可以分为以下两种类型。

（一）法定的分管分押

法定的分管分押就是对收押的犯罪嫌疑人、被告人不管看守所的条件等情况如何，必须实行分别关押和分别管理。分管分押是指监管单位根据在押人员的不同情况而采取的分开关押的管理制度。

1. 男女必须分开关押

男监室与女监室要严格隔离，女监室要由女看守民警负责管理，不准男看守民警管理女监室。根据公安部 2009 年度的《关于对看守所女性在押人员实行集中关押管理的通知》中规定，2011 年底之前，对女性在押人员实行集中关押，女性在押人员应当由女民警进行管理。

2. 成年与未成年必须分押管理

目的是为了保护未成年人。未成年人的身心尚未完全成熟，比较容易改造，同时也比较容易受到外界环境的影响，将其与成年人分开关押，是为了防止未成年的犯罪嫌疑人、被告人受到不必要的干扰与感染。2012 年 10 月，公安部制定下发了《关于对看守所未成年在押人员实行集中关押管理的通知》，要求 2012 年 12 月底以前完成未成年人集中关押管理工作，坚决杜绝未成年人与成年人混关混押问题。

---

① 李忠诚：《简论分管分押与检察监督》，《人民检察》2007 年第 9 期。

3. 同案犯罪嫌疑人、被告人必须分押管理

目的是为了防止同案犯罪嫌疑人、被告人互相串供、策划抗拒审讯和审判。看守所需要根据同案犯人数和监舍布局来合理搭配。因同案犯较多，确实无法关押的，可将其寄押其他看守所关押。

4. 外籍、危害国家安全与其他重要的犯罪嫌疑人、被告人必须分押管理

目的是防止他们在看守所内进行反政府宣传，组织串联和其他破坏活动。

（二）视情况酌定的分管分押

对收押的犯罪嫌疑人、被告人，看守所根据案情和看守力量、监房设施等实际情况，尽量安排分别关押，分别管理。

1. 初次犯罪的与累次犯罪的尽量分押管理

其目的主要是为了防止恶性较深的累犯向初次犯罪的在押人员传授犯罪伎俩，教唆其对抗审查和管教，避免造成恶性循环和交叉感染。

2. 已决犯与未决在押人员尽量分押管理。

3. 故意犯罪的与过失犯罪的要尽量分押管理。

第四节　看守所的羁押

羁押与收押不同，收押强调的是一种程序，收押是羁押的必经过程，是指将被羁押人从侦查机关送入看守所的程序。而羁押是指收押后关在看守所直到判决或者取保候审的这段期间。两者是属于不同时期的看守概念。收押更加强调行为的程序性，而羁押既包括程序内容，也包括实体性内容。看守所的羁押可以分为常态下的羁押、过渡性羁押与异地羁押等主要类型。

一、常态下的未决羁押

（一）羁押的管理原则

1．依法管理原则

依法管理是看守所工作的首要原则，现行刑事诉讼法是我国刑事司法制度和诉讼制度的重大改革与完善，进一步明确了看守所的法律地位，对看守所工作提出了新的、更高的要求。看守所是对被拘留、逮捕的犯罪嫌疑人、被告人执行羁押的唯一合法场所，从法律上明确了看守所刑事羁押机关的法律地位。这就决定了看守所在刑事诉讼过程中的重要地位，看守所的任何工作都必须依法进行，严格遵守法律规定，使在押人员的基本权利得以充分的保障。

2. 严格管理原则

对于看守所的相关规范和制度，在日常管理中必须严格遵守。看守所工作是一项重要的执法管理活动，必须坚持依法、严格、公正、文明执法。当前，监管工作中执法不严或执法不力的现象还不同程度地存在，已成为制约看守所工作和队伍建设的"瓶颈"。要加强执法规范化建设，通过严格规范民警的每一项执法行为，健全依法监管的制约机制，加强对执法的监督，努力减少和消除执法随意性、习惯性和差异性。保障刑事诉讼活动的顺利进行和维护在押人员的合法权益，确保看守所安全无事故。严格管理主要体现在以下方面：一是严格依法办事，严格收押、提讯，律师会见以及出所等制度。二是严格遵守值班制度。坚持24小时双人值班制。三是严格监室管控。随时掌握监内动态，防止事故发生，一旦发现安全事故苗头，要及时制止和消除。四是严格检查，每月至少进行二次监所安全大检查，每周进行一次清监检查，每日一次安全小查；经常召开狱情分析会和联席会议，及时通报，及时确认，及时整改，不留隐患。通过严格管理来实现看守所的安全理念。

3. 科学管理原则

监所管理是一门科学，涉及到社会学、管理学、教育学、心理学、犯罪学等诸多学科，是一门正在形成的边缘学科。监管部门要加强理论研究，逐步建立科学的理论体系，用于指导公安监管工作；要注意研究和把握看守所管理工作的内在规律和特点，坚持以人为本，按客观规律办事，结合自身实际，建立健全管理制度，科学施策；要坚持与时俱进，注意借鉴和吸收先进的监管理念，不断推动公安监管工作科学发展、创新发展。科学管理既是世界观，又是方法论，从事监所管理既要有科学的态度，又要讲究科学的管理方法，同时，要注意将现代科技手段，如监控技术、信息技术、物联网技术等应用到看守所管理工作之中，不断提高看守所的科学管理水平，以保证羁押目的的实现。

4. 文明管理原则

当前，中国已经签署了《经济、社会和文化权利国际公约》、《公民权利和政治权利国际公约》。此外，联合国刑事司法准则所包含的《禁止酷刑和其他残忍、不人道或有辱人格待遇或处罚公约》、《保护所有遭受任何形式拘留或监禁的人的原则》、《执法人员行为守则》、《囚犯待遇最低限度标准规则》等，我国也多予认同。刑事司法中人权保护是整个人权保护领域极其重要的、敏感的组成部分。被羁押人员的人权保护状况，历来受到国内外人权组织的关注。现代国家的立法和司法无不体现着人文主义的关怀，而人的尊严则被视为其他各种价值的基础。在这种人权理念的影响下，监所执法越来越体现出谦抑、宽和、人道的精神，监管场所的社会化、人道化和文明化已经成为国际社会监所改革的一种潮流。① 因此，公安监管部门的人权保护是社会主义政治文明的必然要求。看守工作必须保证其管理的文明性，确保被羁押人的人权得到合理保障。既要做到监室管理制度、规范的合法化，而且要使得管理制度符合监所的实际状况，达到在押人员应该执行、能够执行的标准，又要做到尊重在押人员的人格，坚持以教育为主，处罚有度，以文明、合理的方式执行法律。

（二）监管民警工作职责

看守干警应当熟知所分管在押人员的基本情况，包括姓名、年龄、性别、民族、相貌主要特征、家庭情况和住址、主要案情、逮捕拘留前的工作单位、职业、有无前科等。通过观察、交谈、向办案人员了解情况等方

① 余伟：《监所管理与人权保障》，《公安研究》2004 年第 5 期。

法，随时掌握在押人员的思想动态。对监室、在押人员的人身及其活动场所，应当定期或者不定期地进行检查，清除可供在押人员行凶、脱逃、自杀和进行破坏活动的物品，发现可疑或者破坏迹象必须立即调查，依法处理。看守所实行二十四小时值班制度。值班人员应当坚守岗位，随时巡视监房。看守所根据监所布局和实际情况确定值班区域。每个区域必须有二名以上干警值班。值班干警必须坚守岗位，加强巡查，不准擅离职守，不准睡觉，不准饮酒，不准从事其他有碍值班的一切活动。值班干警发现问题，要果断采取有效措施，及时处置，并按规定向上级报告。值班干警应当认真做好值班记录，交接班时，必须清点在押人员人数，有需要注意的事项，要向接班干警交待清楚。

驻看守所的武装警察部队（以下简称“武警”）根据看守工作的需要和武警《内卫勤务条例》部署警力。武警应当在监区大门、岗楼等处设置哨位。武装警戒的任务是防范和制止在押人员自杀、脱逃、行凶、破坏、骚乱、镇压在押人员暴动、防范和制止敌对分子、违法犯罪分子袭击看守所、劫持在押人员及其他危害看守所安全的破坏活动。除此之外，武警监门哨应认真查验出入监区人员证件，防止无关人员进出。看守所应加强与武警的联系，建立执勤分析例会制度，互通情况，密切协作，协调解决执勤中存在的问题；要加强与武警之间的联合预案演练，随时做好预防和处置各类突发事件的准备。

（三）械具与枪支的使用

看守所使用的械具为手铐、脚镣、警绳。警绳只能在追捕在逃人员或者对死刑犯执行死刑的时候使用。使用手铐、脚镣的期限，除死刑犯外，一般不得超过十五天。特殊情况下需要延长使用时间的，须经主管公安局批准。在押人员在戴手铐、脚镣期间，看守干警应当加强教育，在危险行为清除时，应当立即解除。手铐、脚镣的制式规格和使用程序必须严格遵守规定。对已被判处死刑、尚未执行的在押人员，必须加戴械具。对有事实表明可能行凶、暴动、脱逃、自杀的在押人员，经看守所所长批准，可以使用械具。在紧急情况下，可以先行使用，然后报告看守所所长。上述情形消除后，应当予以解除。干警进入监室，非特殊情况不得携带枪支。

看守人员和武警遇有下列情形之一，采取其他措施不能制止时，可以按照有关规定开枪射击。

1. 在押人员脱逃、行凶、暴乱的；

2. 在押人员劫持在押人员或者在押人员劫持人质；

3. 在押人员持有凶器或者其他危险物危及他人生命和看守所安全；

4. 在押人员抢夺武器；

5. 法律法规规定可以使用武器的其他情形。

需要开枪射击时，除遇到特别紧迫的情况外，应当先鸣枪警告，在押人员有畏服表示，应当立即停止射击。开枪射击后，应当保护现场，并立即报告主管公安机关和人民检察院。

（四）来访管理

1. 看守所对因公来所的人员，应当认真查验身份证件和有关来所事由的证明函件。讯问室设在监区里的，看守所应当发给办案人员出入证，供监区大门执勤武警查验。出入证在办案人员离所时收回。

2. 除看守干警、执勤武警、工勤、炊事人员和同级人民检察院驻所检察干部以及持有出入证的办案人员可以进入监区以外，其他人员未经看守所所长批准和未在本所干警带领下，一律不得进入监区。

（五）安全检查

安全检查是看守所为了保障监管安全，及时发现、消除隐患，对在押人员人身、物品及活动场所定期或不定期检查的制度，这是确保看守所安全的重要途径。通过安全检查有利于增强民警的安全意识，及时发现和消除安全隐患，堵塞监管工作中的漏洞，使企图逃避惩罚的在押人员没有可乘之机，提高监管安全系数。

1. 安全检查形式

（1）按检查主体不同可以分为：管教民警检查、看守所安全大检查、上级检查。管教民警日常检查，是指分管监室的民警每天进入监室的检查，主要检查安全设施、生活卫生设施是否损坏，被戴械具是否完好及有无违禁物品。看守所安全大检查，是指在同级公安机关分管领导的指挥下，由看守所民警和驻所武警共同组织实施的检查，是较为系统的全面检查，一般应当事先制定方案，明确重点和分工；上级检查是指上级监管业务部门对看守所的安全检查。三种检查相互配合，满足看守所对不同层次的检查需求。

（2）按检查时间的不同可以分为：定期检查、突击检查、节前检查。定期检查是指看守所每月必须进行的例行检查，是安全大检查的主要形式，看守所定期检查每月不少于两次；突击检查是指看守所或监管民警根据现实需要决定的临时检查，通常为了解决某个具体问题而实施，一般由看守所长决定。民警认为分管监室需要突击检查的，也可以报告所长后，由所长决定具体实施方案。突击检查的内容、范围不宜过广，通常根据事先掌握的有关信息，针对发现或怀疑有问题的监室进行，以解决重点突出问题；节前检查，是指在重大节日之前，由看守所决定组织实施对在押人员人身、物品及其活动场所所进行的检查。主要是为确保节日期间安全，消除可能存在的安全隐患，震慑在押人员。

（3）按检查内容的不同可以分为：普遍检查和专门检查。普遍检查，是指在较大的范围内较为全面的检查；专门检查，一般指有明确目的，在较小范围内进行的检查。

2. 安全检查的范围和内容

（1）安全检查的范围

安全检查的主要范围是：在押人员人身及其物品；监室、提讯室、值班室、医务室、围墙、门、窗等物防设施；照明、报警、监控、通讯、交通等技防装备；民警安全意识及安全制度的执行情况。

（2）安全检查的内容

安全检查的主要内容包括：一是有无危险品和违禁品。危险品主要是指在押人员用以行凶、暴狱、脱逃、破坏、自残、自杀的利器、钝器、绳索、药品等；违禁品主要是指不宜带入监室的现金、证件、制服、通信设备、香烟、打火机等。二是设施是否牢固可靠，械具有无损坏；技防装备能否随时正常运转、可靠畅通；安全制度、措施是否落到实处，有无违反安全制度的现象。

3. 安全检查注意事项

（1）充分准备

每次检查实施前，都要做好相应的准备，明确检查形式、重点和方法，有的还要制定具体的方案，做到有的放矢。

（2）加强自我保护

要充分估计检查中可能出现的问题及应对处置策略。进监室检查时，至少有两名民警执行，监室人员应集中到放风场，并加强警戒。非特殊情况，节假日和夜间不宜进行检查。

（3）注意保密

安全检查的时间、任务、重点、措施等在检查之前都属于保密的范围，管教民警必须防止一切有意无意的泄密现象。

（4）文明检查

检查中，严禁出现殴打、体罚、虐待在押人员的现象。对在押人员的财物应妥善处理，防止野蛮检查导致物品损坏，不同在押人员的财物尽可能分开摆放，防止混淆产生矛盾。

（5）切实整改

对于安全检查中发现的问题，应当查明原因，落实具体整改措施，立即整改。对于人为因素导致安全隐患的，应当追究相关责任人责任。整改完毕后，应当对整改情况及时复查。

（6）做好记录

每次安全检查均应有详细的文字记录，具体记录检查时间、组织指挥、参加人员、检查范围、检查重点、发现问题、整改措施、整改期限及整改措施落实情况等内容，并由所领导签字。

（六）信息化管理

看守所肩负着重要的刑事职能，看守所必须充分保障其工作的安全性、信息化。这对看守所工作的科技性提出了要求。而看守所科技应用的重点就是实行信息化。经过多年建设，看守所基本都配备了必要的设施和装备，但要着重解决应用的长效机制问题。看守所管理信息系统应当具有三个方面的功能：一是违法犯罪人员信息采集上传功能。违法犯罪人员信息的源头在看守所，采集信息可以为整个公安机关打击犯罪服务，要做到收押一个、采集一个、上传一个。二是在押人员信息管理功能。对看守所基础台帐、业务统计等实行计算机管理，这是为业务系统服务的，已经比较成熟。三是为勤务服务的实战功能，也就是监管动态信息主导勤务，这是勤务模式改革的重点和难点，是完全为看守所自身安全管理服务的。要把监管动态信息主导勤务系统研发运用好，依靠计算机网络平台，及时采集监管动态信息，迅速做出分析研判，使看守所勤务能真正跟着警情动态走。

（七）死亡处理

在实践中，看守所的在押人员会不定时出现正常死亡与非正常死亡的情况，对待不同情况的死亡处理也有着不同的方法。所谓正常死亡是指因人体衰老或者疾病等原因导致的自然死亡。非正常死亡是指自杀死亡，或者由于自然灾害、意外事故、他杀、体罚虐待、击毙等外部原因作用于人体造成的死亡。

1. 在押人员死亡处理的原则

对于在押人员死亡处理，公安机关、人民检察院、民政部门应当分工负责，加强协作，坚持依法、公正、及时、人道的原则。在确定死亡原因之后，按照法定程序来进行相应的处理。

在押人员死亡后，看守所应当立即通知死亡在押人员的近亲属，报告所属公安机关和人民检察院，通报办案机关或者原审人民法院。死亡的在押人员无近亲属或者无法通知其近亲属的，看守所应当通知死亡在押人员户籍所在地或者居住地的村（居）民委员会或者公安派出所。在押人员死亡后，公安机关、人民检察院应当按照有关规定分别层报公安部、最高人民检察院。死亡在押人员系少数民族的，尸体处理应当尊重其民族习惯，按照有关规定妥善处置。死亡在押人员系港澳台居民、外国籍及无国籍人的，尸体处理按照国家有关法律、法规的规定执行。

2. 正常死亡的处理

在押人员死亡后，对初步认定为正常死亡的，公安机关应当立即开展以下调查工作。

（1）封存、查看在押人员死亡前十五日内原始监控录像，对死亡现场进行保护、勘验并拍照、录像；

（2）必要时，分散或者异地分散关押同监室在押人员并进行询问；

（3）对收押、巡视、监控、管教等岗位可能了解死亡在押人员相关情况的民警以及医生等进行询问调查；

（4）封存、查阅收押登记、入所健康和体表检查登记、管教民警谈话教育记录、禁闭或者械具使用审批表、就医记录等可能与死亡有关的台账、记录等；

（5）登记、封存死亡在押人员的遗物；

（6）查验尸表，对尸体进行拍照并录像；

（7）组织进行死亡原因鉴定。

公安机关调查工作结束后，应当作出调查结论，报告同级人民检察院，并通知死亡在押人员的近亲属。人民检察院应当对公安机关的调查结论进行审查，并将审查结果通知公安机关。

3. 非正常死亡的处理

看守所及其工作人员在行使职权时，违法使用武器、警械，殴打、体罚、虐待在押人员，或者唆使、放纵他人以殴打、体罚、虐待等行为造成在押人员死亡的，依法依纪给予处分；构成犯罪的，依法追究刑事责任，并由公安机关按照《中华人民共和国国家赔偿法》的规定予以赔偿。对不属于赔偿范围但死亡在押人员家庭确实困难、符合相关救助条件的，死亡在押人员的近亲属可以按照规定向民政部门申请救助。

4. 死亡处理的监督

人民检察院依法对在押人员死亡处理情况实施法律监督。人民检察院接到看守所在押人员死亡报告后，应当立即派员赶赴现场，开展相关工作。具有下列情形之一的，由人民检察院进行调查。

（1）在押人员非正常死亡的；

（2）死亡在押人员的近亲属对公安机关的调查结论有疑义，向人民检察院提出，人民检察院审查后认为需要调查的；

（3）人民检察院对公安机关的调查结论有异议的；

（4）其他需要由人民检察院调查的。

人民检察院在调查期间，公安机关应当积极配合，并提供便利条件。人民检察院调查结束后，应当将调查结论书面通知公安机关和死亡在押人员的近亲属。

二、过渡性羁押

过渡性羁押是指对新入所的人员集中一定的时间进行强化教育、训练，使其尽快适应监所环境，熟悉监管制度，实现其向被羁押人角色的转换。过渡性羁押的时间一般是15天左右，看守所可以根据过渡管理教育的内容以及在押人员接受管理教育的效果，适当延长或缩短过渡管理的时间。

（一）设置过渡监室

看守所应当建立新收押人员过渡管理制度，对新收押人员进行过渡管理和教育。设置过渡监室是实施过渡管理的主要形式。中型以上看守所应当设置集中关押新收押人员的过渡监室。小型看守所可以根据羁押量决定是否设置过渡监室。新收押人员应当关押在过渡监室进行过渡管理。未设置过渡监室或者因同案人员较多不宜同室关押的，可以关押在普通监室，但应当进行过渡管理。新收押人员不得单独关押。过渡时间一般为7到10天。特殊情况可以适当延长，但不得超过15天。新收押人员入所后的24小时之内，管教民警必须进行谈话，了解主要案情、思想动态和本人的基本情况，告知其依法享有的合法权益和应当遵守的管理规定。

（二）过渡观察

被收押人员入所之后，社会地位与生活环境发生了突然而巨大的改变，其与外界完全隔绝，同时面临司法机关的审讯和法律的惩罚，会产生巨大的心理压力，需要有一段时间的调节和适应过程，在这个过程中，会有一系列的行为表现，因此，在入所之初，必须对其进行过渡管理，帮助其充分融入被看守的生活。对新入所的人员一般要进行一周的过渡观察。过渡观察主要包括三种方法：第一，正面接触法。管教民警及时进行入所谈话，关心其生活、了解其思想动态，帮助解决其面临的实际困难，及时疏导其心理。第二，跟踪观察法。利用监控、监听、暗中观察等手段秘密监视新入所人员的言行举止。第三，侧面了解法。通过其身边的被羁押人员以及家属、办案人员等，对其背景和性格进行更为深入的了解。

（三）入所教育和训练

入所教育的目的是使被收押人员能够尽快熟悉看守所的规定，了解自己的合法权利，稳定情绪，消除紧张心理，尽快适应羁押环境。入所教育的特点是时间短、要求高，一般以灌输式强化教育为主。入所教育的内容包括：一是在押人员一日生活制度、监室内基本管理制度等所规所纪；二是告知其权利、义务以及《刑法》的相关条文；三是监内生活常识和常见问题。除此之外，看守所还应当对新入所人员进行集中强化训练，增强其规范意识，为今后的管理奠定基础。

（四）过渡管理制度

过渡管理制度主要包括：作息时间表、学习计划及考核标准、训练计划及考核标准、生活卫生制度等。过渡管理阶段不安排生产劳动，每天的活动以规范学习和训练为主。应配足一定数量、能力较强的民警担任过渡管理工作，为过渡管理提供必要的训练空间。另外，由于新入所人员关押时间较短，规范意识尚未确定，自我保护意识也较差，负责日常管教活动的管教民警要加强管理和监督，帮助他们尽快树立规范意识和自我保护意识。对在押人员的过渡阶段的学习、训练情况要进行检查、考核，经考核合格后，方可调入普通监室，考核不合格的，要继续进行过渡学习和训练。看守所应当指导新收押人员熟悉看守所相关管理规定，遵守一日的生活制度，熟记在押人员权利和义务，并告知监室内常见的问题及处理方法，跟踪了解其思想情况和行为表现。看守所应当对新收押人员进行一日生活制度和规范训练，培养服从管理的自觉性。监控和值班民警应当对过渡监室和分散关押的新收押人员进行重点观察，防止发生安全问题。有条件的看守所可以对新收押人员进行心理分析，有针对性的开展过渡管理和教育。过渡期满后，管教民警应当对新收押人员的表现作出鉴定，并提出分押分管意见，报所领导批准后调入普通监室。

三、异地羁押

异地羁押是指因办案工作需要，不宜在当地看守所关押，而送外地看守所羁押的情形。需要异地羁押的，由办案机关提出申请，填写《异地羁押审批表》，按属地原则，在本市范围内异地羁押的，报市级公安机关审批，在本省范围内跨市羁押的，报省级公安机关审批；跨省羁押的，需报公安部审批。关押地看守所凭《拘留证》、《逮捕证》等相关手续和《异地羁押审批表》、属地看守所的寄押证收押。案件进入起诉、审判阶段后，羁押对象需要送回属地关押的，仍按相应程序和手续办理。对异地羁押的重要案犯，看守所应将其列为重点监管对象，加强监管，对其思想动态，身体状况及监管措施等情况定期向主管局领导和上级业务部门报告，遇到重要情况随时报告。

第五节　留所服刑

留所服刑，是指余刑较短（现行《刑事诉讼法》规定其余刑在三个月以下有期徒刑）的罪犯和拘役犯，在交付执行刑罚时，不再送交监狱而由看守所代为执行的一种刑罚执行方式。这种刑罚执行方式在对罪犯改造过程中起到了积极作用，弥补了监狱改造机关司法资源的不足，节省了在罪犯交付执行活动中的人力和财力，为罪犯家属探视及感化教育提供了便利条件。留所服刑与监狱服刑相比，有以下特点。

一是有利于安定在押人员长期的不安思想，稳定其情绪。留所服刑犯未被送往监狱重新适应环境，而是在原来监管场所被赋予其会见亲属、活动自由等更为广泛的权利，便于促其认罪服法、安心改造。

二是由于看守所受规模、地域等方面的限制，不便于像监狱那样组织大规模的生产劳动，只是在看守所内进行一些小规模的生产劳动，实现了刑罚的个别化，有利于矫正罪犯。

三是轻刑犯留所服刑，与重刑犯（送监狱）分开，减少服刑人员之间交叉感染的机率，改造效果明显，适用减刑、假释率高，重新犯罪率低。

四是节省押解监狱、分类改造、离监安排等刑罚资源，提高刑罚效益。

五是看守所在押人员总数基本保持恒量，在押人员更新速度比监狱要快，留所服刑人员对社会的距离感比监狱要近。

留所服刑的性质与未决羁押的性质有着本质的区别，看守所对留所服刑罪犯的管理应当坚持惩罚和改造相结合、教育和劳动相结合的原则，将罪犯改造为守法公民。与此同时，看守所应当保障罪犯的合法权益，为罪犯行使权利提供必要的条件。看守所在对罪犯执行刑罚活动的过程中，应当接受人民检察院的法律监督。因此，在日常管理中，留所服刑在管理方法与制度上也必须与未决羁押有着合理的区分。

一、日常管理

（一）狱政管理

1. 分押分管

看守所应当根据留所服刑罪犯的数量，设置专门的监区或划出专门的监室关押留所执行罪犯。留所执行罪犯监区和监室的设置可以参照监狱的要求，但不得将罪犯关押在看守所监区外。留所服刑罪犯较少或者女性罪犯较少，不宜单独设立监室的，可以异地关押，不得与未决犯混关混押。

（1）对留所服刑罪犯的管理，应当按照《监狱法》和公安部看守所留所服刑罪犯管理的有关规定，与犯罪嫌疑人、被告人采取不同的管理方法。应当根据罪犯的犯罪类型、刑罚种类、性格特征、心理状况、健康状况、改造表现等，对罪犯实行分别关押和管理，也可以集中关押。对未成年犯和女犯的改造，应照顾其生理和心理特点。

（2）看守所应当明确专人负责留所服刑罪犯的管理。对女性罪犯的人身检查，由女性人民警察进行，另外，对女犯应由女性民警负责管理。

（3）对留所服刑罪犯应当根据其表现，实行分级管理。对罪犯适用分级处遇，应按照有关规定，依据对罪犯改造表现的考核结果确定，并应当根据情况变化适时调整，对不同处遇等级的罪犯，看守所应当在其活动范围、会见通讯、接受物品、文体活动、奖励等方面，分别适用相应的处遇。

2. 卫生、生活

（1）留所服刑罪犯监室的人均使用面积平均不少于2平方米，监室应当坚固、通风、透气、清洁、保暖。

（2）留所服刑罪犯的伙食标准与未决在押人员同等标准供应。参加劳动或患病的罪犯，可以适当提高供应标准。增加的经费，从生产劳动收入中列支。对少数民族罪犯，应当尊重其生活、饮食习惯。罪犯患病治疗期间适当提高其伙食标准。

（3）留所服刑罪犯一律着囚服，不准罪犯私自调换或改变式样、颜色。

（4）不准留所服刑罪犯自备收音机、录音机、电视机、电脑，不准私藏利器、现金、贵重物品和荣誉证件、证章等，不准吸烟、喝酒。

（5）留所服刑罪犯的监室门必须随时关锁，罪犯不得自由出入。要制定严格的作息制度和生活卫生制度，并张贴在监室内，对留所服刑罪犯执行情况，每天要进行检查。

（6）看守所对收受罪犯的物品应当检查，非日常生活用品由看守所登记保管。收受罪犯的钱款，由看守所代为保管，并开具记账卡交与罪犯。看守所检查、接收送给罪犯的物品、钱款后，应当开具回执交与送物人、送款人。罪犯可以依照有关规定使用物品和支出钱款。罪犯刑满释放时，钱款余额和看守所代为保管的物品由其本人领回。

（7）对患病的罪犯，看守所应当及时治疗；对患有传染病需要隔离治疗的，应当隔离治疗。罪犯在服刑期间死亡的，看守所应当立即报告所属公安机关，并通知罪犯家属和人民检察院、原判人民法院。外籍罪犯死亡的，应当立即层报至省级公安机关。罪犯死亡的，由看守所所属公安机关或者医院对死亡原因做出鉴定。罪犯家属有异议的，可以向人民检察院提出。

3. 劳动生产

（1）在保证安全的前提下，看守所应当组织留所服刑罪犯参加生产劳动，培养劳动技能，积极创造条件，组织罪犯参加各类职业技术教育培训。

（2）留所服刑罪犯主要从事加工、种植、养殖等简单生产项目，生产规模不宜过大。不得从事易燃易爆、剧毒和高空作业等危险劳动项目。不准使用罪犯在监区外单个从事养殖、种植等分散劳动。

（3）严禁使用留所服刑罪犯从事下列活动：第一，代替民警接收在押人员家属送物或为在押人员传递物品；第二，掌管监区及劳动场地各种钥匙；第三，对新入所人员进行人身及其携带物品检查；第四，在医院监护生病的在押人员；第五，为看守所采购、推销物品；第六，为外单位或个人从事无偿劳动和到个人家中劳动；第七，在无民警监督的情况下，接触未决在押人员监室；第八，打扫办公室卫生。

（4）留所服刑罪犯劳动应在警戒围墙内进行，一般不得组织罪犯在所外设点劳动，确有必要的，应经上级业务部门批准。

（5）要加强对留所服刑罪犯劳动的管理，建立用工审批、工具管理制度和带工、监督岗位责任制。留所服刑罪犯出监室劳动必须经所长批准，坚持谁带工谁负责原则。留所服刑罪犯劳动时，应当有民警在场监视，不得脱管失控。进出监室要清点人数，进行人身检查，严防将违禁品、危险物品带入监室。劳动工具、原料、产品要集中放置，由民警指定专人负责管理，并登记造册，建立严格的领发、存放、清点检查制度，收工时，管教民警要彻底清场，劳动工具、原料、产品不得留在监室过夜。

（6）表现不好的留所服刑罪犯一般不出监室劳动，对已出监室劳动的罪犯，发现有可能隐瞒余罪、严重违反监规和有企图逃跑等行为的，要立即收监关押。

（7）要加强留所服刑罪犯的劳动保护，防止发生工伤事故。要根据工种情况，发给必要的劳保用品。

（8）留所服刑罪犯有在法定节假日休息的权利。对参加劳动的罪犯，应当根据其劳动态度、产量和质量，发给适当报酬，并执行国家有关劳动保护的规定。

（9）罪犯在劳动中致伤、致残或者死亡的，由看守所参照国家劳动保险的有关规定处理。

4. 会见、通讯、临时出所

第一，会见和通讯。

（1）罪犯可以与其亲属或者监护人每月会见一至二次，每次不超过一小时，每次前来会见罪犯的人员不超过三人。因特殊情况需要延长会见时间，增加会见人数，或者其亲属、监护人以外的人要求会见的，应当经看守所领导批准。罪犯与受委托的律师会见，由律师向看守所提出申请，看守所应当查验授权委托书、律师事务所介绍信和律师执业证，并在四十八小时内予以安排。除此之外，经看守所领导批准，罪犯可以用指定的固定电话与其亲友、监护人通话，通话费用由本人承担。随着视频会见制度的完善，罪犯与亲友可以通过申请的方式进行网络视频会见。罪犯可以与其亲友或者监护人通信。看守所应当对罪犯的来往信件进行检查，发现有碍罪犯改造内容的信件可以扣留，但罪犯写给看守所上级机关和司法机关的信件，不受检查。

（2）依据我国参加的国际公约和缔结的领事条约的有关规定，外国驻华使领馆官员要求探视其本国籍罪犯，或者外国籍罪犯亲属、监护人首次要求会见的，应当向省级公安机关提出书面申请。看守所根据省级公安机关的书面通知予以安排。外国籍罪犯亲属或者监护人再次要求会见的，可以直接向看守所提出申请。外国籍罪犯拒绝其所属国驻华使领馆官员或者其亲属、监护人探视的，看守所不予安排，但罪犯应当出具本人签名的书面申明。外国籍罪犯还可以与其所属国驻华使领馆通话，通话费用由本人承担。

（3）办案机关因办案需要向罪犯了解有关情况的，应当出具办案机关证明和办案人员工作证，并经看守所领导批准后在看守所内进行。因起赃、辨认、出庭作证、接受审判等需要将罪犯提出看守所的，由办案机关出具公函，经看守所领导批准后提出，并于当日送回。侦查机关因办理其他案件需要将罪犯临时寄押到异地看守所取证，并持有侦查机关所在的地市级以上公安机关公函的，看守所应当允许，并办理相关手续。人民法院因再审开庭需要将罪犯提出看守所，并持有人民法院再审决定书或者刑事裁定书，或者人民检察院抗诉书的，看守所应当允许提出，并办理相关手续。

第二，临时出所。

（1）被判处拘役的罪犯每月可以回家一至二日，由罪犯本人提出申请，管教民警签署意见，经看守所所长审核后，报所属公安机关批准。对于准许回家的拘役罪犯，看守所应当发给回家证明，并告知其应当遵守的相关规定。罪犯遇有配偶、父母、子女病危或死亡，确需本人回家处理的，由当地公安派出所出具证明，经看守所所属公安机关批准，可以暂时离所，由两名以上民警押解，并于当日返回。其他罪犯申请离所探亲的（主要是针对获得了奖励的罪犯离所探亲的情形），应当由其家属担保，经看守所所务会研究同意后，报所属公安机关领导批准。探亲时间（不含路途时间）为三至七日。罪犯在探亲期间不得离开其亲属居住地，不得出境。对离所探亲的罪犯，看守所应当发给离所探亲证明书。罪犯应当在抵家的当日携带离所探亲证明书到当地公安机关派出所报到。返回看守所时，由该公安派出所将其离所探亲期间的表现在离所探亲证明书上注明。罪犯回家时间不能集中使用，不得将刑期末期作为回家时间，变相提前释放罪犯。

（2）被判处拘役的外国籍罪犯提出探亲申请的，看守所应当报地市级以上公安机关审批。地市级公安机关做出批准决定的，应当报上一级公安机关备案，被判处拘役的外国籍罪犯探亲时，不得出境。

（3）罪犯需要办理婚姻登记等必须由本人实施的民事法律行为的，应当向看守所提出书面申请，经看守所领导批准后出所办理，由两名以上民警押解并于当日返回。

（4）罪犯进行民事活动需要出庭时，应当委托诉讼代理人代为出庭。对于涉及人身关系的诉讼等必须由罪犯本人出庭的，凭人民法院出庭通知书办理临时离所手续，由人民法院司法警察负责押解看管，并于当日返回。罪犯因特殊情况不宜离所出庭的，看守所可以与人民法院协商，根据《中华人民共和国民事诉讼法》第一百二十一条的规定，由人民法院到看守所开庭审理。

（二）考核和奖惩

看守所应当依照公开、公平、公正的原则，对罪犯改造表现实行量化考核。考核情况由管教民警填写。考核以罪犯认罪服法、遵守监规、接受教育、参加劳动等情况为主要内容。考核结果作为对罪犯分级处遇、奖惩和提请减刑、假释的依据。因此，看守所的考核对服刑罪犯是至关重要的。

1. 考核要求

（1）看守所根据留所服刑罪犯管理的有关规定，结合本所实际，制定对留所服刑犯的考核细则，分思想改造和劳动改造两大方面，进行细化量化，确定考核的项目和分值，实行双百分或百分考核。

（2）考核实行定量考核与定性考核、日常考核与每月考核、民警考核与在押人员互相评议相结合。监室每日考核计分，每月先由全体罪犯民主评议考核，管教民警审核，确定最后分值，公布考核结果。

2. 奖惩规定

（1）留所服刑罪犯在接受刑罚过程中，凡是有下列情形之一的，看守所可以给予表扬、物质奖励或记功：遵守管理规定，努力学习，积极劳动，有认罪服法表现的；阻止违法犯罪活动的；节约原材料或者爱护公物有成绩的；进行技术革新或者传授生产技术，有一定成效的；在防止或消除灾害事故中作出一定贡献的；对国家和社会有其他贡献的。

对罪犯的物质奖励或者记功意见由管教民警提出，物质奖励由看守所领导批准，记功由看守所所务会研究决定。

（2）留所服刑罪犯有下列破坏监管秩序情形之一的，看守所可以给予警告、记过或者禁闭，构成犯罪的，依法追究刑事责任：聚众哄闹监区、扰乱正常秩序的；辱骂或殴打监管民警的；欺压其他罪犯的；盗窃、赌博、打架斗殴、寻衅滋事的；有劳动能力拒不参加劳动或者消极怠工，经教育不改的；以自伤、自残手段逃避劳动的；在生产劳动中故意违反操作规程，或者有意损坏生产工具的；有违反看守管理规定的其他行为的。[①]

① 《留所服刑罪犯的管理》，2012 年 3 月 7 日，见 http://www.yzkss.net/do/bencandy.php?fid=46&id=612。

对罪犯的记过、禁闭由管教民警提出意见，报看守所领导批准。禁闭的时间为5至10天，禁闭期间暂停会见、通讯。看守所对禁闭的罪犯，应当指定专人进行教育帮助。对确已悔悟的，由管教民警提出书面意见，报看守所领导批准，可以提前解除禁闭；禁闭期满的，应当立即解除禁闭。

（三）教育改造

看守所除了对留所服刑罪犯进行管理和关押之外，还需要对留所服刑罪犯建立合理的教育改造制度，对罪犯进行法制、道德、文化、技能等教育。对罪犯的教育应当根据犯罪类型、犯罪原因、恶性程度及思想、行为、心理特征，坚持因人施教、以理服人、注重实效的原则，采取集体教育与个别教育相结合，所内教育与所外教育相结合的方法。

第一，集体教育。

集体教育是看守所最基本的教育模式，集体教育应当根据看守所的具体情况来进行。有条件的看守所应当设立教室、谈话室、文体活动室、图书室、阅览室、电化教育室、心理咨询室等教育改造场所，并配备必要的设施。看守所应当结合时事、政治、重大事件等，适时对罪犯进行集体教育。同时，看守所还应当积极争取社会力量支持，配合看守所开展社会帮教活动。看守所可以组织罪犯到社会上参观学习，接受教育。一方面可以对罪犯进行社会化教育，另一方面也保证罪犯能够适当与社会相结合，保证其将来能够再社会化。

第二，个别教育。

个别教育对看守所的教育工作提出了较高的要求。看守所应当根据每一名罪犯的具体情况进行有针对性的教育，一方面有助于实现人性化管理的理念，另一方面通过个别教育对罪犯有着更为深刻的了解，也为看守所的管理提供了更为便利的途径。另外，根据具体情况，鼓励罪犯自学，为罪犯提供参加国家举办的高等教育自学考试的条件。在合理安排下，为罪犯的再社会化提供更多的机会，为其出所之后的就业提供更为广泛的空间。

二、暂予监外执行

（一）暂予监外执行的条件

1. 对象条件

根据2012年现行《刑事诉讼法》第二百五十四条规定："对被判处有期徒刑或者拘役的罪犯，有下列情形之一的，可以暂予监外执行：(1) 有严重疾病需要保外就医的；(2) 怀孕或者正在哺乳自己婴儿的妇女；(3) 生活不能自理，适用暂予监外执行不致危害社会的。对被判处无期徒刑的罪犯，有前款第二项规定情形的，可以暂予监外执行。对适用保外就医可能有社会危险性的罪犯，或者自伤自残的罪犯，不得保外就医。对罪犯确有严重疾病，必须保外就医的，由省级人民政府指定的医院诊断并开具证明文件。在交付执行前，暂予监外执行由交付执行的人民法院决定；在交付执行后，暂予监外执行由监狱或者看守所提出书面意见，报省级以上监狱管理机关或者设区的市一级以上公安机关批准。"

2. 收监条件

根据现行《刑事诉讼法》第二百五十七条规定："对暂予监外执行的罪犯，有下列情形之一的，应当及时收监：(1) 发现不符合暂予监外执行条件的；(2) 严重违反有关暂予监外执行监督管理规定的；(3) 暂予监外执行的情形消失后，罪犯刑期未满的。"

另外，现行《刑事诉讼法》还规定："罪犯在暂予监外执行期间死亡的，执行机关应当及时通知监狱或者看守所。"

（二）暂予监外执行的程序

1. 暂予监外执行的申请

当看守所中的已决罪犯符合刑事诉讼法规定的暂予监外执行条件的，本人及其法定代理人或者其近亲属可以向看守所提出书面申请，管教民警或者看守所医生也可以提出书面意见。看守所接到暂予监外执行申请或者意见后，应当召开所务会研究，初审同意后根据不同情形对罪犯进行病情鉴定、生活不能自理鉴定或者妊娠检查，未通过初审的，应当告知原因。对需要暂予监外执行的罪犯，看守所应当填写暂予监外执行审批表，并附病情鉴定或者妊娠检查证明，或者生活不能自理鉴定，或者哺乳自己婴儿证明；需要保外就医的，应当同时附保外就医保证书。县级看守所应当将有关材料报经所属公安机关审核同意后，报地市级公安机关审批；地市级以上看守所应当将有关材料报所属公安机关审批。看守所在报送审批材料的同时，应当将暂予监外执行审批表副本、病情鉴定或者妊娠检查诊断证明、生活不能自理鉴定、哺乳自己婴儿证明、保外就医保证书等有关材料的复印件抄送人民检察院驻所检察机构。

需要注意的是，对暂予监外执行罪犯的病情鉴定，应当到省级人民政府指定的医院进行；妊娠检查，应当到医院进行。生活不能自理，是指因病、伤残或者年老体弱致使日常生活中起床、用餐、行走、如厕等不能自行进行，必须在他人协助下才能完成。生活不能自理鉴定，由看守所分管所领导、管教民警、看守所医生、驻所检察人员等组成鉴定小组进行；对正在哺乳自己婴儿的妇女，看守所应当通知罪犯户籍所在地或者居住地的公安机关出具相关证明。对于自伤自残的罪犯，不得暂予监外执行。

看守所收到批准、决定机关暂予监外执行决定书后，应当办理罪犯出所手续，发给暂予监外执行通知书，并告知罪犯应当遵守的规定。看守所应当将暂予监外执行的罪犯送交罪犯居住地，与县级司法行政机关办理交接手续。暂予监外执行罪犯服刑地和居住地不在同一省级或者地市级公安机关辖区，需要回居住地暂予监外执行的，服刑地的省级公安机关监管部门或者地市级公安机关监管部门应当书面通知居住地的同级公安机关监管部门，由居住地的公安机关监管部门指定看守所接收罪犯档案、负责办理收监或者刑满释放等手续。

当监外执行的条件消失时，公安机关作出收监决定后，罪犯居住地看守所收到执行地公安机关关于暂予监外执行罪犯的收监执行通知书后，应当立即将罪犯收监。如果罪犯在暂予监外执行期间刑期届满的，看守所应当为其办理刑满释放手续。罪犯暂予监外执行期间死亡的，看守所应当将执行地公安机关的书面通知归入罪犯档案，并在登记表中注明。

2. 暂予监外执行的担保

罪犯需要保外就医的，应当由罪犯或者罪犯家属提出保证人，保证人必须由看守所审查确定。保证人应当具备以下条件：第一，愿意承担保证人义务，具有完全民事行为能力；第二，人身自由未受到限制，享有政治权利；第三，有固定的住所和收入，有条件履行保证人义务；第四，与被保证人共同居住或者居住在同一县级公安机关辖区。保证人在确定之后，应当签署保外就医保证书。

当罪犯保外就医期间，保证人应当履行下列义务：第一，协助社区矫正机构监督被保证人遵守法律和有关规定；第二，发现被保证人擅自离开居住区域或者有违法犯罪行为的，立即向执行机关报告；第三，为被保证人的治疗、护理、复查以及正常生活提供帮助；第四，督促和协助被保证人按照规定履行定期复查病情和向执行机关报告；第五，被保证人保外就医情形消失或者被保证人死亡的，立即向社区矫正机构报告。

三、减刑、假释

留所服刑的罪犯与在监狱服刑的罪犯一样，都有减刑和假释的权利。当执行余刑的罪犯符合减刑、假释条件的，由管教民警提出建议，报看守所所务会研究决定。所务会应当有书面记录，并由与会人员签名。看守所所务会研究同意后，应当将拟提请减刑、假释的罪犯名单以及减刑、假释意见在看守所内公示。公示期限为三个工作日。公示期内，如有民警或者罪犯对公示内容提出异议，看守所应当重新召开所务会复核，并告知复核结果。公示完毕，看守所所长应当在罪犯减刑、假释审批表上签署意见，加盖看守所公章，制作提请减刑、假释建议书，经地市级以上公安机关审核后，连同有关材料一起提请所在地中级以上人民法院裁定。

看守所提请人民法院审理减刑、假释案件时，应当送交下列材料：

（一）提请减刑、假释建议书；

（二）终审人民法院的判决书、裁定书、执行通知书、历次减刑裁定书的复印件；

（三）证明罪犯确有悔改或者立功、重大立功表现的证明材料；

（四）罪犯评审鉴定表、奖惩审批表等有关材料；

（五）根据案件情况需要移送的其他材料。

在人民法院作出减刑、假释裁定前，看守所发现罪犯不符合减刑、假释条件的，应当书面撤回减刑、假释建议书；在减刑、假释裁定生效后，看守所发现罪犯不符合减刑、假释条件的，应当书面向作出裁定的人民法院提出撤销裁定建议。

看守所收到人民法院假释裁定书后，应当办理罪犯出所手续，发给假释证明书，并于三日内将罪犯的有关材料寄送罪犯居住地的县级司法行政机关。被假释的罪犯被人民法院裁定撤销假释的，看守所应当在收到撤销假释裁定后将罪犯收监。罪犯在假释期间死亡的，看守所应当将执行地机关的书面通知归入罪犯档案，并在登记表中注明。

四、释放

看守所所关押的都是余刑较短的罪犯，在刑罚执行完毕之后，看守所必须遵从一定的程序与规范，对刑满释放人员予以释放。

看守所应当在罪犯服刑期满一个月之内，将其在所内表现，综合评估意见，帮教建议等送至其户籍所在地的县级公安机关和司法行政机关。当罪犯服刑期满，看守所应当按期释放，发给刑满释放证明书，并告知其在规定期限内，持刑满释放证明书到原户籍所在地的公安派出所办理户籍登记手续，有代管钱物的，看守所应当如数发还。刑满释放人员患有重病的，看守所应当通知其家属接回。

外国籍罪犯被判处附加驱逐出境的，看守所应当在罪犯服刑期满前十日通知所属公安机关出入境管理部门。

第六节　看守所的监督

看守所的关押职能是对公民基本自由权的剥夺，因此，看守所关押职能的正确行使成为看守所实现其职能的关键所在。因此，除了对看守所的日常工作进行规范性要求的同时，也必须对看守所的各项工作进行全面监督，保证看守工作的正常有序的进行。

对看守所工作的监督主要分为五个部分：一是公安机关内部监督；二是检察监督；三是人大、政协监督；四是特邀监督员监督；五是其他社会监督。

一、公安机关内部监督

公安内部监督是指为保障公安机关及其人民警察依法正确履行职责，防止和纠正违法和不当的执法行为，保护公民、法人和其他组织的合法权益而对公安机关内部以及人民警察的行为进行的监督。公安机关内部执法监督，是指上级公安机关对下级公安机关，上级业务部门对下级业务部门，本级公安机关对所属业务部门、派出机构及其人民警察的各项执法活动实施的监督。其中一项重要的执法监督就是对看守所、拘留所、收容教育所、强制戒毒所、安康医院、留置室等限制人身自由场所的执法情况进行的监督。各级公安监管部门应当按照公安部的部署和要求，加强对看守所的督促检查工作，逐步建立督促检查工作制度和运行机制。

（一）督促检查的主要内容

1. 主要工作环节执行规章制度情况。主要是针对收押、提讯、押解、会见、送物、出所等是否按照工作制度和规范严格执行。

2. 重要安全管理制度落实情况。该检查内容主要针对监区出入制度、新收押人员过渡管理制度、安全检查与值班巡视制度、“牢头狱霸”严管制度、应急预案演练制度、在押人员受虐报警制度及约见检察官制度等是否有效落实。

3. 勤务部署和运行情况。检查看守所是否做到所领导 24 小时带班、监控和值班巡视“二岗合一”、每个巡视监控区域 24 小时双人巡视监控、民警直接管理监室并实行主协管制度、夜间配备备勤民警等。

4. 民警在岗在位履行职责情况。检查看守所各工作岗位民警是否坚守岗位，并按照岗位工作要求认真开展工作。

5. 监室秩序情况。检查监室秩序是否良好，有无“牢头狱霸”的行为。

6. 劳动场所是否按照规定设置在监区内，劳动项目是否安全，组织管理是否存在安全隐患。

7. 在押人员财物管理情况。检查看守所接受在押人员财物是否开具回执，每次消费是否由在押人员签字，是否存在高价销售商品、违反规定为在押人员加餐、巧设明目违规收费等问题。

8. 械具和禁闭使用情况。检查械具、禁闭室是否规范，械具和禁闭使用的对象、程序是否符合规定。

9. 罪犯管理情况。罪犯留所服刑是否符合条件，罪犯暂予监外执行、减刑、假释是否符合有关法律规定。

10. 设施装备、经费保障情况。检查设施有无安全隐患，监控、囚车、电网等装备是否达到配备标准，提讯室是否使用铁栅栏隔离，在押人员受虐报警装置、举报箱是否保持完好无损，在押人员给养费是否符合规定的标准。

11. 贯彻落实公安部和省级公安机关重大决策部署和领导批示情况。

（二）督促检查的方法

督促检查应当采取现场检查、视频检查等多种方式，现场检查应当以突击检查为主。业务指导部门可以与纪检督察部门联合开展检查。地市级公安监管业务指导部门是督促检查的主要力量，要对所辖看守所进行全面检查。省级公安监管业务指导部门采取抽查与普查相结合的方式进行督促检查，并对地市级公安监管业务指导部门开展督促检查情况实施监督。各级公安监管业务指导部门可以制作附照片的特别通行证，与工作证同时使用，随时进入看守所检查。

（三）督促检查的工作要求

1. 落实工作责任。各级公安监管业务指导部门是督促检查的主体。要建立责任统一的目标责任制度，构筑从上而下的各层次抓落实的目标责任体系，每次督促检查，都要明确目标任务、工作内容、完成时限和具体责任人。对公安部的重大决策部署，由各级公安监管业务部门主要负责人负责，亲自抓好贯彻落实工作。地市级监管业务指导部门对所辖看守所要全面开展督促检查，每个所每月不少于一次；重大节日、公安部重大工作部署之后要适时开展督促检查。省级监管业务指导部门要进行抽查，每季度不少于一次，要建立督促检查责任制，对于看守所发生重大问题的，要实行督促检查责任倒查。

2. 抓好督促检查队伍建设和业务培训。各级公安监管业务指导部门要重视督促检查队伍建设，特别是要配齐配强地市级监管业务指导部门力量，保证必要的工作条件。要抓好政策、法规、规章制度和督促检查方法的学习培训，切实保证督促检查效果。

3. 加强组织协调。各级公安监管业务部门要制定督促检查计划，加强组织协调，及时沟通情况，充分发挥督促检查工作最佳效能。要做好与纪检督察部门督促检查工作的协调，探索和总结联合督促检查的方式方法。

4. 完善制度和机制。各级公安监管业务指导部门要建立督促检查抓落实工作制度，全面规范督促检查工作。要建立督促检查工作档案。督促检查是发现问题，完善规章制度的重要渠道，是推动工作的重要方式。要加强对督促检查情况的研究，对督促检查中发现的典型和经验，要及时总结推广；对发现的问题要及时研究，完善各项制度和机制。

二、检察监督

在崇尚法治、保障人权的今天，如何确保被羁押、监管的犯罪嫌疑人、被告人的合法权益显得尤为重要。人民检察院对看守所监管工作进行法律监督是维护司法公正、保证国家法律正确实施的重要方式之一。而实现检察监督的最主要的方式就是驻所检察。驻所检察工作是人民检察院监所检察工作中的重要组成部分。它的任务是：人民检察院派员进驻看守所，通过对看守所的执法和管理工作进行监督，以保证法律和党的政策的贯彻执行，保证看守所依法管理，使监所检察工作经常化、制度化。驻所检察工作的职责，是对看守所的活动是否合法及看守所对刑事案件的判决、裁定是否依法执行，实行监督。1949 年 12 月，《中央人民政府最高人民检察署试行组织条例》第三条规定，最高人民检察署直接行使并领导下级检察署行使"检察全国司法与公安机关犯人改造所及监狱之违法措施"的职权。1951 年 9 月，中央人民政府委员会通过的《中央人民政府最高人民检察署暂行组织条例》规定，检察署行使"检察全国监所及犯人劳动改造机构之违法措施"的职权。1954 年，《人民检察院组织法》第四条第五项规定："人民检察院对于刑事案件判决的执行和劳动改造机关的活动是否合法，实行监督。"1979 年，《人民检察院组织法》第五条第五项规定检察机关的职权包括："对于刑事案件判决裁定的执行和监狱、看守所、劳动改造机关的活动是否合法，实行监督。"2010 年最高人民检察院、公安部下发了《关于人民检察院对看守所实施法律监督若干问题的意见》，进一步明确了人民检察院对看守所实施法律监督的范围，规范了监督方式，完善了监督程序，落实了监督责任。2012 年最高人民检察院监所检察厅制定下发了《关于上级人民检察院监所检察部门开展巡视检察工作的意见》，建立了上级人民检察院监所检察部门对辖区内监管场所刑罚执行和监管活动是否合法，以及派出、派驻该监管场所检察机构履行法律监督情况进行巡视检察工作机制。这些规定为之后驻所检察奠定了相应的法理基础。驻所检察的主要工作是：检察看守所对在押人员和已决犯的羁押、释放、管理、教育是否符合法律的规定；检察由公安机关移送的留所服刑罪犯重新犯罪或判决遗漏的罪行；检察看守所在押人员和留所服刑犯的申诉、控告；配合看守所开展文明管理，对在押人员进行法制教育，共同维护所内秩序；检察看守所干警渎职犯罪的案件。

（一）监督内容

1. 收押监督

我国宪法规定："中华人民共和国公民的人身自由不受侵犯。"为了保障公民的人身自由，宪法还规定："任何公民，非经人民检察院批准和决定或人民法院决定，并由公安机关执行，不受逮捕。"并规定禁止非法拘禁和以其他方法剥夺或者限制公民的人身自由。驻所检察人员对看守所收押、释放活动进行监督，就是保证收押和释放依法进行。其主要工作内容是：

第一，纠正非法羁押现象。收押犯罪嫌疑人时，要检查收押是否有《拘留证》、《逮捕证》等法律文书；检查收押是否符合法定条件，是否属于正在怀孕、哺乳自己婴儿的妇女以及患有严重疾病不该收押的人；是否属于法定不负刑事责任的人。如不符合法律规定，要及时提出纠正意见。

第二，纠正超期羁押现象。看守所羁押的对象不同于监狱，是处于刑事诉讼程序的犯罪嫌疑人、被告人。这些人在未被定罪以前，享有我国公民除人身自由以外应当享有的其他权利。司法机关为了查证犯罪事实对犯罪嫌疑人、被告人进行羁押，是为了确保刑事诉讼活动的顺利实施。如果对犯罪嫌疑人、被告人不受限制地羁押，不仅不利于及时打击各种犯罪，而且侵犯了犯罪嫌疑人、被告人的合法权益。因此，必须对羁押的期限实行监督。对羁押即将到期的在押人员，驻所检察部门应及时检察看守所是否向办案单位催办；接到看守所羁押超时报告书后，要向检察长报告，并立即口头或书面向办案单位催办；对延长羁押期限的，要检察办案单位是否有完备的法定手续。在实践中，对少数办案人员不遵守办案期限规定，造成个别案件久拖不决，犯罪嫌疑人、被告人超期羁押的，驻所检察人员要严肃对待，督促纠正。

第三，纠正非法滞留、非法释放现象。对已作出不捕、不诉、撤案、无罪、免刑等处理的，必须立即释放。对于判处缓刑的，在一审判决生效（即上诉期）后，立即释放；但同时对于留所服刑人员期限未满提前释放以及不符合减刑、假释条件而办理了减刑、假释手续予以释放的，驻所检察人员也要依法监督，以保护其他犯罪嫌疑人、被告人和罪犯的合法权益。

2. 权利保障监督

犯罪嫌疑人、被告人在被羁押期间，限制了部分人身自由，但不是剥夺所有的权利。在羁押期间，在押人员享有生存权、申诉权、控告权、人格权、人身安全及合法财产不受侵犯权等基本权利；罪犯除依法被剥夺政治权利的以外，还享有选举权以及其他未被剥夺的公民权利。根据《看守所检察工作细则》规定，驻所检察人员有“对看守所的活动是否合法实行监督，保障有关法律政策的正确实施”的职责。其目的就在于维护在押人员的合法权益。主要体现在以下五个方面：

第一，维护在押人员的生存权。在生活上给予其必要的保障，即使应判死刑的在押人员，在看守所羁押期间也要维护他的生命。驻所检察人员定期检察看守所对在押人员的伙食标准、环境卫生、病伤治疗是否符合规定和有无虚报、冒领、克扣囚粮、囚款等问题。

第二，维护在押人员的申诉、控告权。申诉、控告是国家为维护公民（包括在押人员）的合法权益而赋予其的权利。驻所检察部门有权受理在看守所服刑的在押人员及其家属的申诉（包括向人民法院申诉被驳回又向人民检察院提出的申诉）；有权受理在押人员及其家属对看守所干警和武警在管理活动中的违法行为提出的控告（包括对在押人员的刑讯逼供、体罚、虐待等行为）；有权受理对办案人员贿赂、索要财物等行为的控告。对上述控告、申诉，驻所检察部门要认真办理，及时答复，切实维护在押人员的合法权益。

第三，维护在押人员的合法财产权。凡新入所人员，经检查，其随身所带的非日常用品、现金，由看守所代为保管并逐一登记，开列清单，离开看守所时一并结算或退还。

第四，维护在押人员不受侮辱的权利和人身安全。《看守所检察工作细则》规定，必须检察看守所对男犯和女犯是否实行分押；检察看守所对在押人员的监室和活动场所，特别是重要案犯、死刑犯的监管警戒是否严密安全，提审、押解是否符合规定；检察看守所是否用在押人员代行干警职责管理在押人员；检察看守所干警、武警对在押人员使用械具，武器是否符合规定，对在押人员有无体罚、虐待、侮辱人格的行为等。

第五，维护在押人员其他未被剥夺的权利。在押人员的部分权利没有被剥夺，如选举权和被选举权，在县、乡人大代表选举中，驻所检察人员要监督和协助有关方面，为处在刑事诉讼程序中的犯罪嫌疑人、被告人以及未被剥夺政治权利的已决犯办理选举或委托他人代为选举的手续，保证他们应当享有的权利。另外在不影响案件侦查的前提下，允许在押人员给其亲朋打电话或安排其亲属前来探望。

设置看守所驻所检察制度既可以保障国家的相关看守所工作方针政策和法律、法规的正确实施；又可以保护公民不受非法拘禁，维护在押人员的合法权益；打击被羁押人员在羁押期间的犯罪活动，维护监管秩序，保障看守所安全；并通过检察活动，对被羁押人员进行法制宣传教育，促使他们坦白交代罪行，以保障刑事诉讼活动的顺利进行。

（二）监督方式

检察院对看守所的执法和管理活动的监督方式主要有以下六种方式：

1. 人民检察院在看守所设立派驻检察室，派驻检察室以派出人民检察院的名义开展法律监督工作；对关押量较少的小型看守所，由人民检察院进行巡回检察。

2. 人民检察院对看守所内发生的在押人员死亡等重大事件，以及看守所在执法和管理活动中的职务犯罪案件，及时进行调查或者立案侦查。

3. 人民检察院派驻检察室应当按照既定方式与看守所实行监管信息共享和监控联网，通过网络及时、全面掌握看守所执法情况和监管情况，实现与看守所信息共享、动态管理和动态监督，并确保信息安全。

4. 人民检察院派驻检察室应当与看守所建立和完善联席会议制度，定期召开会议，及时通报重大情况，分析监管活动和检察监督中存在的问题，研究改进工作的措施。

5. 人民检察院派驻检察室应当列席看守所主要执法和监管会议，认真听取情况，发现问题及时提出纠正意见。

6. 人民检察院派驻检察室应当建立和完善在押人员约见检察官制度。凡是在押人员提出约见派驻检察官的，派驻检察官要及时谈话，了解情况。派驻检察官相关信息应告知在押人员，检察信箱应当设置在在押人员监室，畅通在押人员举报、控告、申诉渠道。

（三）监督效果

对看守所执法和监管活动中出现的违法情形，人民检察院在检察工作中应当按照一定的程序进行监督和纠正。看守所应当自觉接受人民检察院的监督，对人民检察院提出的检察纠正意见应当按照规定进行纠正并反馈结果。对不按照规定进行纠正，又不说明情况或者理由，也不按照程序要求复议、提请复核的，公安机关应当依法依纪做出处理，构成犯罪的，应当依法追究刑事责任。

人民检察院应当按照法律及有关规定，采取切实措施，加强对看守所的法律监督工作。派驻检察人员、巡回检察人员应当认真履行法律监督职责，对检查发现的各种违法犯罪问题，必须及时进行处理，不得渎职，对因滥用职权或者玩忽职守，不认真履行法律监督职责，对看守所执法和管理工作中存在的问题，应当提出意见建议而不提出意见建议的，应当通知纠正而未通知的，对看守所在执法和管理活动中发生的职务犯罪案件不依法予以立案侦查的，以及对看守所发生的在押人员死亡等重大案件，不及时进行调查，造成工作失误或者帮助掩盖事实真相的，依纪给予纪律处分；构成犯罪的，依法追究刑事责任。

三、人大、政协监督

1997 年公安部下发了《关于主动接受人大、政协对看守所工作检查监督问题的通知》，明确了看守所必须主动接受人大、政协的监督，其目的在于增进各级人大、政协对看守所工作的了解，增强看守所工作的透明度，从而促进执法水平和监管水平的提高。2011 年，公安部又下发了《关于建立长效工作机制深化联系人大代表政协委员活动的通知》，将该项工作常态化、制度化。监督工作主要包括以下四个方面。

（一）县级以上各级公安机关每年要定期或不定期主动向本级人大、政协汇报看守所在押人员的管理教育、权益保障、安全监管、后勤保障和监所建设以及队伍情况，对在押人员检举立功、减刑假释、保外就医等执法活动，以及超期羁押和民警的违法、违纪等问题，也要如实汇报。

（二）本级或上级人大、政协派出的视察、检查团、组，随时可以视察看守所、听取工作汇报，同民警座谈、检查监室、查阅在押人员档案、检查在押人员的生活卫生等，对要求上诉、申诉、控告和诉说冤屈、超期羁押的在押人员，可以谈话询问。

（三）各级公安机关对人大代表、政协委员对看守所工作提出的意见和建议要进行认真研究，积极改进，改进情况应及时向人大、政协报告。

（四）看守所要建立人大代表、政协委员视察登记报告制度，对视察中提出的意见和建议等要记录在案，研究改进措施，报本级和上级公安机关备案。

四、特邀监督员巡查监督

为更好地实现公民的知情权、监督权和话语权，回应人民群众关切，改进看守所执法管理工作，2011年公安部制定下发了《看守所特邀监督员巡查监督工作规定》，在全国范围内建立了特邀监督员巡查监督看守所工作制度。该项制度的建立，是进一步完善看守所警务公开制度的有益探索和实践，促进了社会对看守所工作的了解，实现了看守所社会监督机制的常态化。《规定》明确要求，看守所应当聘请一定数量的特邀监督员，并自觉接受特邀监督员巡查监督。

看守所执法管理涉及限制人身自由、权益保障等诸多敏感问题。随着国家民主法制建设的进步，人民群众的法治意识和维权意识普遍增强，在押人员权利保障问题成为社会广泛关注的“热点”之一。由于看守所长期处于相对封闭状态，不可避免地会出现社会一些人对看守所存在偏见和误解、猜测和质疑。特邀监督员制度为社会公众对看守所的深入了解与监督提供了更为便利的途径。

特邀监督员应具有较高的法律政策水平，热心和关注看守所工作，自觉参加相关巡查活动；特邀监督员对看守所执法管理工作巡查，对看守所及其民警履行职责、执法管理、遵纪守法、保障在押人员权益等情况实施监督；及时反映、传递看守所在押人员及其家属、聘请律师对看守所及其民警违法违纪行为、侵害在押人员合法权益行为的检举、控告；反映人民群众对看守所工作的意见、建议和要求；对看守所执法管理工作进行调研和评议。特邀监督员可以在工作时间采取不事先告知的方式巡查看守所，探访看守所中与执法、管理工作相关的地点和人员，与看守所民警和在押人员谈话；可以参加看守所召开的有关工作会议、活动，听取工作情况汇报；可以了解所反映和转递的检举、控告和建议、意见等事宜的办理情况；在履行监督职责过程中，可以要求看守所及其民警予以协助、配合。特邀监督员对看守所巡查监督每月至少1次，巡查工作由2名以上特邀监督员共同进行，并如实记录巡查情况和获取的信息，不现场发表判断性意见和言论。监督员在巡查工作结束后48小时内向看守所提交《特邀监督员巡查意见书》，认为有必要的，可以将意见书向看守所上级有关部门反映。看守所应当定期或不定期召开特邀监督员座谈会，听取对看守所工作的意见和建议。对特邀监督员提出的巡查意见，看守所应当签收、登记，认真研究解决办法并将办理情况、整改情况及时向特邀监督员反馈。一般事项在一周内办结并答复，比较复杂的事项应在一个月内办结并答复。

五、其他社会监督

是指社会性团体、组织、新闻媒体和公民个人根据国家法律、社会规范或者以公安机关公开的的看守所执法管理活动的内容和标准为依据，对看守所执法管理工作进行的监督。在其他社会监督中，来自在押人员家属的监督最直接，最有力，也更有效。对监督发现的问题，可以向有关部门报告，可以建议看守所改正，也可以向有关机关控告。看守所应主动接受社会监督，不断提高公安监管工作的透明度，改进执法管理工作。看守所要将与被监管对象、司法办案部门及群众合法权益密切相关的一些法律法规、规章制度以及有关办事制度、程序，通过适当形式，告之权利人，并向公众和社会公布，以便于被监管对象、社会各界和公众了解。看守所应向社会公布联系电话和执法监督电话，建立所长接待日制度，为社会监督提供便利条件。对社会团体、新闻媒介和社会公众对看守所执法方面的反映、意见或建议、报道、举报及控告，公安机关及其看守所都要认真对待，深入调查了解，依法处理，有条件的应答复当事人。除此之外，为改善警察公共关系，全面展示看守所法治文明建设成果，增进社会各界对看守所工作的监督、了解和支持，促进看守所规范执法，更好地保障在押人员的合法权益，各地应大力推进看守所对社会开放工作。2009 年公安部将北京西城区看守所等 10 个看守所作为首批对社会开放的看守所进行试点，2011 年底前在全国三级以上的看守所全部推开，这一措施有助于打破神秘主义，建立常态化的对看守所社会监督工作机制，提升社会监督的效果，应予坚持。

第十章　看守所的人权保障及执法理念

第一节　看守所的人权保障

联合国《公民权利与政治权利国际公约》和其他国际性文件制定的审前羁押中被羁押者应当享有的权利，可以成为我国改革审前羁押制度时充实被羁押者权利的参照。“司法与诉讼基本准则的普适性质，近年来已形成相当的国际共识，而就这方面的实际运作状况看，对公理性准则的尊重已成为普遍的趋势。”这一方面是因为《公约》本身的规定充分彰显了对人权的保障和对人的尊严的维护，是充满人道主义和法治先进思想的条约；另一方面是因为我国是国际条约的缔约国，负有履行以上条约的义务。

尊重和保障人权是宪法确立的重要原则，现行刑事诉讼法不仅将尊重和保障人权写入总则，而且在分章中对如何保障犯罪嫌疑人、被告人合法权益，特别是在押犯罪嫌疑人、被告人的合法权益作出了具体规定。前不久，国务院新闻办发布《国家人权行动计划（2012—2015年）》，高度关注在押人员人权保护，对看守所工作提出了新的要求。看守所的羁押管理工作贯穿于刑事诉讼始终，对人权的尊重和保护应当体现在具体的羁押管理工作中。必须牢固树立保障人权的理念，在执法和管理的各个方面、各个环节认真落实人权保障措施。创新看守所管理机制，就要贯彻人权保障原则，从羁押的角度明确在押人员合法权益的基本内容，包括尊重人格、不体罚虐待、合法财物不受侵占、保障基本居住和生活条件、保障基本卫生医疗条件，依法保障通信、会见、申诉、控告等。要完善在押人员权益保护制度，包括权利义务告知制度、健康检查制度、日常医疗制度、伙食管理制度、一日生活制度、依法办理提讯制度、“牢头狱霸”防范和打击处理制度等。要畅通在押人员救济途径和投诉渠道，切实维护和保障在押人员合法权益。具体体现如下。

一、免受任意和非法羁押的权利

《世界人权宣言》第 9 条明确规定：“任何人不应受到任意的逮捕和羁押。”联合国《保护所有遭受任何形式羁押或监禁人的原则》（简称《保护被羁押和监禁人的原则》）规定：“羁押不仅要严格按照法律的规定，而且只能由有资格的官员或授权的人执行。”免受任意和非法羁押是联合国对被羁押者人权保护的重要内容，是人类在遭受法西斯残暴统治和封建黑暗、野蛮专制统治后为追求民主、自由和文明进行斗争而取得的成果，是刑事司法民主化的重要象征。公民的自由是作为一个人最基本的权利，按照洛克的观点，它是先于政府、宪法而存在的，政府的任务就是保护它，如果公民的自由可以受到政府的任意践踏而没有尊严可言，他就是生存在一个黑暗和恐怖的社会。二战结束后，联合国将禁止任意羁押和非法羁押以法律的形式固定下来，禁止政府随意限制和剥夺公民的自由，只有出于法律的规定、符合法律的要求、得到法律的许可才能对公民的人身自由采取强制措施。

任意羁押与非法羁押有不同的内涵。联合国人权委员会指出：“任意不等于违背法律，应当被广泛地解释为包括不合比例、不公正、缺乏预见性等因素。”这意味着在实施了合法的逮捕后要继续羁押，仅仅达到合法是不够的，还要在所有的情形下合理。禁止任意羁押主要是指羁押应当是必要、合理的，而不是随意的，应当符合法律的事先规定，这是对采取羁押措施时的实质要件的规定；禁止非法羁押主要是指采取羁押的措施应当专属法律规定的有权机关，并且应当按照法律规定的程序进行，这是对采取羁押措施时程序性条件的规定，此外，羁押还应当受到司法机关的监督和有效控制。禁止任意和非法羁押的规定共同构成了保护公民人身自由的屏障。免受任意羁押和非法羁押在各国《刑事诉讼法典》中都有相应的规定，虽然具体内容不同，但所体现的禁止任意羁押和非法羁押的精神是一致的。

我国现行《刑事诉讼法》的规定针对免受任意和非法羁押做出了相应的调整，第九十五条规定，被羁押的犯罪嫌疑人、被告人及其法定代理人、近亲属、辩护人有权申请变更强制措施。人民法院、人民检察院和公安机关收到申请后，应当在三日以内作出决定；不同意变更强制措施的，应当告知申请人，并说明不同意的理由。第七十七条规定，人民法院、人民检察院和公安机关对犯罪嫌疑人、被告人取保候审最长不得超过十二个月，监视居住最长不得超过六个月。在取保候审、监视居住期间，不得中断对案件的侦查、起诉和审理。对于发现不应当追究刑事责任或者取保候审、监视居住期限届满的，应当及时解除取保候审、监视居住。解除取保候审、监视居住，应当及时通知被取保候审、监视居住人和有关单位。充分保障了在押人员的相应权利。

二、被羁押者对羁押提出异议的权利

《公民权利与政治权利国际公约》第 9 条第 4 款规定：“拘禁，还是受到某种形式的行政拘留，都有权启动法律程序。”“无论他们是受刑事指控被向司法机关对羁押的合法性提出异议，如果这种羁押被发现是非法的，被羁押者应被释放。”《保护所有遭受任何形式拘留或监禁的人的原则》第 32 条规定：“被羁押者随时都可以提起对拘禁的异议的程序，还应允许律师或家庭成员代表被拘禁者启动这一程序。司法机关不仅应审查羁押程序的合法性，尤其应审查拘禁的原因及其必要性。这一程序应尽可能简单并迅速地进行。”这项权利源自英国的人身保护令制度，其最初的要求是，监管人员要把被监禁的人带到法官面前，法官对拘捕他的理由进行审查，如发现拘捕此人的理由不足，法官有权发布人身保护令命令释放被监禁者。刑事司法活动中，为了确保诉讼的客观公正，法律除了要求作为裁判者的法官应当独立、中立、不偏不倚进行裁判外，还赋予了被追诉者抵御的诸多权利，如辩护的权利、获得律师帮助的权利、不被强迫自证其罪的权利。这些权利是让被追诉者可以防御国家公权力的侵害。而被羁押者对羁押提出异议的权利针对的是法官的裁决，是被告人要求对原来的裁决进行纠正。赋予被羁押者这项权利，一方面是因为法官的裁决客观上存在错误的可能；另一方面是因为在诉讼进程中羁押的理由发生了变化，如果羁押的理由已经不存在，继续羁押就成为不合法了。这项权利是被羁押者的一项重要权利，是停止非法羁押获得救济的有力武器。当羁押本身自始便存在错误或者在刑事追诉进程中客观上诸多因素和条件发生了变化导致继续羁押成为不合法或不恰当时，这项权利应对被羁押者继续发挥作用。被羁押者有权对羁押提出异议通常被认为是被羁押者由此可以获得救济的最佳手段。结合我国现行《刑事诉讼法》的规定，我国对以下三个方面的权利提供了相应的法律保障。

第一，为被羁押人员提供足够的法律咨询途径，旨在保证当被羁押者本身并没有聘请律师的意图的时候仍然能够通过看守所内部提供的法律咨询途径来了解自身被羁押的状态，包括羁押理由，羁押的期限，羁押的合法性与合理性等等。

第二，通过聘请律师为其提供申诉的条件，为律师代为申诉提供有效途径，设置专门的羁押审查与救济机构，其宗旨是保证羁押的合理性以及保护被羁押者的羁押救济权。

第三，为非法羁押、超期羁押的及时终止提供保障，当羁押审查机构发现非法羁押与超期羁押时，羁押审查与救济机构应当迅速通知相关部门停止羁押，改为其他强制措施或者予以释放，并发放相关证明文件。

三、充分保障犯罪嫌疑人、被告人的诉讼权利

诉讼权利是犯罪嫌疑人、被告人最为重要的权利，看守所要充分保障在押人员依法进行刑事诉讼。要转变观念，做到既保证办案机关依法办案，也保证在押人员平等参与刑事诉讼。在犯罪嫌疑人、被告人所有诉讼权利中，辩护权最为重要，依法保障犯罪嫌疑人、被告人的辩护权，对于保证案件得到公正准确的处理，维护犯罪嫌疑人、被告人的诉讼权利和其他合法权益具有十分重要的意义。看守所要切实保障犯罪嫌疑人、被告人

依法获得辩护权。犯罪嫌疑人、被告人要求委托辩护人的，如果有书面委托，看守所应当将其及时转交办案机关；如果口头委托，受理民警应当作好记录，由本人签名捺印后交办案机关；如果在押人员只有委托辩护人的请求，提不出具体的辩护人或者律师事务所的，看守所应当将其请求转达办案机关。看守所应当通过举办法律知识讲座、提供法律书籍等形式，为在押人员提供法律帮助。要积极与当地司法部门联系，在看守所设立法律咨询机构或法律援助机构，随时为在押人员答疑解惑或提供法律服务。对在押人员的上诉、申诉、控告等材料，应当及时转递。同时，保障犯罪嫌疑人、被告人的会见权。辩护律师可以与犯罪嫌疑人、被告人会见，其他辩护人经人民法院、人民检察院许可，也可以同犯罪嫌疑人、被告人会见。辩护律师向看守所提出会见犯罪嫌疑人、被告人的，看守所应当查验律师执业证、律师事务所证明、委托书或者法律援助公函。对于办案机关事先书面通知看守所律师会见须经许可的，看守所应当同时查验办案机关允许会见证明。看守所未事先收到办案机关书面通知的，不应查验此项证明。辩护律师提出会见要求后，除了因侦查人员正在讯问、没有会见场所等特殊情况，看守所应当立即安排会见。不论在哪种情况下，律师会见应当在 48 小时内安排。辩护律师会见犯罪嫌疑人、被告人时不被监听，看守所不得派员在场，不得通过任何方式监听律师会见时的谈话内容，不得对律师会见进行秘密录音。看守所基于安全的考虑，应当在律师会见过程中对犯罪嫌疑人、被告人进行必要的监控，但这种监控不得影响律师与在押人员谈话内容的保密性。

四、设置被羁押者享有对非法羁押得到赔偿的权利

《公民权利与政治权利国际公约》第 9 条第 5 款规定：“任何成为非法逮捕或拘留的被害人享有可强制的赔偿权。”《保护羁押或监禁人的原则》也规定：“如果损害的发生是由于国家官员的行为违背了原则的规定或不履行法律职责所造成，应按照国内法可应用的规则给予赔偿。”联合国预防犯罪和罪犯待遇大会通过的《为罪行和滥用权力行为受害者取得公理原则》对错案赔偿作了更具体的规定：“对于罪行受害者应给予同情并尊重

他们的尊严。他们有权向司法机构申诉并为其所受损害迅速获得国家法律规定补救。”“在政府官员或其他官方或半官方身份行事的代理人违反了国家的刑事法律时，受害者应从其官员或造成伤害的国家取得赔偿。”被羁押者获得赔偿是由于国家官员的非法行为或过错行为发生时导致嫌疑人权利受侵，才有权提出及获得赔偿。而《欧洲人权公约》的规定则还包含了国家官员在无过错的情形下，只要被羁押者遭受错误羁押的事实客观存在，则都有权获得赔偿。遭受错误羁押的被羁押者有权获得赔偿是资产阶级革命的产物，它与自由、平等、人权的观念息息相关，是现代文明国家走向法制化、民主化的重要标志之一。

对被羁押者进行赔偿最早是以错案赔偿的形式出现的，世界上最早提出冤狱赔偿思想的是1781年法国的约翰·皮里·布里斯索特和路易·菲利普。他们认为，司法机关为保护公众利益，对犯罪嫌疑人要敢于追诉，涉及无辜公民而形成错案，如果审判人员没有过错，则由国家担负赔偿责任。但英国是最早确立冤狱赔偿的国家，早在1679年的《人身保护法》中率先确立了冤狱赔偿制度，其后美国的一些州也制定了冤狱赔偿的法律，德国于1898年颁布了《再审无罪赔偿法》，1904年修改为《羁押赔偿法》，扩大了适用范围，法国在1894年修改《刑事诉讼法》时增加了冤狱赔偿制度。我国1982年宪法第41条规定：“由于国家机关和国家机关工作人员侵犯公民权利而受损失的人，有依照法律取得赔偿的权利。”1994年通过了《中华人民共和国国家赔偿法》，其中第三章明确规定冤狱赔偿制度，包括对错拘、错捕进行国家赔偿。对我国由于羁押不当导致的国家赔偿应当做出以下调整。

（一）确定国家赔偿的标准。国家公权力对个人的侵害的影响较个人之间的侵害而言应当更为严重，公权力不仅侵害被羁押人本身，对其家庭以及相关社会心理的影响都是不容忽视的，同时从侵害主体来看，国家公权力的承载者在羁押过程中处于强势状态，其行为的权威性必须得到相应的保障，对于其公权力的不适当使用，需要得到更为严厉的处罚。根据国家机关的故意或者过失程度进行区分，对于因故意造成的违法羁押，可以按照民事侵权的标准为基准来做出赔偿，同时综合考虑侵害程度来增加关于精神损害以及名誉损害等相关的赔偿。对于因过失造成的羁押，可以按固定数额作出赔偿，数额大小可根据一般过失与重大过失来区分赔偿的额度。

（二）扩大国家刑事赔偿的范围。不仅对实体性错误造成的羁押作出赔偿，对程序性错误也应适当予以赔偿；不仅对作为行为造成的违法羁押作出赔偿，还应对不作为造成的羁押作出赔偿。只要当羁押审查与救济部门作出羁押不当或者羁押超期的认定，国家就应当对由于错误羁押带来的影响承担赔偿责任。

第二节　看守所的执法理念

一、看守所的法治理念

法治是人类政治文明的重要成果。实施依法治国基本方略、建设社会主义法治国家，既是经济发展、社会进步的客观要求，也是确保国家长治久安的根本保障。公安机关要坚持中国特色社会主义法治道路不动摇，把加强法治建设贯穿于公安监管工作全过程，肩负起社会主义法治国家建设者、实践者的重任。要牢固树立社会主义法治理念，坚持对党负责、对人民负责与对法律负责的一致性，严格依照法定权限和程序履行职责、行使权力，维护国家法制的统一、尊严和权威。

公平正义是法治文明的重要体现，也是人民群众的迫切期待。公安监管部门是维护社会公平正义的重要部门，公安监管部门的执法管理直接关系到公平正义的实现。公安监管部门要适应法治建设的新形势新要求，不断学习和掌握社会主义法治发展最新成果，摒弃陈旧落后监管理念和习惯做法，在公安监管执法中彰显公平正义。

法治理念对看守所的公正执法提出要求，即看守所在刑事诉讼中的执法地位要公正，要坚持保障刑事诉讼与保证安全并重，保障办案单位依法办案与保障在押人员、律师诉讼权利并重，服务办案与监督执法办案并重。创新看守所管理机制，必须坚持以上三个并重，健全完善并严格落实规章制度，严格依法履责，充分发挥看守所职能作用。

二、看守所的安全理念

确保安全是看守所的首要目标和基本任务，是其他一切工作的基础，必须牢固树立安全第一的理念。修改后刑事诉讼法明确了看守所的刑事羁押性质，看守所是被拘留、逮捕的犯罪嫌疑人、被告人唯一合法的羁押场所。羁押的目的和拘留、逮捕的条件是相辅相承的。根据修改后的刑事诉讼法，犯罪嫌疑人、被告人被拘留、逮捕后送看守所羁押，是为了防止其企图自杀、逃跑，或者毁灭、伪造证据、串供，或者可能实施新的犯罪等。因此，保证安全是刑事诉讼法对看守所的基本要求，也是看守所的基本任务。管理和安全是因果关系，就安全讲安全，安全是没有保证的，只有在管理上下功夫，管理到位了，安全才有好的结果。创新看守所管理机制，必须把安全工作放在第一位来谋划。要不断研究、探索、创新科学的管理方法，通过健全勤务运行机制、对在押人员实行风险评估和分级管理、对在押人员加强心理疏导和干预、完善并落实规章制度等，获取最大的安全效益。看守所保证安全，必须探索科学的管理办法，科学管理就是要遵从看守所管理的内在规律。除了传统的安全保障机制之外，看守所的安全理念还体现在以下几个方面：

（一）建立风险评估机制和分级管理

一是建立风险评估机制。对在押人员实行安全风险评估，要按照公安部指导意见的评估标准进行，各地可以在这个标准基础上予以细化，但不宜复杂，否则会增加评估者的畏难情绪和评估本身的难度。评估的主要因素应当是在押人员的案件情况、身体状况、心理状况及社会经历，其有没有暴力倾向、自杀倾向等现实危险。二是实施分别管理，这是风险评估的落脚点。如果不实施分别管理，不对重点人予以重点管理，评估就没有意义。分别管理应当制度化、规范化。

（二）加强心理干预机制

看守所对在押人员介入心理干预，对于保证看守所的安全、稳定在押人员的情绪具有重要作用。各级公安监管部门应当加强看守所心理干预工作的保障力度，指导看守所建设符合心理咨询条件的心理咨询室，协调相关部门将开展心理干预工作所需经费纳入预算或者申请专项经费，配备必要的心理治疗设备，组织开展心理学知识培训，完善心理干预各项规章制度等，确保心理干预工作有效开展。

三、看守所的“人权”理念

《国际人权公约》B 公约第 7 条规定：“任何人不受拷问或残虐，不受非人道待遇，不得被侵犯人格，不得被科以刑罚，尤其是任何人除非资源不得被接受医学的或科学的试验。”这是对人道处遇原则的描述，这对未经刑事程序而被剥夺自由者的处遇以及未被剥夺自由的犯罪者的处遇来说同样适用。在国家公权力面前，任何人都是潜在的犯罪嫌疑人和被告人，任何人随时都有可能成为实际上的犯罪嫌疑人和被告人。只有犯罪嫌疑人和被告人的私权利得到了切实保障，犯罪嫌疑人和被告人以外的人的私权利的保障才具有实际意义。被羁押人与社会一般公民相比，其权利的行使受到一定程度的限制，但是根据自由的根本价值理念，权利是平等的，任何人在法律允许的范围内都能够充分自由地行使自身的权利，这里包括所有没有依法被剥夺的权利在内，正当的羁押行为排斥惩罚性和工具性，因为法律并没有被赋予对任何无罪之人科以惩罚的权力，超越正当性的羁押行为必定会造成对自由的侵害。基于此，看守所在进行看守之时，必须为被羁押人提供相应权利的行使空间。

（一）一般被羁押人的权利

1. 权利知情权

《世界人权宣言》在序言中申明：努力通过教诲和教育促进对权利和自由的尊重，并通过国家和国际的渐进措施使这些权利和自由在各会员国的本国人民及在其管辖下领土的人民得到普遍和有效的承认与遵守。而在我国被羁押人人权保障实践中，由于被羁押人自身缺乏权利意识，当权利受到侵害时尚且不知，或明知权利受到侵害，不知道使用法律武器维护自己的权利，致使被羁押人人权保障受到极大限制。为此，对被羁押人进行维护权利意识教育，让他们了解自己拥有的权利，并学会用法律手段维护自己的合法权利，从而使其权利得到切实有效的保障，就显得极为必要。被羁押人在被羁押期间，应当对自己的各项权利进行深入和全面的了解。这种了解的必要性体现在：一方面监督司法机关的行为，另一方面充分行使自身所享有的权利，保障自己受到公正的待遇。这些需要被羁押人所知晓的权利主要包括：平等权、辩护权、司法救济权、程序参与权、性别权、求偿权等等基础性权利。除了单纯知晓被羁押人的基础权利之外，还应当对这些权利的实现途径有所了解。

2. 程序性权利

根据《世界人权宣言》和《公民权利和政治权利国际公约》，其中涉及到被关押人员的基本权利，在程序上，被拘押者至少可享有以下七项权利：第一，不受任意和非法羁押的权利。羁押必须是有理由并且是按照法律规定的程序进行，羁押只能够由有资格的官员或被授权的人来执行，羁押必须在某种司法机关的监督下进行，羁押必须被一个司法机关或有权机关授权或在其有效的控制之下。第二，被通知羁押理由的权利。对被逮捕和拘留的人必须通知其逮捕、拘留的理由以及不利于他们的任何控告，而且该控告应该涉及作出此决定的法律及事实依据。除此之外，该通知还应包括其他相关信息，如拘留的时间、地点、作出决定的司法机关等，并要向被逮捕者解释他所享有的权利以及如何利用该项权利。第三，被及时带到司法机关的权利。受到刑事指控的被羁押者应当被及时带到法官面前或其他被授权行使司法权的官员面前，并且将此作为国家司法机关应当主动履行的义务。第四，被暂时释放等待审判的权利。审前羁押应当作为一种例外手段来使用，并应尽可能短暂。对于青少年，此期间更应短暂，且为万不得已时使用，对某些种类犯罪则应禁止适用。因此当释放没有现实危险时被羁押人应该及时被释放。第五，在合理的时间内接受审判或被释放的权利。即使有合理的原因继续关押被告人，但如果审判没有在合理的时间内开始，被关押者就要被释放。第六，对羁押提出异议的权利。被羁押者在被拘禁的任何时间内都可以提出对拘禁的异议，而且，该程序至少应该由完全独立于侦查、起诉程序的司法机关裁决。这一程序应尽可能简单、迅速、极少或没有费用负担地进行，且能被那些可能没有代理人的被拘禁者使用。第七，对非法羁押得到赔偿的权利。因为特定的机关或某些工作人员的过失造成的错误羁押，被羁押者有权获得赔偿。

3. 获得律师帮助权

获得律师帮助权在不同阶段有着不同的体现。律师帮助权是犯罪嫌疑人、被告人反驳控诉、维护自己合法权益的一项基本权利。有关国际条约对其作了多方面的规定。每一个受到刑事指控的人都享有由他自己挑选的代理人为其辩护的权利；如果该被告人不能支付辩护费用时，还应免费为其提供法律援助。此权利使被拘禁者有权被及时通知，并应在刑事程序的所有阶段得到保障。辩护活动的准备应当有足够的时间和有效的手段。从被拘禁时起，被拘禁者与律师的接触不应晚于48小时；律师与被拘禁者的会见应较自由，应在可被司法官员看见，但不能听到的场合下进行。由于犯罪嫌疑人、被告人在刑事诉讼过程中，面对的是国家公权力的指控，如果没有充分的提供法律帮助权利和辩护权利，刑事审判结果的公正性必然受到质疑。犯罪嫌疑人、被告人的辩护权包括自行辩护权、委托辩护权和指定辩护权。其中，委托辩护和指定辩护主要是委托和指定律师进行辩护。因此，自行辩护和律师辩护是犯罪嫌疑人、被告人行使辩护权的主要方式。“平等武装”原则是现行刑事诉讼所秉持的一项基本原则。在刑事诉讼过程中，犯罪嫌疑人、被告人在面对强大的侦查、控诉机关，并被控（涉嫌）犯罪，面临生命、自由、财产的严重威胁时，其智识、财力、心理等方面的弱势地位显而易见。为平衡控辩双方的严重失衡态势，“平等武装”原则要求保障犯罪嫌疑人、被告人由具有专业知识和丰富执业经验的律师帮助其辩护。根据相关学者的调查数据表明，法院审判时调查对象自己委托辩护人的仅有32.3%，法院指定法律援助律师辩护的为10.5%，两者相加，在审判时有辩护人的比例仅为42.8%。[①] 换言之，有超过一半的被告人没有律师的法律帮助和法庭辩护。就我国刑事诉讼程序来看，我国现行《刑事诉讼法》第三十三条规定，犯罪嫌疑人自被侦查机关第一次

① 林莉红、邓刚宏：《审前羁押期间被羁押人权利状况调查报告》，《中国刑事法杂志》2009年第8期。

讯问或者采取强制措施之日起，有权委托辩护人；在侦查期间，只能委托律师作为辩护人。被告人有权随时委托辩护人。侦查机关在第一次讯问犯罪嫌疑人或者对犯罪嫌疑人采取强制措施的时候，应当告知犯罪嫌疑人有权委托辩护人。人民检察院自收到移送审查起诉的案件材料之日起三日以内，应当告知犯罪嫌疑人有权委托辩护人。人民法院自受理案件之日起三日以内，应当告知被告人有权委托辩护人。犯罪嫌疑人、被告人在押期间要求委托辩护人的，人民法院、人民检察院和公安机关应当及时转达其要求。第三十七条规定，辩护律师可以同在押的犯罪嫌疑人、被告人会见和通信。其他辩护人经人民法院、人民检察院许可，也可以同在押的犯罪嫌疑人、被告人会见和通信。辩护律师持律师执业证书、律师事务所证明和委托书或者法律援助公函要求会见在押的犯罪嫌疑人、被告人的，看守所应当及时安排会见，至迟不得超过四十八小时。危害国家安全犯罪、恐怖活动犯罪、特别重大贿赂犯罪案件，在侦查期间辩护律师会见在押的犯罪嫌疑人，应当经侦查机关许可。上述案件，侦查机关应当事先通知看守所。由此可以看出，我国新刑事诉讼法对被羁押人的律师帮助权作出了重大调整。

基于比例性原则①的要求，国家对被羁押人所实施的剥夺必须是合理的。因此，辩护权的知晓与行使也应当在羁押阶段得以充分的落实，而看守所作为羁押机关，应当是最为直接和最为重要的督促者，在对犯罪嫌疑人、被告人的律师帮助权的行使中，应当积极配合并予以充分保证。

4. 合理待遇权

被关押人员在关押期间应受到人道主义待遇，这种待遇应当满足基本的生活和精神的需要。其基本内容主要包括下面三个方面。

（1）对外联络权。当被拘禁者在完全与世隔绝的状态下被关押，与外面和其他被拘禁者没有任何联系，这本身就属于残酷、不人道的待遇。特别是这种状况被延长时，该拘禁将更不堪忍受。因此，相关法律规定：被

---

① 比例性原则是指公权力对公民个人权利的剥夺范围、幅度，应最大限度地和行为的违法程度相适应、成正比，具体到刑事强制措施的适用，要求国家专门机关在限制或剥夺公民的人身自由时要有一个合理的“度”，即应符合客观情况的需要，具有相应的法律依据，强度不能超过必要程度。

拘禁者与其律师及家人的通讯联系不得被切断，即使有原因也不得超过若干天。另外，羁押事实及地点应及早通知被羁押者的家人或其选择的认为较合适的人。而且，他们彼此间的通讯联络应随时保证畅通。

（2）免受刑讯和非法待遇权。羁押的程序要与有效地防止刑讯和非法待遇相结合；有恰当的控告程序以及在控告者没有受到报复的可能性的情况下，对控告的程序进行适当的审查；由刑讯、非法待遇或其他形式的强制和恐吓所取得的证据不能作为定案的根据。①

（3）特殊被羁押人的特殊待遇。这种特殊被羁押人主要是针对患有精神病的被羁押人（这里针对的是患有精神病但是仍然属于刑法中应当承担刑事责任的这部分精神病人）、智力低下的被羁押人、患有艾滋病和带有艾滋病病毒的被羁押人、老年人或者身体有残疾的被羁押人，这部分人由于在身体上具有一定的对看守生活的不适应性，需要在各个方面对其进行特殊的照顾，使得其能够在看守所中合理的被安置。

5. 羁押救济权

《世界人权宣言》第 9 条规定："人人享有自由和人身安全，对任何人不得加以任意逮捕、拘禁或放逐。"《公民权利与政治权利国际公约》第 9 条第 1 款规定："对任何人不得加以任意逮捕或拘禁，除非依照法律所规定的根据和程序，任何人不得被剥夺自由。"第 4 款规定："任何因逮捕或拘禁被剥夺自由的人，有资格向法庭提起诉讼，以便法庭能不拖延地决定拘禁他是否合法及如果命令不合法时予以释放。"联合国人权委员会《关于公正审判和补救权利的宣言》（草案）第 34 条规定："任何人只能基于合理的理由和按照当局签发的令状才能加以羁押。"第 28 条规定："任何国家应当确保建立人身保护令程序或近似的程序、制度。"世界刑法学协会第十五届代表大会《关于刑事诉讼法中的人权问题的决议》第 8 条规定："影响被告人基本权利的人和政府措施，包括警察采取的措施，必须由法官的授权，并且接受司法审查。"《保护所有遭受任何形式拘留或监禁的人的原则》第 32 条第 1 款规定："拘留如属非法，被拘留人或其律师应

① 陈光中、［加］普瑞方廷：《联合国刑事司法准则与中国刑事法制》，法律出版社 1998 年版。

有权随时按照国内立法向司法或其他当局提起诉讼，对其拘留的合法性提出异议。以便使其获得立即释放。”这些人权条约对羁押救济问题作出了原则规定。规定被羁押人可以依法提起诉讼，申请司法救济，要求各国建立人身保护令程序或近似程序、制度，保障被羁押人的人权。我国现行法律虽然规定了羁押救济制度，但同发达国家相比，这一制度还不完善。我国已经签署《公民权利和政治权利国际公约》，该公约对羁押救济规定了最低保障标准，现行法律规定离这个标准也有一定的差距。因此，在看守过程中应当为被羁押人提供羁押救济的途径，一方面为被羁押人设置通信途径，为其传递其救济信息；另一方面，看守所应当主动审查，对超期羁押、恣意羁押等非法羁押的情形及时予以纠正。

6. 性别权和亲权

联合国《囚犯待遇最低限度标准规则》第 8 条 a 项规定，应尽量将男犯和女犯拘禁于不同监所；同时兼收男犯和女犯的监所，应将分配给女犯的房舍彻底隔离。第 23 条之（1）规定，女犯监所应特别提供各种必需的产前和产后照顾和治疗。可能时应作出安排，使婴儿在监所外的医院出生。如果婴儿在监狱出生，此点不应列入出生证内。该条之（2）规定，如乳婴获准随母亲留在监所内，应当设置雇有合格工作人员的育婴所，除由母亲照顾的时间外，婴儿应放在育婴所。我国《看守所条例》第十四条规定，对男性人犯和女性人犯，成年人犯和未成年人犯，同案犯以及其他需要分别羁押的人犯，应当分别羁押。《中华人民共和国妇女权益保障法》第二十六条第二款规定，妇女在经期、孕期、产期、哺乳期受特殊保护。在这种法律规定下，妇女在被看守时，这些基本的性别权仍然应当得到相应的尊重。一方面，看守所必须保护被看守妇女的性自由权，保证其不受男性被羁押人以及男看守人员的性侵犯和性骚扰。另一方面，还应当保障其在生理期内受到特殊保护，保障其身体的健康权。同时，女性由于其特殊身份，还可以获得一定的亲权，这种亲权主要体现在作为年幼孩子的母亲成为被羁押人的情形。当这种看守会严重影响孩子的基本生活时（例如孩子没有其他亲人或者孩子对母亲的依赖无可替代），看守所应当为孩子提供一定和母亲接触的机会，实现基本的亲权，实现看守的人性化。

7. 民族习惯权

《囚犯待遇最低限度标准规则》第 41、42 条详细规定了有宗教信仰的囚犯的待遇标准。我国《看守所条例》第二十三条第二款规定，对少数民族人犯和外国籍人犯，应当考虑到他们的民族风俗习惯，在生活上予以适当照顾。公民犯罪之后被关押，其关押所剥夺的权利应当是与其行为相对应的权利，但是对于其精神信仰的自由仍然应当予以尊重。看守所应当在不影响看守所安全管理的前提下，为被羁押人举行宗教仪式或者进行宗教活动提供一定的方便，但是这种方便应当以不增加看守所的负担为前提，同时，看守所应当尽量尊重有宗教信仰的被羁押人的饮食习惯，为他们提供符合宗教规则的饮食。但是如果宗教信仰的习惯会造成不适当的额外开支，看守所则可以不必提供这类饮食。被羁押人可以在看守所内进行宗教仪式，但是宗教仪式不得对看守所的安全管理造成威胁，看守所可以为宗教信仰提供一定的场地。

（二）未成年被羁押人的权利

《联合国儿童权利公约》第 37 条规定："……（2）不得非法或任意剥夺任何儿童的自由。对儿童的逮捕、拘留或监禁应符合法律规定并仅应作为最后手段，期限应为最短的适当时间。（3）所有被剥夺自由的儿童应受到人道待遇，其任何固有尊严应受尊重，并应考虑到他们这个年龄的人的需要的方式加以对待。特别是，所有被剥夺自由的儿童应同成人隔开，除非认为反之更有利于儿童，并有权通过信件和探访同家人保持联系，但特殊情况除外。（3）所有被剥夺自由的儿童均有权迅速获得法律及其适当援助，并有权向法院或其他独立的主管当局就其被剥夺自由一事之合法性提出异议，并有权迅速就任何此类行动得到裁定。"《联合国少年司法最低限度标准规则》（北京规则）第 13 条更加明确地强调："少年被羁押等待审判仅应作为万不得已的手段使用，而且时间应尽可能短。如有可能，应采取其他替代办法。"《联合国保护被剥夺自由少年规则》系统规定了保护被剥夺自由少年所应遵循的规则，其中第 17 条规定："被逮捕扣押的少年或待审讯（或未审讯）的少年应假定是无罪的，并当作无罪者对待。应尽可能避免审讯前拘留的情况，并只限于特殊情况。因此，应作出一切努力，采用其他的替代方法。在不得已采取预防性拘留的情况下，少年法院和调查机构应给予最优先处理，以最快捷方式处理此种案件，以保证尽可能缩短拘留时间。应将未审讯的居留者与已判罪的少年分隔开来。”除此之外，《保护羁押或监禁人的原则》第 39 条、《公民权利和政治权利国际公约》第 9 条第 3 款、《国内法与国际法下的未成年人刑事责任决议》等对未成年人所享有的特殊权利也做了相应的规定。从以上的规定中可以看出，未成年人在被羁押时，需要保障其成长的需要，为其设立特定的羁押方式，为未成年被羁押人创造特殊的条件，为其设立相对自由的空间，看守所为保障未成年人的自由权，必须做到以下三点。

1. 看守的分离性

这种分离性体现为未成年被羁押人和成年被羁押人应当分开关押，未成年人的身心尚未发展成熟，即使犯了罪也容易改造，在被看守期间，未成年被羁押人的思想处于较大的波动和惊慌之中，更加容易受到外界的影响，容易被成年被羁押人灌输犯罪思想、传授犯罪技巧和逃避侦查的技巧等等。这种混合性关押往往导致未成年被羁押人的改造得不到应有的效果，反而使他们的主观恶性更大。

2. 看守的必要性

这是对行为者客观行为的直观评价，即关于未成年人的一切行为是否以未成年人利益优先。例如，对于是否羁押未成年犯罪嫌疑人，首先考虑的是未成年人的利益还是其他的需要。对于少年犯罪，一般首先考虑的不应当是审前羁押，而是采取保证人保释制度，由于未成年人都有监护人，只要有合理的保证即可实现其人身自由的限制。一般而言，未成年人都处于生存能力较弱的状态，其擅自潜逃的可能性较小。如果对未成年人采取羁押措施，应当遵循更为严格的程序，保证羁押的必要性。对于预备犯、中止犯或者防卫过当、避险过当的；主观恶性较小的初犯、偶犯，共同犯罪中的从犯、胁从犯；犯罪后有自首、有立功表现或者积极退赃、赔偿损失、确有悔罪表现的；过失犯罪的嫌疑人，犯罪后有悔罪表现的；因邻里、亲友纠纷引发的伤害等案件，犯罪嫌疑人在犯罪后向被害人赔礼道歉、赔偿损失，取得被害人谅解的；犯罪嫌疑人涉嫌重罪，但其已满十四周岁未满十六周岁，本人有悔罪表现，被害人表示谅解，且其家庭、学校或者所在社区以及居民委员会、村民委员会具备监护、帮教条件的；患有严重疾病，身体状况不适宜羁押的等情形可不予羁押。①

3. 看守待遇的特殊性

对未成年人的一切行为应当充分考虑到未成年人身心发展和权利的特殊性，并应当给予充分的尊重。这种特殊待遇主要体现在三个方面：一是未成年人的分类关押，将未成年人按照其所犯罪行的轻重和种类来进行划分，将团伙类犯罪和暴力型犯罪的关押与一般性犯罪严格分离，防止未成年人之间的交叉感染；二是未成年人的身体尚未完全成熟，在劳动时需要考虑劳动的强度，保障其劳动强度符合其生理特点，同时在饮食上可以适当进行改善，为其提供充足的营养，保证其正常的身体需求。二是特殊化教育。对未成年人的教育不应当仅限于看守所内部教育，应当在保证刑事诉讼顺利进行的前提下，给未成年人提供一定的与外界接触的条件，例如通过心理专家、学校教师、法律工作人员等等，为其提供一定的法律和心理上的帮助，使其能够更好的配合诉讼程序的进行，也为其心理稳定和犯罪后的心理恢复提供一定的条件。

被羁押人无论是处于何种情境之下，都应当具备其应有的权利，而且这种权利的实际享有是最为关键的问题，看守所的发展必须以尊重被羁押人的基本权利出发，否则其发展将必然是受到限制的。

四、看守所的“开放性”理念

由于历史和传统认识的局限性，我国看守所相对都比较封闭。从理论上来看，我国学者对看守所开放的研究也不多，而且大多集中在对巡视员巡视制度的研究，对公众参观、亲属探访、媒介采访等其他看守所开放的形式较少涉及。从国外的状况来看，对外开放是一些国家监管场所的基本做法，规定了被羁押人员有同外界接触的权利和接受外界访问的权利，这也是保护被羁押人员权利的一种有效手段。英国是世界上最早实行监管

① 北京市海淀区人民检察院课题组：《未成年人审前羁押状况调查》，《国家检察官学院学报》2010 年第 2 期。

场所透明化制度的国家。最为古老的一项类似制度是1877年英国《监狱法》规定的监狱巡视机制，在该项制度中确立了独立检查和面见被关押者的原则。2002年，英国通过了《警察改革法令》，羁押场所独立巡视制度正式上升为法律。目前，这种羁押场所独立巡视制度已经扩大到了英国的监狱、精神病院、移民归化场所、少年犯管教所等，可以说实现了对羁押场所的完全覆盖。[①]我国香港也有类似的制度，称之为太平绅士制度。太平绅士由行政长官委任，他们的一项主要职能是突击巡视各类院所，包括监狱、羁留中心、医院、羁留院及感化院等。他们定期探访监狱，巡察有关设施和服务，并会亲自接受和审研囚犯的投诉。目前香港有326位官守太平绅士及964位非官守太平绅士。[②]瑞典的监所开放程度也较高，采取多种措施向社会开放，被称为“温和的瑞典模式”。[③]联合国文件虽然没有确立系统的监所开放制度，但是规定了许多这方面的内容。《保护所有遭受任何形式拘留或监禁的人的原则》第19条规定：“除需遵守法律或合法条例具体规定的合理条件和限制外，被拘留人和被监禁人应有权接受特别是其家属的探访，并与家属通信，同时应获得充分机会同外界联络。”第29条规定：“为了遵守有关法律和规定，应由直接负责管理拘留或监禁的机关之外的主管当局所指派并向其负责的合格而有经验的人员定期视察拘留处所。”“只要不违反为确保这种处所的安全和良好秩序而定的合理条件，被拘留人或被监禁人应有权同按照第1段视察拘留或监禁处所的人进行自由和完全保密的谈话。”2002年12月18日联合国大会通过了《禁止酷刑和其他残忍、不人道或有辱人格的待遇或处罚公约》的议定书（以下简称《议定书》），《议定书》第1条明确规定：“建立一个由独立国际机构和国家机构对存在被剥夺自由者的地点进行定期查访的制度，以防范酷刑和其他残忍、不人道或有辱人格的待遇或处罚。”[④]此外，联合国在《所有

① 倪爱静：《遏制刑讯逼供的新尝试—吉林辽源羁押场所巡视制度试点概述》，《人民检察》2008年第23期。

② 戴婉莹：《香港的申诉专员制度与囚犯权利的保障》，载白泉民主编：《中外刑罚执行监督与人权保护》，中国检察出版社2007年版，第144页。

③ 赵春光：《将执法权力置于阳光之下》，《人民公安报》2009年12月14日。

④ 杨宇冠：《国际视野下对羁押场所查访的可行性途径》，《检察日报》2009年2月10日第3版。

遭受任何形式拘留或监禁的人的人权问题》的文件中指出：由于信息发挥的基本社会和政治作用，人人接受信息和各种观念的权利也必须得到适当的保护。这一权利不单单是信息传递的一方面，而其本身就即一种独立的自由。尊重公共团体、民族团体和社会团体以及个人获得信息和积极参与传播信息的权利。①

自从“躲猫猫”、“喝开水”这些事件发生之后，以往封闭不为人所熟悉的看守所这两年却逐渐成为社会公众与媒体注意的焦点。在看守所开展大整顿、打击“牢头狱霸”，以及防止在押人员非正常死亡等工作积极应对公共危机的同时，通过开展看守所对社会开放工作、改善警察公共关系也逐渐被提到看守所工作推进序列。公安部监所管理局于2009年6月召开了全国看守所对社会开放工作会议，推出了北京市西城区看守所等10个看守所作为首批对社会开放的看守所。2010年1月，公安部监所管理局发布了《关于印发看守所对社会开放试点工作经验材料的通知》，北京西城区看守所、宁波镇海区看守所等四家看守所经验在全国推广。2月，公安部监所管理局发布《关于公安机关强制隔离戒毒所开展向社会开放活动的通知》，4月发布《关于全面推开看守所对社会开放工作的通知》，5月发布《关于全面深化拘留所收容教育所对社会开放工作的通知》，全面推进各类公安监管场所对社会开放。

2010年公安部监所管理局下发了《关于全面推开看守所对社会开放工作的通知》，要求按照成熟一个，推出一个的原则，在全国范围内推开看守所对社会开放工作。公安部监管局决定，从2010年8月1日起，全国二级以上看守所以及设施建设达到二级以上等级标准的三级看守所全部向社会开放，2011年底之前，三级以上的看守所全部对社会开放。凡未按上述要求对社会开放的看守所，等级评定时不予评定相应等级。目前，该项工作已在全国全面推行。

看守所开放已经成为看守所发展的一个明确方向，也是看守所在工作中需要遵从的理念。看守所开放理念主要包括以下两个方面的内容：

① 参见联合国人权委员会：《所有遭受任何形式拘留或监禁的人的人权问题1997》、《所有遭受任何形式拘留或监禁的人的人权问题1998》。

（一）看守所开放的原则

1. 开放性与保密性相结合

看守所属于国家刑事侦查的重要辅助机关，刑事案件在判决宣告之前，尚有可能出现干扰案件正常审理的因素，对这类因素必须严格控制。另外，在监管过程中，为了保证监管的安全性和有效性，必须对某些涉及看守所安全执法的问题进行保密性处理。因此，在看守所开放的同时，必须协调公众知情权和社会其他重要利益之间的关系，应当遵循"公开为原则，不公开为例外"这一政府信息公开的基本原则，对于不开放的范围，应予以明确规定，其他的信息与场所则都应当公开与开放。不予公开的内容主要包括以下四类。

（1）被羁押人员的个人信息、隐私。这部分信息不公开主要是为了保护被羁押人员的个人隐私和名誉，其主要内容有被羁押人员的姓名、基本情况、不愿意被公开的个人隐私信息。

（2）涉及国家机密、公共安全和监管机密的内容。这部分信息的不公开主要是为了维护国家安全和社会秩序，其内容应当根据《中华人民共和国保守国家秘密法》和监所保密工作的有关文件规定确定。

（3）其他不宜公开的信息。这部分信息不公开主要是为了保障监所刑事诉讼职能的顺利实现以及监管工作的顺利进行，其内容主要有监所的执法技术、监管技术、侦查方法等不宜公开的内容。

（4）不宜开放的场所。不宜开放的场所是指涉及监管安全的监管设施，主要是指警戒区域、监控室等场所，这些监管区域的开放会给监所的警戒和监管带来很大的安全隐患。①

2. 专门性开放与一般性开放相结合

专门性开放是指为了看守所监管工作的有效顺利进行，为了看守所工作的进一步发展，由专门的机关、组织或群体进行巡视，通过专业性开放实现对羁押场所定期或不定期的监督巡视，对被羁押人员的访谈，来发现可能侵犯在押人员基本生活权利或诉讼权利的行为，提出完善建议并交由责任单位整改，从而实现对侦查机关侦查行为的约束，进而减少和避免刑

① 高一飞、廖勋桥：《论监所适度开放》，《南京大学法律评论》2011 年秋季卷。

讯逼供的发生，提高司法的公正性，增强司法机关的权威性。这类开放主要包括羁押场所监督巡视员制度（指在社会上聘请一批人大代表、政协委员、检察机关人民监督员，定期或不定期地到本地羁押场所，就犯罪嫌疑人或被告人是否被依法羁押，是否被刑讯逼供，是否被打骂、体罚或虐待，是否给予基本的人道待遇等问题进行监督巡视，发现问题并及时提出纠正建议。）[①] 等等。

一般性开放的理论基础是政府履行信息公开义务，保障公民的知情权。知情权在《关于推进知情权的亚特兰大宣言与行动计划》中表述为："知情权是人类尊严、平等和公正的和平之基础。""是公民参与、良好治理、行政效率、问责制和打击腐败、新闻媒体和新闻调查、人类发展、社会包容及实现其他社会经济和公民政治权利的基础。"[②] 一般性开放主要是针对社会一般公众和被羁押人员的家属等人群。看守所对这类人群开放的主要目的在于：一方面使得社会公众对看守所的管理模式和羁押状态进行了解，实现司法的程序正义与司法权威。另一方面增强司法权力的威慑力，看守所开放让看守所可以成为法律宣传基地、警示教育基地，民众走进看守所，看到司法程序在打击犯罪方面的重要作用，看到人因为犯罪而被限制或剥夺自由的痛苦，看到国家在打击犯罪上的不遗余力，这使民众在潜移默化间接受了法制、警示教育，客观上起到了预防犯罪的作用。

（二）看守所开放的内容

1. 看守所的性质、任务、机构设置、职能、办事程序、发展规划

这部分内容的公开在于让公众对看守所的大概情况、运转的各个环节有一个基本的了解，这是对看守所进行监督的基本前提。

2. 看守所执法所依据的法律、法规、规章及其他规范性文件

该部分开放不仅包括有关监管的法律、法规、规章及部门制定的规范性文件，更要包括各地制定的实施细则和制度规范。中国司法实践中一个

① 陈卫东：《建立羁押场所监督巡视员制度之构想》，《检察日报》2008 年 8 月 11 日。

② 高一飞：《媒体与司法关系研究》，中国人民公安大学出版社 2010 年版，第 172 页。

比较突出的问题，就是地方许多司法机关不按照法律、法规办事，而按照本部门甚至本单位的规则办事，监管执法中这方面问题也很突出，因此将看守所的执法依据予以公开，有利于公众在看守所开放过程中很清晰地看到看守所的执法是否符合法律规范。

3. 被羁押人员合法权益的实现和保障情况

具体而言，包括看守所是否依法保障被羁押人员享有人道主义待遇；合法的人身权利、民主权利是否得到充分保护；被羁押人员是否受到刑讯逼供、体罚虐待；被羁押人员劳动时间、劳动强度的安排是否符合规定，有无超时超体力劳动的现象；监管工作人员对被羁押人员使用武器、械具、禁闭措施是否符合法律规定的条件和程序；被羁押人员会见亲属、探亲和通信的权利是否有保障。

4. 被羁押人员的基本生活情况

这部分内容主要有：饮食情况，被羁押人员的伙食是否符合规定的营养标准、卫生条件，是否吃熟、吃热、吃得卫生；就医情况，每一名被羁押人员的医疗费是多少，是否落实到位，被羁押人员有病是否得到及时的治疗；劳动情况，被羁押人员的劳动条件是否符合法律规定，劳动现场是否采取安全防护措施；其他生活情况，比如监舍是否符合规定的坚固、通风、透光、清洁、保暖的条件，是否为被羁押人员提供衣服和被褥，以保证其在不同的季节获得符合需要的被服供应。

5. 应当开放的场所

应当开放的场所主要是指监管场所的设施情况，包括以下三类：被羁押人员的生活场所，主要指监舍、食堂、医务室、教室；劳动场所，主要指车间、厂房等劳动现场；监管执法的一般性场所，主要有看守所接待大厅、收押室、提讯室、监狱和看守所的会见室、禁闭室等不涉及监管保密的设施。

第十一章　大陆法系、英美法系部分国家和地区的看守所概述

第一节　大陆法系国家和地区的看守所概述

一、德国

（一）德国审前羁押机构——监狱

在德国，根据《德国刑事诉讼法典》第119条的规定，对未决的犯罪嫌疑人、被告人应当移送监狱进行关押，但是不允许将未决犯与已决犯关押在同一房间。同时该条第3款规定："对被捕人只允许作出对于待审羁押目的或为了监狱秩序必须的那些限制规定。"可见，德国的审前羁押场所是监狱，且由于监狱管理机构属于司法部管辖，而警察机构属于内务部管辖，因此，关押被捕人的监狱与行使侦查权的警察机构之间不存在领导与被领导的关系，从而有助于保障被捕人在关押期间的合法权益不受警察机构的任意侵犯。德国刑事侦查阶段关于羁押的执行主要依据刑诉法第119条及德国各州于1953年2月12日共同制定的《羁押执行办法》，该办法虽为行政法规，不过依德国宪法法院判例，其不得限制刑诉法上未规定的基本权利。

（二）审前羁押的理由

从功能上看，德国未决羁押机构（监狱），其本身并没有侦查一般犯

罪的功能和义务，其主要职责只是监管犯罪嫌疑人，保障犯罪嫌疑人的人身安全，防止犯罪嫌疑人逃跑、自杀等。德国刑法典中对候审羁押制定有详细条文。第 112 条（1）款规定，就被告而言，如果具备犯罪的严重嫌疑，或犯有所列举的羁押理由之一就可命令羁押。羁押对案情的严重程度和判决的轻重以及可能采取的其他措施不相称时，就不能命令羁押。为了确定一个严重嫌疑的存在，法官必须陈述来自调查的明确事实，这个调查的事实能够构成一种强有力的证明，证明被告可能犯法，而且将被定罪。但这对法官来说，要在短时间内产生效果往往是困难的，况且出于对个人的主要保护的需要，还需要法官对具备正当羁押的理由加以详细说明。

1964 年的法律规定，决定候审羁押需具备下列理由：第一，潜逃或有潜逃危险。第二，保护证据的需要。1964 年和 1972 年的法律还提出进一步的理由：被控所犯罪行的严重程度，以及如果让被告自由，就有继续犯罪的危险。在实践中作为候审羁押理由使用得最多的（1977 年约占 93%）是潜逃或有潜逃的危险。法官必须根据每个案情的估计来决定有无这类危险，特别要考虑到这样一些因素：被告家庭的环境、职业身份，有无固定住所和可能判决的轻重程度（这将反映出犯罪的严重程度）。关于罪轻的犯罪，处以六个月或六个月以下监禁或一笔罚金，对其以潜逃为依据而命令羁押的理由只能是：如果被告事前已经逃跑，或者企图逃跑，或无固定住所，或不能证明其身份。对这种犯罪，如果仅以有隐匿证据的危险为理由，则不能命令羁押。

根据第二种实行羁押的理由，即对有危及所持证据情况而实行羁押者，需是被告的行为足以“严重推定”有下列情况的：

1. 被告将用消灭或伪造物证的方法来进行干扰；

2. 被告将非法施加压力，使同案被告、证人或行家来承担责任；

3. 被告将通过第三者（诉讼关系人）间接采取上述行动。

上述行为必须出现真正的危险，使发现真相有很大困难的情形下才能适用羁押。在罪轻犯罪案件中，根据这种理由而实行羁押是要绝对排除的。但是以“严重犯罪”作为羁押的理由，不能作为一条单独的理由。这是因为，这样实际上等于允许放松适用于上述两种限制的严格条件。“严重犯罪”作为羁押理由只适用于这种有力推定的情况，即被告已犯有危害生命罪。在这种案件中，尽管上述两种理由（或者涉及到继续犯罪的理由）都不适用，但仍可作出候审羁押的命令。虽然从表面看，这类案件准予候审羁押，但联邦宪法法庭已经通过对这条条文的范围进行解释而作了限制。根据法庭解释，既不是犯罪的严重性，也不是被告受指责的程度，更非考虑到一个被断定为凶手的而未被逮捕似乎会受到社会舆论反对而认为是有足够正当羁押理由的。必须具有一些事实足以证明这种担忧是正确的，即：假若不逮捕被告，则迅速惩罚犯罪调查工作将要受到严重妨碍，这一情况即可表明潜逃的危险，或有隐匿证据的危险，或有继续犯罪的危险，这些都能作为足够而不能排斥的理由。即使缺乏确切事实，仍能构成正当羁押的理由之一。

最后的理由是1964年提出的，在1972年得到发展。即：如果让被告逍遥自在，则有继续犯罪危险。根据这一理由，实行羁押可定为：

1. 就违反公共道德来说，当指控被告有严重嫌疑，并有一定事实导出这种推论：在判刑以前，他将会犯同一性质的严重罪，或继续犯罪，因此，在避免紧急危险发生的情况下，必须予以逮捕。

2. 在相同情况下，犯以下严重罪行的重要嫌疑者：暴行、殴打、抢劫、盗窃、武装抢劫、敲诈勒索、销售盗窃赃物、诈骗、蓄意纵火、武装拦劫车辆以及某些有关吸毒的犯罪。德国刑法典中对候审羁押订有详细条文。第112条（1）款规定，就被告而言，如果犯罪，这些犯罪必定是一种严重扰乱社会治安犯罪，可能判处至少为期一年徒刑的判决，而且在此情况下，通常被告在前五年内曾被判处过徒刑。法庭必须用公共利益来权衡被告权利的侵犯问题。多数情况，警察无证逮捕被告并随即送到法院，即使被告已经潜逃，而“法院拘票”仍将发出，以便追捕。从1964年起，法官有一项严格的职责，在作出羁押命令时，必须陈述理由，必须列举这些严重嫌疑的具体事实，并以此为依据作出决定。还必须告之被告具有上诉权利和请求对羁押复审的权利。这些规定特别重要，因为如此短促的时间，对法官来说，常常意味着他的决定是建立在非常缺乏事实情况的基础上的。只有在已经发出逮捕证的时候，才具备提出关于能否保释或释放的条件，它不是孤立存在的。从法律上讲，它只是中止羁押必须具备的条件。只要这些中止的条件被撤销时，羁押又可恢复。刑法典第116条明确指出有关用作中止羁押的各种理由所要采取的措施的情况。根据潜逃为理由的羁押，在采取如报告情况，限定住所或监督，或保释这些必要的防范措施后已能达到防止潜逃目的时，则必须中止羁押。另一些措施包括收回被告的护照或驾驶执照，而且法官还可采取强制性的一些联合措施。在以保护证据或防止再次犯罪危险的需要作为依据的羁押，则由法官自己的判断来决定选择条件，中止羁押。以“严重犯罪”为依据的羁押可以中止羁押或必须中止羁押，则视联邦宪法法庭所坚持而不能排斥的主要理由而定。

（三）审前羁押人员的权利保障

依据德国刑诉法，受羁押人（der Verhaftete）除非申请反对或有身体或精神上的需要，不得将其与其他囚犯关押在同一房间（刑诉法第 119 条第 1、2 项）。在与羁押目的不相冲突，不干扰监狱秩序的前提下，允许被逮捕人自费为自己创造较舒适的环境、消磨时光的事宜。受羁押人只有在使用暴力或抗拒之时，或有准备脱逃或有逃亡之虞，或存在自杀、自伤之虞时，才可对其施用镣铐等械具（刑诉法第 119 条第 5 项）。与此同时，德国刑诉法第 119 条第 3 项、第 4 项明确规定，施行羁押时只有在符合羁押目的及实行羁押处所规定的必要性时，才允许对基本权利加以限制。受羁押人的通讯权（基本法第 2 条、第 10 条）虽可受到检查，但在以下情况下检查则会受到限制甚至禁止，如受羁押人与其辩护人之间的信件往来及通讯只受部分限制（刑诉法第 148 条），受羁押人与其配偶、父母之间信件通讯不得被拦截（基本法第 6 条、第 2 条）等。还有受羁押人的资讯权（基本法第 5 条第 1 项）则只有在必须情形下，并且需经过个案审查后方可受到限制。另外，监所的会客规则还必须对受羁押人所享有的基本权利加以保护，比如在不危害羁押目的之情况下，根据基本法第 6 条规定，受羁押人正当的会见其配偶、家庭成员的权利应受到尊重和保护。另外，受羁押人的选举权绝不可受到限制，相反还应保障其通讯投票的机会（基本法第 33 条）等等。[①]

---

① 左卫民、赵勇：《中、德刑事侦查中人权保障之比较研究》，《四川警官高等专科学校学报》2001 年第 1 期。

（四）审前羁押的复审制度

德国对过期羁押的主要监督是靠复审制度。最重要的监督起源是被告具有要求法庭重视这个问题的权利。被告有权上诉来反对发布逮捕证，但这种补救方法在诉讼进程中相对于被告随时行使要求复审羁押的权利来说，是很少有现实重要性的。总之，进行口头审讯即可判断其对羁押的条件是否满意，或者是否应该发出羁押逮捕证，抑或采取其他措施中止羁押。出自法院本身的动机所进行的复审，如果成为一个经常性的程序，那也会促成其他可能代替的措施。然而，德国法典承认一定的时间限制，超出这个限制的羁押一定要复审。三个月以后，如果被告没有辩护律师，他既未请求复审，又未上诉抗议发布逮捕证，则必须对羁押决定进行复审。第 121 条和第 122 条也承认候审羁押在原则上不应超过六个月。所以，此期限一过，上诉法院必须对羁押进行复审，除非根据法典，如果调查出现特殊严重情况和困难，或者一些其他具体原因仍然妨碍最后判决，才可例外。关于适用的原则问题，联邦宪法法庭坚持各有关当局必须进一步表明在其范围内，尽一切努力来终止调查和促使尽早作出有关定罪的决定。所以，每三个月以后必须作出一次类似的复审。①

二、法国

（一）法国审前羁押机构——看守所

法国刑事诉讼法第 714 条规定："正在被审查的犯罪嫌疑人和被告人应当关押在看守所。每一个大法院，每一个上诉法院及每一个重罪法庭都应设一个看守所，除通过法律指定成立的法院或法庭附设的看守所外。在后者的情况下，应由法令来确定哪一个看守所来关押犯罪嫌疑人或被告人。"第 715 条规定："看守所必须执行大审法院预审法官、上诉法院刑事审查庭庭长、重罪法庭庭长及共和国检察官和检察长规定侦查和审判而作出的各项裁定。"第 716 条规定："受到先行拘押的受审查人，轻罪被告人

① ［英］斯·格罗兹、艾·比·麦尔纳尔第、皮·吉·达非：《西欧的候审羁押》，《国外法学》1981 年第 1 期。

及重罪被告人，置于日夜单人监禁制度之下，只有如当事人要求劳动，因组织劳动之必要，应他们的要求，才能对此原则有所例外。只要是不违反监狱纪律和安全要求，任何情况通报与方便，均可同意给予受审查人，轻罪被告人及重罪被告人，以便于他们进行辩护。”由此可见，法国对犯罪嫌疑人和被告人的羁押场所是看守所。

（二）法国看守所的设置及功能

法国的看守所是司法机关的隶属机构，只负责执行大审法院预审法官、上诉法院刑事审查庭庭长、重罪法庭庭长及共和国检察官和检察长规定侦查和审判而作出的各项裁定，并没有配合警察机关侦查的义务。法国看守所主要是一个执行部门，其功能比较单一，只负责执行相关司法机关的命令，主要指的是对犯罪嫌疑人进行关押、看守。法国的看守所负责收押等待判决的犯罪嫌疑人、初始刑期或剩余刑期等于或低于 1 年的罪犯。刑事诉讼法第 716 条规定，大审法院或上诉法院对犯罪嫌疑人或被告人采取临时羁押措施时，应按照规章昼夜单独关押。但因看守所内部的安排，或因人多拥挤或因有关人员根据工作组织的需要，要求工作时，这一规定可以放弃。在不违反看守所的纪律和安全要求的情况下，应满足犯罪嫌疑人、被告人行使辩护权的要求而允许其与外通讯或利用其他与外界联络的条件。

法国看守所也采取分押管理，原则上，受先行拘押的人不应当与已经受到最终确定的有罪判决的人关押在一起，而应当关在被告人看守区内，但是如果看守机构并未严格划分看守区域，那么，看守场所相互紧紧相连是不可避免的。但无论如何，共同受审查人不应关在一起。此外，根据 1945 年 2 月 2 日法令第 11 条的规定，在未成年人可能受到现行拘押的情况下，则应当将他们安置在专门的看守区域，不让他们与任何成年人犯接触。① 根据此规定，未成年人与成年人应当分开关押。

---

① 孙本鹏、王超：《比较法视野中的未决羁押场所设置》，载陈卫东主编：《羁押制度与人权保障》，中国检察出版社 2004 年版，第 76 页。

三、日本

（一）日本审前羁押机构——拘置所

在日本，早在1908年（明治41年）就已经制定和实施了监狱法，但该监狱法中所说的监狱是指对与刑事司法有关的人员予以关押或执行刑罚的所有形式设施，既包括对已经被宣告有罪并被判处刑罚的已决犯执行刑罚的设施，也包括关押因涉嫌的犯罪嫌疑人及等待接受审判的刑事被告人等未决犯的设施。其中，将被判处惩役或禁锢等的受刑人予以关押并执行刑罚的设施称为刑务所。日本的《监狱法》规定各个都、道、府、县的警察可以设置留置设施，作为刑事收容设施的替代。对被留置者，规定了与刑事设施当中被收容者类似的待遇，但就被逮捕者而言，可以不羁押在刑事设施中，而是羁押在留置设施中（代替收容）。旧监狱法中的“代用监狱”被作为刑事收容设施的一部分而保存下来。没有进入起诉阶段的未决拘禁者（被逮捕者）多数被收容在这种留置设施当中。

日本对未决者的关押称为未决拘禁，是指为了调查、公判而被拘禁的被告人及犯罪嫌疑人。未决拘禁者，在拘留所、监狱与服刑人等分开收容。对被告人的拘禁称为未决逮捕，对嫌疑人的拘禁称为未决羁押。未决逮捕是作为执行刑事程序上的逮捕裁判而实施的，据此而被拘禁在刑事设施中的人称为被拘留者；另外根据《刑事诉讼法》的规定，将被拘留羁押的人称为被拘留者，以上两者一并称为“未决拘禁者”。未决拘禁是为确保刑事程序的顺利进行，以防止犯罪嫌疑人及被告人隐灭罪证及逃跑为主要目的而实施的强制处分，不属于行刑，所以对未决拘禁者的关押和限制自由，只限于为实现拘禁目的所必要的限度之内。日本的《刑事收容设施法》第31条特别规定：“在对未决拘禁者进行处于之际，考虑到其未决者的地位，必须特别注意防止其逃走以及隐灭证据，并尊重其防卫权。”①

根据《日本刑事诉讼法》第64条第1款的规定，未决羁押的场所是监狱，即由日本法务省在全国设置的专门用来关押未决犯的拘置所。由于这种拘置所能够独立于司法警察机构，由此有助于司法警察利用其羁

① ［日］大谷实：《刑事政策学》，黎宏译，中国人民大学出版社，第265页。

押犯罪嫌疑人、被告人的权力而滥用侦查权。不过，由于日本全国一共只有 117 所拘置所，因此，在实务中，日本《监狱法》也允许在特殊情况下使用警察署下属的拘留所来替代监狱。这就是所谓的“代用监狱制度”。[①] 据统计，目前约有 90% 的犯罪嫌疑人实际被羁押在警察署下属的拘留所内，持续时间长达 10 日至 20 日，甚至更长时间。目前，这一做法引起了广泛的争论。代用监狱制度存置论主张，全国拘置所较少，而拘留所较多，从讯问犯罪嫌疑人等的侦查需要来看，犯罪嫌疑人人身羁押在附近的侦查机关比较方便。而代用监狱制度废止论认为，把羁押关押场所定在代用监狱，人身终日在侦查当局的控制下，可能出现强迫自首的情况。[②]1980 年 4 月，日本警察机构将羁押业务由侦查部门改为由拘留所的监管部门负责管理。但在 1982 年，日本国会曾数次将《刑事设置法案》和《羁押设施法案》提到立法议事日程，主张正式用代用监狱作为羁押犯罪嫌疑人的合法场所。1991 年 4 月 23 日，日本东京高等法院在一起宣告无罪判决的案件中指出，代用监狱是很容易发生逼取自白的制度，对其使用需要慎重考虑，必须使犯罪侦查和拘禁事务在各自独立的基础上正确进行。

然而根据旧的监狱法，将警察留置场作为代用监狱收容被疑者，导致警察强行逼供、违法取证，成为误判和冤罪的温床。2006 年 2 月 2 日，专家会议就未决拘禁者的处遇问题提出议案，“代用刑事设施制度存续的前提是解决以前存在的各种问题，按国际法的要求和标准改善被疑者的处遇，适当的执行搜查，保障被疑者人权”，于是根据专家会议的提案制定了包含留置设施及海上保安留置设施的《未决拘禁法》，该法与《受刑者处遇法》进行整合，与 2006 年 6 月 8 日重新公布了《刑事收容设施及被收容者等处遇法》（2007 年 6 月 1 日实施），完成了监狱法的全面修正。新法的基本思想是“治安与人权的平衡”，规定警察的留置业务与犯罪搜查的分离。另外还设立留置设施视察委员会予以监督，建立了不服申诉制度等等，保障未决拘禁者的地位和权益。[③] 由于未决拘禁者与受刑者性质

---

① 根据日本的法律，监狱既包括法务省设立的拘置所，也包括警察署下属的警察拘留所。

② ［日］田口守一：《刑事诉讼法》，刘迪等译，法律出版社 2000 年版，第 56 页。

③ 张志泉：《日本犯罪者处遇研究》，山东人民出版社 2010 年版，第 141 页。

不同，其法的地位和处遇内容也不同，为了防止未决拘禁者逃跑、隐匿罪证等，以确保裁判时的出庭而予以拘禁，没有受刑者的矫正处遇内容，所以在处遇方面较受刑者具有更宽泛的权利和自由。

（二）未决犯的权利保障

根据日本的相关法律法规，日本的未决犯在处遇上有着以下四个特点：

第一，根据《刑事收容设施及被收容者等处遇法》的规定，未决拘禁者是被推定无罪的，只能享受与此地位相应的待遇。为保护个人隐私和名誉情感，应将未决拘禁者与服刑人分开，当可能存在隐藏或者毁灭罪证的情况之时，应该实行单独居住（死刑者必须为单独居室）。当出现隐藏或者毁灭证据的情况，禁止未决拘禁者在居室外单独接触。可以自备粮食、衣服及睡觉用品，允许穿便衣，发型自由，允许自费医疗用品。

未决拘禁者的劳动和被监禁者一样，同样是申请劳动，劳动奖酬金也和服刑人一样发放。作为间接的外部联系，除了可能被用于隐灭罪证，或具体记叙逃走、暴动等事故，煽动扰乱监狱内秩序及详细记载犯罪方法、手段等的图书、报纸外，都可阅读。另外，在看守方面，作为被收容者和服刑人享受同等待遇。在直接的外部联系及探视和书信往来方面，旧《监狱法》原则上对其予以禁止，但又基于例外许可的考虑，将该限制广泛地委诸官厅判断。

未决拘禁者作为刑事程序上的犯罪嫌疑人及被告人，其防御权得到保护，即"被关押的被告人和犯罪嫌疑人，可以在无见证人在场的情况下会见辩护人，接受文件及物品。"但是，"检察官、检察事务官及司法警察在认为有调查上的必要时，可以在提起公诉以前，对上述第一项的会见及接受，指定日期、场所和时间。"与一般人见面，原则上必须有职员在场，可以对见面的情况进行录像、录音。就收发书信以及通信而言，原则上对其内容要进行检查，在极有可能危害关押目的及妨碍设施内的纪律秩序时，可对其加以限制。但是，外部联系，只要不违反关押目的，便属于未决拘禁者的权利，对其限制必须依法进行。防御权是未决拘禁者的权利，因此，不得对犯罪嫌疑人的防御准备权利作不当限制。对未决拘禁者的会见联络权的限制，只能在法律有规定，并且是不得已而为之的范围内进行。

第二，日本《刑事收容设施及被收容者等处遇法》规定，对于死刑确定者，必须注意使他们获得身心的安宁，在必要的情况下，可以寻求民间慈善机构的帮助。为了使死刑确定者身心获得安宁，可以对其进行建议、讲话或者采取其他措施。死刑确定者提出与以下人员会面申请时，除了第 148 条第 3 项或次节规定的情形外，刑事设施的长官应予以许可：一是死刑确定者的亲属；二是为进行婚姻关系的调整、诉讼的完成、事业的维持及其他与服刑者在身份上、法律上或者业务上有重大利害关系事务的处理，有必要进行会面者；三是被认定为因为会面可以使死刑确定者心情安定的人。当死刑确定者提出与上述规定者以外的人会面申请时，为维持其交友关系或存在其他认为有必要会面的事由，并且会面不会损害刑事设施的规则及秩序的，可予以许可。刑事设施的长官可指定职员列席确定者的会面，或对会面状况录音或录像。但是，死刑确定者准备诉讼，或为了保护其他正当利益而进行的会面，列席、录音或录像被认定为不适当时，不受此限。

第三，对于特殊群体，日本的《刑事收容设施及被收容者等处遇法》规定，对于老人、孕妇、身体虚弱者及其他的有护养必要的被收容者，针对需要护养的事项，刑事设施的长官可以准许对伤病者采取相关的护养措施。当被收容者生产时，除不得已的情况，刑事设施的长官应该使其入住刑事设施以外的医院、诊所或者助产所。当女性被收容者提出要求在刑事设施内养育子女的申请时，在认为妥当的情况下，在子女一岁之前可以批准该项申请。被收容者子女满一岁时，如果提出继续在刑事设施内进行养育的申请，根据被收容者的身心状况及该子女的健康成长，在有特别需要时，可以允许继续收养六个月。

第四，对于被拘禁者的宗教信仰问题，日本允许被收容者进行礼拜或者有其他宗教上的行为，但是妨害刑事设施秩序的维持及其他的管理运营上的障碍除外，刑事设施的长官必须努力为被收容者提供参与宗教家（仅限于民间的慈善家）所举行的宗教上的仪式及宗教上的教诲的机会，当不利于刑事设施秩序的维持及会发生其他运营管理上的障碍时，刑事设施的长官可以禁止被收容者参与宗教仪式或者接受宗教教诲。

四、我国台湾地区

（一）我国台湾地区之审前羁押机构——看守所

我国台湾地区设置了看守所。根据有关规定，看守所隶属所在地的“地方法院检察处”。看守所的设置，以每一“地方法院”一所为原则，但“地方法院”辖区辽阔或者案件繁多者，可设二个以上看守所，其管辖没有明文规定，应当由所隶属的“地方法院检察处”管辖，但如果其所在地方有“第二审法院”，对属于“第二审法院”管辖的刑事被告人则应由“第二审法院检察处”管辖。

就看守所的组织状况而言，看守所设所长 1 人，综合管理全所事务，台北等地或容额在一千人以上的看守所，得设副所长 1 名，帮助所长处理全所事务。所长之下设秘书，综核文稿，联系各课及处理交办事项。看守所设戒护课、卫生课、总务课三课，被告的辅导及作业等工作由戒护课掌管。在各课置课长 1 人，课员 2 人至 6 人，卫生课课长以医师兼任。此外有作业导师、医师、药师、药剂生、护士、专任管理员、雇员的编制。但看守所如容额不足 300 人，不设立课，只配置股员 2 人或 3 人。看守所设立女所时，设主任 1 人，由妇女担任，女所管理员也应由妇女担任。看守所除课以外，设人事管理员、会计员、统计员各 1 人，以法律规定，分别办理人事、岁计、会计、统计事项，必要时各设佐理人员。看守所依“司法行政部”命令设有所务委员会，以议决行政上的重要事项。此项委员会，以所长、秘书、课长及各主管人员组成，相当于监狱所设立的监务委员会，但在看守所组织条例内，并没有明文依据。依管收所规则的规定，管收所应当附属于看守所，由看守所所长兼任所长。

（二）看守所的羁押对象及条件

依据我国台湾地区的有关规定，被告人的羁押场所为看守所（少年被告羁于少年观护所）。“被告经法官讯问后，认为犯罪嫌疑重大，而有下列情形之一，非予羁押，显难进行追诉、审判或执行者，得羁押之：第一，逃亡或有事实足认为有逃亡之虞者；第二，有事实足认为有湮灭、伪造、变造证据或勾串共犯或证人之虞者；第三，所犯为死刑、无期徒刑或最轻本刑为五年以上有期徒刑之罪者。”“被告经法官讯问后，认为犯下列各款之罪，其嫌疑重大，有事实足认为有反覆实施同一犯罪之虞，而有羁押之必要者，得羁押之：第一，‘刑法’第一百七十四条第一项、第二项、第四项、第一百七十五条第一项、第二项之放火罪、第一百七十六条之准放火罪。第二，‘刑法’第二百二十一条之强制性交罪、第二百二十四条之强制猥亵罪、第二百二十四条之一之加重强制猥亵罪、第二百二十五条之乘机性交猥亵罪、第二百二十七条之与幼年男女性交或猥亵罪、第二百七十七条第一项之伤害罪。但其须告诉乃论，而未经告诉或其告诉已经撤回或已逾告诉期间者，不在此限。第三，‘刑法’第三百零二条之妨害自由罪。第四，‘刑法’第三百零四条之强制罪、第三百零五条之恐吓危害安全罪。第五，‘刑法’第三百二十条、第三百二十一条之窃盗罪。第六，‘刑法’第三百二十五条、第三百二十六条之抢夺罪。第七，‘刑法’第三百三十九条、第三百三十九条之三之诈欺罪。第八，‘刑法’第三百四十六条之恐吓取财罪。”

（三）看守所的羁押管理及羁押制度

根据我国台湾地区的有关规定，看守所在具体监管事项上实行以下制度：

1. 看守所的分类羁押

基于人权保护以及管理的便利性，看守所实施分类羁押。首先，刑事被告为妇女者，应羁押于女看守所，当女看守所附设于看守所时，应当将妇女与男性分开羁押。其次，对于被宣告死刑或无期徒刑的未决犯，应与其他被告分别羁押。最后，为了避免交叉感染，保护未成年人的合法权益，成年人与未成年人分开关押。

2. 看守所的日常管理

（1）械具使用

对于刑事被告，为达羁押之目的及维持秩序之必要时，得限制其行动，及施以生活辅导。被告非有事实足认有暴行、逃亡或自杀之虞者，不得施用械具束缚其身体，或收容于镇静室。械具以脚镣、手梏、联锁、捕绳为限，并不得超过必要之程度。在一般情形下，未决犯不得被施以束缚其身体的惩罚，除非有某种特定的可能危及看守所安全或者危及自身安全的行为。另外还规定，羁押被告人应用押票，押票由决定羁押的法官签名，即羁押之“令状”，押票上应载明被告的身份信息、羁押理由、羁押之处所、羁押期间及起算日期以及不服羁押处分的救济方法。执行羁押时，押票应当分别送交检察官、看守所、辩护人、被告人及其亲友，押票制度明确了羁押理由、羁押期限等关系被羁押人切身利益的重要问题，起到了重要的告知义务。

（2）入所检查

看守所接收被告时，应查验法院或检察官签署之押票及其身份证明。“看守所长官”验收被告后，应于押票回证附记收到之年、月、日、时并签名、盖章。对于新入所者，应即制作人相表及身份单并捺印指纹。被告入所时，应告以应遵守之事项，并得调查其个人关系及其他必要之事项。对于应遵守之事项，应张贴各所房。新入所者，应于入浴及检查身体后，由“看守所长官”指定所房。在所者应以号数代其姓名。新入所者之财物，应检查之，并记载其品名、数目，为之保管。前项保管之财物，除灾变及不可抗力外，如有损失，应负赔偿之责。物品之不适于保管者，应令本人为相当之处分；有危险之虞者，并得呈请督机关核办。送与被告之财物，看守所应检查之，并应发给收据。被告所存财物，于出所时交还之。

（3）妇女、老弱病残孕之羁押规定

被告入所应使独居。但得依其身分、职业、年龄、性格或身心状况，分类杂居。共同被告或案件相关者，不得杂居一处。被告衰老或残废，不宜与其他被告杂居者，得收容于病室。对于特殊人群，我国台湾地区看守所采取了特殊的看守方式，如果入所妇女请求携带子女者，得准许之。但以未满三岁者为限；在所分娩之子女亦同，其目的在于保障其亲权的实现，保护幼小儿童的身心健康，同时为其提供必要的处遇，使得幼小儿童不受外界不良因素的影响。针对老弱病残群体，也采取了相对人性化的管理模式，为其提供单独的生活空间，同时提供必要的医疗条件，将其至于病室或者隔离或者送至医院。防止其将疾病传染其他被羁押人。同时，对于患有精神疾病的被羁押人，应当对其实施必要的心理治疗，心理治疗的目的在于引起其自我发展或者启发被羁押人的超我控制，避免和减少其冲动行为的实施。但是心理治疗往往需要长期的过程，由于受到刑事诉讼进行的影响，其心理治疗往往不能实现其预期的效果，因此，一般来说，心理治疗只针对长期羁押的被羁押人。

（4）对于被羁押人员的劳动待遇

作业者给予劳作金；其金额斟酌作业者之行状及作业成绩给付。作业收入扣除作业支出后，提百分之五十充劳作金；劳作金总额，提百分之二十五充犯罪被害人补偿费用。前项作业剩余提百分之三十补助被告饮食费用；百分之五充被告奖励费用；百分之五充作业管理人员奖励费用；年度剩余应按决算数以百分之三十充作改善被告生活设施之用，其余百分之七十拨充作业基金。

（5）阅读书籍生活用品之管理规定

被告可以阅读书籍，但私有之书籍须经检查。被告请求使用纸张、笔墨或阅读新闻纸时，得斟酌情形准许之。被告得自备饮食；其依第十三条携带之子女亦同。如果自备饮食，其质量及供给处所，应由“看守所长官”来核定。但由被告家属或亲友致送者，不在此限。被告可以自备衣类、卧具及日用必需品，不能自备者由看守所供用。

（6）患病之管理规定

被告现罹重病，在所内不能为适当之治疗，或因疾病请求在外医治者，应由所检具诊断资料，速转该管法院裁定，或检察官处理。“看守所长官”认为有紧急情形时，得先将被告护送至医院治疗，并即时陈报该管法院或检察官处理。

3. 看守所的会见

被看守人有会见的权利，请求接见者，应将姓名、职业、年龄、住所、接见事由、被告姓名及其与被告之关系陈明之。“看守所长官”准许接见时，应监视之。律师接见被告时，也应当适用关于会见的一般性规定。被告请求接见所属之宗教师，得准许之。接见被告每次不得逾三十分钟，但有不得已事由，经“看守所长官”准许者，得延长之。接见时间自午前九时起至午后四时止。但有不得已事由，经“看守所长官”准许者，不在此限。请求接见者如有形迹可疑者或者三人以上同时接见同一被告者，看守所可以拒绝其接见的要求。

4. 被羁押人员的释放

看守所非有法院或检察官之通知书，不得将被告释放。被告应释放者，于接受释放通知书后，应立即释放，释放前应使其按捺指纹，与人相表比对明确。法院或检察官当庭释放被告者，应即通知“看守所长官”。被告移送监狱执行时，应附加人相表、身份单及性行报告。被告在所死亡者，“看守所长官”应即报告检察官，通知其家属；其在审判中者，并应报告法院。

5. 被羁押人的权利救济

看守所应当严格保障被羁押人的权利，不得恣意侵害。否则被羁押人有权申诉。有关规定规定：“刑事被告对于看守所之处遇有不当者，得申诉于法官、检察官或视察人员。法官、检察官或视察人员接受前项申诉，应即报告‘法院院长’或‘检察长’。”对于被告的申诉救济，我国台湾地区规定了较为完善的处理方法。如果出现刑事诉讼被告不服看守所处分时，应当按照以下规定来处理：第一，被告不服看守所处罚，应当于处分之后十日内，个别以言辞或书面提出申诉。以言辞申诉者，由看守所主管人员将申诉事实详记于申诉簿。以文书形式申诉者，应当叙明姓名、犯罪嫌疑、罪名、原处分事实及日期、不服处分之理由，并签名、盖章或者按指印，记明申诉之日期。第二，匿名申诉者不予受理。第三，原处分所长对于被告之申诉认为有理由的，应当撤销处分，并作出适当处理。认为无理由者，应即转报监督机关。第四，监督机关对于被告之申诉认为有理由的，应当命令停止、撤销或者变更处分，无理由的，应当告知其原因。第五，视察人员接受申诉事件，应当做有必要的调查，并应将调查结果报告其所属机关处理。调查时除了视察人员认为有必要的除外，看守人员不得在场。第六，看守所对于申诉之被告，不得歧视或者借故予以惩罚。第七，监督机关对于被告申诉事件有最终决定权。

6. 未成年人的看守

我国台湾地区为了保护未成年人的合法权益，对未成人的看守进行了较为特殊的规定。未成年人犯罪后，羁押处所为“少年观护所”，而并非一般的看守所，其目的是为了保护未成年人，对于少年犯罪人宜教不宜罚，犯罪少年除非反社会性质特别深重，否则都应予以感化，最终应当将其送进少年监狱，避免将其收容于一般的监狱，执行感化处遇。与此同时，除非涉嫌犯罪少年的反社会性质有待于详查和观察，而且该少年无家可归或者有逃亡之虞，倘若将其收容于一定处所，无法令他出庭，接受侦查审判时，应将其收容于“少年观护所”内。

7. 看守所的监督

有关规定指出，“高等法院检察署”或其“分院检察署检察长”视察所辖“地方法院检察署”看守所，每年至少一次；检察官得随时视察看守所。除了上级“检察署”的监督外，看守所所长还负有每日自查义务，并需将检查结果记载于检查簿。此外，有关规定指出了羁押场所的变更：侦查中检察官、被告或其辩护人认为有维护看守所及在押被告安全或其他当事由者，得申请法院变更在押被告之羁押处所，变更决定需通知相关人员。这一特殊规定可有效防止看守所或侦查机关对被告施加非法侵害，变更权在于法官，体现了在未决羁押处所问题上的终局裁判作用。

（四）独立巡视制度

我国台湾地区规定了羁押场所独立巡视制度。所谓羁押场所独立巡视制度，是一种独立于传统刑事诉讼程序之外的社会监督制度，它是由独立的社会巡视员，对看守所等羁押违法者、犯罪嫌疑人和罪犯的场所进行独立的巡视、检查与监督，听取被羁押者的呼声并保障其合法权益，同时监督这些场所的工作人员依法履行职责，防止违法现象和侵犯人权的现象发生。[①] 独立巡视制度的执行，具有现实可行性，同时对促进司法公正具有积极的现实意义。

第一，从巡视员的主体角度来说，有关部门应当加强巡视员的遴选工作。既应选拔部分具有法学知识的人担任，也应选拔一些普通市民或农民担任，以便巡视员能够秉持善良普通人的愿望进行巡查和监督。

第二，通过立法的形式确认巡视员制度的有效性和长期性。通过专门

---

① 隋光伟：《羁押法论》，吉林人民出版社 2006 年版。

的立法跟进，以确认和提高巡视员制度的权威和效力。

第三，应当进一步细化巡视活动的细则。为了有效监督羁押场所的执法者行为并保障被羁押者的正当权利，必须赋予独立巡视员自由进出羁押场所的权力，使其能够在自由、不受阻碍的情况下进行巡视羁押。

第四，应当明确巡视员所发现问题的证明力和执行力。如果巡视员发现某个被羁押人存在被刑讯逼供的情形，那就应当成为法院认定的当然依据，并据此确认某项证言甚至整个诉讼程序的无效。

第五，增强巡视员制度的有效性。明确巡视员开展巡视工作不受地域限制，以大区制或者异地巡视为主，有效避免地方力量对巡视员工作的不适当干扰。同时，实行抽查和巡视员临时组合制度，使巡视制度更加有力。

第六，应当确立被羁押者和巡视员的谈话保密制度，使巡视员在会见被羁押人时能够自由对话和交流，便于深入了解真相。

第二节　英美法系国家的看守所概述

一、英国

英国法律传统文化中饱含着对自由的珍视，因此，“英国人几乎永远在监视着政府有无损伤他们自由的行为。”其各项法律制度中也处处体现着保护公民权利，限制政府权威的精神。对抗制诉讼以及“人身保护令”制度均发源于英国，即可见英国人对权力的警惕和制约。在侦查初期，“羁押”被认为是获取犯罪嫌疑人口供的主要手段，也是最容易发生人身伤害的危险期，因此，在未决羁押制度的设计上，英国法律同样体现了“保护个人利益优先”的理念。

（一）英国审前羁押机构——拘留室

英国没有设立专门的看守所，由于英国对逮捕后的羁押实行司法审查，因此，英国未决羁押场所的设置以警察提出控告为分界而有所不同。在警察提出控告之前，被羁押人因逮捕而被置于皇家警察的控制之下，此时，未决羁押场所通常位于各个警察局自己设置的拘留室内。通常情况下，在警察向治安法院提出控告之前，被逮捕的犯罪嫌疑人应当被直接带到警察局，立即交与羁押官，对犯罪嫌疑人的羁押场所是警察局拘留室。警察向治安法院提出控告后，对被告人的羁押场所是其他限制人身自由的场所。

（二）分别羁押制度

当警察向治安法院提出控告之后，对被告人的羁押场所不再是警察局，而是其他限制人身自由的场所。被告人的羁押场所具体分为："如果被告人年满 21 岁，羁押场所是监狱（Prison）；如果被告人年龄在 17 岁至 20 岁之间，羁押场所为拘留中心（Remand Center）或者监狱；如果被告人不满 17 岁，他将被羁押在当地的看护中心（the Care of a Local Aauthority），例外情况下，也可以羁押在拘留中心或监狱（英国的监狱不由警察机构、皇家监察署控制，而由专门的司法行政机构加以管理）。这些羁押场所都属于专门的司法行政机构而非侦查机关管辖，在性质上具有独立性。这些监狱、拘留中心、看护中心都不由警察机构、皇家监察署控制，而由专门的司法行政机构加以管理。"此时，这些监管机构的主要职能有以下两个方面：一是保障诉讼程序的顺利进行，即防止犯罪嫌疑人自杀、逃跑或者实施毁灭证据、威胁引诱证人等行为；二是保障犯罪嫌疑人的相关权利，防止犯罪嫌疑人被谋杀、被警察刑讯。

（三）审前羁押制度的特别规定

英国未决羁押场所的设置中，公民从被逮捕到治安法官做出羁押决定的这段期间内，是被置于由侦查机关控制的场所之内的，这不利于保障被羁押人免受侦查机关非法讯问或进行人身侵害的权利，因此，法律又对该期间段内的羁押做出了各种特殊规定，以限制警察权力的滥用。

1. 时间限制

一般来说，对犯罪嫌疑人在警察局的羁押期限一般为 24 小时（羁押期限的起算时间是下述两个时间中较早的时间：犯罪嫌疑人被逮捕后到达警察局的时间；被逮捕后的24小时），如果符合下列条件，羁押犯罪嫌疑人的警察局中的高级警官可以将羁押期限延长至36小时：（1）在未提出指控的情况下对犯罪嫌疑人进行羁押对于保全与犯罪相关的证据或者通过讯问从犯罪嫌疑人处获得这样的证据是必要的；（2）对犯罪嫌疑人据以逮捕的犯罪是严重的可逮捕罪；（3）侦查的进行是勤奋和有效的。如果还需要延长羁押期限，警察应当向治安法院提出继续羁押的申请，并提交一份犯罪报告书。治安法院批准继续羁押的条件与高级警官延长羁押期限的条件是相同的。治安法院可以批准继续羁押的时间最长为36小时，但可以经警察申请延展继续羁押的决定。在提出指控前犯罪嫌疑人被羁押的最长期限为96小时，如果96小时后还没有提出指控，犯罪嫌疑人必须被释放。通常情况下，被逮捕的犯罪嫌疑人应当被直接带到警察局，立即交予羁押官。羁押官的职责就是确保被逮捕者被羁押在警察局期间，获得法律所规定的适当待遇，同时监督侦查警察在关押问题上的违法行为。而且羁押官还有权对被逮捕者的犯罪证据进行审查，对不符合起诉条件的及时释放，对符合条件的案件及时起诉。审查官的职责是对羁押的合法性进行持续的审查。这种审查通常要持续到警察对犯罪嫌疑人提出控告之时。显然，这些措施有助于防止侦查权的滥用，避免犯罪嫌疑人的权利受到任意侵害。

2. 设立看守官

在英国，涉及刑事侦查及刑事诉讼环节中，警察有两种：侦查警察和羁押警察。在警察提出控告前，犯罪嫌疑人被羁押在拘留室内。侦查警察负责实施如执行逮捕、进行搜查和扣押、讯问犯罪嫌疑人等具体的侦查行为。羁押警察则不同，它是为改变警察将犯罪嫌疑人置于一种“帮助警察进行调查”的不利境地，而由《警察与刑事诉讼法》创立的一种新的警官类型，也叫看守官。看守官制度同样也是1984年《警察与刑事证据法》规定的内容，该制度形成了一种侦查机关内部羁押被逮捕人的新框架，看守官（Custody Officer）是该制度的核心，看守官独立于警察局内的侦查警察，直接受内政部管理，因此可以不受当地警察的制约。看守官必须具有警士以上级别，因此其警衔通常高于侦查警察，两者在着装上也有所差别。看守官的主要职责是在公民被逮捕之后审查将其羁押在警察局是否合理，并做出立即释放或继续羁押的决定；同时，看守官负有维护犯罪嫌疑人的权利，监督侦查人员的行为以及保障被羁押人的处遇和福利的义务，因此看守官被形象地称为“拘留的独立看门人”。其承担的具体保证义务包括：告知被羁押者理由以及其享有的权利、保障被羁押人在羁押和讯问期间的合法权利，如充足的睡眠和医疗、保证为被羁押人提供律师、保障监禁处于前述的期限之内。有责任对是否羁押做出决定，并且制作关押记录，即犯罪嫌疑人被关押期间各项事情的记录。羁押长官的责任从被羁押人被带到警察局开始。羁押官首先审查是否有足够证据构成逮捕，如果有，他可能在可能做到的时间内将其拘押。如果没有足够证据指控，羁押官可以决定释放该人，除非羁押官有合理根据相信有必要关押该人以便取得他指控的证据。

同时，该法第 40 条还规定了看守官的审查义务（承担起“审查官”的职责），审查官（Review Officer）必须在监禁开始后的 6 小时内以及之后的每 9 小时内对被羁押人进行一次检查。为了保证看守官职能的履行，法律规定看守官对其所负责之事做出的决定不能被侦查人员任意推翻，同时，如果某级别更高的警官做出了涉及被羁押者的指示，与看守官职责范围内做出的决定存在分歧，都必须将分歧交与警察局内的警司或更高级别的警官决定。

3. 独立巡查员制度

英国《2002 年警察改革法》赋予了独立羁押巡视制度以法律地位，该制度规定任何年满 18 周岁的公民都可以申请成为当地社区的志愿者，作为独立羁押巡视员（Independent Custody Visitors for Places of Detention）对包括警察局内部的拘留室在内的羁押场所进行不定期和不定时的探访巡视，巡视员可以会见被羁押人并与其自由交谈，浏览羁押记录，检察包括食品加工和医疗室在内的羁押区域的全部设施。独立巡视获取的统计信息会被当地警察收集和掌控，由独立的警务调查官负责审查独立羁押制度的执行，不支持独立羁押巡视工作会给当地的警察机构带来不利的评价。

（四）被羁押人的权利

英国的被羁押人所具有的权利主要包括以下三种：

1. 被捕后获得告知的权利

某人已经被逮捕并且被羁押于警察局或者其他场所，如果该人提出要求，他有权使他的一个朋友或者亲属或者其他认识的人或可能关注他权益的人尽快地被告知他已经被捕并且羁押于何处，警察只有在有合理理由相信可能会发生下列后果时，才可能授权延迟告知：（1）将导致妨碍或者损害与严重可捕罪相关的证据或者将导致扰乱他人或致使他人身体伤害；（2）将导致惊动其他涉嫌实施严重可捕罪但尚未被捕的人的后果；（3）将妨碍对通过严重可捕罪而取得的任何财产的追索。如果延迟告知该被羁押者应被告知这样做的理由，并且该理由应在他的羁押记录中予以注明。一旦授权延迟告知所根据的原因不再存在，被告知的权利就不得被迟延。每当被羁押于警察局或其他场所的人从一个地方被移转到另一个地方，被告知的权利就是可以行使的，并且告知的规定适用于随后每次这些权利可行使的场合。①

2. 与外界联系的权利

被逮捕拘留在警察署或者其他地点的拘留人，一旦情况允许，可以立即通知与其关系密切的人。被拘留人不知道向何人联系以取得建议或支持，或不能与亲友联系，看守官应当联系能够提供帮助的地方自愿组织和其他组织。看守官可以自行决定拘留者是否接受探访，看守官在做出决定时，如有足够的人力监督探视，应允许探视。在被拘留人的要求下，看守官应当为其提供纸和笔，并允许他有合理的时间与另外一人电话联系。除非警督或者级别在此以上的官员认为写信或打电话可能造成：（1）导致干扰或破坏与一起严重的可捕罪有关的证据，或导致对他人的干扰或人身伤害；导致对其他被怀疑参与这起犯罪但尚未被逮捕的人的警觉、妨碍对在这起犯罪中损失的财产的追回、妨碍对贩毒所获之利的追回、妨碍对（犯罪者）从这起犯罪者中获得的财产或金钱的追回；（2）导致干扰收集有关恐怖行动的实施、准备或发起的情报，或者使有关人产生警觉，导致对恐怖活动的阻止不利，或难以保证将参与该恐怖活动的实施、准备或发起的人员逮捕、起诉或定罪。

① 隋光伟：《当代羁押制度研究报告》，长春出版社 2005 年版，第 155 页。

3. 获取法律建议权

被逮捕人或被羁押于警察局或其他地方的人如果提出要求，有权在任何时候获得律师咨询，在任何情况下他都应被允许在 36 小时以内会见他的律师。如果迟延得到授权，被羁押者应被告知迟延的理由，这种理由应被载入其羁押记录。一旦授权延迟所根据的理由不再存在，规定的权利的许可就不得继续被延迟。除规定的限制外，所有被警方拘留的人必须被告知他们在任何时候有权以会面、书信或电话的方式与其律师取得单独联系，他们还可从值班律师处免费取得独立的法律建议。被拘留的人有权获得免费的法律建议并享有律师代理权。所有的警察署必须将载明被拘留者所拥有法律咨询权利的标志牌明显摆放在警署内。任何警察人员不得在任何时候以任何语言或行为阻止被拘留者取得法律建议。只有被拘留者取得法律建议后，方可向他询问或继续询问。任何对取得法律建议的要求及根据要求采取的行动须记录在案。如果被拘留者要求取得法律建议，而询问是在律师或律师代表人不在场时就开始进行（或律师或律师代表人被要求离开询问）的，这一情况必须记录在案。

二、美国

（一）美国审前羁押机构——看守所

在美国法律中与看守所有关的主要词语有：一是 Prison，二是 Jail。Prison 是指对已经被确定犯有重罪并被判处 1 年以上拘禁刑的所谓“已决犯”执行刑罚的设施，与我国所说的“监狱”的含义相近，因此，Prison 往往被译为监狱。但实际上被关押在 Prison 中的犯罪人员中，除了上述已决犯外，还有一些虽在第一审被判犯有重罪并被判处 1 年以上拘禁刑，但正在进行上诉或被抗诉的犯罪人员，有时候也包括一些等待或正在接受第一审审判的被告人等，即所谓“未决犯”。与此不同，Jail 既是对已经被确定犯有轻罪并被判处 1 年以下拘禁刑的所谓既决犯执行刑罚的场所，又是对已被逮捕但还没有接受宣判的犯罪嫌疑人及刑事被告人进行关押的场所，同时具有监狱和看守所两种功能，有时甚至还会留宿证人，因此，Jail 应译为“短期监狱兼看守所”或“看守所兼短期监狱”。除在关押对象及功能上有上述区别外，Prison 和 Jail 的区别还在于其所属上。Prison 主要作为联邦政府和州政府的机构由联邦或州的司法行政部门管理运营，而 Jail 则主要作为中小市级政府或地方县级政府的机构由市或县的司法行政部门管理运营。[①]

（二）美国看守所的羁押现状

美国是世界上监禁率最高的国家之一。美国目前被监禁的人口已超过 200 万。监禁设施在美国大致分为两类：一类是监狱，另一类是看守所。看守所和监狱都有关押犯人的功能，但两者在目的作用，管理体制上都有很大区别。美国监狱设置与其行政机构一样，分联邦监狱和州监狱两个体系。监狱是关押被判长期监禁犯人的场所。联邦监狱关押由联邦法院判决的罪犯，其设立和管理由美国司法部下属的联邦监狱局负责。州监狱关押由州法院判决的罪犯，其设立和管理由州政府或者州司法部门所设的矫正局和当地政府的矫正部门具体负责。美国 50 个州都有属于自己的监狱机构。美国监狱普遍实行不同警戒等级管理制度，根据罪犯的罪行、人身危险性，如逃跑、破坏纪律、暴力伤害他人等的可能性程度，分别设立最高警戒监狱、中等警戒监狱和最低警戒监狱，在监狱内又设立了不同警戒等级的监区。不同警戒等级的监狱或者监区在建筑结构、安全警戒设施、监控设施、管理制度等方面各不相同。[②] 各州都设有负责管理监狱的罪犯矫正部门。罪犯矫正部门制定监狱管理规则，确定罪犯改造政策。在罪犯矫正部门的领导和督促下，监狱的管理一般较为正规，经费也比较充足。为了适应长期关押犯人的需要，监狱设有各种教育改造项目，并为犯人提供娱乐设施。在把犯人送往服刑监狱之前，监狱管理部门对他们进行观察分类，把不同的犯人送到不同的监狱。

对于未判决人员和刑期 1 年以下罪犯，按照审判隶属关系，分别由联邦政府和地方政府设立的监狱、拘留中心关押，相当于我国的看守所。纽约大都市矫正中心、费城监狱和洛杉矶警察局拘留所都属于这类性质。看

① Mary Bosworth ed., *Encyclopedia of Prison and Correctional Faciaities*, SAGE Publications, 2005, Volume 1, p.495.

② 郭振久：《美国监所管理工作考察》，《公安研究》2008 年第 2 期。

守所是关押被判短期监禁犯人的场所（美国的看守所是由拘留所、接收区和其他临时羁押区域共同组成）。除收押被判短期监禁的犯人外，看守所还负责收押不能获得保释的嫌疑犯。因此，关押在看守所中的犯人既有已决犯也有未决犯。

美国目前有3500个看守所，因各种原因被关押在看守所的人有大约有六十多万人。自1970年以来，美国看守所人口逐年增加。1970年，看守所的人口总数为16万人。到2000年，看守所的人口总数已经达到60万人。1970年，美国看守所的收押率为每10万人中有79人被关在看守所。1990年，看守所的收押率增长到每10万人中有163人被关押在看守所中。到2000年，看守所的关押率达到每10万人中有220人被关押在看守所中。美国各级政府在过去二三十年中采取的以严惩犯罪为主导的刑事司法政策是导致看守所人口大幅上升的直接原因。法律加大了对各种犯罪的惩罚力度，监狱经常人满为患，监狱当局不得不把监狱无法安置的犯人送到看守所关押。此外，许多州对酒后驾车等轻微的违法行为也规定了强制性短期监禁，这也造成了看守所人口的增加。

在大多数州，看守所不归州的罪犯矫正部门管辖，而是由县市的警察机构管理。警察机构的主要责任是执法，它们往往不把管理看守所当作工作重点。在经费使用上，警察机构通常将经费用于加强警察执法能力上，而不是改善看守所监管条件。因是短期关押场所，看守所一般不设犯人教育改造项目。由于经费有限，看守所的物质条件比监狱要差很多。不但犯人居住条件差，看守所也不为犯人提供娱乐设施。监狱对犯人的监管比较有条理。监狱在犯人入狱时对犯人进行观察分类，把类似犯人关押在一起。看守所没有犯人分类程序，哪有地方，犯人就被关在哪。这样做的结果是，凡有不同罪行的已决犯，以及等待审判的未决犯被混杂关在一起。在同一牢房内，可能有杀人犯、抢劫犯、强奸犯、盗窃犯、醉汉、无家可归的犯人，在美国众所周知，看守所是最糟糕的地方，他们宁可进监狱也不愿被关在看守所。①

根据《联邦刑事诉讼规则》第5条的规定，无论是实施有证逮捕，还

---

①　郭振久：《美国监所管理工作考察》，《公安研究》2008年第2期。

是实施无证逮捕，警察在执行逮捕之后，都必须将被捕人无不必要延误地带至联邦治安法官（或地方司法官员）处。这表明，在逮捕之后、治安法官初次聆讯之前，由警察局对被捕人予以关押，由于联邦宪法规定，警察应当毫不迟延地将犯罪嫌疑人带到治安法官处，因此由警察局对被逮捕人进行关押的时间比较短，警察局有六个关押设施，包括拘留所、接收区或临时羁押区域；治安法官在聆讯之后，可依法决定继续关押或者附条件释放被告人。如果需要对被告人继续羁押（即等待传讯或者审判），通常情况下由县监狱（County Jail）执行。

（三）美国看守所的管理制度

美国看守所的主要管理手段及规定主要包括以下四种：

1. 入所检查

在押人员入所，均要进行严格检查，所携带物品全部经过 X 光安检之后密封、编号、登记造册，存入在押人员财物保管室，不允许带入所内任何东西，所有生活必需品由监狱提供。入所前须接受裸体检查，重点检查口腔等容易藏匿违禁品的部位。除由管理人员检查外，有些监狱（如费城监狱）还装备了一种检查椅，表面上看是一把普通铁椅，但它具有红外检查、金属探测等多种功能，可以弥补人工检查的不足。这把椅子带一个平面圆形检测器，在押人员只需将脸贴在上面，便可探测出牙齿中是否带有金属物质。所有新入所者经检查后，换上监所提供的衣服入所。这套严密的检查程序有效防止了危险物品带入。对于参观、探视者的检查也十分严格，个人携带物品经 X 光检查后存入物品保存柜，严禁任何物品带入所区。管理人员进入所区也要通过 X 光检查和搜身检查。

2. 分类管理

美国的拘留中心设有专门机构，掌握分析司法机关的指控材料、犯罪前科材料、受教育程度、家庭背景、主要经历等，并由专门心理工作者进行心理测试和智商测试，综合分析新入所者的受控程度，据此确定其警戒等级。涉嫌犯重罪的毫无疑问会被送入最高警戒等级监区；如果犯轻罪，但以前有犯罪前科，或者关押期间曾有过打架、不遵守纪律现象，也会被关押最高警戒等级监区。在关押过程中，监狱、拘留中心会对在押人员进行重新分类，其过程要持续整个关押期间。重新分类即是依据在押人员入所后的现实表现，并根据其人格变化，相应调整其关押区域，实行不同的警戒等级，给予不同的处遇。系统、规范的分押分管体系和管理措施可以对危险人员实施有效控制，从而牢牢把握监所安全。

另外，美国的看守所还对未成年人和性别隔离分类管理。首先要保证未成年人和成年人实施隔离关押，而且要求隔音。所有未成年人的关押和拘留都要服从未成年人犯罪和审判法案。未成年人被逮捕关押到看守所时，要确保该场所内没有关押任何成年犯罪人员。如果有必要，警员也可以通过轮流关押达到成年犯罪人员和未成年犯罪人员的隔离关押要求。成年人和未成年人羁押记录都要记录在实施程序标准手册中。其次，看守所对成年女犯罪人员和成年男犯罪人员进行隔离关押。成年女犯罪人员和男犯罪人员要分开羁押并办理手续。

3. 严格管理

（1）明确监内规章制度

所内规章是规范在押人员行为的基本准则，对维护监所秩序和安全有着重要作用。因此，《美国模范刑法典》专门规定了有关监内规章的内容，肯定监内规章的地位和作用。美国任何一个监所都有《犯人手册》，在押人员入所人手一册，对于让其熟悉监规纪律、自觉遵守秩序有着良好的指导作用。各州的《犯人手册》则详细、明确地规定有关内容，如规定在押人员不得有下列行为：误杀、伤害、打架斗殴；以任何方式参与性行为、暴乱或骚乱；以任何方式煽动、引起、卷入或者实施任何反抗活动、暴乱或者骚乱；盗窃或者拥有盗窃来的财物；拥有任何可以用来逃跑的工具；任何敲诈勒索、强迫压制或者行贿受贿行为；抗拒或者干扰工作人员执行公务等等。

（2）日常管理

美国监所的日常管理主要有：第一，搜身。搜身是为了检查违禁品，如武器、酒精、未经医生开处方批准使用的麻醉剂等。为了防止在押人员逃跑，搜查与清监次数往往取决于在押人员的警戒分类，最高戒备等级的在押人员要接受较多次数的搜查与清监。搜身时必须将其所有财产逐项列出清单，看守所在关押期间必须保证犯罪人员的财产安全。一旦犯罪人员被释放或者转移至其他机构，办理释放的警员和犯罪人员在接受财产清单时都要签字，并把财产转移到看守所指定的地点。搜查必须由同性别警员来进行操作，如果没有同性别警员在场，将向其他执法机构寻求帮助。非警员不得与被羁押人有任何接触。第二，对犯罪嫌疑人要进行首次当面接触，过程及其反映都要记录在专门表格之中。这次接触主要对现有身体状况、精神状况、意识状况、兴奋程度或监禁期间的脑状况进行观察，而且所有的伤口、瘀伤、近期服用的药物、身体缺陷、精神损害程度都要记录在案，记录形式要符合实施程序标准手册。监禁期间，管理人员要对犯罪嫌疑人拍照，照片反面记录犯罪嫌疑人信息，以便在紧急状态下或犯罪嫌疑人移交过程中容易识别。第二，对饮用酒精、吸毒、暴力、不遵守规定或自残的罪犯，在现有设备可能条件下实行单独关押，既可以起到保护作用，也可以减少混乱。对有自杀倾向、任何自我损伤行为或企图自残的犯罪嫌疑人，不可以关押在没有连续无阻碍观察设施的看守所里。①

（3）对重刑犯的管理

美国监所对重刑犯的管理思路和我国是一致的，即严格管理。从关押方式上看，美国除联邦监狱死刑犯集中关押在印第安那州监狱外，各州监狱死刑犯都实行属地关押，防止重刑犯过多危及监所安全，这一做法和我国基本一致。美国各监所都设立了高警戒等级监区，专门关押死刑犯等重要案犯。美国监狱高警戒等级的严格程度与普通监区的管理形成强烈反差，采取了非常严格的管理措施。

（4）惩罚措施

对在押人员轻微违纪行为由看守小组处理，严重违纪行为由监所惩戒委员会处理。处罚措施包括警告、剥夺打电话权利和禁闭、提高戒备等级等。美国监所中最引人注目的监管制度就是分级安全警戒，《美国模范刑法典》对分级安全警戒给予了肯定。在监狱或者拘留中心，在押人员的安全警戒等级一般分为三级：最高警戒级、中等警戒级和低度警戒级。对于经过分类被确定为高警戒级的人员，监所方面实施特别严格的监督、管理

① 石子坚：《美国警察管理体制与执法规范》，中国人民公安大学出版社 2006 年版，第 358 页。

和控制。在关押方面，重刑犯监区在押人员与看守之间又加了一道门，且24小时上锁；普通监区在押人员的活动区域与看守之间无隔离，空间更大。重刑犯监区人员单独关押，每天除1个小时的放风时间外，其余23个小时均是被关押在监室中；普通监区两人一间，平时监室门打开，在押人员可以在本监区活动。在管理方面，重刑犯禁止与他人相互交谈，即使是放风时间也不允许同时出来，最多两三个人一组出来活动；管理人员可以在任何时间对在押人员点名；重刑犯在监所中的任何地方都可能受到搜查，包括脱光衣服的搜查和体腔检查；不能像其他人员那样随时淋浴，须报告后由监所安排，且淋浴受到监视，普通监区在押人员则可以随时淋浴；重刑犯监室安装有监控，一切活动包括大小便均被监视。对于涉嫌重罪十分危险的人员，须在入所时即带上约束链（将手、脚连在一起的铁链），直到判决生效送交监狱为止，只在洗澡时解除。这种约束链一旦戴上，只能碎步行走，胳膊也无法伸直，行动极受限制。在会见方面，重刑犯与来访者的会见是隔离的，通过电话交谈，而普通在押人员会见是面对面圆桌式的；来访者均要受到严格检查，来访前后，在押人员都要受到脱光衣服的检查。在警力配备方面，美国监所警力配备较高，一般警察与在押人员的比例为1 ∶ 3，纽约大都市矫正中心达到了1 ∶ 1。重刑犯监区投入的警力比较多，通常值班人员有4至5人，管理人员必须每15分钟要巡视一次，而普通监区只有1至2人。对于严重违反管理规定的在押人员，可以实施禁闭处罚，起点就是5天，这5天内食物是单调的，不像其他人员那样每天有所调整，禁闭期间不能出监室门。如果再犯，则禁闭12天，最长可以达到30天。①

4. 监所结构安全

美国的监所结构主要有两种类型。一种为辐射型，由中央控制区和数座监房构成，各座监房从中央控制区呈放射状向四周延伸。中央控制区是整体监狱的控制、监视中心，在中央控制区值班的工作人员，可以直接监视各栋监房的活动，并且所有进出监房的人都要经过中央控制区。这种结构能够严格控制犯人进出监狱，安全性较好。另一种为高层楼房式结构，

① 郭振久：《美国监所管理工作考察》，《公安研究》2008年第2期。

从外表看就是一栋普通的高层建筑，没有围墙和电网等任何监狱标志，大楼的外面就是街道。在押人员的一切活动，如学习、生活、健身、娱乐、医疗等，都在这座大楼内进行。在不同楼层或者楼区，实行不同等级的安全警戒，包括最高、中等和最低三个等级。各个监所内均设“管理单元”，即把监所分成若干个单元，在每个单元内确立管理权限、人员配置、工作关系等，每个单元的在押人员只能在该单元活动，出单元需由管理人员带领，这种管理方式缩小了在押人员的活动区域，加大了控制力度。①

① 郭振久：《美国监所管理工作考察》，《公安研究》2008 年第 2 期。

参考文献

（一）著作类

夏征农、陈至立主编：《辞海》，上海辞书出版社 2010 年版。

王文锦：《礼记》，中华书局 2005 年版。

赵尔巽：《清史稿》，中华书局 1999 年版。

宋李昉等：《太平御览》，中华书局 1988 年版。

李民、王健：《尚书译注》，上海古籍出版社 2005 年版。

蒋礼鸿：《商君书锥指》，中华书局 1986 年版。

（战国）荀况：《荀子》，远方出版社 2004 年版。

（后晋）刘昫：《旧唐书》，中华书局 1999 年版。

钱玄等注：《周礼》，岳麓书社 2001 年版。

郭明：《中国监狱学史纲》，中国方正出版社 2005 年版。

（清）张廷玉：《明史》，中华书局 1999 年版。

（梁）萧子显：《南齐书》，中华书局 1999 年版。

（汉）许慎：《说文解字》，浙江古籍出版社 1998 年版。

西北政法学院科研处编著：《中国古代监狱简史》，西北政法学院出版社 1984 年版。

夏鼐：《考古学》，中国大百科全书出版社 1986 年版。

（汉）司马迁：《史记》，中华书局 1999 年版。

（春秋）左丘明：《国语》，华龄出版社 2002 年版。

李梦生：《左传译注》，上海古籍出版社 2004 年版。

苏舆：《春秋繁露义证》，中华书局 2002 年版。

（宋）范晔：《后汉书》，中华书局 1999 年版。

（战国）庄周：《庄子》，山西古籍出版社 2001 年版。

夏延章：《四书今译》，江西人民出版社 1999 年版。

（战国）吕不韦：《吕氏春秋》，远方出版社 2004 年版。

曾宪义、王利明主编：《中华法制史原理与案例教程》，中国人民大学出版社

2006年版。
(春秋) 墨翟:《墨子·天志下》，远方出版社2004年版。
(汉) 班固:《汉书》，中华书局1999年版。
(清) 沈家本:《历代刑法考》，中华书局1985年版。
范文澜:《中国通史》，人民出版社1994年版。
杨伯峻译注:《论语》，中华书局2004年版。
(宋) 司马光:《资治通鉴》，中华书局1986年版。
杨子彦:《战国策正宗》，华夏出版社2008年版。
日知、张政烺编:《云梦竹简》，东北师范大学出版社1964年版。
《睡虎地云梦竹简》，文物出版社1978年版。
《诗经》，远方出版社2004年版。
(战国) 孟轲:《孟子》，远方出版社2004年版。
杨洪烈:《中国法律发达史》，中国政法大学出版社2009年版。
张晋藩:《中华法制文明的演进》，中国政法大学出版社1999年版。
(唐) 房玄龄:《晋书》，中华书局1999年版。
(晋) 陈寿:《三国志》，中华书局1999年版。
(梁) 沈约:《宋书》，中华书局1999年版。
(唐) 姚思廉:《陈书》，中华书局1999年版。
(唐) 姚思廉:《梁书》，中华书局1999年版。
(唐) 李延寿:《南史》，中华书局1999年版。
(唐) 令狐德棻:《周书》，中华书局1999年版。
(北齐) 魏收:《魏书》，中华书局1999年版。
(唐) 李延寿:《北史》，中华书局1999年版。
(唐) 魏征:《隋书》，中华书局1999年版。
(宋) 欧阳修:《新唐书》，中华书局1999年版。
(清) 薛允升:《唐明律合编》，法律出版社1999年版。
(宋) 薛居正:《旧五代史》，中华书局1999年版。
(宋) 欧阳修:《新五代史》，中华书局1999年版。
(元) 脱脱:《宋史》，中华书局1999年版。
(元) 脱脱:《辽史》，中华书局1999年版。
(元) 脱脱:《金史》，中华书局1999年版。
(明) 宋濂:《元史》，中华书局1999年版。
李凤鸣:《清代州县官吏的司法责任》，复旦大学出版社2007年版。
郭道晖:《法理学精义》，湖南人民出版社2005年版。
张晋藩总主编:《中国法制通史》，法律出版社1998年版。
马小红:《中国古代法律思想史》，法律出版社2003年版。

[美] 伯尔曼：《法律与宗教》，梁治平译，中国政法大学出版社 2002 年版。
林端：《儒家伦理与法律文化》，中国政法大学出版社 2002 年版。
陈灵海：《唐代刑部研究》，法律出版社 2010 年版。
徐晓光：《原生的法》，中国政法大学出版社 2009 年版。
张渝：《清代中期重庆的商业规则与秩序》，中国政法大学出版社 2009 年版。
龙大轩：《乡土秩序与民间法律》，中国政法大学出版社 2009 年版。
贾焕银：《民间规范的司法运用》，中国政法大学出版社 2009 年版。
喻中：《自由的孔子与不自由的苏格拉底》，中国人民大学出版社 2009 年版。
北京图书馆编辑：《历代法家文选》，文物出版社 1975 年版。
杨鹤皋主编：《中国法律思想史》，北京大学出版社 1988 年版。
（战国）韩非：《韩非子》，山西古籍出版社 1999 年版。
于夯译注：《诗经》，远方出版社 2004 年版。
张凤阳等：《政治哲学关键词》，江苏人民出版社 2006 年版。
周延良：《夏商周原始文化姚伦》，学苑出版社 2004 年版。
高敏：《云梦秦简初探》，河南人民出版社 1981 年版。
王洁红译注：《淮南子》，广州出版社 2001 年版。
承载：《春秋谷梁传译注》，上海古籍出版社 2004 年版。
王维堤：《春秋公羊传译注》，上海古籍出版社 2005 年版。
王立民主编：《中国法通史》，上海人民出版社 2003 年版。
周密：《中国刑法史纲》，北京大学出版社 1998 年版。
杨永明主编：《监狱简论》，化学工业出版社 2010 年版。
郑显文：《唐代律令制研究》，北京大学出版社 2004 年版。
那思陆：《明代中央司法审判制度》，北京大学出版社 2004 年版。
那思陆：《清代中央司法审判制度》，北京大学出版社 2004 年版。
殷来：《我在美国坐牢》，法律出版社 2008 年版。
曾宪义主编：《中国法制史》，中国人民大学出版社 2000 年版。
施忠连主编：《四书五经鉴赏辞典》，上海辞书出版社 2005 年版。
国务院新闻办公室编：《中国人权状况》，中央文献出版社 1991 年版。
张晶：《走向启蒙》，法律出版社 2008 年版。
孙平：《文化监狱的构建》，中国政法大学出版社 2007 年版。
程习勤译注：《易经》，远方出版社 2007 年版。
戴艳玲：《中国监狱制度的改革与发展》，中国人民公安大学出版社 2004 年版。
肖世杰：《清末监狱改良》，法律出版社 2009 年版。
万安中主编：《中国监狱史》，中国政法大学出版社 2003 年版。
陈光明：《走近监狱》，法律出版社 2010 年版。
纪宝成主编：《中国古代治国要论》，中国人民大学出版社 2004 年版。

何勤华:《中国法学史》，法律出版社 2006 年版。

史广全:《中国古代立法文化研究》，法律出版社 2006 年版。

汪太贤、艾明:《法制的理念》，中国检察出版社 2001 年版。

金鉴主编:《监狱学总论》，法律出版社 1997 年版。

兰杰主编:《监狱学》，中国政法大学出版社 1999 年版。

(清) 毕沅:《续资治通鉴》，中华书局 1957 年版。

周良霄:《皇帝与皇权》，上海古籍出版社 1999 年版。

刘泽华:《中国的皇权注意》，上海古籍出版社 2000 年版。

杨殿生主编:《监狱法学》，北京大学出版社 2004 年版。

王泰主编:《新编狱政管理学》，中国市场出版社 2005 年版。

钱大群:《唐律研究》，法律出版社 1999 年版。

赵敦华:《现代西方哲学新编》，北京大学出版社 2001 年版。

夏勇:《中国民权哲学》，生活·读书·新知三联书店 2004 年版。

李小兵:《当代西方政治哲学主流》，中共中央党校出版社 2001 年版。

王铁崖:《国际法》，法律出版社 1995 年版。

卞建林译:《美国联邦刑事诉讼规则和证据规则》，中国政法大学出版社 1996 年版。

中国政法大学刑事法律研究中心编译:《英国刑事诉讼法》，中国政法大学出版社 2001 年版。

罗结珍译:《法国刑事诉讼法》，中国法制出版社 2006 年版。

余叔通等译:《法国刑事诉讼法》，中国政法大学出版社 1997 年版。

宋英辉译:《日本刑事诉讼法》，中国政法大学出版社 2000 年版。

李昌珂译:《德国刑事诉讼法典》，中国政法大学出版社 1995 年版。

黄道秀译:《俄罗斯联邦刑事诉讼法典》，中国人民公安大学出版社 2006 年版。

沈宗灵:《现代西方法理学》，北京大学出版社 2003 年版。

季卫东:《法治秩序的建构》，中国政法大学出版社 2000 年版。

谢佑平:《刑事司法程序的一般理论》，复旦大学出版社 2003 年版。

谢佑平:《刑事诉讼法原则:程序正义的基石》，法律出版社 2002 年版。

陈瑞华:《问题与主义之间》，中国人民大学出版社 2005 年版。

左卫民:《中国刑事诉讼运行机制实证研究》，法律出版社 2007 年版。

赵家祥等:《马克思主义哲学教程》，北京大学出版社 2003 年版。

彭长顺:《百案奇谋——贪污贿赂犯罪侦查谋略》，中国检察出版社 2002 年版。

夏勇:《人权概念起源》，中国政法大学出版社 2001 年版。

陈新民:《德国行政公法学基础理论》，山东人民出版社 2001 年版。

林山田:《刑罚学》，中国台湾商务出版社 1985 年版。

陈桂明:《诉讼公正与程序保障》，中国法制出版社 1996 年版。

马贵翔:《刑事司法程序正义论》，中国检察出版社 2002 年版。

张文显:《法哲学范畴研究》，中国政法大学出版社 2001 年版。

陈卫东:《保释制度与取保候审》，中国检察出版社 2003 年版。

宋冰:《程序、正义与现代化》，中国政法大学出版社 1998 年版。

陈瑞华:《刑事审判原理论》，北京大学出版社 2003 年版。

陈瑞华:《刑事诉讼的前沿问题》，中国人民大学出版社 2000 年版。

孙笑侠:《程序的法理》，商务印书馆 2005 年版。

张晋藩:《中国法律的传统与近代转型》，法律出版社 2005 年版。

梁漱溟:《中国文化要义》，学林出版社 1987 年版。

卓泽渊:《法治国家论》，中国方正出版社 2001 年版。

瞿同祖:《瞿同祖法学论著集》，中国政法大学出版社 2004 年版。

龙宗智:《相对合理主义》，中国政法大学出版社 1999 年版。

龙宗智:《刑事庭审制度研究》，中国政法大学出版社 2001 年版。

张千帆:《宪法学导论》，法律出版社 2005 年版。

魏晓娜:《刑事正当程序原理》，中国人民公安大学出版社 2006 年版。

孙长永:《探索正当程序》，中国法制出版社 2005 年版。

彭勃:《日本刑事诉讼法通论》，中国政法大学出版社 2002 年版。

郎胜:《欧盟国家审前羁押与保释制度》，法律出版社 2006 年版。

宋冰编:《美国与德国的司法制度及司法程序》，中国政法大学出版社 1998 年版。

陈新民:《行政法总论》，中国台湾三民书局 1997 年版。

张乃根:《西方法哲学论纲》，中国政法大学出版社 1997 年版。

林任雄:《刑事诉讼法（上)》，中国人民大学出版社 2005 年版。

顾培东:《社会冲突与诉讼机制》，法律出版社 2004 年版。

侯钧生:《西方社会学理论教程》，南开大学出版社 2001 年版。

王利民:《司法改革研究》，法律出版社 2001 年版。

浦兴祖:《西方政治学说史》，复旦大学出版社 1999 年版。

[古希腊] 亚里士多德:《政治学》，吴寿彭译，商务印书馆 1965 年版。

[法] 孟德斯鸠:《论法的精神（上)》，张雁深译，商务印书馆 1961 年版。

[德] 拉德布鲁赫:《法学导论》，米健等译，中国大百科全书出版社 1997 年版。

[美] 博登海默:《法理学：法律哲学与法律方法》，邓正来译，中国政法大学出版社 1999 年版。

[英] 丹宁勋爵:《法律的正当程序》，李克强等译，法律出版社 1999 年版。

[美] 杰西卡 · 米特福德:《美国监狱内幕》，钟大能、李宝芝译，法律出版社 1985 年版。

[荷] 冯客:《近代中国的犯罪、惩罚与监狱》，徐有威译，江苏人民出版社 2008 年版。

[英] 洛克:《政府论（下)》，叶启芳等译，商务印书馆 1964 年版。

[法] 卢梭:《社会契约论》，何兆武译，商务印书馆 1980 年版。

[美] 伯尔曼:《法律与宗教》，梁治平译，中国政法大学出版社 2003 年版。

[美] 波斯纳:《法理学问题》，苏力译，中国政法大学出版社 2002 年版。

[美] 德沃金:《法律帝国》，李常青等译，中国大百科全书出版社 1996 年版。

[美] 托克维尔:《论美国的民主（上)》，董国良译，商务印书馆 1988 年版。

[美] 约翰・奥尔特:《正当法律程序简史》，杨明成等译，商务印书馆2006年版。

[美] 诺内特、塞尔兹尼克:《转变中的法律与社会：迈向回应型法》，张志铭译，中国政法大学出版社 2004 年版。

[日] 大木雅夫:《比较法》，范愉译，法律出版社 2006 年版。

[美] 昂格尔:《现代社会中的法律》，吴玉章等译，译林出版社 2001 年版。

[法] 孟德斯鸠:《罗马盛衰原因论》，婉玲译，商务印书馆 2002 年版。

[德] 马克斯・韦伯:《论经济与社会中的法律》，张乃根译，中国大百科全书出版社 1997 年版。

[英] 边沁:《道德与立法原理导论》，时殷弘译，商务印书馆 2000 年版。

[法] 德里达:《书写与差异（下)》，张宁译，生活・读书・新知三联书店 2001 年版。

[美] 罗斯科・庞德:《普通法的精神》，唐前宏等译，法律出版社 2001 年版。

[日] 森本益之等:《刑事政策学》，戴波等译，中国人民公安大学出版社 2004 年版。

[英] 培根:《人生论》，何新译，中国友谊出版公司 2003 年版。

[英] 哈耶克:《法律、立法与自由（第一卷)》，邓正来等译，中国大百科全书出版社 2000 年版。

[德] 拉德布鲁赫:《法哲学》，王朴译，法律出版社 2005 年版。

[日] 岛武司:《司法制度的历史与未来》，汪祖兴译，法律出版社 2000 年版。

[美] 哈泽德等:《美国民事诉讼法导论》，张茂译，中国政法大学出版社 1999 年版。

[德] 康德:《道德形而上学原理》，苗力田译，上海人民出版社 1986 年版。

[英] 戴维・米勒等:《布莱克维尔政治学百科全书》，邓正来等译，中国政法大学出版社 2002 年版。

[英] 波普:《开放社会及其敌人（第 2 卷)》，陆衡等译，中国社会科学出版社 1999 年版。

[美] 迈克尔・贝勒斯:《法律的原则》，张文显等译，中国大百科全书出版社 1996 年版。

[英] 哈耶克:《法律、立法与自由（第二、三卷)》，邓正来等译，中国大百科全书出版社 2000 年版。

[德] 康德:《法的形而上学原理》，沈叔平译，商务印书馆 1991 年版。

[英] 米尔恩:《人的权利与人的多样性》，夏勇等译，中国大百科全书出版社 1995 年版。

[美] 汉密尔顿等:《联邦党人文集》，程逢如译，商务印书馆 1980 年版。

[英] 彼得·斯坦等:《西方社会的法律价值》，王献平译，中国法制出版社 2004 年版。

[意] 贝卡利亚:《论犯罪与刑罚》，黄风译，中国大百科全书出版社 1993 年版。

[德] 托马斯·魏根特:《德国刑事诉讼程序》，岳礼玲等译，中国政法大学出版社 2004 年版。

[英] 麦高伟等:《英国刑事司法程序》，姚永吉等译，法律出版社 2003 年版。

[英] 约翰·斯普莱克:《英国刑事诉讼程序》，徐美君等译，中国人民大学出版社 2006 年版。

[法] 卡斯东·斯特法尼等:《法国刑事诉讼法（下）》，罗结珍译，中国政法大学出版社 1999 年版。

[美] 爱伦·豪切斯泰勒·斯黛丽等:《美国刑事法院诉讼程序》，陈卫东、徐美君译，中国人民大学出版社 2002 年版。

[美] 罗纳尔多·戴尔卡门:《美国刑事诉讼——法律和实践》，张鸿巍等译，武汉大学出版社 2006 年版。

[日] 田口守一:《刑事诉讼法》，刘迪等译，法律出版社 2000 年版。

[日] 松尾浩也:《刑事诉讼法（上)》，张凌译，中国人民大学出版社 2005 年版。

[日] 谷口安平:《程序的正义与诉讼》，王亚新等译，中国政法大学出版社 2002 年版。

（二）期刊类

顾昂然:《关于刑事诉讼的任务和基本原则》，《人大工作通讯》1999 年第 6 期。

李忠诚:《超期羁押的成因与对策》，《政法论坛》2002 年第 1 期。

陈卫东等:《法国刑事诉讼法改革的新发展》，《人民检察》2004 年第 10 期。

周佑勇:《行政裁量的均衡原则》，《法学研究》2004 年第 4 期。

何家宏:《论司法证明的目的和标准》，《法学研究》2001 年第 6 期

宋英辉等:《证据法学基本问题之反思》，《法学研究》2005 年第 6 期。

陈光中等:《中国刑事强制措施制度的改革和完善》，《政法论坛》2003 年第 5 期。

陈永生:《我国未决羁押的问题及成因与对策》，《中国刑事法杂志》2003 第 4 期。

房保国:《超期羁押刑事赔偿的若干问题》，《政法论坛》2004 年第 1 期。

唐亮:《中国审前羁押的实证分析》，《法学》2001 年第 7 期。

张智辉等:《论我国刑事强制措施制度的改革与完善》，《法商研究》2006 年第 1 期。

后　记

本书是南京信息工程大学公共管理学院与江苏省句容市看守所通力合作的成果。对于“看守所”的这一选题却源自于作者多年对看守所历史的研究，作者在对史书的梳理过程中发现对于具有“看守”功能的机构却一直被冠以“狱”的称谓，看守所这一现代社会重要的机构在历史中并没有被赋予应有的“名分”，基于这一历史事实，本书作者在资料匮乏、零散的前提下，对历史资料进行全面的搜集与整理，对看守所的历史脉络进行重现，终于实现对看守所应有历史的还原。同时，在传承历史的基础上，归纳和总结了中国特色的社会主义公安监管理论。中国特色的社会主义公安监管理论有四大渊源：一是对中国古代看守所制度的传承与发展；二是借鉴和吸收了西方司法监管制度的文明成果；三是我国参加的国际公约在监所管理方面对国际社会的承诺，以及我国现行刑事诉讼法对看守所职能定位等所形成的理论依据；四是在我国新民主主义革命和社会主义建设时期，公安监所管理的经验总结和由此形成的先进监管理念。该书的出版填补了看守所史学研究的空白，丰富和发展了中国特色社会主义公安监管理论。基于中国看守所的现状，对中国看守所的现状与未来发展也进行了相应的拓展性研究，使得本书的完整性得以保障。

本书的写作过程颇费周折，但所幸得到了公安部监管局局长赵春光、江苏省公安厅监管总队总队长陈旭、副总队长薛建放、江苏省看守所所长刘必权等同志的大力支持，使得该书的体系得以更加完整和科学。

本书记载了中国看守所在不同历史阶段的表现形式与特征，极大加深了看守所的历史底蕴，同时期望中国看守所管理朝着更为辉煌的方向发展！

本书作者

2014 年 1 月 1 日